Beck-Rechtsberater

Meine Rechte als Ausländer

dtv

Beck-Rechtsberater

Meine Rechte als Ausländer

Aufenthalt · Arbeit · Bildung
Soziale Sicherung · Einbürgerung
Rechtsschutz

Von Prof. Dr. iur. Klaus Sieveking,
Universität Bremen

1. Auflage

Deutscher Taschenbuch Verlag

Im Internet:

dtv.de

beck.de

Originalausgabe
Deutscher Taschenbuch Verlag GmbH & Co. KG,
Friedrichstraße 1a, 80801 München
© 2007. Redaktionelle Verantwortung: Verlag C. H. Beck oHG
Druck und Bindung: Druckerei C. H. Beck, Nördlingen
(Adresse der Druckerei: Wilhelmstraße 9, 80801 München)
Satz: ottomedien, Weiterstadt
Grafiküberarbeitung: concept & design Mengel, München
Umschlaggestaltung: Agentur 42 (Fuhr & Partner), Mainz,
unter Verwendung eines Fotos von Tony Stone
ISBN 978-3-423-05281-8 (dtv)
ISBN 978-3-406-34262-2 (C. H. Beck)

Vorwort

> Es soll ein und dasselbe Recht unter Euch sein
> für den Fremdling wie für den Einheimischen
> 3. Buch Mose, Kap. 24, Vers 22

Deutschland ist ein Einwanderungsland. Einwanderung von Ausländern bildet ein wichtiges Kapitel der deutschen Nachkriegsgeschichte in West und Ost. Ohne sie wäre der wirtschaftliche Aufstieg in der Bundesrepublik Deutschland nicht denkbar gewesen. Auch unser kulturelles Leben ist durch ausländische Einwanderer bereichert worden. Man denke nur an die Vielfalt z. B. in Film, Literatur, Musik und Sport und nicht zuletzt beispielhaft an den Einfluss der italienischen auf die deutsche Küche. In Deutschland leben heute etwas mehr als 6,7 Mio. Ausländer, das entspricht ungefähr 8,1 % der Bevölkerung. Auch in Zukunft werden Ausländer in Deutschland einwandern. Die Aufnahmebedingungen hierfür sind im Zuwanderungsgesetz von 2004 neu geregelt worden. Heute sprechen wir auch von Menschen mit Migrationshintergrund. Wir meinen damit sowohl ausländische als auch deutsche Staatsbürger. Dazu zählen etwa zugewanderte und in Deutschland geborene Ausländer, Spätaussiedler, Eingebürgerte mit persönlicher Migrationserfahrung sowie auch deren Kinder. Unter dem Blickwinkel unterschiedlicher rechtlicher Statuspositionen von Menschen ist nach wie vor ihre Zugehörigkeit zu einem Staat ausschlaggebend. Aber auch hier gibt es inzwischen nicht mehr ganz eindeutige Zuordnungen. Das maßgebliche rechtliche Zuordnungsprinzip der Bürger zu ihrem Staat, die Staatsangehörigkeit vermischt sich in der multikulturellen Gesellschaft immer deutlicher mit dem Wohnsitzprinzip. Hieraus erklärt sich etwa die Kennzeichnung der langjährig ansässigen, noch nicht eingebürgerten Ausländer in Deutschland als „Inländer mit fremder Staatsangehörigkeit" (Rittstieg). Im Kern geht diese Schrift vom Prinzip der Staatsangehörigkeit aus.

In diesem Buch, das sich als ein Leitfaden versteht, wird der Versuch unternommen, dem Laien einen Zugang zu den Rechtsnormen des Ausländerrechts zu vermitteln. Die teilweise kaum noch überschaubaren rechtlichen Regelungsmassen und Verästelungen des Ausländerrechts, seine ständigen Veränderungen im Rahmen seiner Europäisierung, die besondere Eigenart seiner Fachsprache sollen hier, so weit wie möglich, allen Interessierten verständlich gemacht werden. Dieses Buch soll besonders Ausländern und ihren Beratern, z. B. in den Wohlfahrtsverbänden, den Studierenden der Rechts- und Sozialwissenschaften und anderer Studiengänge an Fachhochschulen und Universitäten sowie dem interessierten Laien eine Orientierung zum Verständnis besonders des Aufenthaltsgesetzes und des Freizügigkeitsgesetzes/EU als Kern des neuen Zuwanderungsgesetzes geben. Die einschlägigen Normen dazu sind im Einzelnen nachzulesen in der im gleichen Verlag veröffentlichten Textausgabe „Deutsches Ausländerrecht" (dtv-Band 5537), deren Benutzung empfohlen wird.

Im Zusammenhang mit den hier erwähnten „Rechten der Ausländer" sind die mit ihrer Ausübung verbundenen Voraussetzungen und Bedingungen dargestellt. Es geht hier aber nicht nur um die **Rechte** der Ausländer, wie dies der Titel „Meine Rechte als Ausländer" nahe legen mag, sondern auch um die mit dem Rechtsstatus „Ausländer" verbundenen **Pflichten**. Aus Gründen vereinfachter Lesbarkeit wird der Begriff „Ausländer" in diesem Buch selbstverständlich gleichberechtigt für Personen unterschiedlichen Geschlechts verwendet. Die am Ende der einzelnen Kapitel gegebenen Hinweise auf wichtige Gesetzesmaterialien und Richtlinien, wichtige Urteile, vertiefende Literatur sowie Auskunft und Beratung sollen als weiterführende Hilfe dienen.

Inzwischen hat der Deutsche Bundestag das Allgemeine Gleichbehandlungsgesetz (AGG) beschlossen. Mit diesem Gesetz wird unter anderem die Richtlinie 2000/43/EG vom 29. Juni 2000 zur Anwendung des Gleichbehandlungsgrundsatzes ohne Unterschied der Rasse oder der ethnischen Herkunft in das deutsche Recht umgesetzt. Es wird für die hier lebenden Ausländer Auswirkungen haben vor allem auf Beschäftigung, Beruf, die Bereiche Bildung und Gesundheit sowie auf die Sozialleistungen; es hat besondere Bedeutung für den Zugang zu öffentlich angebotenen Gütern und Dienstleistungen sowie für Rechtsbeziehungen zwischen Privatpersonen. Auf das Thema der Diskriminierung von Ausländern, das in deren Alltag leider eine so große Rolle spielt, kann in diesem Buch allerdings nicht eingegangen werden. Betroffene können sich künftig besser gegen Diskriminierungen wehren, indem sie sich z. B. an die beim Bundesministerium für Familie, Senioren, Frauen und Jugend eingerichtete Antidiskriminierungsstelle wenden. Nicht behandelt wird im Übrigen – von einigen Hinweisen aus übergeordnetem Zusammenhang abgesehen – das gesamte Asylrecht, das sich als ein eigenständiger Regelungsbereich mit seinerseits vielen Besonderheiten herausgebildet hat. Hierfür wird auf das „Flüchtlings- und Asylrecht" von Julia Duchrow und Katharina Spieß (dtv-Band 5623) verwiesen.

Abschließend möchte ich Dank sagen. Die Anregung zur Behandlung dieses Themas verdanke ich Sigrid und Manfred Zuleeg, Frankfurt. Für Kritik und hilfreiche Unterstützung danke ich zahlreichen Freunden, besonders meinen Bremer Kollegen Hans-Peter Füssel und Uwe Reim. Verschiedene Mitarbeiterinnen beim Senator für Inneres der Freien Hansestadt Bremen haben meine Forschungen unterstützt. Danken möchte ich auch Studierenden des Fachbereichs Rechtswissenschaften sowie des Fachbereichs Human- und Gesundheitswissenschaften an der Universität Bremen, die durch fortgesetzte Diskussionen zur Klärung mancher Fragestellungen beigetragen haben; das gilt vor allem für Joyce Kapala, Daniel Mansholt und Gunnar Thorboom, die einzelne Kapitelfassungen kritisch durchgesehen haben, und besonders für Philip Martel, der darüber hinaus in zahlreichen Diskussionen ein kritischer Begleiter war. Besonderen Dank schulde ich meiner Frau Gundula, die mich in allen Phasen meiner Arbeit mit Geduld und kompetentem Rat unterstützt hat.

Für Kritik, Anregungen und Verbesserungsvorschläge wäre ich dankbar.

Bremen, im März 2007 *Klaus Sieveking*

Inhaltsübersicht

Vorwort V
Inhaltsverzeichnis XI
Abkürzungsverzeichnis XXI

A. Ausländer 1
B. Ausländerrecht – Geschichte und aktuelle Grundlagen . . 17
C. Freizügigkeit für Unionsbürger 37
D. Aufenthalt für Drittstaatsangehörige 73
E. Integration 127
F. Arbeit 135
G. Bildung 155
H. Soziale Sicherung 185
J. Politische Betätigung 213
K. Religion und Kultur 225
L. Einbürgerung 241
M. Behördliche Verfahren und Rechtsschutz 265
Anhang 283

Sachverzeichnis 297

Inhaltsverzeichnis

Vorwort V
Inhaltsübersicht IX
Abkürzungsverzeichnis XXI

A. Ausländer 1
   I. Ausländer und Deutsche 1
   II. Ausländer: Rechtliche Regulierungen und Statusdifferenzierung 4
   III. Die Rechtsstellung von Ausländern nach dem GG 8
   IV. Statistische Übersichten 13

B. Ausländerrecht – Geschichte und aktuelle Grundlagen . . 17
   I. Zur Geschichte des Ausländerrechts 17
      1. Fremde und Ausländer 17
      2. Ausländerrecht im 19. Jahrhundert bis zum Ersten Weltkrieg 17
      3. Weimarer Republik und Nationalsozialismus . . . 20
      4. Bundesrepublik Deutschland 1945–1990 20
      5. Die Entwicklung von 2000 bis 2004 22
   II. Aktuelle Rechtsgrundlagen des Ausländerrechts . . 23
      1. Ausländerrecht 23
        a) Gesetz über die allgemeine Freizügigkeit von Unionsbürgern (Freizügigkeitsgesetz/EU – FreizügG/EU) 24
        b) Aufenthaltsgesetz (AufenthG) 24
        c) Schengener Durchführungsübereinkommen (SDÜ) 25
        d) Aufenthaltsverordnung (AufenthV) 25
        e) Beschäftigungsverordnung (BeschV) 25
        f) Beschäftigungsverfahrensverordnung (BeschverfV) 26
        g) Integrationskursverordnung (IntV) 26

- h) Gesetz über das Ausländerzentralregister (AZR-Gesetz) 26
- i) Verordnung zur Durchführung des Gesetzes über das Ausländerzentralregister (AZRG-DV) 26
- j) Gesetz über die Bundespolizei (Bundespolizeigesetz – BPolG) 27

2. Zentrale ausländerrelevante Regelungen im Sozialgesetzbuch (SGB) 27
   - a) SGB II – Grundsicherung für Arbeitsuchende .. 27
   - b) SGB III – Arbeitsförderung 27
   - c) SGB XII – Sozialhilfe 28

3. EG/EWR-Recht 28
   - a) Primärrecht 29
     - aa) Art. 12, 18 ff. und Art. 39 ff. EG-Vertrag .. 29
     - bb) Assoziationsabkommen EWG/Türkei von 1963 nebst Zusatzprotokoll von 1980 ... 29
     - cc) Vertrag über den Einheitlichen Europäischen Wirtschaftsraum (EWR) von 1994 29
     - dd) Beitrittsakte 29
   - b) Sekundärrecht 30
     - aa) Verordnung (EG) Nr. 539/2001 30
     - bb) Verordnung (EWG) Nr. 1408/71 30
     - cc) Beschlüsse ARB Nr. 1/80 und ARB Nr. 3/80 30
     - dd) Richtlinie 2004/38/EG 31
     - ee) Richtlinie 2001/40/EG 31
     - ff) Richtlinie 94/80/EG 31
     - gg) Weitere einwanderungsrelevante Richtlinien der EU 31

4. Staatsangehörigkeitsrecht 32
   - a) Art. 16 und 116 GG 32
   - b) Staatsangehörigkeitsgesetz (StAG) 32
   - c) Bundesvertriebenengesetz (BVFG) 33

5. Asylrecht – Flüchtlinge und Staatenlose 33
   - a) Art 16 a GG 34

      b) Genfer Flüchtlingskonvention (GFK) 34
      c) Dublin-II-Verordnung 34
      d) Asylverfahrensgesetz (AsylVfG) 34
      e) Asylzuständigkeitsbestimmungsverordnung
         (AsylZBV) 34
      f) Asylbewerberleistungsgesetz (AsylbLG) 35
  6. Sonstiges Internationales Recht (Völkerrecht) . . 35
      a) UN-Konvention zum Schutz der Rechte von
         Wanderarbeitnehmern und ihren Familien
         von 1990 35
      b) UN-Konvention über die Rechte des Kindes
         von 1989 36

C. Freizügigkeit für Unionsbürger 37
  I. Statistische Daten 37
  II. Rechtsentwicklungen 37
     Übersicht: Entwicklung der Freizügigkeit in der
     EWG/EG/EU und Deutschland 39
  III. Das neue Freizügigkeitsgesetz/EU 41
     Übersicht: Altes und neues Freizügigkeitsrecht –
     vergleichender Überblick 42
  IV. Freizügigkeitsberechtigte 44
  V. Familienangehörige 46
  VI. Meldepflichten und Bescheinigungen 49
  VII. Soziale Rechte, insbesondere Arbeitslosengeld II
      oder Sozialhilfe 52
      Übersicht zu Arbeitslosengeld II/Sozialhilfe für
      Unionsbürger im Aufnahmemitgliedstaat und Folgen
      ihres Bezugs 54
  VIII. Verlust des Rechts auf Einreise und Aufenthalt . . . 55
  IX. Unionsbürger aus den neuen Beitrittsstaaten
     (2004 und 2007) 58
     1. Beitrittsakte von 2003 bzw. 2005 sowie
        Übergangsfristen 58
     2. Rechtspositionen während der Übergangszeit . . 60
     3. Übergangsbestimmungen für die Freizügigkeit der
        Arbeitnehmer im Beitrittsvertrag von 2003 62

	Übersichten zur Freizügigkeit der Unionsbürger aus den neuen Beitrittsstaaten	63
X.	Freizügigkeit für Drittstaatsangehörige mit Daueraufenthalt	66
	Übersichten zu langfristig aufenthaltsberechtigten Drittstaatsangehörigen	67
XI.	Exkurs: Zum Sektoralabkommen EG – Schweiz betreffend Freizügigkeit der Arbeitnehmer	70

D. Aufenthalt für Drittstaatsangehörige 73
   I. Einreise und Aufenthalt 73
      1. Erfordernis eines Aufenthaltstitels 73
         Übersicht: Aufenthaltstitel und sonstige Aufenthaltsrechte 77
      2. Allgemeine Erteilungsvoraussetzungen für Aufenthaltstitel 76
      3. Aufenthaltstitel 78
         a) Visum (§ 6 AufenthG) 79
            aa) Schengen – Visum 80
            bb) Nationales Visum 80
         b) Aufenthaltserlaubnis und Aufenthaltszwecke (§ 7 AufenthG) 81
         c) Niederlassungserlaubnis (§ 9 AufenthG) 83
      4. Erlaubte und unerlaubte Einreise 84
      5. Exkurs: Illegale Zuwanderung 87
   II. Familiennachzug 90
      1. Allgemeine Voraussetzungen 91
      2. Familiennachzug zu Deutschen und zu Ausländern 92
      3. Eigenständige Aufenthaltsrechte von Ehegatten . 97
      4. Nachzug von Kindern 99
         a) Nachzug nach Vollendung des 16. Lebensjahres 99
         b) Aufenthaltserlaubnis für Kinder unter 16 Jahren 99
         c) Besondere Härte 100
      5. Eigenständige Aufenthaltsrechte von Kindern . . 100

       6. Geburt eines Kindes im Bundesgebiet 102
       7. Aufenthaltsrecht von Kindern 102
       8. Nachzug sonstiger Familienangehöriger 102
          a) Allgemeine Voraussetzungen 102
          b) Ausnahme- und Härtefälle 103
          Übersicht: Familiennachzug zu Familien-
          angehörigen 105
III. Beendigung des Aufenthalts 106
     1. Allgemeine Voraussetzungen der Ausreisepflicht . 107
     2. Verlust des Aufenthaltsrechts 108
     3. Ausweisung 109
        a) Zwingende Ausweisung 110
        b) Regel-Ausweisung 111
        c) Ermessensanweisung 112
        d) Auswcisungsschutz 114
     4. Durchsetzung der Ausreisepflicht
       (§§ 57–62 AufenthG) 115
IV. Besondere Aufenthaltsrechte 118
     1. Das Recht auf Wiederkehr 119
        a) Jugendliche und Erwachsene 119
        b) Rentner 120
     2. Aufenthaltsrecht ehemaliger Deutscher 122
     Übersicht zur Rechtsstellung von Drittstaats-
     angehörigen in der EU 124

E. Integration 127
   I.   Teilnahmebedingungen für Integrationskurse 129
  II.   Verpflichtung zur Teilnahme an Integrationskursen . 131
 III.   Möglicher Verlust oder Ablehnung von Aufenthalts-
       rechten bei Nichtteilnahme 132
 IV.   Das Problem „ausreichende Kenntnisse der
       deutschen Sprache" 133
  V.   Besonderheiten des Verfahrens 133

F. Arbeit 135
   I.   Ausländerbeschäftigung und die Rolle der Bundes-
       agentur für Arbeit 138

        Übersicht über Beschäftigungsrechte von Unionsbürgern und Drittstaatsangehörigen 140
- II. Arbeitsmarktzugang von Ausländern aus dem Ausland 141
  1. Aufenthalt zum Zwecke der Beschäftigung (§ 18 AufenthG) 142
     a) Beschäftigung ohne qualifizierte Berufsausbildung 142
     b) Beschäftigung mit qualifizierter Berufsausbildung (§§ 25–31 BeschV) 144
  2. Niederlassungserlaubnis für Hochqualifizierte (§ 19 AufenthG) 145
  3. Selbständige Tätigkeit (§ 21 AufenthG) 146
- III. Arbeitsmarktzugang von Ausländern aus dem Inland 148
  1. Zustimmungsfreie Beschäftigungen 149
  2. Ermessensgebundene Zustimmung zu Beschäftigungen 150
     a) Fortsetzung eines Arbeitsverhältnisses 150
     b) Härtefälle 150
     c) Ausbildung und Beschäftigung von im Jugendalter eingereisten Ausländern 150
     d) Unbeschränkter Arbeitsmarktzugang nach Vorbeschäftigungs- bzw. Voraufenthaltszeit .. 151
  3. Exkurs: Die besondere Rechtsstellung der türkischen Arbeitnehmer 152

G. Bildung 155
- I. Kindergärten/Bildung und Erziehung im Elementarbereich 156
- II. Schulbildung 158
  1. Schulsystem 158
  2. Ausländische Schulen 160
  3. Fragen der Religion 160
     a) Religionsunterricht (insbesondere Islamunterricht) 160
     b) Befreiung vom Unterricht 164
     c) Ethikunterricht 165

        d) Pflicht zum Deutsch-Sprechen? 166
      4. Muttersprachlicher Unterricht und weitere
         Förderungen 166
        a) Muttersprachlicher Unterricht 166
        b) Sonstige Förderungen 167
III. Freiwilligendienste 168
IV. Berufliche Bildung 169
V. Hochschulbildung 171
    1. Ausländer mit deutschem Schulabschluss
       (Bildungsinländer) 172
    2. Unionsbürger und sonstige privilegierte Ausländer 173
    3. Sonstige Ausländer aus Drittstaaten 173
    4. Beschäftigungen neben und nach dem Studium . 174
VI. Kosten, Finanzen, Förderungsmöglichkeiten . . . 177
    1. Allgemeines 177
    2. Steuerfinanzierte Ausbildungsförderung 178
    3. Steuerfinanzierte Förderung im Ausland 181
    4. Steuerfinanzierte Förderung im Rahmen des
       Meister-BAföG 182

H. Soziale Sicherung 185
Übersicht über die soziale Sicherung nach dem Sozialgesetzbuch (SGB) 186
I. Arbeitslosengeld 188
II. Grundsicherung für erwerbsfähige Arbeitsuchende (Arbeitslosengeld II – SGB II) und Sozialhilfe (SGB XII) 189
    1. Grundsicherung für arbeitsfähige Arbeit-
       suchende – Arbeitslosengeld II (SGB II) 190
    2. Grundsicherung für nicht Arbeitsfähige oder
       Rentner – Sozialhilfe (SGB XII) 193
    3. Prekäre Situationen beim Leistungsbezug von
       Arbeitslosengeld II oder Sozialhilfe 197
      a) Arbeitslosengeld II (ALG II) 197
      b) Sozialhilfebezug 197
        aa) Aufenthaltsrecht 197
        bb) Einbürgerungsrecht 198

- III. Entschädigung 199
- IV. Kindergeld, Erziehungs- bzw. Elterngeld, Unterhaltsvorschuss und Wohngeld 201
- V. Jugendhilfe 203
- VI. Krankheit und Pflegebedürftigkeit 207
- VII. Alter 209
  - Übersicht: Rentenversicherungsrechtliche Ansprüche und Auslandsbezug 211

J. Politische Betätigung 213
- I. Allgemeines 213
- II. Vereinigungs- und Versammlungsrecht 214
  1. Vereine 214
  2. Parteien 217
  3. Versammlungen 218
- III. Beschwerde-, Petitions- und Informationsrechte .. 218
- IV. Europawahlrecht und Kommunalwahlrecht für Unionsbürger 219
  1. Europawahlrecht 219
  2. Kommunalwahlrecht 220
- V. Politische Mitwirkungsrechte auf kommunaler Ebene 221

K. Religion und Kultur 225
- I. Religionsausübung und Vereine (Ausländerverein) . 225
- II. Schächten 228
- III. Gebete 230
  1. Tischgebet im kommunalen Kindergarten 230
  2. Schulgebet 232
  3. Gebet am Arbeitsplatz 232
- IV. Tragen eines Kopftuchs 233
  1. Tragen eines Kopftuchs im Unterricht an staatlichen Schulen 233
  2. Tragen eines Kopftuchs am Arbeitsplatz in der Wirtschaft 235
  3. Tragen eines Kopftuchs im Gerichtssaal 236
- V. Moscheen 236

    1. Baugenehmigung 236
    2. Sonstiges 237
 VI. Religionsausübung im Strafvollzug 237

L. **Einbürgerung** 241
 I. Erwerb durch Geburt (§ 4 StAG) 244
 II. Erwerb durch besondere Erklärung für vor dem
     1.7.1993 geborene Kinder (§ 5 StAG) 246
 III. Erwerb durch Annahme als Kind (§ 6 StAG) . . . 246
 IV. Erwerb durch Ausstellung der Bescheinigung gemäß
     § 15 Abs. 1 oder Abs. 2 des Bundesvertriebenen-
     gesetzes (BVFG) 247
 V. Erwerb durch Einbürgerung im Ermessenswege
     nach § 8 StAG 247
    1. Handlungsfähigkeit 248
    2. Ausweisungsgründe 249
    3. Wohnung und Unterkunft 249
    4. Unterhaltsfähigkeit 250
    5. Voraufenthaltszeiten 250
    6. Ausreichende Kenntnisse der deutschen Sprache 251
    7. Grundsatz der Vermeidung von Mehrstaatigkeit . 252
    8. Verletzung öffentlicher Interessen 254
 VI. Rechtsanspruch auf Einbürgerung; Miteinbürgerung
     von Ehegatten und minderjährigen Kindern
     (§ 10 StAG) 254
    1. Voraussetzungen eines Anspruchs auf
       Einbürgerung 254
    2. Einbürgerung von ausländischen Verwandten . . 256
    3. Ausschluss eines Anspruchs auf Einbürgerung . . 256
 VII. Einbürgerung von Ehegatten oder Lebenspartnern
     Deutscher 257
 VIII. Verlust der deutschen Staatsangehörigkeit 259
 IX. Rücknahme einer Einbürgerungsentscheidung . . . 260
 X. Gebühren 260
 XI. Exkurs: Mögliche Änderungen des Einbürgerungs-
     rechts 261

M. Behördliche Verfahren und Rechtsschutz 265
    I.   Allgemeine Fragen 265
    II.   Organisatorische und verfahrensbezogene Hinweise 265
        1. Die Bundespolizei 266
        2. Die Auslandsvertretungen der Bundesrepublik
           Deutschland 267
        3. Ausländerbehörden und Polizei 269
        4. Das Bundesamt für Migration und Flüchtlinge . . 269
        5. Die Beauftragte für Migration, Flüchtlinge und
           Integration 270
    III. Ausländerrechtliche Verfahrensgrundsätze 272
    IV. Datenschutz 275
    V.   Rechtsschutz 277
    VI. Übersetzungs- und Dolmetscherkosten und weitere
        Verfahrensrechte 280

Anhang 283
    I.   Literatur – Links 283
    II.   Staatenliste zur Visumpflicht bei Einreise in die
        Bundesrepublik Deutschland 290
    III. Rentenversicherungsträger 294

Sachverzeichnis 297

Abkürzungsverzeichnis

a. A.	anderer Auffassung
a.a.O.	am angegebenen Ort
AAV	Arbeitsaufenthalteverordnung
Abl.	Amtsblatt
AEntG	Arbeitnehmer-Entsendegesetz
AFBG	Gesetz zur Förderung der beruflichen Aufstiegsfortbildung
AG	Amtsgericht
ALG	Arbeitslosengeld
AN	Arbeitnehmer
AOK	Allgemeine Ortskrankenkasse (Die Gesundheitskasse)
ArbGG	Arbeitsgerichtsgesetz
ARB	Assoziationsratsbeschluss EWG-Türkei
ArGV	Arbeitsgenehmigungsverordnung
ASAV	Anwerbestoppausnahmeverordnung
AsylbLG	Asylbewerberleistungsgesetz
AsylVfG	Asylverfahrensgesetz
AsylZBV	Asylzuständigkeitsbestimmungsverordnung
AuAS	Schnelldienst Ausländer- und Asylrecht
AufenthG	Aufenthaltsgesetz
AufenthV	Aufenthaltsverordnung
Aufl.	Auflage
AuslDatV	Ausländerdateienverordnung
AuslDÜV	Ausländerdatenübermittlungsverordnung
AuslG	Ausländergesetz
AuslGebV	Gebührenverordnung zum Ausländergesetz
Az.	Aktenzeichen
AZRG	Gesetz über das Ausländerzentralregister
AZRG-DV	Verordnung zur Durchführung des Gesetzes über das Ausländerzentralregister
BAföG	Bundesausbildungsförderungsgesetz
BAG	Bundesarbeitsgericht

BAMF	Bundesamt für Migration und Flüchtlinge
BEEG	Bundeselterngeld- und Elternzeitgesetz
BErzGG	Bundeserziehungsgeldgesetz
BeschV	Verordnung über die Zulassung von neueinreisenden Ausländern zur Ausübung einer Beschäftigung – Beschäftigungsverordnung
BeschVerfV	Verordnung über das Verfahren und die Zulassung von im Inland lebenden Ausländern zur Ausübung einer Beschäftigung – Beschäftigungsverfahrensverordnung
BGB	Bürgerliches Gesetzbuch
BGBl.	Bundesgesetzblatt
BGH	Bundesgerichtshof
bpb	Bundeszentrale für politische Bildung
BPolG	Gesetz über die Bundespolizei
BQN	Berufliche Qualifizierungsnetze
BVerfG	Bundesverfassungsgericht
BVerfGE	Entscheidungssammlung des Bundesverfassungsgerichts
BVerwG	Bundesverwaltungsgericht
BVFG	Gesetz über die Angelegenheiten der Vertriebenen und Flüchtlinge
BVG	Bundesversorgungsgesetz
bzw.	beziehungsweise
CDU	Christlich Demokratische Union
CSU	Christlich Soziale Union
DAAD	Deutscher Akademischer Austauschdienst
DDR	Deutsche Demokratische Republik
DGB	Deutscher Gewerkschaftsbund
DÖV	Die Öffentliche Verwaltung
DÜ	Dubliner Übereinkommen
DV	Durchführungsverordnung
DVBl.	Deutsches Verwaltungsblatt
EFA	Europäisches Fürsorgeabkommen
EG	EG-Vertrag

EGMR	Europäischer Gerichtshof für Menschenrechte
EMRK	Europäische Konvention zum Schutze der Menschenrechte und Grundfreiheiten
endg.	endgültig
EU	Europäische Union
EuGH	Gerichtshof der Europäischen Gemeinschaft (im Sprachgebrauch synonym: Europäischer Gerichtshof)
EuGRZ	Europäische Grundrechte-Zeitschrift
EuroAS	Informationsdienst Europäisches Arbeits- und Sozialrecht
EuWG	Europawahlgesetz
EuZW	Europäische Zeitschrift für Wirtschaftsrecht
EWG	Europäische Wirtschaftsgemeinschaft
EWR	Europäischer Wirtschaftsraum
FamRBint.	Familien-Rechts-Berater international
FamRZ	Zeitschrift für das gesamte Familienrecht
FDP	Freie Demokratische Partei
FGO	Finanzgerichtsordnung
FreizügG/EU	Freizügigkeitsgesetz/EU
GFK	Genfer Flüchtlingskonvention
GG	Grundgesetz
GK	Gemeinschaftskommentar
GKI	Gemeinsame Konsularische Instruktion
GVG	Gerichtsverfassungsgesetz
HAG	Gesetz über die Rechtsstellung heimatloser Ausländer
HRG	Hochschulrahmengesetz
Hrsg.	Herausgeber
HWWA	Hamburger Weltwirtschaftsarchiv
i. d. F. d. Bek.	in der Fassung der Bekanntmachung
i. d. R.	in der Regel
IMK	Innenminister Konferenz
InfAuslR	Informationsbrief Ausländerrecht
IntV	Integrationsverordnung
IRH	Islamistische Religionsgemeinschaft Hessen

IT-ArGV	Verordnung über die Arbeitsgenehmigung für hoch qualifizierte ausländische Fachkräfte der Informations- und Kommunikationstechnologie
IT-AV	Verordnung über Aufenthaltserlaubnisse für hoch qualifizierte ausländische Fachkräfte der Informations- und Kommunikationstechnologie
i. V. m.	in Verbindung mit
JuS	Juristische Schulung
KMK	Kultusministerkonferenz
KOM	Kommission
KSZE	Konferenz zur Sicherheit und Zusammenarbeit in Europa
LAG	Landesarbeitsgericht
LER	Lebenskunde, Ethik und Religion
LPartG	Lebenspartnerschaftsgesetz
m. w. N.	mit weiteren Nachweisen
NJW	Neue Juristische Wochenschrift
NRW	Nordrhein-Westfalen
NWVBl.	Nordrhein-westfälische Verwaltungsblätter
NVwZ	Neue Zeitschrift für Verwaltungsrecht
NZA	Neue Zeitschrift für Arbeitsrecht
NZS	Neue Zeitschrift für Sozialrecht
OLG	Oberlandesgericht
OVG	Oberverwaltungsgericht
PersAusweisG	Personalausweisgesetz
PISA	Programme for International Student Assessment
PM	Pressemitteilungen
RdA	Das Recht der Arbeit
RdJB	Recht der Jugend und des Bildungswesens
RL	Richtlinie
RVG	Gesetz über die Vergütung der Rechtsanwältinnen und Rechtsanwälte

SDÜ	Schengener Durchführungsübereinkommen
SGB	Sozialgesetzbuch
SGG	Sozialgerichtsgesetz
s. o.	siehe oben
sog.	so genannte
SPD	Sozialdemokratische Partei Deutschlands
StA	Staatsangehörigkeit
StAG	Staatsangehörigkeitsgesetz
START-Programm	Förderprogramm des Bundesministeriums für Bildung, Wissenschaft und Kultur für Kinder aus Migrantenfamilien
StGB	Strafgesetzbuch
StPO	Strafprozessordnung
StV	Strafverteidiger
StVollzG	Strafvollzugsgesetz
s. u.	siehe unten
TAG	Tagesbetreuungsausbaugesetz
TierschutzG	Tierschutzgesetz
u. a.	unter anderem
u. a. m.	und andere(s) mehr
UE	Unterrichtseinheit
UhVorschG	Unterhaltsvorschussgesetz
u. U.	unter Umständen
VDR	Verband Deutscher Rentenversicherungsträger
VG	Verwaltungsgericht
VGH	Verwaltungsgerichtshof
vgl.	vergleiche
VIS	Visa Informationssystem
VO	Verordnung
VBlBW	Verwaltungsblätter Baden-Württemberg
VwGO	Verwaltungsgerichtsordnung
VwVfG	Verwaltungsverfahrensgesetz
ZAR	Zeitschrift für Ausländerrecht und Ausländerpolitik
z. B.	zum Beispiel

ZESAR	Zeitschrift für europäisches Sozial- und Arbeitsrecht
ZIAS	Zeitschrift für Internationales Arbeits- und Sozialrecht
Ziff.	Ziffer
ZPO	Zivilprozessordnung
ZRP	Zeitschrift für Rechtspolitik

AKTUELL: Entwurf eines Gesetzes zur Umsetzung aufenthalts- und asylrechtlicher Richtlinien der Europäischen Union – Auszüge aus der Presseerklärung vom 28. 3. 2007 –

Das Bundeskabinett hat heute die Reform des Zuwanderungsgesetzes beschlossen, mit dem unter anderem aufenthalts- und asylrechtliche Richtlinien der Europäischen Union in nationales Recht umgesetzt werden sollen. Darüber hinaus beinhaltet der Gesetzentwurf eine integrationsorientierte Anpassung des Ehegattennachzugs, mit der ein Mindestalter gefordert sowie der Nachweis einfacher Sprachkenntnisse vor der Einreise eingeführt wird. In den über 400 Seiten starken Gesetzentwurf sind Empfehlungen des Evaluationsberichtes zum Zuwanderungsgesetz eingeflossen. Bereits aufgenommen sind auch Vorschläge der Innenministerkonferenz zur Vereinheitlichung der Regelungen beim Einbürgerungsverfahren. Für geduldete Ausländer mit einem Aufenthalt von acht bzw. sechs Jahren wird eine gesetzliche Altfallregelung in Form einer einmaligen Stichtagsregelung geschaffen, die die von der Innenministerkonferenz beschlossene Bleiberechtsregelung ergänzt. Zu dem Beschluss des Bundeskabinetts erklärte Bundesinnenminister Dr. Wolfgang Schäuble: „Mit dem heutigen Kabinettsbeschluss wird ... das Zuwanderungsgesetz vom 1. Januar 2005 in wesentlichen Bereichen nach integrations- und sicherheitspolitischen Erkenntnissen überarbeitet ... Entsprechend den EU-Richtlinien setzen wir ein Ehegattennachzugsalter fest, das die Volljährigkeit der Ehepartner zum Grundsatz erhebt und damit ein wirkungsvolles Instrument gegen Zwangsehen darstellt. Beim Familiennachzug werden zukünftig generell einfache Deutschkenntnisse als Voraussetzung verlangt ... Mit der Garantie eines vorübergehenden Aufenthaltsrechts für Opfer des Menschenhandels zur Mitwirkung im Strafverfahren und der Schaffung eines besonderen Aufenthaltstitels für Forscher und Mobilitätsregeln für in einem anderen Mitgliedstaat zugelassene Studenten werden weitere Angebote im Aufenthaltsgesetz geschaffen. Eine besondere Bedeutung, nicht zuletzt bei den Verhandlungen von Bund und Ländern, hat die gesetzliche Altfallregelung in den neu geschaffenen Paragraphen 104a und b (des AufenthG). Nach dem Grundsatz, dass arbeiten soll, wer dazu in der Lage ist, und dass jeder sich und seine Familie nach besten Kräften möglichst selbst versorgen soll, wurde eine Bleiberechtsregelung gefunden, wonach den Betreffenden ihre Aufenthaltserlaubnis auf Probe nur dann verlängert wird, wenn sie den Lebensunterhalt durch eigene Arbeit bestreiten können ...".

Wesentliche Inhalte des Gesetzentwurfes sind:

Umsetzung von EU-Richtlinien: Mit dem Gesetzentwurf werden elf EU-Richtlinien umgesetzt, die das deutsche Ausländer- und Asylrecht in zahlreichen Punkten grundlegend umgestalten. Als Kernpunkte der aufenthaltsrechtlichen Richtlinien können folgende Regelungen genannt werden:

- Beschränkung des Ehegattennachzugs durch ein Mindestalter beider Ehegatten von 18 Jahren zum Schutz vor Zwangsehen,
- Forderung des Nachweises einfacher deutscher Sprachkenntnisse des nachziehenden Ehegatten, um seine Integrationsfähigkeit zu stärken,
- Schaffung einer „Erlaubnis zum Daueraufenthalt-EG" als neuer unbefristeter Aufenthaltstitel neben der Niederlassungserlaubnis,
- Anpassung der Regelungen zum Daueraufenthaltsrecht für Unionsbürger und Familienangehörige,
- Schaffung eines vorübergehenden Aufenthaltsrechts für Opfer des Menschenhandels zur Mitwirkung im Strafverfahren und
- Einführung eines besonderen Aufenthaltstitels für Forscher und von Mobilitätsregeln für in einem anderen Mitgliedstaat zugelassene Studenten.

Förderung der Integration: Über die Umsetzung der Richtlinien hinaus enthält der Gesetzentwurf weitere wichtige Änderungen im Ausländer- und Staatsangehörigkeitsrecht, die auch auf Grund der Evaluierung des Zuwanderungsgesetzes notwendig wurden. Dabei konnten die von den Koalitionsfraktionen zum Teil bedeutenden Änderungsvorschläge bereits bei der Erarbeitung des Gesetzentwurfs zu einem großen Teil berücksichtigt werden:

- So enthält der Gesetzentwurf Vorschriften, die der Bekämpfung

von Zwangsehen, Scheinehen und Scheinverwandtschaftsverhältnissen dienen.
- Der Gesetzentwurf sieht eine Reihe von Maßnahmen vor, die die Integration von Ausländern in die deutsche Gesellschaft fördern sollen, nicht zuletzt auch eine Harmonisierung der Sanktionsbewehrung bei Verstößen gegen die Pflicht zur Teilnahme an Integrationskursen.
- Die Voraussetzungen der Zuzugsmöglichkeiten für Ausländer, die in Deutschland investieren und Arbeitsplätze schaffen wollen, werden deutlich gesenkt, indem die zu fordernde Mindestinvestitionssumme von einer Million auf 500.000 Euro und die Zahl der zu schaffenden Arbeitsplätzen von zehn auf fünf halbiert werden.
- Ferner enthält der Gesetzentwurf u.a. als neue Einbürgerungsvoraussetzung den Nachweis von Kenntnissen der Rechts- und Gesellschaftsordnung und der Lebensverhältnisse in Deutschland. Damit wird für die Länder die Voraussetzung geschaffen, vorbereitende Einbürgerungskurse anzubieten.

Stärkung der Innern Sicherheit: Der Gesetzentwurf soll auch dazu beitragen, die innere Sicherheit in der Bundesrepublik Deutschland zu stärken. Die ausländerrechtlichen Erkenntnisse aus den versuchten „Kofferbombenanschlägen" vom 31. Juli 2006 sind in den Gesetzentwurf eingeflossen. Zum einen enthält der Gesetzentwurf Maßnahmen zur Verbesserung der Zusammenarbeit der Ausländerbehörden und der Sicherheitsbehörden im Konsultationsverfahren. Zum anderen sieht er Vorschriften über die Regelerhebung von Lichtbildern und Finderabdrücken bei Anträgen für nationale Visa vor.

Bleiberecht und gesetzliche Altfallregelung: Die Innenministerkonferenz hatte sich dieser Problematik auf ihrer Sitzung am 17. November 2006 angenommen und eine Regelung beschlossen, mit der für den Teil Betroffenen, die bereits jetzt in einem Beschäftigungsverhältnis stehen, eine rasche Lösung gefunden wurde. Für einen vorübergehenden Zeitraum, bis zum 30. September dieses Jahres, wird den Betroffenen, die weitere Voraussetzungen erfüllen, die sich rechtstreu verhalten haben und Deutschkenntnisse nachweisen, darüber hinaus Zeit zur Arbeitsplatzsuche eingeräumt.

Gleichzeitig hatte die Innenministerkonferenz im November 2006 die Zuversicht geäußert, „dass im Rahmen des angestrebten Gesetzgebungsverfahrens Lösungen gefunden werden können, die es erlauben, dem betreffenden Personenkreis ein gesichertes Aufenthaltsrecht gewährleisten zu können, die Zuwanderung in die Sozialsysteme zu vermeiden und nachhaltige Bemühungen der Betroffenen um ihre Integration in die deutsche Gesellschaft zu fordern".

Die in den Gesetzentwurf aufgenommene Altfallregelung (§§ 104a, 104b AufenthG) entspricht diesen Erwartungen. Geduldete, die am 1. Juli 2007 mindestens acht Jahre oder, falls in häuslicher Gemeinschaft mit einem oder mehreren minderjährigen Kindern lebend, seit sechs Jahren sich in Deutschland aufhalten, ein Mindestmaß an Integrationswilligkeit zeigen, über ausreichend Wohnraum verfügen, hinreichende mündliche Deutschkenntnisse besitzen und die Ausländerbehörden nicht vorsätzlich getäuscht haben, erhalten zunächst ein bis zum 31. 12. 2009 befristetes Aufenthaltsrecht und einen gleichrangigen Zugang zum Arbeitsmarkt, damit sie ohne Inanspruchnahme öffentlicher Sozialleistungen durch Erwerbstätigkeit ihren Lebensunterhalt bestreiten können. Von derzeit 171.000 Geduldeten leben rund 50.000 seit mehr als zehn Jahren in Deutschland. Für die Ausländer, die ihren Lebensunterhalt noch nicht durch Erwerbstätigkeit eigenständig sichern können, ist über eine Länderöffnungsklausel gewährleistet, dass sie keine höheren sozialen Leistungen als zuvor erhalten.

Nach dem 31. 12. 2009 wird die Aufenthaltserlaubnis nur verlängert, wenn für die Zukunft Tatsachen die Annahme rechtfertigen, dass der Ausländer seinen Lebensunterhalt sichern kann und er nachweist, dass er in der Vergangenheit überwiegend erwerbstätig war.

Zudem erhalten gut integrierte Kinder von geduldeten Ausländern unter erleichterten Voraussetzungen ein eigenständiges Aufenthaltsrecht.

Der Gesetzentwurf kann eingesehen werden unter der Internetadresse http://www.bmi.bund.de.

A. Ausländer

I. Ausländer und Deutsche

Ausländer sind alle Personen mit einer nichtdeutschen Staatsangehörigkeit. Auch diejenigen, die neben der deutschen Staatsangehörigkeit noch eine weitere oder mehrere Staatsangehörigkeiten haben (sog. Doppel- oder Mehrstaater), werden nach dem Ausländerrecht nicht als Ausländer behandelt.

Das bundesdeutsche Ausländerrecht spricht davon, dass jeder Ausländer ist, der **nicht Deutscher** im Sinne von Art. 116 Abs. 1 des Grundgesetzes (GG) ist (§ 2 Abs. 1 AufenthG). Diese negative Bestimmung des Begriffs Ausländer verweist zunächst auf die grundgesetzliche Definition des Deutschen. Das GG unterscheidet wiederum zwei Kategorien von Deutschen. Das sind zum einen diejenigen, die die deutsche Staatsangehörigkeit besitzen, zum anderen die sog. Statusdeutschen ohne deutsche Staatsangehörigkeit, die einen Rechtsanspruch auf Einbürgerung haben.

Unter **Statusdeutschen** – früher Heimatvertriebene, dann Aussiedler und heute Spätaussiedler genannt – versteht man die Personen, die als Flüchtling oder Vertriebener deutscher Volkszugehörigkeit oder als dessen Ehegatte oder Abkömmling im Gebiet des Deutschen Reiches nach dem Stande vom 31. 12. 1937 regulär Aufnahme gefunden haben (Art. 116 Abs. 1 GG). Spätaussiedler müssen in einem Verfahren an ihrem Wohnort beweisen, dass sie deutscher Abstammung sind, kulturell deutsch sozialisiert wurden und sich in den Herkunftsgebieten zum deutschen Volkstum bekannt haben. Ob dies tatsächlich zutrifft, ist gegebenenfalls nach Merkmalen wie Abstammung, Sprache, Erziehung oder Kultur nachzuweisen. Nach erfolgreichem Abschluss des Verfahrens erhalten sie (ebenso ihre Ehegatten und Kinder) einen Aufnahmebescheid. Dieser berechtigt mit dem gleichzeitig erteilten Visum zur Einreise nach Deutschland.

Infolge dieser rechtlichen Qualifikation konnten nach dem Zweiten Weltkrieg zahllose deutsche Flüchtlinge, Vertriebene und Aussiedler aus der Sowjetisch Besetzten Zone (SBZ), später DDR,

A. Ausländer

Polen, Rumänien und der Sowjetunion in das Bundesgebiet ziehen, ohne dabei ein Asylverfahren in Anspruch nehmen zu müssen. Das Merkmal deutscher Volkszugehörigkeit wird danach bestimmt, wer sich in seiner Heimat zum deutschen Volkstum bekannt hat. Im Zuwanderungsgesetz von 2004 ist festgelegt, dass auch Familienangehörige deutsche Sprachkenntnisse nachweisen müssen.

Mit dem Gesetz zur Reform des Staatsangehörigkeitsrechts von 1999 (§ 40a StAG) wurden alle, die am 1. 8. 1999 den Status des Statusdeutschen innehatten (z. B. Vertriebene und Spätaussiedler) eingebürgert, während sie vorher noch einen Antrag auf Einbürgerung stellen mussten. Seitdem erwerben Spätaussiedler die deutsche Staatsangehörigkeit mit der Aushändigung der Spätaussiedlerbescheinigung (§ 7 StAG). Die praktische Bedeutung der Figur des sog. Statusdeutschen ist seitdem nur noch gering.

Versucht man, den Begriff des Ausländers positiv zu bestimmen, dann müssten unterschiedliche Gruppen genannt werden, deren jeweiliger Status durch spezielle ausländerrechtliche Sondervorschriften ausgestaltet ist. Zu diesen „nichtdeutschen Personen" gehören zunächst die **Unionsbürger** (Personen, die die Staatsangehörigkeit eines Mitgliedstaates der Europäischen Union (EU) haben) und deren Familienangehörige, und **EWR-Angehörige**. Dieser Begriff umfasst neben den Unionsbürgern auch Staatsangehörige aus dem Gebiet des Europäischen Wirtschaftsraumes (EWR-Raum) zugehörigen EFTA-Staaten Island, Liechtenstein und Norwegen. Unionsbürger und EWR-Bürger sind nach dem Gemeinschaftsrecht gleich zu behandeln. Beide Gruppen werden nach dem Freizügigkeitsrecht der EU gegenüber anderen Ausländern aufenthalts- und arbeitsrechtlich privilegiert. Eine demgegenüber abgestufte Privilegierung genießen Staatsangehörige aus Ländern, die mit der EU Assoziierungsabkommen abgeschlossen haben – **Ausländer mit Assoziationsstatus**. Dazu gehören z. B. Türken aufgrund des Assoziationsabkommens der EWG mit der Türkei von 1963 oder Bürger aus Staaten, mit denen die EG sogenannte Europaabkommen abgeschlossen hat (z. B. Kroatien).

Weiterhin sind bei der positiven Umschreibung des Begriffs Ausländer die **Asylbewerber** zu nennen, also Ausländer, die Schutz vor politischer Verfolgung suchen und einen Asylantrag gestellt haben, und die **Asylberechtigten**, die als Asylsuchende in dem dafür vorgesehenen Asylverfahren beim Bundesamt für die Anerkennung von Flüchtlingen als asylberechtigt anerkannt worden sind (vgl. Art. 16a GG). Während die Asylbewerber nur ein vorläufiges Recht auf Aufenthalt genießen (§ 55 AsylVfG) und erst nach Ablauf einer längeren Wartefrist arbeiten dürfen, erhalten die Asylberechtigten eine unbefristete Aufenthaltserlaubnis (§ 68 AsylVfG), und sie dürfen auch arbeiten. Wird die Anerkennungsentscheidung noch gerichtlich angefochten, dann nennt man diese Ausländer **Bona-fide-Flüchtlinge**. Daneben gibt es **Konventionsflüchtlinge**, die Abschiebungsschutz nach der Genfer Flüchtlingskonvention genießen, ohne asylberechtigt zu sein. **Kontingentflüchtlinge** nennt man diejenigen Ausländer, die im Rahmen einer humanitären Hilfsaktion der Bundesregierung, aus völkerrechtlichen Gründen oder aus politischen Interessen in Deutschland aufgenommen werden; ihnen wird eine Aufenthaltserlaubnis erteilt (§§ 25, 26 AufenthG). Unter bestimmten Umständen kann ihnen, wenn sie sieben Jahre eine Aufenthaltserlaubnis besitzen, eine Niederlassungserlaubnis erteilt werden (§ 26 Abs. 4 AufenthG). Es gibt auch noch **andere ausländische Flüchtlinge**, z. B. die von einem anderen Vertragsstaat der Genfer Flüchtlingskonvention anerkannt worden sind. Zu den **De-facto-Flüchtlingen** zählen diejenigen Flüchtlinge, die Abschiebungsschutz genießen und deren Aufenthalt lediglich geduldet wird (§ 23a AufenthG).

Schließlich sind **Ausländer mit Sonderstatus** zu erwähnen. Dazu zählen Personen ausländischer diplomatischer und konsularischer Vertretungen, über die die Bundesrepublik Deutschland keine Gebietshoheit hat. Auf diese Personen findet das Aufenthaltsgesetz keine Anwendung (§ 1 Abs. 2 Ziff. 3 AufenthG, Art. 25 GG). **Angehörige der NATO-Truppen** genießen ebenfalls einen Sonderstatus. **Ausländer mit ungeklärter Staatsangehörigkeit** werden bis zur endgültigen Klärung dieser Frage als Ausländer behandelt (bei Findelkindern wird bis zum Beweis des Gegenteils die deutsche Staatsangehörigkeit angenommen, § 4 Abs. 2 StAG). Als **heimatlose Ausländer** werden diejenigen Personen bezeichnet, die während der Zeit der nationalsozialistischen Herrschaft aus den osteuropäischen Staaten zur Zwangsarbeit nach Deutschland verschleppt wurden,

A. Ausländer

nach dem Kriege unter dem Schutz der Vereinten Nationen standen und dann nach dem Heimatloseausländergesetz einen Sonderstatus erhielten.

Das Aufenthaltsgesetz ist nicht anwendbar,
- auf Ausländer, deren Rechtsstellung durch das Gesetz über die allgemeine Freizügigkeit von Unionsbürgern (Freizügigkeitsgesetz/ EU – FreizügG/EU) geregelt ist, soweit nicht durch Gesetz etwas anderes bestimmt ist,
- auf Ausländer, die nach Maßgabe der §§ 18 bis 20 des Gerichtsverfassungsgesetzes nicht der deutschen Gerichtsbarkeit unterliegen,
- auf Diplomaten und sonstige im Diplomatischen Dienst Tätige, die nach Maßgabe völkerrechtlicher Verträge von Einwanderungsbeschränkungen, von der Verpflichtung, ihren Aufenthalt der Ausländerbehörde anzuzeigen und dem Erfordernis eines Aufenthaltstitels befreit sind.

II. Ausländer: Rechtliche Regulierungen und Statusdifferenzierung

Betrachtet man die erwähnten Ausländergruppen, die man auch noch je nach Generationenzugehörigkeit und ihrer Integration in die bundesrepublikanische Gesellschaft unterscheiden könnte, so lässt sich hinsichtlich ihres rechtlichen Status jedenfalls feststellen, dass sie im Großen und Ganzen zwei unterschiedlichen Rechtsregimen unterliegen: Sind sie Angehörige von Mitgliedstaaten der EU (Unionsbürger) gilt für sie das Europäische Gemeinschaftsrecht; sind sie Angehörige sonstiger Staaten (also von Nicht-EU-Staaten, auch Drittstaaten genannt), wird das bundesdeutsche Ausländerrecht angewendet. Letzteres ist eine Art Sonderrecht für nichtdeutsche Staatsangehörige, das in Verbindung mit etwaigen bilateralen Abkommen zwischen der Bundesrepublik Deutschland und den Staaten ihrer Heimat anzuwenden ist. Allerdings unterliegen auch die Unionsbürger dem Ausländerrecht, soweit ihre Rechtsstellung nicht durch das Europäische Gemeinschaftsrecht in Form des Freizügigkeitsgesetzes/EU überformt ist. Besonderheiten ergeben sich

II. Ausländer: Rechtliche Regulierungen und Statusdifferenzierung

für Angehörige aus Staaten, mit denen die Europäische Gemeinschaft Assoziationsabkommen abgeschlossen hat. In diesen Fällen gilt primär das Gemeinschaftsrecht der Assoziationsverträge (z. B. für Türken das Assoziationsabkommen EWG-Türkei), das vom Gerichtshof der Europäischen Gemeinschaften (EuGH) als Gemeinschaftsrecht gekennzeichnet worden ist. Sofern das Assoziationsrecht keine Bestimmungen getroffen hat, gilt das Aufenthaltsgesetz.

Besonderheiten haben sich in der Vergangenheit insbesondere daraus ergeben, dass ehemalige Anwerbestaaten in der Zwischenzeit Mitgliedstaaten der EG wurden, und dass für Angehörige dieser Staaten Sonderregelungen anzuwenden waren, die sich aus dem jeweiligen Recht der Beitrittsvereinbarungen dieser Staaten mit der EG ergaben (so z. B. im Fall des Beitritts von Griechenland, Portugal und Spanien). Die hier angesprochenen Rechtskreise, die den jeweiligen Rechtsstatus der Ausländer näher bestimmen, werden ihrerseits überlagert von den Rechtsnormen der Vereinten Nationen, des Europarates und des Internationalen Arbeitsamtes (ILO), in denen zum Teil universalisierte Rechte gegenüber jedermann und die die nationale Gesetzgebung bindenden Rechtsmaßstäbe festgelegt sind.

Auf den Ausländerstatus einwirkende Rechtsnormen

Völkerrecht
- Allgemeine Erklärung der Menschenrechte (1948)
- Völkerrechtliche Verträge zwischen mehreren Staaten (multilateral), z. B.
  - Genfer Flüchtlingskonvention (GFK, 1951)
  - VN-Konvention gegen Rassendiskriminierung (CERD, 1961)
  - VN-Menschenrechtspakte (1966)
  - VN-Konvention über die Rechte der Kinder (1989)
- Völkerrechtliche Verträge zwischen einzelnen Staaten (bilateral), z. B.
  - Niederlassungsabkommen
  - Sozialversicherungsabkommen
  - Abkommen über Soziale Sicherheit
- Konventionen und Übereinkommen (multilateral) des Internationalen Arbeitsamtes (IAO)

Umsetzung in nationales Recht (Rechtsanwendungsbefehl durch Ratifizierung) erforderlich; Staaten werden verpflichtet; individuelle Rechtsansprüche werden nicht geschaffen

A. Ausländer

Europäisches Recht

Völkerrechtliche Verträge, z. B.	Europäisches Gemeinschaftsrecht

• Europäische Menschenrechtskonvention von (EMRK, 1950)
• Europäische Sozialcharta (ESC. 1961)
• Europäisches Fürsorgeabkommen (EFA, 1956)
	• EU/EG-Vertrag in der Fassung des Vertrages von Nizza (Primärrecht)
	• Assoziationsverträge (Primärrecht), z. B.
	  1. Assoziationsabkommen, z. B. EWG – Türkei
	  2. Europaabkommen, z. B. EG – Kroatien
	• Sekundäres Gemeinschaftsrecht, z.B.
	  – **Verordnungen (VO)**, gelten unmittelbar und vorrangig vor deutschem Recht, z. B. VO über die soziale Sicherheit von Wanderarbeitnehmern
	  – **Richtlinien (RL)**, gelten bezüglich ihrer Ziele unmittelbar, müssen in nationales Recht umgesetzt werden, z. B. RL über die Freizügigkeit der Unionsbürger
	• (Entwurf eines Verfassungsvertrages mit Charta der Grundrechte – Primärrecht)

Ratifizierung erforderlich; Staaten werden verpflichtet; individuelle Rechtsansprüche werden nicht geschaffen	*Ratifizierung des Primärrechts erforderlich; gilt unmittelbar und vorrangig gegenüber dem deutschen Recht; RL sind umzusetzen*

Nationales deutsches Recht

- Grundgesetz und einfache Gesetze
  - Grundgesetz, z. B. (Artt. 16, 16a, 116 GG
  - einfache Gesetze: z. B. Aufenthaltsgesetz, Freizügigkeitsgesetz/EU, Staatsangehörigkeitsgesetz
- Rechtsverordnungen
  - Aufenthaltsverordnung (AufenthV)
  - Verordnung über die Zulassung von neueinreisenden Ausländern zur Ausübung einer Beschäftigung (Beschäftigungsverordnung)
  - Verordnung über das Verfahren und die Zulassung von im Inland lebenden Ausländern zur Ausübung einer Beschäftigung (Beschäftigungsverfahrensverordnung)

II. Ausländer: Rechtliche Regulierungen und Statusdifferenzierung

- Verordnung über die Durchführung von Integrationskursen für Ausländer und Spätaussiedler (Integrationskursverordnung – IntV)
- Verwaltungsvorschriften   (Vorläufige) Anwendungshinweise des BMI zu einzelnen Gesetzen

Aufgrund dieser Überlagerung bzw. Vermischung von unterschiedlichen internationalrechtlichen, gemeinschaftsrechtlichen und nationalrechtlichen Rechtsnormen erklärt sich die komplizierte Rechtslage bei der Beurteilung von Rechten der Ausländer. Sie ist nur verständlich vor dem Hintergrund der Vielfalt von rechtlichen Statuszuweisungen gegenüber den Ausländern. Ein weiterer Grund ergibt sich aus der komplizierten bundesrepublikanischen Ausländergesetzgebung und den vielen ausländerspezifischen Sonderregelungen für Ausländer im sonstigen Gesetzesrecht (z. B. im Rentenversicherungsrecht). Der Anwendungsbereich dieser Rechtsvorschriften ist infolge der zunehmenden international- beziehungsweise europarechtlichen Einbindung des nationalen Rechts und aufgrund ständiger Veränderungen des nationalen Rechts andauernden Anpassungen unterworfen. Dementsprechend enthält das gegenwärtig gültige Ausländerrecht (wie seine Vorgänger) sowohl in Bezug auf den Gebietszugang als auch hinsichtlich des Zugangs zum Arbeitsmarkt staatsangehörigkeitsbezogene Privilegierungen und auch völkervertraglich, z. B. in bilateralen Niederlassungsabkommen festgelegte Wohlwollensklauseln für eine bevorzugte Behandlung bestimmter Ausländergruppen. Schließlich enthalten das Grundgesetz und zahlreiche Gesetze ausländerbezogene Regelungen, die den jeweiligen Status von Ausländern demjenigen der Inländer annähern, gleichstellen oder diskriminieren. Weiterhin formen zahlreiche weitere Rechtregeln den Ausländerstatus, nämlich Rechtsverordnungen zur Durchführung des Ausländerrechts und erläuternde bzw. interpretierende, gelegentlich ergänzende Verwaltungsvorschriften oder Anwendungshinweise.

Ergänzend sind die mit der Auslegung der jeweiligen Rechtsnormen befassten nationalen Gerichte (Bundesverfassungsgericht, Fachgerichtsbarkeiten, z. B. Verwaltungsgerichte, Arbeitsgerichte mit ihren jeweiligen Instanzen) mit ihrer umfangreichen Rechtsprechung sowie für die Auslegung des Gemeinschaftsrechts die Rechtsprechung des EuGH zu berücksichtigen. Vor dem Hintergrund dieser rechtlichen Überformung des Rechtsstatus von Ausländern lässt sich nachvollziehen, wie genau und umfassend, manchmal auch unklar und diffus die Rechtsstellung von Ausländern geprägt ist.

Gestufter Rechtsstatus von Ausländern (Gleichstellung mit Deutschen von oben nach unten abnehmend)

- Unionsbürger und Staatsangehörige der EWR-Staaten (Isländer, Liechtensteiner, Norweger)
- Unionsbürger aus Beitrittsstaaten (2004) – Übergangsfrist für die Freizügigkeit
- Staatsangehörige der Schweiz (nach Freizügigkeitsabkommen 2001) – Übergangsfrist für die Freizügigkeit
- Staatsangehörige der Türkei (Assoziationsabkommen von 1963) – zeitlich abgestufter privilegierter Aufenthalts- und Arbeitsstatus
- Staatsangehörige der Staaten, die mit der EG Europaabkommen abgeschlossen haben (z. B. Kroatien) – Privilegierter Arbeitsmarktzugang für selbständige und unselbständige Erwerbstätige
- Staatsangehörige der Staaten, die mit der EG Kooperationsabkommen beziehungsweise Europa-Mittelmeer-Abkommen abgeschlossen haben (z. B. Algerier, Marokkaner, Tunesier) – Gleichbehandlung im Aufenthaltsstaat
- Staatsangehörige der sonstigen Nicht-EU-Staaten (Drittstaaten)

III. Die Rechtsstellung von Ausländern nach dem GG

Auf verfassungsrechtlicher Ebene bestehen Unterschiede in der Bewertung des Status von Ausländern gegenüber Deutschen. Das Grundgesetz, die Verfassung der Bundesrepublik Deutschland, unterscheidet einerseits nach sog. Jedermann-Grundrechten, auf die sich alle Menschen, also auch Ausländer berufen können. Dazu zählen z. B. Art. 1 GG („Die Würde des Menschen ist unantastbar..."), Art. 2 GG („**Jeder** hat das Recht auf freie Entfaltung seiner Persönlichkeit..., das Recht auf Leben und körperliche Unversehrtheit...") oder Art. 5 GG („**Jeder** hat das Recht, seine Meinung in Wort, Schrift und Bild frei zu äußern und zu verbreiten..."). Anderseits spricht das Grundgesetz von sog. Deutschen-Grundrechten, die grundsätzlich den Deutschen vorbehalten sind. So steht das

Versammlungs- und Vereinigungsrecht grundsätzlich nur Deutschen zu, wie Art. 8 GG („**Alle Deutschen** haben das Recht, sich ohne Anmeldung oder Erlaubnis friedlich und ohne Waffen zu versammeln...") und Art. 9 GG („**Alle Deutschen** haben das Recht, Vereine und Gesellschaften zu bilden...") formulieren. Wenn Art. 12 GG sagt, dass alle Deutschen das Recht haben, „Beruf, Arbeitsplatz und Ausbildungsstätte frei zu wählen", verdeutlicht dies, dass derartige verfassungsrechtliche Grundaussagen gegenüber Ausländern in besonderer Weise angewendet werden müssen.

In einer Einwanderungsgesellschaft mit langandauernd hier lebenden und zahlreichen als Ausländer in Deutschland geborenen Bürgerinnen und Bürgern bedarf es einer verfassungskonformen Auslegung derartiger Grundrechtspositionen. Diese wird nicht nur durch tatsächliche Entwicklungen (dauerhafter Verbleib eingewanderter Ausländer), sondern auch durch internationale Rechtsentwicklungen (die Staaten bindendes völkerrechtliches Fremdenrecht, Menschenrechtsnormen) bewirkt. Auf der Grundlage der Anerkennung des „Prinzips des absolut geschützten Mindeststandards" streitet man zwar über die Höhe dieses Mindeststandards, Einigkeit besteht aber darin, dass ein derartiger Mindeststandard nur „zugelassenen" Ausländern zusteht. Es gibt demnach kein Recht auf Einreise und Aufenthalt.

Das auf ausländische Staatsangehörige unmittelbar zielende Grundrecht, das Recht auf Asyl nach Art. 16 a GG ist durch die speziellen ausländer- und asylrechtlichen Ausformungen weitgehend entwertet worden. Danach genießen politisch Verfolgte Asylrecht, d. h. das Grundgesetz gewährt jedem Verfolgten nicht nur ein Einreiserecht, sondern auch ein Recht auf Aufenthalt im Bundesgebiet, sofern diese Personen nicht an der Grenze an der Einreise gehindert werden können. Dies ist nur dann möglich, wenn sie aus einem sicheren Drittstaat kommen (Art. 16 a Abs. 2 Satz 1 GG i. V. m. § 26 a AsylVfG), oder, sofern sie bei der Einreise aus einem sog. sicheren Herkunftsstaat kommen, die Vermutung widerlegen können, dass ein Schutz vor Verfolgung vorliegt (Art. 16 a Abs. 3 Satz 1 GG i. V. m. § 29 a AsylVfG). Wer in der Bundesrepublik Deutschland um Asyl nachsucht, muss allerdings ein Anerkennungsverfahren durchlaufen, dessen Ablauf sich nach dem Asylverfahrensgesetz (AsylVfG)

A. Ausländer

richtet. Bei der Aufforderung, das Bundesgebiet wieder zu verlassen, ist der Grundsatz des „Non-refoulement" zu beachten, wonach niemand in einen Staat zurückgeschickt („abgeschoben") werden darf, wenn dort sein Leben oder seine Freiheit bedroht ist (§ 60 AufenthG, Art. 33 GK).

Wenn jemand einreisen durfte (oder einen Asylantrag gestellt hat), verbessert sich sein Status. Eine Ausweisung oder (zwangsweise) Abschiebung darf dann nur unter Beachtung verfassungs- und völkerrechtlicher Grenzen erfolgen. Eine Auslieferung als Maßnahme zwischenstaatlicher Rechtshilfe durch Übergabe eines Ausländers erfolgt nur unter Beachtung der im Gesetz über internationale Rechtshilfe in Strafsachen festgelegten Regeln. Zulässig ist eine Auslieferung – vereinfacht gesagt – nur dann, wenn ein ausländischer Staat zwecks Strafverfolgung einen entsprechenden Antrag an die Bundesrepublik Deutschland stellt und gesichert ist, dass der Ausländer im Falle seiner Auslieferung nicht politisch verfolgt wird.

Es gibt eine bedeutsame Rechtsprechung des Bundesverfassungsgerichts zum Grundrechtsschutz von Ausländern. Darin vertritt das Gericht die These, dass sich die Rechtsstellung des Ausländers zunehmend verfestigt, je länger er im Land weilt (sog. Inder-Entscheidung von 1978). Schon 1973 hatte das Gericht den Rechtsschutz auch für Ausländer betont und Art. 2 Abs. 1 GG im Anwendungsbereich der Grundrechte für Deutsche auch auf Ausländer erstreckt (sog. Palästinenser-Entscheidung von 1973). In einem neueren Urteil zu Fragen der Zulässigkeit von Familiennachzugsregelungen der Länder ist die Einbeziehung von Ausländern in den Anwendungsbereich der verfassungsrechtlichen Gewährleistung des Art. 6 GG und damit die Anerkennung eines Grundrechtsstatus bestätigt worden.

Danach ist eine weite bereichsspezifisch orientierte Anwendung aller Grundrechte gegenüber Ausländern gewährleistet. Ausländer können sich insbesondere auf das „Auffanggrundrecht" des Art. 2 Abs. 1 GG in den Freiheitsbereichen berufen, in denen die Spezialgrundrechte (z. B. die Freizügigkeit, Art. 11 GG, oder die Berufsfreiheit, Art. 12 GG) nur Deutschen vorbehalten sind. Diese anerkannte grundrechtliche Position hat zum einen zur Folge, dass Gestaltung und Anwendung des Ausländerrechts zu berücksichtigen haben, dass Ausländer mit zunehmender Dauer ihres rechtmäßigen Aufenthalts, also der Verfestigung ihres aufenthaltsrechtlichen Status, eine materiale Grundrechtsstellung erhalten, die sich derjenigen der Deutschen annähert. Zum anderen müssen gesetzliche Regelungen, die in den grundrechtlich geschützten Bereich von Ausländern eingreifen, dies im Gesetz erwähnen (§ 106 AufenthG).

Die Verfestigungsstufen nach dem Ausländergesetz von 1990 erfolgten zunächst mit der auf ein Jahr oder später auf zwei Jahre befristeten Aufenthaltserlaubnis mit der Möglichkeit mehrmaliger Verlängerung, dann nach mindestens fünf Jahren mit der unbefristeten Aufenthaltserlaubnis und nach mindestens acht Jahren mit der Aufenthaltsberechtigung. Vor diesem Hintergrund wird man bei Ausländern mit mehr als achtjährigem rechtmäßigem Aufenthalt, nach den jüngsten gemeinschaftsrechtlichen Entwicklungen wohl schon nach fünf Jahren (vgl. C X), eine Gleichstellung mit Deutschen anerkennen müssen. Selbst wenn man darin keine materielle Grundrechtsposition sehen will, bleibt doch festzustellen, dass der Grundrechtsschutz von Ausländern zu einem die Gesetzgebung und die Verwaltung bindenden Rechtsprinzip ausgebaut worden ist. Sofern nicht spezielle Grundrechte als Schranke gegenüber Eingriffen in den Lebensbereich von Ausländern wirken, bleibt die rechtsstaatliche Gewähr auf Beachtung der Menschenwürde und die freie Entfaltung der Persönlichkeit garantiert. Dazu gehören auch die Verfahrensgarantien bei behördlichen Eingriffen.

Einschränkungen wie auch Gewährleistungen von Grundrechtspositionen bedürfen der Begründung; Maßstab ist eine Abwägung im Rahmen des Grundsatzes der Verhältnismäßigkeit unter Beachtung von Menschenwürde und des Sozialstaatsprinzips im Rahmen des Art. 2 GG.

Für Unionsbürger, deren Rechtspositionen speziell im FreizügG/EU zusammengefasst sind (§ 1 FreizügG/EU), ist der Grundsatz der Nichtdiskriminierung (Art. 6 EGV) und als grundrechtsähnliches Recht die gemeinschaftsrechtlich garantierte Freizügigkeit (Art. 18 EG), insbesondere das Recht auf gleichberechtigten Zugang zum Erwerbsleben aufgrund von Art. 39 ff. EG zu beachten. In diesen Zusammenhang gehört auch das unmittelbar durch Europäisches Gemeinschaftsrecht garantierte Recht auf Gleichbehandlung von Mann und Frau nach Art. 141 EG.

Wichtige Gesetze

Art. 6, 18, 39 ff., 141 EG; Art. 33 GFK; Art. 1, 2, 5, 8, 9, 11, 12, 16, 16a, 25, 116 GG; §§ 1, 23a, 25, 26, 60, 106 AufenthG; § 1 FreizügG/EU; §§ 4, 7, 40a StAG; Bundesvertriebenengesetz (BVFG); §§ 26a, 29a, 55a AsylVfG

Wichtige Urteile

Einige grundlegende Entscheidungen des Bundesverfassungsgerichts: „Palästinenser-Entscheidung" vom 18. 7. 1973, NJW 1974, 227; „Inder-Entscheidung" vom 26. 9. 1978, NJW 1978, 2446; zur auslandsrentenrechtlichen Position der Ausländer: Entscheidung vom 20. 3. 1979, NJW 1979, 2295; zur Einbeziehung von Ausländern in den Anwendungsbereich der verfassungsrechtlichen Gewährleistung des Art. 6 GG und zur Anerkennung eines Grundrechtsstatus der Ausländer: Entscheidung vom 12. 5. 1987, NJW 1988, 926. Die Neuregelung des Asylrechts wurde vom Gericht in drei Urteilen vom 14. 5. 1996 bestätigt: NJW 1996, 1665. Aus neuerer Zeit: Zur Frage des Ausschlusses von Ausländern von Familienleistungen: Entscheidungen vom 6. 7. 2004, InfAuslR 2005, 67 (Kindergeld) und NVwZ 2005, 319 (Erziehungsgeld).

Vertiefende Literatur

Huber, Das Zuwanderungsgesetz, NVwZ 2005, 1–10; *Peters*, Rechtsfragen des Aussiedlerzuzugs, in: Huber, Handbuch des Ausländer- und Asylrechts, VI SystDarst (Stand Mai 2006)

6. Bericht über die Lage der Ausländer in der Bundesrepublik Deutschland 2005, hrsgg. von der Beauftragten für Migration, Flüchtlinge und Integration, Berlin August 2005, auch unter www.bundesregierung.de und dann über Integrationsbeauftragte.

Migrationsbericht 2005 des Bundesamtes für Migration und Flüchtlinge im Auftrag der Bundesregierung, unter: www.bamf.de; Bericht des Sachverständigenrates für Zuwanderung und Integration im Auftrag der Bundesregierung in Zusammenarbeit mit dem europäischen forum für migrationsstudien (efms) an der Universität Bamberg, Bonn 2006 – mit zahlreichen Tabellen über die Zahl und Herkunft der Ausländer in Deutschland und ihren Aufenthaltsstatus (66–69) und zahlreichen weiteren Statistiken; als Broschüre beim Bundesministerium des Innern zu erhalten oder als download über www.bmi.bund.de

IV. Statistische Übersichten

Gesamtbevölkerung und Ausländer von 1951 bis 2005

Jahr	Gesamt-bevölkerung[1]	Ausländische Bevölkerung[2]	Ausländeranteil in %	Veränderung der ausl. Bevölkerung in %[3]
1951[4]	50.808.900	506.000	1,0	–
1961[4]	56.174.800	686.200	1,2	+ 35,6
1967	59.926.000	1.806.653	3,0	+ 163,3
1968	60.345.300	1.924.229	3,2	+ 6,5
1969	61.069.000	2.381.061	3,9	+ 23,7
1970	60.650.600	2.976.497	4,9	+ 25,0
1971	61.502.500	3.438.711	5,6	+ 15,5
1972	61.776.700	3.526.568	5,7	+ 2,6
1973	62.090.100	3.966.200	6,4	+ 12,5
1974	62.048.100	4.127.366	6,7	+ 4,1
1975	61.746.000	4.089.594	6,6	– 0,9
1976	61.489.600	3.948.337	6,4	– 3,5
1977	61.389.000	3.948.278	6,4	– 0,0
1978	61.331.900	3.981.061	6,5	+ 0,8
1979	61.402.200	4.143.836	6,7	+ 4,1
1980	61.653.100	4.453.308	7,2	+ 7,5
1981	61.719.200	4.629.729	7,5	+ 4,0
1982	61.604.100	4.666.917	7,6	+ 0,8
1983	61.370.800	4.534.863	7,4	– 2,8
1984	61.089.100	4.363.648	7,1	– 3,8
1985	61.020.500	4.378.942	7,2	+ 0,4
1986	61.140.500	4.512.679	7,4	+ 3,1
1987[5]	61.238.100	4.240.532	6,9	– 6,0
1988	61.715.100	4.489.105	7,3	+ 5,9
1989	62.679.000	4.845.882	7,7	+ 7,9
1990	63.725.700	5.342.532	8,4	+ 10,2
1991[6]	80.274.600	5.882.267	7,3	+ 10,1
1992	80.974.600	6.495.792	8,0	+ 10,4
1993	81.338.100	6.878.117	8,5	+ 5,9
1994	81.538.600	6.990.510	8,6	+ 1,6

A. Ausländer

Jahr	Gesamt-bevölkerung[1]	Ausländische Bevölkerung[2]	Ausländeranteil in %	Veränderung der ausl. Bevölkerung in %[3]
1995	81.817.500	7.173.866	8,8	+ 2,6
1996	82.012.200	7.314.046	8,9	+ 2,0
1997	82.057.400	7.365.833	9,0	+ 0,7
1998	82.037.000	7.319.593	8,9	– 0,6
1999	82.163.500	7.343.591	8,9	+ 0,3
2000	82.259.500	7.296.817	8,9	– 0,3
2001	82.440.309	7.318.628	8,9	+ 0,3
2002	82.536.700	7.335.592	8,9	+ 0,2
2003	82.531.671	7.334.765	8,9	– 0,0

1 Gesamtbevölkerung 1967 bis 1984 zum 30.9.; ab 1985 zum 31.12.
2 Ausländer 1967 bis 1984 zum 30.9.; ab 1985 zum 31.12.
3 Jährliche Veränderung, d. h. Bezug auf das Vorjahr. Ausnahme: Veränderungsraten für 1961 und 1967 beziehen sich auf die Jahre 1951 und 1961
4 Zahlen zum 1. 10. 1951, 6. 6. 1961 (Volkszählungsergebnisse) bzw. zum 31. 12. 1971.
5 Zahl an die Volkszählung vom 25. Mai 1987 angepasst.
6 Zahlen ab dem 31. 12. 1991 für den Gebietsstand seit dem 3. 10. 1990.
Hinweis: Zwischen 2003 und 2004 verringerte sich die Zahl der Ausländer von 7,3 Mio. auf 6,7 Mio. Personen. Dies ist vor allem auf die Datenbereinigung des Ausländerzentralregisters zurückzuführen. Die Zahlen von 2004 und 2005 sind daher nicht mit den Zahlen von 2003 und den Vorjahren vergleichbar.
Quelle: Statistisches Bundesamt, Ausländerzentralregister

IV. Statistische Übersichten

Ausländische Bevölkerung von 1951 bis 2005

Quelle: Statistisches Bundesamt

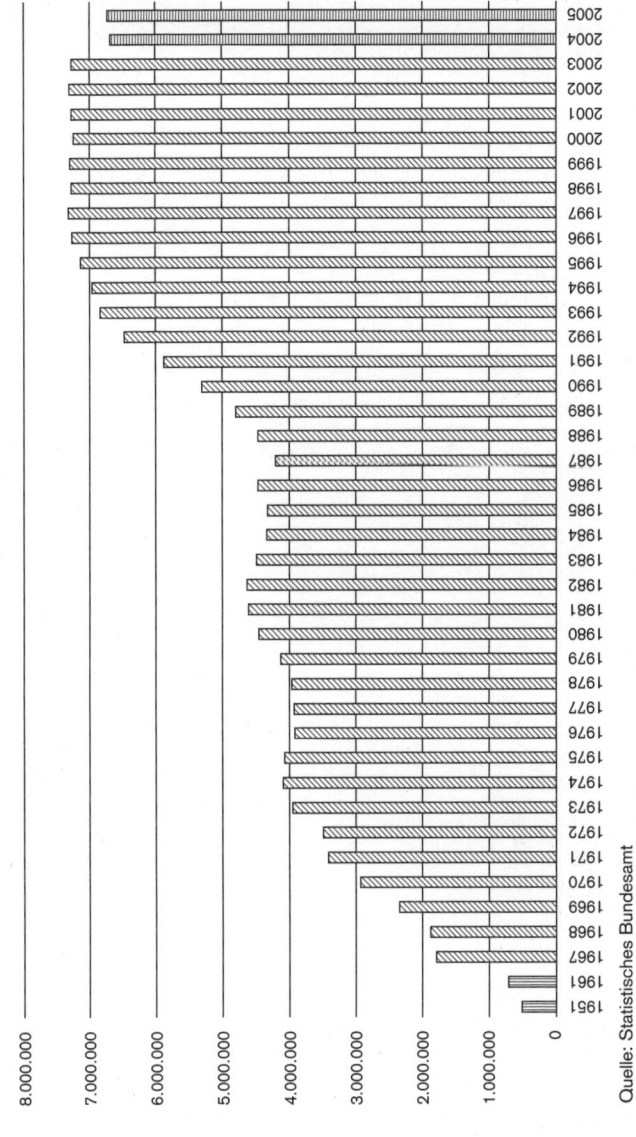

A. Ausländer

Aufenthaltsdauer der ausländischen Bevölkerung am 31.12.2005

Ausgewählte Staatsangehörigkeiten		Davon Aufenthaltsdauer von … bis … unter … Jahren									durchschnittl. Aufenthaltsdauer in Jahren
		unter 1	1 bis 4	4 bis 6	6 bis 8	8 bis 10	10 bis 15	15 bis 20	20 bis 25	25 bis 30	30 und mehr	
Türkei	1.764,0	23,9	89,4	63,9	102,1	119,2	293,5	255,8	130,8	247,8	437,5	19,9
Italien	540,8	6,7	21,3	18,5	23,6	25,5	59,0	61,7	49,2	66,1	209,2	24,3
Serbien/Montenegro	297,0	9,0	24,1	15,6	32,5	18,5	98,7	23,5	8,4	12,3	53,4	14,4
ehem. Jugoslawien	196,9	0,9	9,2	10,5	19,2	10,8	59,6	16,9	7,3	10,8	53,0	19,0
Griechenland	309,8	3,3	13,2	12,0	13,7	13,9	42,8	46,4	19,1	22,9	122,4	23,3
Polen	326,6	43,9	68,8	30,3	25,5	24,5	52,4	50,9	19,8	4,8	5,8	9,5
Kroatien	228,9	2,0	7,6	5,5	6,5	6,6	41,3	18,3	14,8	22,8	103,7	24,7
Bosnien-Herzegowina	156,9	2,1	7,6	5,3	5,1	5,4	77,6	9,6	5,2	8,4	30,6	17,1
Portugal	115,6	2,1	6,8	6,1	7,2	8,8	25,0	11,1	4,9	9,2	34,4	19,3
Spanien	107,8	3,7	4,6	4,5	4,0	3,6	7,7	5,8	5,2	7,7	58,1	26,1
Vietnam	83,4	2,7	11,8	8,6	7,2	4,6	23,8	20,2	2,9	1,4	0,3	11,1
Rumänien	73,0	6,7	17,1	10,6	7,1	5,1	16,7	8,0	0,9	0,4	0,5	8,0
Marokko	71,6	2,8	11,5	7,5	6,4	4,8	10,2	10,0	5,6	4,7	8,0	14,0
Iran, Islam. Rep.	61,8	2,1	9,0	8,3	6,1	6,0	7,8	12,1	4,7	2,8	3,0	12,3
Mazedonien	62,1	1,3	5,2	3,8	4,1	3,7	13,7	10,2	3,3	4,1	12,6	17,2
Afghanistan	55,1	1,2	6,4	9,3	8,0	8,1	14,6	5,5	1,4	0,5	0,2	9,1
Ungarn	49,5	5,1	8,7	4,6	3,4	3,0	8,1	7,7	3,2	1,9	3,7	12,1
Libanon	40,1	1,2	5,2	3,5	2,8	2,9	7,4	13,2	2,4	1,3	0,2	12,2
Pakistan	30,0	1,6	6,1	3,5	3,0	2,8	6,4	4,1	1,0	1,1	0,4	9,8
Tunesien	22,9	1,5	4,7	2,6	2,1	1,4	2,8	1,9	1,4	1,5	2,9	12,8
Slowenien	21,2	0,5	0,9	0,5	0,5	0,5	1,6	1,2	1,1	1,9	12,5	27,7
Ausländische Bevölkerung insg.	**6.755,8**	**274,2**	**812,4**	**533,2**	**499,8**	**446,0**	**1.149,8**	**748,7**	**376,8**	**509,9**	**1.404,9**	**16,8**

Quelle: Statistisches Bundesamt

B. Ausländerrecht –
Geschichte und aktuelle Grundlagen

I. Zur Geschichte des Ausländerrechts

1. Fremde und Ausländer

Auf dem Hintergrund der Herausbildung nationaler Arbeitsmärkte und souveräner Verfassungsstaaten spricht man seit Anfang des 19. Jahrhunderts in Deutschland von Fremden als Ausländern. Das Merkmal der Staatsangehörigkeit wurde wesentlicher Anknüpfungspunkt für die Ausgestaltung der besonderen Rechtsstellung von Ausländern und ist es bis heute geblieben. Ausländerrecht ist die Gesamtheit von staatlichen Sonderregelungen, die den Status von Staatsfremden gegenüber den eigenen Staatsangehörigen betreffen. Das bezieht sich auf den Zugang zum Staatsgebiet, den Aufenthalt und die Arbeitsmöglichkeiten sowie die soziale und politische Rechtsstellung.

2. Ausländerrecht im 19. Jahrhundert bis zum Ersten Weltkrieg

Fremde wie eigene Bürger zu behandeln unter der Bedingung, dass der fremde Staat dies ebenso tut, ist als Grundsatz im Preußischen Allgemeinen Landrecht von 1794 verankert. Dieses „Gegenseitigkeitsprinzip" (Reziprozitätsprinzip) wurde Bestandteil des heutigen Völkerrechts. Baden regelte mit dem Konstitutionsedikt vom 27. 6. 1808 als erster deutscher Staat die Staatsangehörigkeit. In der folgenden Zeit der Verfassungsstaatsentwicklung kam es in zahlreichen Staaten zu verfassungsrechtlichen Regelungen der Staatsangehörigkeit.

Das Ausländerrecht regelte zunächst das Ausmaß an Freizügigkeit der Fremden. Später diente es immer mehr als Instrument der Steuerung der Ausländerbeschäftigung. In der zweiten bayerischen Verfassung von 1818 wurden erstmals Grundsätze über die Rechtsstellung von Ausländern formuliert. 1842 begann Preußen, u. a. Gesetze über den Erwerb und Verlust der Eigenschaft als Preußischer Unterthan und über die Aufnahme neu zuziehender Personen zu regeln. 1867 folgten Gesetze über das Passwesen und die Freizügigkeit, die mit der Gründung des Deutschen Reiches 1871 weitgehend übernommen wurden.

Nach Art. 3 Abs. 1 der Verfassung des Deutschen Reiches von 1871 wurden Angehörige eines jeden Bundesstaates in jedem anderen Bundesstaat als Inländer behandelt. Damit wurde die Gleichstellung der Staatsangehörigen eines jeden Bundesstaates mit den Einwohnern eines jeden anderen Bundesstaates hinsichtlich der bürgerlichen Rechte hergestellt (sog. Indigenat). Ein Reichsgesetz über den Aufenthalt von Ausländern im Reichsgebiet wurde seinerzeit nicht verabschiedet; es blieb insoweit bei den landesrechtlichen Bestimmungen, die – in wesentlichen Punkten übereinstimmend – den Aufenthalt von Ausländern gestatteten, sofern diese sich über ihre Staatsangehörigkeit ausweisen konnten und keine besonderen Versagungsgründe vorlagen (es gab also keinen Rechtsanspruch auf Aufenthalt; eine Ausweisung aus dem Staatsgebiet war nur „aus Rücksicht auf das öffentliche Wohl" gestattet).

Die Anfang der 80er Jahre des letzten Jahrhunderts mit dem industriellen Aufschwung und Landarbeitermangel („Leutenot") vor allem aus Russisch-Polen und Galizien ins Deutsche Reich wandernden ausländischen Arbeitskräfte bedrohten die Germanisierungspolitik in den östlichen Provinzen Preußens. So kam es zu den Ausweisungsverordnungen vom 26.3 und 26. 7. 1885, die als Grundlage für Massenausweisungen gegenüber den (nicht naturalisierten) „Auslandspolen" dienten (derartige Massenausweisungen wären heute völkerrechtswidrig). Die Kritik an diesen Entscheidungen blieb nicht aus. Die ostdeutschen Großagrariern forderten beispielsweise eine lediglich saisonale Zuwanderungserlaubnis mit strenger staatlicher Reglementierung. Zugleich wollte man die Sesshaftmachung und die Weiterwanderung in die Industrie des preußischen Westens verhindern. Widersprüchliche Interessen führten zum Verbot der Heranziehung von Ausländern zur Gesindearbeit einerseits und zur Zulassung von Saisonarbeitern, die außerhalb (wechselnder Spannen) von Karenzzeiten für begrenzte Zeiten im Jahr (1.4.–15.11.) einreisen durften („antipolnische Abwehrpolitik"). In den Erlassen des preußischen Innenministers vom 20.11. 1890 (betreffend Russisch-Polen) und vom 18.12. 1890 (betreffend Galizien) wurde die Saisonarbeit in den landwirtschaftlichen und industriellen Betrieben der preußischen Ostprovinzen rechtlich fixiert. Nach dem Erlass vom 18.4. 1891 durften Auslandspolen in den mittleren und den Westprovinzen Preußens nur in der Landwirtschaft beschäftigt werden. Die Beschäftigung von Polen im Ruhrgebiet betraf überwiegend keine Ausländer – die im östlichen Preußen rekrutierten Polen hatten nämlich Inländer-Status ("Inlandspolen").

Die zahlreichen ausländerpolizeilichen Erlasse sind Ausdruck eines Interessenkompromisses: Sie spiegeln den Interessenkonflikt zwischen dem gleichzeitigen Wunsch nach Minimierung von Arbeitskräftekosten ("Lohndruckfunktion") und nach vorzugsweiser Berücksichtigung der einheimischen Arbeitskräfte ("Prinzip des Inländerprimats") wider. Sie sind auch Vorläufer der später einsetzenden Verstaatlichung der Ausländeranwerbung.

Wachsender Bedarf an Ausländerbeschäftigung und zahllose Kontraktbrüche durch die ausländischen Wanderarbeitnehmer, die durch Ausweisungen ohne gesetzliche Grundlage geahndet wurden, verlangten immer stärkere staatliche Reglementierungen. Durch Verordnung des preußischen Innenministers „betr. die Zulassung ausländischer Arbeiter zur Arbeit in der Landwirtschaft und in den gewerblichen Betrieben in Deutschland" vom 21.12. 1907 wurde der „Inlandslegitimationszwang" geschaffen: Ausländischen Arbeitern wurden in den Grenzämtern der Deutschen Feldarbeiterzentrale (Koordinationsstelle für die Anwerbung/Vermittlung ausländischer Arbeitskräfte) in Verbindung mit der Ortspolizei Legitimationskarten ausgestellt. Diese Regelungen wurden teilweise auch in anderen deutschen Bundesstaaten übernommen. Darüber hinaus verhinderte die unbegrenzte Ausweisungskompetenz des preußischen Staates in Verbindung mit einzelstaatlichen Vereinsgesetzen (z.B. das Erfordernis deutscher Sprachkenntnisse als Gründungsvoraussetzung) eigene Organisationsversuche und die Beteiligung von Ausländern an Arbeitskämpfen. Hiervon blieben dagegen die Ruhr-Polen unberührt, da sie als preußische Staatsangehörige den Status von Reichsdeutschen hatten. Wer als Deutscher anzusehen war, bestimmte § 1 des Reichs- und Staatsangehörigkeitsgesetzes von 1913.

3. Weimarer Republik und Nationalsozialismus

Unter der Geltung der Weimarer Reichsverfassung von 1919 wurden zahlreiche Ausländerrechtsvorschriften erlassen. Weitreichende Bedeutung erhielt der aufgrund der polizeilichen Generalklausel in § 14 des preußischen Polizeiverwaltungsgesetzes ergangene Erlass der preußischen Polizeiverordnung von 1932 über die Behandlung von Ausländern. Infolge der Beseitigung der Eigenstaatlichkeit der Länder nach 1933 wurde z. B. die bis dahin landesrechtlich geregelte Landesverweisung durch die Reichsverweisung abgelöst. 1937 folgte das Gesetz über das Pass-, das Ausländerpolizei- und das Meldewesen sowie das Ausweiswesen. Von der darin vorgesehenen Verordnungsermächtigung hatte der Reichsinnenminister durch den Erlass der Ausländerpolizeiverordnung von 1938 Gebrauch gemacht. Während die Ausländerpolizeiverordnung von 1938 die unbegrenzte aufenthaltsrechtliche Dispositionsbefugnis über Ausländer festschrieb, schuf die „Verordnung über die Behandlung von Ausländern" vom 5. 9. 1939 des Reichsministeriums des Innern die ausländerpolizeilichen Voraussetzungen für den Arbeitseinsatz der „Angehörigen der Feindstaaten" nach den deutschen Kriegsinteressen. Ausländer wurden damit vollständig den Herrschaftsinteressen der Nationalsozialisten unterworfen (Zwangsarbeit, Deportation und Vernichtung in Konzentrationslagern). Kennzeichnend war die Beseitigung eines rechtsförmigen Status der Ausländer überhaupt.

4. Bundesrepublik Deutschland 1945–1990

Nach 1945 galt die überkommene Ausländerpolizeiverordnung von 1938 (mit Modifikationen) zunächst fort. Ein großer Einschnitt in das nationale ausländerrechtliche Gefüge war seit 1958 mit dem EWG-Vertrag eingetreten, dessen Regelungen über die Arbeitnehmerfreizügigkeit den Staatsangehörigen aus EWG-Staaten unmittelbar geltende Aufenthaltsrechte einräumte. Aufgrund von Anwerbevereinbarungen von 1955 bis 1965 zwischen der bundesdeutschen

Regierung und den Regierungen zahlreicher Anrainerstaaten des Mittelmeeres (z. B. Griechenland, Türkei, Algerien, Marokko, Tunesien) wanderten Hunderttausende von ausländischen Arbeitskräften in das Bundesgebiet ein. Damit einhergehende Fragen machten veränderte ausländerrechtliche Regelungen erforderlich, die mit dem Ausländergesetz (AuslG) von 1965 geschaffen wurden. Nach dem Anwerbestop von 1973 (Regierungsentscheidung) und dem Gesetz zur Förderung der Rückkehrbereitschaft (vor allem der Türken) von 1983 mit ihren sozialpolitischen Anreizen („Abschiebeprämien") kamen Ausländer vor allem im Rahmen des Familiennachzugs (und seit 1980 verstärkt als Asylbewerber) ins Bundesgebiet – das ist bis heute so geblieben. Diese Entwicklung machte erneut veränderte Rechtsvorschriften für Ausländer erforderlich. Das neue Ausländergesetz vom 9. 7. 1990 (BGBl. I S. 1354) sollte nunmehr ausdrücklich einer kontrollierten Begrenzung des Ausländerzuzugs und der Integration der eingewanderten Ausländer dienen. Die nach der Vereinigung Deutschlands 1990 modifizierten ausländerrechtlichen Regelungen der früheren DDR galten nur vorübergehend. Ab 1991 waren die Vorschriften des neuen Ausländergesetzes für das gesamte Gebiet Deutschlands verbindlich. Die für die früheren Vertragsarbeitnehmer der DDR geltenden Aufenthaltstitel wurden in das neue Aufenthaltsgenehmigungsrecht überführt.

Die Diskussion über ein zeitgemäßes Verständnis über die politische Bedeutung der Wanderungsprozesse innerhalb der Europäischen Union, besonders innerhalb Deutschlands prägt die jüngste Phase der Ausländerpolitik in Deutschland. Anknüpfungspunkt ist der Streit darüber, ob die Bundesrepublik Deutschland ein Einwanderungsland ist oder nicht. Die noch in den Einbürgerungsrichtlinien von 1987 enthaltene Formulierung „Deutschland ist kein Einwanderungsland" wurde zunehmend als wirklichkeitsfremd empfunden. Den Wendepunkt der gesellschaftlichen Diskussion über eine geregelte Einwanderung brachte die Ankündigung von Bundeskanzler Schröder im Frühjahr 2000, ausländische Computer-Spezialisten mit einer Green-Card nach Deutschland zu holen.

5. Die Entwicklung von 2000 bis 2004

Im Juni 2000 wurde im Deutschen Bundestag ein erster Gesetzentwurf zur Zuwanderung eingebracht. Es entwickelte sich eine lebhafte Diskussion über die Rolle der neuen „Green-Card" und die Fragen einer geänderten rechtlichen Steuerung des Zugangs von Ausländern auf den deutschen Arbeitsmarkt. Im Juli 2000 setzte die Bundesregierung eine Unabhängige Kommission „Zuwanderung" unter dem Vorsitz der früheren Bundestagspräsidentin Süßmuth ein, die bereits ein Jahr später ihren Bericht „Zuwanderung gestalten – Integration fördern" vorlegte, wonach Zuwanderung wegen der drohenden Überalterung auch in den Arbeitsmarkt erforderlich sei.

In Abänderung des von Bundesinnenminister Schily vorgelegten Referentenentwurfs beschließt das Bundeskabinett im November 2001 das Zuwanderungsgesetz, das von der CDU fast ganz und vollständig von der CSU abgelehnt wird. Nach Verhandlungen zwischen den Regierungs- und Oppositionsparteien und geringfügigen Änderungen des Regierungsentwurfs wurde das Gesetz im März 2002 im Deutschen Bundestag mit den Stimmen der Regierungsparteien verabschiedet. Die Zustimmung des Bundesrats fand das Gesetz in einer turbulenten Sitzung am 22. März 2002. Bundespräsident Rau unterzeichnete das Gesetz, wobei er die Parteien für ihr Verhalten im Bundesrat rügte und sich gegenüber einer Überprüfung des Gesetzes durch das Bundesverfassungsgericht nicht sperrte.

Die Opposition klagte beim Bundesverfassungsgericht und hatte Erfolg: Das Gericht erklärte im Dezember 2002 das Gesetz aus Verfahrensgründen für verfassungswidrig. Nun musste ein neues Gesetzgebungsverfahren zum Ausländerrecht eingeleitet werden. Anfang 2003 wurde es durch die Bundesregierung mit der Vorlage des alten Entwurfs vom März 2002 in Gang gesetzt, geriet allerdings ab Juli 2003 im Vermittlungsausschuss von Bundestag und Bundesrat wieder ins Stocken. Nach über mehrere Monate andauernden Verhandlungen, die angesichts hoher Arbeitslosenzahlen und der Ereignisse vom 11. 9. 2001 in New York und dem 11. 3. 2004 in Madrid vom Streit der Parteien, Kirchen, Gewerkschaften und Arbeitgebervereinigungen über die Größenordnung der Aufnahme von Fremden in den Arbeitsmarkt, über Integrationsbedingungen und über die Behandlung von Terrorverdächtigen geprägt waren, kam es am 17. Juni 2004 zu einer überparteilichen Einigung. Der Vermittlungsausschuss beschloss am 30. Juni 2004 den inzwischen erneut abgeänderten Gesetzentwurf. Am 1. Juli 2004 entschied der Bundestag mehrheitlich über das „Gesetz zur Steuerung und Begrenzung der Zuwanderung und zur Regelung des Aufenthalts und der Integration von Unionsbürgern und Ausländern". Mit diesem Gesetz soll die Zuwanderung zum Zweck der Erwerbstätigkeit erleichtert werden, der Zuzug von Ausländern soll besser gesteuert und begrenzt werden und dauerhaft aufhältige Ausländer sollen stärker integriert werden. Zusätzlich soll das Ausländerrecht und das Aufenthaltsrecht von Unionsbürgern vereinfacht werden. Das Asylverfahren soll gestrafft und beschleunigt werden und Missbräuche sollen vermieden werden.

II. Aktuelle Rechtsgrundlagen des Ausländerrechts

Die folgenden Erläuterungen zum Ausländergesetz und den zu seiner Durchführung erlassenen Rechtsvorschriften sowie anderen ausgewählten wichtigen ausländerrechtlichen Regelungen sollen einen kurzen Überblick über die rechtlichen Grundlagen des Ausländerrechts ermöglichen.

Die vorliegende Darstellung der Rechtsquellen des Ausländerrechts soll den als unabdingbar angesehen Fundus von Regelungen zur ausländerrechtlichen Rechtsmaterie darstellen. Es soll daher weniger um eine detaillierte Darstellung aller denkbaren Regelungen gehen. Größeres Augenmerk wird auf die tatsächlich in der juristischen Praxis und der Lebenswirklichkeit von Ausländern in Frage stehenden Regelungen gelegt.

1. Ausländerrecht

Grundlage des Ausländerrechts sind das „Gesetz zur Steuerung und Begrenzung der Zuwanderung und zur Regelung des Aufenthalts und der Integration von Unionsbürgern und Ausländern (Zuwanderungsgesetz)" vom 20. 7. 2004, BGBl. 2004 I S. 1950, sowie das Grundgesetz der Bundesrepublik Deutschland. Weitergehendes ausländerrechtliches Sonderrecht bezieht sich auf Unionsbürger (teilweise auch auf Staatsangehörige aus mit der EU assoziierten Staaten) und Flüchtlinge. Durch die Neuregelungen zum 1. Januar 2005 wurden die Bereiche der Datenverarbeitung und Datenübermittlung mit in das Zuwanderungsgesetz integriert. Die jeweils konkreten Ausformungen erhalten diese Gesetze durch eine Vielzahl sie ergänzender Verordnungen speziell zur Beschäftigung und Integration.

a) Gesetz über die allgemeine Freizügigkeit von Unionsbürgern (Freizügigkeitsgesetz/EU – FreizügG/EU)

Das Gesetz (BGBl. I S. 1950, 1986) regelt die Bedingungen, unter denen Unionsbürger und ihre Familienangehörigen ihr Recht auf Freizügigkeit wahrnehmen können (Einreise, Aufenthalt, Grenzen des Aufenthaltsrechts). Einzelheiten dazu enthalten die vorläufigen Anwendungshinweise zum Freizügigkeitsgesetz/EU (Stand 22. 12. 2004)

b) Aufenthaltsgesetz (AufenthG)

Das Gesetz (BGBl. 2004 I S. 1950, zuletzt geändert durch Beschluss des BVerfG vom 25. 10. 2005, BGBl. I S. 3620) trifft grundlegende Entscheidungen über den Aufenthalt (Erteilung, Dauer und gegebenenfalls die Verlängerung) von Aufenthaltserlaubnissen, den Familiennachzug sowie die Beendigung des Aufenthalts von Ausländern.

Es enthält Regelungen zur Einwanderung von selbständigen und unselbständigen Erwerbstätigen. Es gibt drei Aufenthaltstitel (das Visum, die befristete Aufenthaltserlaubnis und die unbefristete Niederlassungserlaubnis); je nach Aufenthaltszweck gibt es zahlreiche Abstufungen und Unterschiede in der rechtlichen Stellung der Betroffenen. Aufenthaltserlaubnis und Arbeitsgenehmigung werden in einer Entscheidung von der Ausländerbehörde erteilt, sofern die Arbeitsverwaltung der Arbeitsgenehmigung intern zugestimmt hat.

c) Schengener Durchführungsübereinkommen (SDÜ)

Das Übereinkommen zur Durchführung des Schengener Übereinkommens (aus dem Jahre1985) von 1990 (BGBl. 1993 II S. 1013) regelt Voraussetzungen für die Einreise und den anschließenden kurzfristigen Aufenthalt von Drittstaatsangehörigen bis zu drei Monaten innerhalb aller Vertragsstaaten des SDÜ (Mitgliedstaaten der EU ohne das Vereinigte Königreich und Irland). Ergänzend zum SDÜ wurde der Schengener Grenzkodex erlassen (Verordnung (EG) Nr. 562/2006). Er betrifft Maßnahmen bezüglich des Überschreitens der Binnengrenzen durch Personen sowie bezüglich der Grenzkontrollen an den Außengrenzen (Landgrenzen, Luftgrenzen, Seegrenzen sowie Schifffahrt auf Binnengewässern). Es werden Voraussetzungen, Kriterien und Modalitäten als auch die Überwachung an den Grenzübergangsstellen näher festgelegt. Sonderbestimmungen für bestimmte Sondergruppen (z. B. Staatsoberhäupter, Piloten/Flugbesatzungspersonal, Seeleute, Inhaber von Diplomaten-, Amts- oder Dienstpässen und Mitglieder internationaler Organisationen, Grenzarbeitnehmer, Minderjährige) sind vorgesehen. Ende 2007 sollen die letzten Grenzkontrollen zwischen den alten und den neuen EU-Staaten voraussichtlich fallen.

d) Aufenthaltsverordnung (AufenthV)

Die Verordnung (BGBl. 2004 I S. 2945) enthält Durchführungsvorschriften zum Aufenthaltsgesetz, insbesondere über die Passpflicht, Voraussetzungen für die Erteilung von Reisepässen, die Befreiung vom Erfordernis eines Aufenthaltstitels, das Visumverfahren, Gebührenregelungen ordnungs- und verfahrensrechtliche Vorschriften, die Führung von Ausländerdateien und Datenübermittlungsregeln. Siehe auch zu den Visa-Erfordernissen für Kurzaufenthalte die Verordnung (EG) Nr. 539/2001 des Rates vom 15. März 2001 (weiter unten unter III. B. 4).

e) Beschäftigungsverordnung (BeschV)

Die Verordnung (BGBl. 2004 I S. 2937) regelt die Voraussetzungen, unter denen eine selbständige oder unselbständige Beschäftigung keiner Zustimmung bedarf und wann die Bundesagentur für Arbeit bei Beschäftigungen, die keine qualifizierte Ausbildung oder die eine qualifizierte Ausbildung voraussetzen, der Beschäftigung zustimmen kann. Im Übrigen verweist sie auf die Besonderheiten bei zwischenstaatlichen Vereinbarungen (z. B. Werkvertrags- und Gastarbeitnehmerabkommen).

f) Beschäftigungsverfahrensverordnung (BeschVerfV)

Die Verordnung (BGBl. 2004 I S. 2934) sieht besondere Erlaubnisse für im Inland lebende Ausländer zur Ausübung einer Beschäftigung sowie Zuständigkeits- und Verfahrensregelungen vor.

g) Integrationskursverordnung (IntV)

Nach dieser Verordnung (BGBl. 2004 I S. 3370) werden Einwanderer aus Staaten außerhalb der EU, die sich nicht auf Deutsch verständigen können, zur Teilnahme an Sprach- und Orientierungskursen verpflichtet. Für bereits länger hier lebende Ausländer („Bestandsausländer") und zugezogene Unionsbürger besteht die Möglichkeit, je nach Platzangebot freiwillig an Deutschkursen teilzunehmen. Eine Beteiligung an den Kosten ist vorgesehen. Für die Verlängerung von Aufenthaltserlaubnissen hat die Teilnahme an Sprachkursen besondere Bedeutung.

h) Gesetz über das Ausländerzentralregister (AZR-Gesetz)

Das Gesetz (BGBl. 1994 I S. 2265, zuletzt geändert durch das Bundespolizeigesetz vom 21. 6. 2005, BGBl. I S. 1818) enthält folgende Aufgabenbeschreibungen: Einrichtung des Bundesverwaltungsamt als zentrale Registerbehörde mit allgemeinem Datenbestand und einer gesonderten Visadatei; Unterstützung der mit der Durchführung ausländer- und asylrechtlicher Vorschriften betrauten Behörden und anderer öffentlicher Stellen durch Speicherung und Übermittlung der im Register gespeicherten Daten von Ausländern.

i) Verordnung zur Durchführung des Gesetzes über das Ausländerzentralregister (AZRG-DV)

Die Verordnung (BGBl. 1995 I S. 695, zuletzt geändert durch Art. 2 ÄndVO vom 14. 10. 2005, BGBl. I S. 2982) regelt den Inhalt des Datenregisters, erlaubt Datenübermittlungen an und durch die Registerbehörde, verpflichtet zur Auskunft an Betroffene und rechtfertigt Aufzeichnungen bei Datenübermittlungen, Sperrung und Löschung von Daten.

j) Gesetz über die Bundespolizei (Bundespolizeigesetz – BPolG)

Das Bundespolizeigesetz vom 19.10. 1994 (BGBl. I S. 2978, zuletzt geändert durch Art. 1 des Gesetzes zur Umbenennung des Bundesgrenzschutzes in Bundespolizei vom 21.6. 2005, BGBl. I S. 1818) regelt Aufgaben der Bundespolizei, insbesondere den grenzpolizeilichen Schutz des Bundesgebietes.

2. Zentrale ausländerrelevante Regelungen im Sozialgesetzbuch (SGB)

Das Sozialgesetzbuch bildet drei wesentliche Säulen für die soziale Absicherung von Ausländern und begründet damit Ansprüche des Ausländers gegenüber dem Staat. Zentral für Ausländer sind die Regelungen des SGB II, SGB III und des SGB XII.

a) SGB II – Grundsicherung für Arbeitsuchende

Das seit 1.1. 2005 geltende Gesetz (BGBl. 2003 I, S. 2954, zuletzt geändert durch Art. 1 des Gesetzes v. 20.7. 2006, BGBl. I S. 1706) regelt Ansprüche auf das sogenannte Arbeitslosengeld II, das dann gezahlt wird, wenn Ansprüche auf Arbeitslosengeld nach dem SGB III ausgeschöpft oder nicht gegeben sind und Erwerbsfähigkeit der Arbeitslosen vorliegt. Siehe §§ 7, 8.

b) SGB III – Arbeitsförderung

Das SGB III (BGBl. 1997 I S. 594) nennt arbeitsmarktpolitische Bedingungen, unter denen keine Arbeitserlaubnis erforderlich oder ausnahmsweise eine Arbeitserlaubnis erteilt werden kann. Es enthält auch Sanktionstatbestände (§ 404) für besondere Fälle unerlaubter Vermittlung, Anwerbung und Beschäftigung von Ausländern. Darüber hinaus regelt das Gesetz z. B. die Leistungsvoraussetzungen für den Bezug von Arbeitslosengeld (§ 117 ff.). Siehe § 284 ff.

c) SGB XII – Sozialhilfe

Das Gesetz (BGBl. 2003 I S. 3022) garantiert für erwerbsunfähige Ausländer das Existenzminimum. Für Asylbewerber gilt das Asylbewerberleistungsgesetz. Nach dem SGB XII wird auch für erwerbsunfähige oder nicht mehr erwerbsfähige Ausländer Sozialhilfe gezahlt, wenn der Bedarf an Lebensunterhalt nicht durch andere Einkommen (z. B. Rente, Vermögen) gedeckt werden kann. Je nach Aufenthaltsstatus kann der Bezug von Sozialhilfe aufenthaltsrechtliche Folgen haben. Siehe § 23.

Die Grundsicherung (reduziertes Existenzminimum) von Asylbewerbern wird durch das Asylbewerberleistungsgesetz (AsylbLG) garantiert.

3. EG/EWR-Recht

Die maßgeblichen Rechtsquellen des europäischen Gemeinschaftsrechts sind im Vertrag über die Gründung der Europäischen Gemeinschaft, in dem Abkommen über den Einheitlichen Europäischen Wirtschaftsraum (EWR) sowie zahlreichen Verordnungen und Richtlinien der EWG/EU verankert. Zu den wichtigsten Verordnungen – sie sind unmittelbar geltendes Recht – zählen die Verordnung (EWG) über die Freizügigkeit der Arbeitnehmer (VO/EWG Nr. 1612/68), die Verordnung über die Anwendung der Systeme der sozialen Sicherheit auf Arbeitnehmer und Selbständige sowie deren Familienangehörige, die innerhalb der Gemeinschaft zu- und abwandern (VO/EWG Nr. 1408/71) – jüngst erneuert durch die VO (EU) Nr. 883/2004 – mit der dazu ergangenen Durchführungsverordnung. Von den zahlreichen Richtlinien – sie sind ihrem Ziel nach verbindlich und müssen innerhalb einer bestimmten Frist in nationales Recht umgesetzt werden – sind vor allem die Freizügigkeits- und Aufenthaltsrichtlinie, Richtlinie 2004/38/EG, sowie die Richtlinie über die Ausübung des aktiven und passiven Wahlrechts bei den Kommunalwahlen für Unionsbürger, die in einem anderen Mitgliedstaat wohnen, RL 94/80/EG.

a) Primärrecht

Von großer Bedeutung im **primären Gemeinschaftsrecht** (grundlegendes Europarecht) sind die nachfolgenden Rechtsquellen.

aa) Art. 12, 18 ff. und Art. 39 ff. EG-Vertrag: Diese Vertragsnormen des EG-Vertrags (Amtsblatt mit den Änderungen durch den Vertrag von Amsterdam vom 24. Dezember 2002, ABl. Nr. C 325) treffen die grundlegenden Entscheidungen über die Rechtsstellung der Unionsbürger (Diskriminierungsverbot aus Gründen der Staatsangehörigkeit, Unionsbürgerrechte und besondere Freizügigkeitsrechte).

bb) Assoziationsabkommen EWG/Türkei von 1963 nebst Zusatzprotokoll von 1980: Das Assoziationsabkommen (Auszüge in: ANBA 1981, 2) regelt die politischen, sozialen und wirtschafts- und finanzpolitischen Beziehungen zwischen der Türkei und der EWG sowie den einzelnen Mitgliedstaaten.

cc) Vertrag über den Einheitlichen Europäischen Wirtschaftsraum (EWR) von 1994: Der EWR-Vertrag (ABl. EG 1994 Nr. L 160 bzw. BGBl. 1993 II S. 266) regelt und erweitert u. a. die Übernahme des Freizügigkeitsrechts und aller dazugehörigen Durchführungsregeln für Staatsangehörige aus Island, Norwegen und Lichtenstein.

dd) Beitrittsakte: Die Akte über die Bedingungen des Beitritts der Tschechischen Republik, der Republik Estland, der Republik Zypern, der Republik Lettland, der Republik Litauen, der Republik Ungarn, der Republik Malta, der Republik Polen, der Republik Slowenien und der Slowakischen Republik und die Anpassungen der die Europäische Union begründenden Verträge von 2003 (ABl. EG Nr. L 236 vom 23. 9. 2003, S. 1 nebst Anlagen, in Kraft seit 1. 5. 2004) trifft Übergangsregelungen für Arbeitnehmer und Dienstleistungserbringer nach dem Modell 2+3+2, d. h. im genannten Jahresabstand prüft die Europäische Kommission in Abstimmung mit den Mitgliedstaaten, ob die Voraussetzungen für den Eintritt der vollständigen Freizügigkeit gegeben sind. Vergleichbare Regelungen gelten nach der Beitrittsakte von 2005 betreffend Bulgarien und Rumänien (ABl. EG Nr. L 157 vom 21. 6. 2005, S. 11 nebst Anlagen, in Kraft seit 1. 1. 2007).

b) Sekundärrecht

Das **Sekundäre Gemeinschaftsrecht** konkretisiert das primäre Europarecht in den Bereichen, für die die Gemeinschaft Rechtssetzungskompetenzen für Verordnungen oder Richtlinien hat. Erwähnt seien hier vor allem:

aa) Verordnung (EG) Nr. 539/2001: Die Verordnung (EG) Nr. 539/2001 des Rates vom 15. März 2001 zur Aufstellung der Liste der Drittländer, deren Staatsangehörige beim Überschreiten der Außengrenzen im Besitz eines Visums sein müssen, sowie der Liste der Drittländer, deren Staatsangehörige von dieser Visumpflicht befreit sind (ABl.EG 2001 Nr. L 81 S. 1) enthält die Liste der Länder mit oder ohne Visumpflicht für Drittstaatsangehörige.

bb) Verordnung (EWG) Nr. 1408/71: Die Verordnung Nr. 1408/71 des Rates vom 14. Juni 1971 zur Anwendung der Systeme der sozialen Sicherheit auf Arbeitnehmer und deren Familien, die innerhalb der Gemeinschaft zu- und abwandern, erneuert durch VO (EG) Nr. 883/2004 vom 29. April 2004 zur Koordinierung der Systeme der sozialen Sicherheit (VO (EWG) Nr. 1408/71: ABl. EG 1971 Nr. L 149 S. 2 und spätere Änderungen und VO (EG) Nr. 883/2004: ABl. EG 2004 Nr. L 200 S. 1) mit ihren Durchführungsverordnungen regelt die Anerkennung und Übertragbarkeit (Leistungsexport) von sozialen Versicherungsansprüchen sowie beitragsunabhängigen Sonderleistungen (Altersrenten, Krankenversicherungsschutz, Arbeitslosengeld, Familienleistungen etc.) im Falle eines Arbeitsaufenthaltes in einem anderen Mitgliedstaat oder sonstiger grenzüberschreitender Wanderung innerhalb der EU.

cc) Beschlüsse ARB Nr. 1/80 und ARB Nr. 3/80: Die beiden auf der Grundlage des Assoziationsabkommens EWG/Türkei von 1963 getroffenen Beschlüsse Nr. 1/80 und 3/80 des Assoziationsrates EWG-Türkei über die Entwicklung der Assoziation (ARB 1/80: ANBA 1981, 2; ARB 3/80: ABl. EG 1983 Nr. C 110/60) und bestimmen die aufenthalts- und sozialrechtliche Rechtsstellung von türkischen Arbeitnehmern und ihren Familienangehörigen, die auf dem deutschen Arbeitsmarkt zugelassen worden sind.

dd) Richtlinie 2004/38/EG: Die Richtlinie 2004/38/EG des Europäischen Parlaments und des Rates vom 29. April 2004 über das Recht der Unionsbürger und ihrer Familienangehörigen, sich im Hoheitsgebiet der Mitgliedstaaten frei zu bewegen und aufzuhalten, zur Änderung der Verordnung (EWG) Nr. 1612/68 und zur Aufhebung der Richtlinien 64/221/EWG, 68/360/EWG, 72/194/EWG, 73/148/EWG, 75/34/EWG, 75/35/EWG, 90/364/EWG, 90/365/EWG und 93/96/EWG (ABl. EG 2004 Nr. L 158/77, berichtigt ABl. EG 2004 Nr. L 229/35, Umsetzungsfrist: 30. 4. 2006) ist die Grundlage für das bundesdeutsche Freizügigkeitsgesetz/EU.

ee) Richtlinie 2001/40/EG: Bei der Richtlinie des Rates vom 28. Mai 2001 über die gegenseitige Anerkennung von Entscheidungen über die Rückführung von Drittstaatsangehörigen (ABl. EG 2001 Nr. L 149 S. 34) geht es um die Rückführung von sich illegal aufhaltenden Drittstaatsangehörigen. Die jeweiligen nationalen Entscheidungen werden gegenseitig anerkannt.

ff) Richtlinie 94/80/EG: Die Richtlinie des Rates vom 19. Dezember 1994 über die Einzelheiten der Ausübung des aktiven und passiven Wahlrechts bei den Kommunalwahlen für Unionsbürger mit Wohnsitz in einem Mitgliedstaat, dessen Staatsangehörigkeit sie nicht besitzen (ABl. EG 1994 Nr. L 368, zuletzt geändert durch EU-Beitrittsakte vom 23. 9. 2003, ABl. EG Nr. L 236/33) eröffnet für Unionsbürger die Möglichkeit, in einem Mitgliedstaat, in dem sie Wohnsitz genommen haben, dessen Staatsangehörigkeit sie jedoch nicht besitzen, das aktive und passive Wahlrecht bei Kommunalwahlen wahrzunehmen.

gg) Weitere einwanderungsrelevante Richtlinien der EU:
- Richtlinie 2003/86/EG des Rates vom 22. 9. 2003 betreffend das **Recht auf Familienzusammenführung** (ABl. EG Nr. L 251/12, Umsetzungsfrist: 3. 10. 2005)
- Richtlinie 2003/109/EG des Rates vom 25. November 2003 betreffend die **Rechtsstellung der langfristig aufenthaltsberechtigten Drittstaatsangehörigen** (ABl. EG 2004 Nr. L 16/44, Umsetzungsfrist: 23. 1. 2006) – sie gewährt bei Innehabung des Titels „Langfristige Aufenthaltsberechtigung – EG" u. a. unter bestimmten Umständen ein Weiterwanderungsrecht innerhalb der EU.

- Richtlinie 2004/114/EG des Rates vom 13. Dezember 2004 über die Bedingungen für die **Zulassung von Drittstaatsangehörigen zur Absolvierung eines Studiums oder zur Teilnahme an einem Schüleraustausch, einer unbezahlten Ausbildungsmaßnahme oder einem** Freiwilligendienst (ABl. EG 2004 Nr. L 375/12, Umsetzungsfrist: 12.1.2007).

Diese Richtlinien müssen zu den genannten Fristen vom nationalen Gesetzgeber in bundesdeutsches Recht umgesetzt werden. Dies ist z. T. mit dem Aufenthaltsgesetz schon geschehen. Weitere Umsetzungen werden im Laufe der nächsten Monate erfolgen. Über den Richtlinienvorschlag von 2001 über die Bedingungen für die Einreise und den Aufenthalt von Drittstaatsangehörigen zur Ausübung einer unselbständigen oder selbständigen Erwerbstätigkeit wird noch verhandelt.

4. Staatsangehörigkeitsrecht

Das Staatsangehörigkeitsrecht stammt aus dem Jahre 1913 und wurde durch das Gesetz zur Reform des Staatsangehörigkeitsgesetzes vom 15.7.1999 (BGBl. I S. 1618) grundlegend, zuletzt durch das Zuwanderungsgesetz von 2004 geändert. Es regelt u. a. die Bedingungen, zu denen ein Recht auf Staatsangehörigkeit erlangt werden kann. Grundlage des Staatsangehörigkeitrechts sind nachfolgende Rechtsquellen.

a) Art. 16 und 116 GG

Das Grundgesetz (BGBl. 1949 I S. 1, zuletzt geändert durch das Gesetz vom 28. August 2006, BGBl. I S. 2034) ist die Verfassung der Bundesrepublik Deutschland und enthält alle grundlegenden Normen seiner Staats- und Gesellschaftsordnung, insbesondere die Grundrechte und Staatsorganisationsnormen sowie die genannten Artikel 16 und 116 zum Staatsangehörigkeitsrecht.

b) Staatsangehörigkeitsgesetz (StAG)

Dieses Gesetz (Staatsangehörigkeitsgesetz vom 22.7.1913, RGBl. S. 583, neugefasst durch das Gesetz zur Reform des Staatsangehörigkeitsrechts, vom 15.7.1999, BGBl. I S. 1618, zuletzt geändert durch Artikel 6 Nr. 9 des Gesetzes vom 14. März 2005, BGBl. I S. 721) regelt

u. a. die Bedingungen, unter denen Ausländer oder ein ausländischer Ehegatte einer Deutschen oder eines Deutschen eingebürgert werden kann. Einzelheiten sind in den Verwaltungsvorschriften des Bundes und der Länder zu diesem Gesetz geregelt. Siehe dazu auch die Vorläufigen Anwendungshinweise des Bundesministeriums des Innern (Stand 13.12. 2004) zum Staatsangehörigkeitsgesetz in der Fassung des Zuwanderungsgesetzes vom 30. Juli 2004.

c) Bundesvertriebenengesetz (BVFG)

Das Bundesvertriebenengesetz (in der Fassung der Bekanntmachung vom 2. 6. 1993, BGBl. I. S. 829) regelt die Rechtsverhältnisse der Vertriebenen und Heimatvertriebenen, die jetzt den Status von Spätaussiedlern haben.

5. Asylrecht – Flüchtlinge und Staatenlose

Das Flüchtlingsrecht wird maßgeblich durch Art. 16a GG und das Asylverfahrensgesetz (AsylVfG) in der Fassung der Bekanntmachung vom 27. 7. 1993 (BGBl. I S. 1361), zuletzt geändert durch Gesetz vom 29. 10. 1997 (BGBl. I S. 2584) sowie die Ende 1997 erlassene Asylzuständigkeitsbestimmungsverordnung (AsylZBV) bestimmt. Für den Bereich des Asylrechts sind auch zahlreiche Ländergesetze über die vorläufige Unterbringung von Asylbewerbern in Gemeinschaftsunterkünften zu beachten. Zu erwähnen ist das Gesetz über Maßnahmen für im Rahmen humanitärer Hilfsaktionen aufgenommene Flüchtlinge vom 22. 7. 1980 (BGBl. I S. 1057), zuletzt geändert durch Gesetz vom 29. 10. 1997 (BGBl. I S. 2584), oder das Gesetz betreffend heimatlose Ausländer vom 25. 4. 1951 (BGBl. I S. 269). Das Asylbewerberleistungsgesetz (AsylbLG) i. d. F. d.Bek. vom 5. 8. 1997 (BGBl. I S. 2022), geändert durch Gesetz vom 25. 8. 1998 (BGBl. I S. 2505) enthält das für Flüchtlinge geltende Sozialhilferecht. Asylbewerber unterliegen dem Schutz der Genfer Flüchtlingskonvention (Abkommen über die Rechtsstellung der Flüchtlinge von 1951, BGBl. 1953 II S. 560) nebst Zusatzprotokoll von 1967 (BGBl. 1969 II S. 1294) einschließlich der Bestimmungen der Europäischen Menschenrechtskonvention (EMRK). Hervorzuheben sind hier:

B. Ausländerrecht – Geschichte und aktuelle Grundlagen

a) Art. 16 a GG

Nach Absatz 1 von Art. 16 a GG genießen politisch Verfolgte Asylrecht. Absatz 2 bestimmt, unter welchen Bedingungen sich jemand nicht auf das Asylrecht berufen kann.

b) Genfer Flüchtlingskonvention (GFK)

Nach dem Abkommen über die Rechtsstellung der Flüchtlinge vom 28. Juli 1951 (BGBl. II 1953 S. 559) garantiert die Bundesrepublik Deutschland anerkannten Flüchtlingen bestimmte Aufenthalts-, Erwerbs- und Wohlfahrtsrechte.

c) Dublin-II-Verordnung

Die Verordnung (EG) Nr. 343/2003 über die Zuständigkeit für Asylanträge (ABl. EG 2003 Nr. L 50 S. 1) – Dublin-II-Verordnung genannt – bestimmt nach eindeutigen Kriterien, z. B. Staat der erstmaligen Einreise, den Mitgliedstaat, der für die Durchführung eines Asylverfahrens zuständig ist.

d) Asylverfahrensgesetz (AsylVfG)

Dieses Gesetz (BGBl. 1993 I S. 1361) gilt für alle Ausländer, die Schutz als politisch Verfolgte oder Schutz vor Abschiebung oder einer sonstigen Rückführung in einen Staat, in dem ihr Leben bedroht ist, suchen. Es enthält Verfahrensvorschriften zur Durchführung des Asylverfahrens beim Bundesamt für Migration und Flüchtlinge (BAMF, früher Bundesamt für die Anerkennung ausländischer Flüchtlinge, BAFl.) über den Aufenthalt, die Unterbringung und Verteilung, die Rechte des Aufenthalts, die Bedeutung von Anträgen, das Gerichtsverfahren sowie Straf- und Bußgeldvorschriften.

e) Asylzuständigkeitsbestimmungsverordnung (AsylZBV)

Die Verordnung über die Zuständigkeit für die Ausführung des Übereinkommens vom 15. Juni 1990 über die Bestimmung des zuständigen Staates für die Prüfung eines in einem Mitgliedstaat der Europäischen Gemeinschaften gestellten Asylantrags (Dubliner Übereinkommen) und die Zuständigkeit für die Durchführung der Verordnung (EG) Nr. 2725/2000 des Rates der Europäischen Union vom 11. Dezember 2000 über die Einrichtung von „Eurodac" für den Vergleich von Fingerabdrücken zum Zwecke der effektiven Anwendung des Dubliner Übereinkommens (BGBl. 1997 I S. 2852) beschreibt in ihrem Titel ihren Inhalt.

f) Asylbewerberleistungsgesetz (AsylbLG)

Nach diesem bundesdeutschen Gesetz (BGBl. 1997 I S. 2022) erhalten Asylbewerber und andere Ausländer (z. B. die, die im Besitz einer Duldung nach § 60a AufenthG sind) gegenüber anderen nach § 23 SGB XII sozialhilfeberechtigten Ausländern reduzierte Leistungen der Grundsicherung (Grundleistungen und Krankenhilfe).

6. Sonstiges Internationales Recht (Völkerrecht)

Das Ausländerrecht wird durch zahlreiche bilaterale (z. B. Niederlassungsverträge, Abkommen über Soziale Sicherheit) und multilaterale völkerrechtliche Verträge (z. B. Europäische Sozialcharta, Europäisches Fürsorgeabkommen) sowie Beschlüsse und Empfehlungen der Internationalen Arbeitsorganisation beeinflusst. Hierbei sind wesentlich zu nennen auch die Bestimmungen der Europäischen Menschenrechtskonvention (EMRK) vom 4. November 1950 in der Fassung des Protokolls Nr. 11 in Kraft getreten am 1. November 1998 und die allgemeine Erklärung der Menschenrechte, verkündet durch die Generalversammlung der Vereinten Nationen am 10. Dezember 1948. Diese bilden die elementare Grundlage einer Fürsorgeverpflichtung einzelner Staaten nicht nur gegenüber dem jeweiligen Staatsvolk, sondern eben auch gegenüber allen anderen Menschen.

a) UN-Konvention zum Schutz der Rechte von Wanderarbeitnehmern und ihren Familien von 1990

In dieser Konvention (Fundstellen: http://www.ohchr.org/english/law/pdf/cmw.pdf) sind die grundlegenden Rechte der Wanderarbeitnehmer unabhängig davon, ob sie sich legal oder illegal in einem Land aufhalten, geschützt, z. B. das Recht auf den vereinbarten Lohn, Zugang zum Rechtssystem, zum Gesundheitswesen und zum Schulsystem. Sie ist in Deutschland seit Juli 2003 in Kraft.

b) UN-Konvention über die Rechte des Kindes von 1989

Die Kinderrechtskonvention (Fundstelle: http://www.unhchr.ch/html/menu2/6/crc/treaties/crc.htm) schützt elementare Rechte der Kinder in jedem Land ihres Aufenthalts.

Das Ausländerrecht wird bei seiner Anwendung vom Grundgesetz (GG), dem EG-, EWR- und EU-Vertrag und dem Völkerrecht (bilaterale und multilaterale Verträge) überlagert. Siehe auch die Übersicht in Kapitel A II.

C. Freizügigkeit für Unionsbürger

I. Statistische Daten

Die Freizügigkeit innerhalb Europas ist wohl das wichtigste Bürgerrecht der Staatsangehörigen der Mitgliedstaaten, die sich seit dem Maastrichter Vertrag über eine Europäische Union von 1992 Unionsbürger nennen. In Zahlen ausgedrückt heißt dies, dass die Zahl der Ende 2003 in Deutschland lebenden Unionsbürger ca. 1.85 Mio. (25,2 % der Ausländer insgesamt) betrug. Die höchsten Anteile von EU-Ausländern stellten Staatsangehörige aus Italien mit 601.258 (32,5 %), gefolgt von Griechen mit 354.630 (19,2 %), Österreichern mit 189.466 (10,2 %), Portugiesen mit 130.632 (7,1 %), Spaniern mit 125.977 (6,8 %), Niederländern mit 118.680 (6,4 %) sowie Briten und Franzosen mit 113.578 bzw. 113.023 (6,1 %).

Bezogen auf den gesamten Zeitraum von 1991 bis 2003 sind etwas mehr als 1,73 Mio. Unionsbürger nach Deutschland gezogen, während fast 1,63 Mio. Deutschland wieder verließen.

II. Rechtsentwicklungen

Grundlage der gemeinschaftsrechtlichen Regelungen sind die Arbeitnehmerfreizügigkeit gemäß Art. 39 ff. EG (früher 48 ff.), die Niederlassungsfreiheit gemäß Art. 43 ff. EG (früher 52 ff.) und die Dienstleistungsfreiheit gemäß Art. 49 ff. EG (früher 59 ff.). Arbeitnehmerfreizügigkeit bedeutet, dass jeder Unionsbürger in jedem beliebigen Mitgliedstaat einer abhängigen Beschäftigung nachgehen kann. Im Rahmen der Niederlassungsfreiheit kann er sich überall in der EU zu den gleichen Bedingungen wie die jeweiligen Staatsangehörigen des Aufnahmestaates für eine selbständige Tätigkeit z. B. als Unternehmer, Arzt oder Handwerker niederlassen. Dienstleistungsfreiheit bedeutet (positiv bzw. aktiv) das Erbringen einer Dienstleistung im EU-Ausland, z. B. einen Montageauftrag auszuführen, oder (negativ bzw. passiv) eine Dienstleistung zu empfangen, sich z. B. im EU-Ausland einer ambulanten oder stationären ärztlichen Behandlung unterziehen zu können.

Die ursprünglich im EWG-Vertrag von 1957 getroffenen Regelungen sind in den folgenden Jahren durch zahlreiche Richtlinien (RL) zur Umsetzung der Freizügigkeit, insbesondere durch die VO/EWG 1612/68 (sog. Freizügigkeitsverordnung), die Verbleibeverordnung 1251/70 sowie die VO/EWG Nr. 1408/71 (mit DVO Nr. 574/72) über die soziale Sicherheit der Wanderarbeitnehmer – Letztere jüngst durch die Verordnung (EG) Nr. 883/2004 ersetzt – ergänzt worden. In Deutschland wurde das Freizügigkeitsrecht der EWG durch das Aufenthaltsgesetz/EWG von 1969 umgesetzt. Eine weitreichende Veränderung erfolgte durch die Freizügigkeitsrichtlinien von 1990 für Rentner und sonst wirtschaftlich Gesicherte und von 1993 für Studenten. Mit dem Maastrichter Vertrag von 1992 wurde die Freizügigkeit für Unionsbürger in Art. 18 EGV als ein Grundrecht eingeführt. Mit dem Amsterdamer Vertrag von 1997 wurde eine neue, bis heute noch gültige Artikelzählung des EG-Vertrages eingeführt. Mit dem 1980 neu verkündeten Aufenthaltsgesetz/EWG und der deutschen Freizügigkeitsverordnung von 1997 wurde das deutsche Recht an den neuen EG-Rechtszustand angepasst.

Das Freizügigkeitsabkommen zwischen der EG und der Schweiz von 2002 und die Beitrittsakte von 2003, durch die mit dem Beitrittsdatum am 1. Mai 2004 Freizügigkeit für Staatsangehörige aus Malta und Zypern und freizügigkeitsbezogene Übergangsregelungen für die übrigen Neu-Unionsbürger bis maximal 2011 vereinbart wurden, haben den Rahmen der Freizügigkeit erweitert und verändert (siehe dazu unter D). Durch Beitrittsakte von 2005 wurden Bulgarien und Rumänien Mitglieder der Union ab 2007. Hinzuweisen bleibt schließlich darauf, dass mit der Verabschiedung der „Richtlinie 2003/109/EG des Rates vom 25. November 2003 betreffend die Rechtsstellung der langfristig aufenthaltsberechtigten Drittstaatsangehörigen" unter bestimmten Bedingungen ein Weiterwanderungsrecht für die Ausländer/Drittstaatsangehörigen mit Daueraufenthaltsrecht eingeräumt wird (siehe dazu unter E).

Die Entwicklung der Freizügigkeit und des Freizügigkeitsrechts von 1957 bis Ende 2006 lässt sich charakterisieren als ein Prozess der Erweiterung rechtlicher Garantien der Freizügigkeit für Unionsbürger einerseits und der räumlichen Ausdehnung des Gebietes, innerhalb dessen Freizügigkeit verwirklicht werden kann, andererseits. Die Besonderheit des Status von Ausländern aus den (ehemals west-)europäischen Ländern, insbesondere den ehemaligen Anwerbestaaten Griechenland, Italien, Portugal und Spanien ist in der Transformation ihres teilweise dauerhaften Gastarbeiterstatus in den Status von Unionsbürgern zu sehen. Der Status der Staatsangehörigen aus den Staaten der EU-Erweiterungen 2004 und 2007 ist als ein Status im Übergang zu Unionsbürgern zu bezeichnen, da diese neuen Unionsbürger (außer denjenigen aus Malta und Zypern) vorerst in Bezug auf ihren Freizügigkeitsstatus mit Übergangsrechten vorlieb nehmen müssen. Der Ausbau der Rechtsstellung von langfristig sich aufhaltenden Drittstaatsangehörigen hin zu einem Weiterwanderungsrecht innerhalb der EU dokumentiert den anwachsenden Integrationsstatus der Ausländer in Richtung einer gleichberechtigten Unionsbürgerschaft.

Die Entwicklung der Freizügigkeit in der EU lässt sich anhand einiger zentraler Rechtssetzungsentwicklungen wie folgt veranschaulichen:

Entwicklung der Freizügigkeit in der EWG/EG/EU und Deutschland	
1957	**EWG-Vertrag (Rom):** Art. 48 ff., 52 ff. und 59 ff. EWGV Arbeitnehmerfreizügigkeit, Niederlassungs- und Dienstleistungsfreiheit im Übergangszeitraum
1964	Ausländerpolizeirichtlinie (RL 64/221/EWG)
1968	**Freizügigkeitsverordnung (VO Nr. 1612/68); Richtlinie über Reise- u. Aufenthaltsfreiheit (RL 68/360)**
1969	**Deutschland: Aufenthaltsgesetz/EWG**
1970	**Ende der Übergangszeit:** Art. 48 ff., Art. 52 ff.; 59 ff. EWGV: Vollständige Arbeitnehmerfreizügigkeit und Freizügigkeit für Selbständige (Niederlassung und Dienstleistung)
1970	**Verbleibeverordnung** (VO Nr. 1251/70)
1971	**Verordnung über die soziale Sicherheit (VO Nr. 1408/71), Durchführungsverordnung (DVO Nr. 572/72)**
1972–1975	Weitere Richtlinien zur Durchführung der Freizügigkeit (RL Nr. 72/194, 73/148, 75/34 und 75/35)

C. Freizügigkeit für Unionsbürger

Entwicklung der Freizügigkeit in der EWG/EG/EU und Deutschland	
1973	**Beitritt:** Dänemark, Irland, Vereinigtes Königreich
1980	**Assoziationsratsbeschlüsse EWG-Türkei (ARB 1 und 3/80):** Beschäftigung und Soziale Sicherung türkischer Arbeitnehmer
1980	**Deutschland: Neuverkündung des Aufenthaltsgesetzes/EWG**
1981	**Beitritt:** Griechenland
1986	**Beitritt:** Portugal und Spanien; Einheitliche Europäische Akte (EEA)
1990	**Deutschland: Deutsche Vereinigung**
1990/93	**Freizügigkeitsrichtlinien:** Rentner, sonst wirtschaftlich Gesicherte („Playboys") und Studenten
1992	**EWR-Vertrag:** Staatsangehörige aus Norwegen, Island und Liechtenstein werden Unionsbürgern gleichgestellt
1992/93	**EU/EG-Vertrag (Maastricht):** Art. 17 und 18 EGV – Einführung der Unionsbürgerschaft mit Recht auf Freizügigkeit für Unionsbürger
1995	**Beitritt:** Österreich, Schweden, Finnland
1997	**Deutschland: Freizügigkeitsverordnung/EG**
1997/99	**Amsterdam-Vertrag:** Einbeziehung des Schengen-Acquis; Neuzählung der Artikel des EG-Vertrages
2000	**Grundrechtecharta:** Art. 45 (Freizügigkeit und Aufenthaltsfreiheit)
2002	**Freizügigkeitsabkommen EG-Schweiz:** Detaillierte Übergangsregelungen
2003	**EU-Erweiterung ab 2004:** Freizügigkeit für Staatsangehörige aus Malta u. Zypern; Übergangsregelungen bis max. 2011 für Staatsangehörige aus Estland, Lettland, Litauen, Polen, der Slowakischen Republik, Slowenien, Tschechien und Ungarn.
2004	**Deutschland: § 284 SGB III**
2004	**Verfassungsvertragsentwurf:** Art. II – 105; **Freizügigkeitsrichtlinie RL 2004/38/EG** (Umsetzung bis 30. 4. 2006), **Koordinierung der Systeme der sozialen Sicherheit VO(EG) Nr. 883/2004**
2004	**Deutschland: Zuwanderungsgesetz mit Freizügigkeitsgesetz/EU** Vorläufige Anwendungshinweise des BMI
2005	**EU-Erweiterung ab 2007:** Freizügigkeit für Staatsangehörige aus Bulgarien und Rumänien (mit Übergangsregelungen)

Die Freizügigkeit ist jetzt auch im Rahmen der Charta der Grundrechte von 2000 erwähnt. Diese ist Bestandteil des Verfassungsvertrages von 2004 geworden, zu dessen Inkraftsetzung derzeit Verfahren der Zustimmung (z. B. durch Volksabstimmung oder – wie in Deutschland – durch ein Zustimmungsgesetz des nationalen Parlaments) in den Mitgliedstaaten der EU eingeleitet wurden. Die Richtlinie 2004/38/EG hat die Rechtsprechung des Europäischen Gerichtshofs in Regelungen umgesetzt und das System des Freizügigkeitsrechts neu geordnet. Mit dieser Richtlinie soll die Ausübung des Freizügigkeitsrechts erleichtert (u. a. durch Abschaffung der bisher üblichen Aufenthaltserlaubnispflicht) und gestärkt werden (z. B. durch Schaffung eines Daueraufenthaltsrechts). Die bisherigen zwei Verordnungen und neun Richtlinien gelten bis zum Ablauf der Umsetzungsfrist (30. 4. 2006) weiter. Sofern die Richtlinienumsetzung mit dem FreizügG/EU bereits vorliegt, ist die Richtlinie zur Auslegung des Gesetzestextes schon jetzt heranzuziehen.

III. Das neue Freizügigkeitsgesetz/EU

Die Umsetzung der Richtlinie 2004/38/EG in das bundesdeutsche Recht erfolgte bislang nur teilweise. Das neue FreizügG/EU, das Bestandteil des Zuwanderungsgesetzes von Ende Juli 2004 ist, konnte noch nicht alle Einzelheiten berücksichtigen. Ende 2004 wurden immerhin „Vorläufige Hinweise zum FreizügG/EU" (Verwaltungsvorschriften) erlassen, aus denen sich Einzelheiten zur Anwendung des Gesetzes in der behördlichen Praxis ergeben.

Unter der Geltung des früheren Aufenthaltsgesetz/EWG und der Freizügigkeitsverordnung/EU kam das alte Ausländergesetz von 1990 nur subsidiär, d. h. nur dann zur Anwendung, soweit das Gemeinschaftsrecht und das Aufenthaltsgesetz/EWG keine abweichenden Bestimmungen enthielten. Das heutige Aufenthaltsgesetz kommt gegenüber Unionsbürgern nur noch in ausdrücklich genannten Fällen und immer dann zur Anwendung, wenn das allgemeine Ausländerrecht im Aufenthaltsgesetz eine günstigere Rechtsstellung vermittelt als das FreizügG/EU. Außerdem geht das Aufenthaltsgesetz dem FreizügG/EU dann vor, wenn die Auslän-

derbehörde das Nichtbestehen oder den Verlust des Freizügigkeitsrechts oder des Rechts auf Daueraufenthalt festgestellt hat.
Fraglich ist, wie mit gemeinschaftsrechtlichen Vorgaben umzugehen ist, deren Umsetzung in das nationale Recht noch nicht erfolgt ist. Als Beispiel sind die Regelungen zum Daueraufenthaltsrecht nach der Freizügigkeitsrichtlinie zu nennen, die **alle** Familienangehörigen begünstigen, während die nationale Regelung *nur* die Kernfamilie, also Ehegatten oder Lebenspartner und deren Kinder begünstigt. Das FreizügG/EU sieht die Abschaffung der Notwendigkeit einer Aufenthaltserlaubnis für alle Unionsbürger vor. Statt der Aufenthaltserlaubnis auf Antrag wird den Unionsbürgern sowie den Familienangehörigen, die Staatsangehörige eines Mitgliedstates der EU sind, nunmehr im vereinfachten Verfahren von Amts wegen eine Bescheinigung über das Aufenthaltsrecht ausgestellt und den drittstaatsangehörigen Familienangehörigen eine Aufenthaltserlaubnis-EU erteilt.

Aufenthaltsgesetz/EG und Freizügigkeitsverordnung	Freizügigkeitsgesetz/EU (FreizügG/EU)
Grundlagen • VO/EWG 1612/68; zahlreiche Richtlinien (64/221/EWG, 68/360/EWG, 72/194/EWG, 73/148/EWG, 75/34/EWG, 75/35/EWG, 90/364/EWG, 90/365/EWG und 93/96/EWG) • Verbleibeverordnung 1251/70	• Richtlinie 2004/38/EG mit Änderung der Verordnung (EWG) Nr. 1612/68 und Aufhebung dersonst genannten Richtlinien • Aufhebung der Verbleibeverordnung 1251/70 durch VO/EG 635/2006; vgl. jetzt Art. 17 RL 2004/38/EG
• Detaillierte Rechtsprechung des EuGH	• „Vergesetzlichung" der Rechtsprechung des EuGH (RL 2004/38/EG, FreizügG/EU)
Aufenthaltsrecht **Aufenthaltserlaubnis-EG** auf Antrag, zunächst befristet, automatisch verlängert	**Aufenthaltsbescheinigung** von Amts wegen

III. Das neue Freizügigkeitsgesetz/EU

Aufenthaltsgesetz/EG und Freizügigkeitsverordnung	Freizügigkeitsgesetz/EU (FreizügG/EU)

Für Erwerbstätige:
Unbefristete Aufenthaltserlaubnis nach 5 Jahren (§ 7a AufenthG/EWG).
Tatsächliches Daueraufenthaltsrecht unter drei Voraussetzungen:
• Sprachkenntnisse
• Wohnraum
• Existenzsicherung
	Dreiphasenmodell
	• bis 3 Monate: Pass oder Personalausweis erforderlich
	• 3 Monate bis 5 Jahre:
	  1. Meldepflicht
	  2. Aufenthaltsbescheinigung (§ 5 Abs.1 FreizügG/EU) ohne Gültigkeitszeitraum
	  3. für drittstaatsangehörige Familienangehörige: Aufenthaltserlaubnis-EU (Aufenthaltskarte)
	• **5 Jahre rechtmäßiger Aufenthalt: Europarechtlich voraussetzungslos garantiertes Daueraufenthaltsrecht für alle Unionsbürger**

Familienangehörige (nicht Lebenspartner)	Familienangehörige **(auch Lebenspartner)**
Aufenthaltsbeendigung Aufenthaltsbeendende Maßnahmen, ggf. Ausweisung als Ermessensentscheidung (§ 12 Abs. 1 Satz 1 AufenthG/EWG)	• Feststellung des Verlusts des Rechts auf Einreise und Aufenthalt • Einzug der Aufenthaltsbescheinigung und Widerruf der Aufenthaltserlaubnis-EU innerhalb der ersten 5 Jahre bei Fehlen der Ausübungsvoraussetzungen; sonst nur aus Gründen der öffentlichen Ordnung, Sicherheit oder Gesundheit i. S. Art. 27 ff. der RL 2004/38/EG. • **Ausweisung nur als „ultima ratio"**

IV. Freizügigkeitsberechtigte

Gemeinschaftsrechtlich freizügigkeitsberechtigt sind vor allem Unionsbürger, die sich als Arbeitnehmer, zur Arbeitssuche oder zur Berufsausbildung in einem anderen Mitgliedstaat aufhalten wollen, oder die Unionsbürger, die zur Ausübung einer selbständigen Erwerbstätigkeit berechtigt sind (niedergelassene selbständige Erwerbstätige).

Der Arbeitnehmerbegriff wurde vom EuGH weit ausgelegt und anhand objektiver Kriterien in Bezug auf das Arbeitsverhältnis bestimmt. Entscheidend ist, dass die ausgeübte Tätigkeit ein Teil des Wirtschaftslebens ist, also einen wirtschaftlichen Zweck verfolgt. Nach seiner Rechtsprechung gilt als „Arbeitnehmer", wer im Rahmen eines Arbeitsverhältnisses während einer bestimmten Zeit eine tatsächliche, echte und nicht nur völlig untergeordnete oder unwesentliche Tätigkeit für einen anderen nach dessen Weisung ausübt, für die er als Gegenleistung eine Vergütung erhält. Die rechtliche Einordnung des Verhältnisses zwischen Empfänger und Geber der Arbeitsleistung nach nationalem Recht ist unerheblich. Unerheblich ist ferner, woher die Mittel für die Vergütung des Arbeitnehmers stammen, ob das Rechtsverhältnis nach nationalem Recht ein Rechtsverhältnis eigener Rechtsform ist oder wie hoch die Produktivität des Betroffenen ist. Vor diesem Hintergrund hat der EuGH bereits Tätigkeiten mit einer Wochenarbeitszeit von 10 bis 12 Wochenstunden für die Begründung des Arbeitnehmerstatus ausreichen lassen (in der Rechtsprechung des Bundesarbeitsgerichts reicht für die Arbeitnehmereigenschaft innerhalb Deutschlands schon eine wöchentlich einstündige abhängige Beschäftigung). Bezüglich der aus einer Tätigkeit im EU-Ausland zu erzielenden Mindestvergütung ist eine betragsmäßige Festlegung noch nicht erfolgt. Bis zu einer evtl. Klärung durch den EuGH liegt es nahe, von einer Geringfügigkeitsgrenze entsprechend der in der Sozialversicherung festgelegten Grenze in Höhe von derzeit 400 Euro auszugehen. Unerheblich ist auch eine Befristung der Arbeitsverträge.

Bislang hat der EuGH folgende Personen als „Arbeitnehmer" ausdrücklich anerkannt:
- Vollzeitbeschäftigte

IV. Freizügigkeitsberechtigte

- Teilzeitbeschäftigte (auch bei zusätzlichem Arbeitslosengeld II)
- Arbeitsuchende
- Beschäftigte in einer Bar (selbst bei gewerbsmäßiger Prostitution)
- Sportler (z. B. Profifußballer, Radrennfahrer)
- Erwerbstätige bei Unterbrechung zu Studienzwecken im Aufnahmestaat, sofern Erwerbstätigkeit und Gegenstand des Studiums einen gewissen Zusammenhang aufweisen
- Praktikanten in der Berufsausbildung
- Studien- und Rechtsreferendare

Freizügigkeit genießen des weiteren Unionsbürger, die, ohne sich niederzulassen, als selbständige Erwerbstätige Dienstleistungen im Sinne des Artikels 50 des Vertrages zur Gründung der Europäischen Gemeinschaft erbringen wollen, wenn sie zur Erbringung der Dienstleistung berechtigt sind, sowie Unionsbürger als Empfänger von Dienstleistungen. Weiterhin genießen das Freizügigkeitsrecht Verbleibeberechtigte; das sind Arbeitnehmer oder Selbständige, die nach Beendigung einer Beschäftigung oder der Ausübung einer selbständigen Tätigkeit im Hoheitsgebiet eines anderen Mitgliedstaates verbleiben dürfen, wenn sie am Ende ihres Berufslebens ihren Ruhestand als Rentner weiterhin im Aufnahmemitgliedstaat verbringen wollen oder wenn sie während ihrer beruflichen Tätigkeit dauerhaft erwerbsunfähig werden. Nicht erwerbstätige Unionsbürger genießen Freizügigkeit unter der Voraussetzung, dass sie ausreichenden Krankenversicherungsschutz haben und über ausreichende Existenzmittel verfügen. Schließlich haben auch die Familienangehörigen ein Freizügigkeitsrecht, das sich von ihrem freizügigkeitsberechtigten Unionsbürger ableitet. Die Freizügigkeitsberechtigung bleibt auch dann bestehen, wenn jemand infolge einer Krankheit oder eines Unfalls vorübergehend arbeitsunfähig wird. Das Gleiche gilt auch für die von der zuständigen Agentur für Arbeit bestätigten Zeiten einer unfreiwilligen Arbeitslosigkeit eines Arbeitnehmers sowie für Zeiten der Einstellung einer selbständigen Tätigkeit infolge von Umständen, auf die der Selbständige keinen Einfluss hatte.

C. Freizügigkeit für Unionsbürger

Unionsbürger, die ein Recht auf Freizügigkeit (Einreise und Aufenthalt) haben			
• Arbeitnehmer (auch bei Arbeitssuche): Empfänger von Dienstleistungen	• Jugendliche zur Berufsausbildung: Verbleibeberechtigte (wer a) als Rentner nach Beendigung einer Beschäftigung im Hoheitsgebiet eines anderen Mitgliedstaats verbleiben will oder b) während seiner beruflichen Tätigkeit dauerhaft erwerbsunfähig geworden ist)	• Selbständig Erwerbstätige: Nichterwerbstätige (bei ausreichendem Krankenversicherungsschutz und ausreichenden Existenzmitteln)	• Erbringer von Dienstleistungen: Familienangehörige der Freizügigkeitsberechtigten bei gemeinsamer Wohnung; Familiennachzug bei Studierenden nur für Angehörige der Kernfamilie
(Drittstaatsangehörige mit Daueraufenthaltsrecht genießen ein Weiterwanderungsrecht)			

Die neuen Unionsbürger aus Staaten der Erweiterungsrunden 2004 oder 2005, die noch keine 12 Monate in Deutschland gearbeitet haben beziehungsweise zumindest „zum Arbeitsmarkt zugelassen" waren, besitzen noch keinen unbeschränkten Arbeitsmarktzugang. Sie müssen die Arbeitserlaubnis bei der zuständigen Arbeitsagentur beantragen (Näheres siehe unter IX.).

V. Familienangehörige

Der Personenkreis der Familienangehörigen wurde mit der neuen Freizügigkeitsrichtlinie von 2004 in Anknüpfung an die Rechtsprechung des EuGH erweitert. Zu den Familienangehörigen zählen nicht nur wie schon bisher die Ehegatten. Dazu zählen auch die Verwandten in absteigender Linie, also die noch nicht 21 Jahre alten Kinder oder Enkelkinder; ebenso Verwandte in aufsteigender (z. B. Eltern und Großeltern) und in absteigender Linie der Freizügigkeitsberechtigten oder ihrer Ehegatten, also z. B. Kinder aus einer früheren Ehe, wenn ihnen allen auch Unterhalt gewährt wird. Zu den Familienangehörigen zählen nach europäischem Gemeinschaftsrecht neuerdings auch der Lebenspartner, mit dem der Unionsbürger auf der Grundlage der Rechtsvorschriften eines Mitgliedstaats eine eingetragene Partnerschaft eingegangen ist, sofern nach

V. Familienangehörige

den Rechtsvorschriften des Aufnahmemitgliedstaates die eingetragene Partnerschaft der Ehe gleichgestellt ist und die in den einschlägigen Rechtsvorschriften des Aufnahmemitgliedstaates vorgesehenen Bedingungen erfüllt sind, soweit diese Lebenspartner nicht selbst unmittelbar freizügigkeitsberechtigt sind. Diese neue Regelung erklärt sich aus einem Urteil des EuGH. Dieser hatte aus Artikel 7 Abs. 2 der Freizügigkeitsverordnung ein Aufenthaltsrecht für den nichtehelichen Lebenspartner eines freizügigkeitsberechtigten Arbeitnehmers hergeleitet. Dies allerdings nur dann, wenn das Recht des Aufnahmemitgliedstaates dem nichtehelichen Lebenspartner seiner eigenen Staatsangehörigen ein solches Recht einräumt. In Deutschland spricht man von Lebenspartnerschaften dann, wenn gleichgeschlechtliche Lebensgemeinschaften/Paare in Anlehnung an die Eheschließung vor dem Standesamt eine dauerhafte Beziehung eingegangen sind (§ 1 Abs. 1 Satz 1 LPartG). Der Familiennachzug des nicht freizügigkeitsberechtigten Lebenspartners richtet sich nach den für den Lebenspartner eines Deutschen geltenden Vorschriften des Aufenthaltsgesetzes (§ 27 Abs. 2 AufenthG).

Familienangehörigen steht das abgeleitete Aufenthaltsrecht dann zu, wenn sie bei dem freizügigkeitsberechtigten erwerbstätigen Unionsbürger wohnen oder wie das Gemeinschaftsrecht sagt „Wohnung nehmen". Es muss eine gemeinsame Wohnung, wenn auch nur vorübergehend, vorhanden sein. Die Wohnung muss groß genug und geeignet sein, um seine Familie aufnehmen zu können. Familienangehörige von Verbleibeberechtigten oder von verstorbenen Verbleibeberechtigten, die bereits bei Entstehen seines Verbleiberechts ihren ständigen Aufenthalt bei ihm hatten, genießen ebenfalls Einreise- und Aufenthaltsrechte. Unterhaltsberechtigte Kinder unter 16 Jahren von Unionsbürgern mit Daueraufenthaltsrecht haben diese Rechte nur, wenn ein Erziehungsberechtigter sich rechtmäßig im Bundesgebiet aufhält. Bei Studierenden bleibt der Familiennachzug auf die Kernfamilie, also die Ehegatten oder Lebenspartner und unterhalts*berechtigten* Kinder beschränkt.

C. Freizügigkeit für Unionsbürger

Nachzug von Familienangehörigen ungeachtet der Staatsangehörigkeit
(1) Ehegatten und Verwandte in **absteigender Linie**, das sind Kinder, die noch nicht 21 Jahre alt sind.
(2) Verwandte in **aufsteigender Linie** (das sind Eltern und Großeltern und deren Abkömmlinge) **und in absteigender Linie** der Freizügigkeitsberechtigten oder ihrer Ehegatten, denen diese Personen oder ihre Ehegatten **Unterhalt gewähren**.
(3) **Lebenspartner**, soweit diese nicht selbst freizügigkeitsberechtigt sind.
(4) Bei **Studierenden** nur Ehegatten, Lebenspartner und unterhaltsberechtigte Kinder.
(5) **Drittstaatsangehörige Stiefkinder** von Unionsbürgern, sofern ihnen **Unterhalt gewährt wird**.

Nach der Freizügigkeitsrichtlinie können die Mitgliedstaaten für Familienangehörige eines Unionsbürgers, der die Staatsangehörigkeit eines Drittlandes inne hat, einen Einreisesichtvermerk verlangen. Die Visumpflicht von drittstaatsangehörigen Familienangehörigen richtet sich bei Kurzaufenthalten nach der EU-Visum-Verordnung, bei längerfristigen Aufenthalten nach § 6 Abs. 4 AufenthG i. V. m. der Verordnung zur Durchführung des Zuwanderungsgesetzes. In diesem Zusammenhang ist darauf hinzuweisen, dass ein Drittstaatler, wenn er seine Identität und die Ehe mit einem Unionsbürger nachweisen kann, nicht an der Grenze zurückgewiesen werden darf, und zwar auch dann nicht, wenn er illegal in die EU eingereist ist. Nach einer neueren Entscheidung des EuGH dürfen drittstaatsangehörige Ehegatten aufgrund der Übernahme des Schengenbesitzstandes im Amsterdamer Vertrag nur dann zur Einreiseverweigerung beim Überschreiten der innergemeinschaftlichen Grenze ausgeschrieben werden, wenn der die Einreise verweigernde Mitgliedstaat festgestellt hat, dass die Anwesenheit dieser Person eine tatsächliche, gegenwärtige und hinreichend schwere Gefährdung darstellt, die ein Grundinteresse der Gesellschaft dieses Mitgliedstaates berührt.

Zum Nachweis des Aufenthaltsrechts der drittstaatsangehörigen Familienangehörigen wird eine – wie es die Freizügigkeitsrichtlinie nennt – „Aufenthaltskarte für Familienangehörige eines Unionsbürgers" ausgestellt. Das deutsche Freizügigkeitsgesetz nennt dies die „Aufenthaltserlaubnis-EU". Auch Kinder mit Drittstaatsangehörigkeit von drittstaatsangehörigen Ehegatten, die mit einem Unionsbürger verheiratet sind, also Stiefkinder von Unionsbürgern, dürfen nachziehen, sofern ihnen tatsächlich Unterhalt gewährt wird. Ist das nicht der Fall, richtet sich der Familiennachzug nach dem Aufenthaltsgesetz. Familienangehörige Ehegatten und Lebenspartner haben Zugang zur Erwerbstätigkeit als Arbeitnehmer oder Selbständige. Für die Familienangehörigen der neuen Unionsbürger aus Staaten der EU-Erweiterung 2004 gelten besondere Übergangsregelungen. Dazu sind ausführliche Durchführungsanweisungen der Bundesagentur für Arbeit zum Arbeitserlaubnisrecht erlassen (siehe unten bei IX.).

VI. Meldepflichten und Bescheinigungen

Unionsbürger müssen sich innerhalb von drei Monaten ab dem Zeitpunkt der Einreise beim Einwohnermeldeamt anmelden und ihren Pass oder Personalausweis vorlegen. Im Regelfall reicht – sofern keine Zweifel bestehen – die Erklärung, dass die geforderten Voraussetzungen (z. B. ein Beschäftigungsvertrag, Genehmigung zur selbständigen Arbeit, Zulassung zum Studium) zur Ausübung des Freizügigkeitsrechts vorliegen. Falls im Einzelfall Anlass für eine Prüfung besteht, kann die zuständige Ausländerbehörde verlangen, dass die erforderlichen Voraussetzungen für die Inanspruchnahme des Freizügigkeitsrechts glaubhaft gemacht werden, gegebenenfalls durch Vorlage von Dokumenten. Zur Vorlage können nur folgende Dokumente verlangt werden:
- gültiger Personalausweis oder Reisepass,
- bei Erwerbstätigen: Einstellungsbestätigung des Arbeitgebers oder Beschäftigungsbescheinigung; Nachweis der Selbstständigkeit,
- bei Nichterwerbstätigen: Nachweis, dass ausreichende Existenzmittel und umfassender Krankenversicherungsschutz vorhanden sind,
- bei Studenten: Bescheinigung über Einschreibung und über umfassenden Krankenversicherungsschutz, Erklärung oder Beleg zur Glaubhaftmachung ausreichender Unterhaltsmittel, wobei nicht verlangt werden darf, dass sie sich auf einen bestimmten Existenzmittelbetrag beziehen.

C. Freizügigkeit für Unionsbürger

Bei den Familienangehörigen, die auch Unionsbürger sind, können nur folgende Dokumente gefordert werden:
- gültiger Personalausweis oder Reisepass,
- Bescheinigung über das Bestehen der familiären Beziehungen,
- gegebenenfalls die Bescheinigung des Unionsbürgers über sein Aufenthaltsrecht,
- bei Verwandten in absteigender und aufsteigender Linie der urkundliche Nachweis über die Verwandtschaftsbeziehung und Unterhaltsgewähr,
- bei Lebenspartnern ein Nachweis über die Lebenspartnerschaft.

Außerdem ist vorgesehen, in jedem Fall eine Abfrage im Ausländerzentralregister durchzuführen. Damit soll ausgeschlossen werden, dass dem Aufenthaltsrecht bereits von Anfang an Gründe der öffentlichen Ordnung, Sicherheit und Gesundheit entgegenstehen. Zugleich soll dabei die Dokumentennummer des vorgelegten Identitätsdokuments geprüft werden, um festzustellen, ob der Ausweis als verloren oder gestohlen gemeldet ist. Gegen die weitergehende Anweisung in den vorläufigen Anwendungshinweisen zum FreizügG/EU, Ausländerakten für Unionsbürger zu führen, bestehen europa- und ausländerrechtliche Bedenken. Die europarechtlichen Vorgaben der Freizügigkeitsrichtlinie sehen ein derartiges Verfahren nicht vor. Die Speicherung von persönlichen Daten der Unionsbürger setzt eine ausländerrechtliche Entscheidung voraus. Die Ausstellung einer Aufenthaltsbescheinigung hat jedoch ausschließlich eine melderechtliche Funktion. Anderes gilt etwa bei einer konkreten Ausweisungsentscheidung.

Von den drittstaatsangehörigen Familienangehörigen können nur folgende Dokumente gefordert werden:
- gültiger Reisepass,
- Bescheinigung über das Bestehen der familiären Beziehung,
- Bescheinigung des Unionsbürgers über das Aufenthaltsrecht,
- bei Verwandten in absteigender und aufsteigender Linie der urkundliche Nachweis über die Verwandtschaftsbeziehung und Unterhaltsgewähr,
- bei Lebenspartnern ein Nachweis über die Lebenspartnerschaft.

Die für die Glaubhaftmachung erforderlichen Angaben und Nachweise können bei der meldebehördlichen Anmeldung entgegengenommen werden. Die gemeldeten Daten werden an die Ausländerbehörde weitergegeben. Nach ihrer Überprüfung wird von Amts wegen eine Bescheinigung über das gemeinschaftliche Aufenthaltsrecht ohne Angabe eines Gültigkeitszeitraums – es sei denn, der geplante Aufenthalt ist von vornherein vorübergehender Natur – ausgestellt und zugesendet.

Muster der Bescheinigung (§ 5 FreizügG/EU)
(Ziffer 5.1.3. Vorläufige Anwendungshinweise)

Kopfbogen der ausstellenden Behörde

Bescheinigung gemäß § 5 FreizügG/EU

Name, Vorname:
Geburtsdatum:
Staatsangehörigkeit:
Anschrift:
Zeitpunkt der Anmeldung:

Die Inhaberin/der Inhaber dieser Bescheinigung ist Staatsangehörige/r eines Mitgliedstaates der Europäischen Union oder der Europäischen Wirtschaftsgemeinschaft und nach Maßgabe des Freizügigkeitsgesetzes/EU zur Einreise und zum Aufenthalt in der Bundesrepublik Deutschland berechtigt.

(Der Inhaber/die Inhaberin dieser Bescheinigung benötigt zur Aufnahme einer unselbständigen, arbeitsgenehmigungspflichtigen Erwerbstätigkeit eine Arbeitserlaubnis- oder Arbeitsberechtigung-EU.)

Diese Bescheinigung gilt nur in Verbindung mit folgendem Identitätsdokument der Inhaberin/des Inhabers:

_____

Bezeichnung des Dokuments; Seriennummer

Im Auftrag
(Siegel)

_____

Datum, Unterschrift

Familienangehörige mit Drittstaatsangehörigkeit, also Staatsangehörige eines Nicht-EU-Staates, erhalten eine Aufenthaltserlaubnis-EU. Für die Erteilung der Bescheinigungen darf die Behörde nur die für Inländer üblichen Gebühren verlangen.

Die Ausländerbehörde kann innerhalb der ersten fünf Jahre des Aufenthalts den Fortbestand der Erteilungsvoraussetzungen nur aus besonderem Anlass prüfen. Ein besonderer Anlass wird beispielsweise darin gesehen, dass nichterwerbstätige Unionsbürger oder deren Familienangehörige Sozialhilfe oder Arbeitslosengeld II in Anspruch nehmen wollen.

VII. Soziale Rechte, insbesondere Arbeitslosengeld II oder Sozialhilfe

Freizügigkeitsberechtigte Arbeitnehmer aus der EU genießen die gleichen sozialen und steuerlichen Vergünstigungen wie deutsche Arbeitnehmer. Bei den Sozialleistungen zählen dazu je nach Vorliegen der sonstigen Anspruchsvoraussetzungen vor allem die Förderungsleistungen wie Kindergeld, Wohngeld, Erziehungsgeld bzw. Elterngeld. Auch der Bezug von Arbeitslosengeld nach SGB III ist aufenthaltsrechtlich irrelevant: Wer derartige Ansprüche in Deutschland erworben hat, kann sie hier geltend machen. Entsprechende Ansprüche können für drei Monate auch exportiert werden, wenn jemand im EU-Ausland Arbeit suchen und sich dort aufhalten will.

Leistungen der Sozialhilfe nach dem SGB XII (für nicht erwerbsfähige Bedürftige) oder Arbeitslosengeld II (für erwerbsfähige Bedürftige) sind als Existenzsicherungsleistungen soziale Vergünstigungen im Sinne des Gemeinschaftsrechts. Sie sind keine Leistungen der sozialen Sicherheit im Sinne der Verordnung über die soziale Sicherheit des Gemeinschaftsrechts – dies trifft allerdings auf die Grundsicherungsleistungen im Alter nach § 41 ff. SGB XII zu; diese Grundsicherungsleistungen sind sogenannte beitragsunabhängige Sonderleistungen im Sinne des Gemeinschaftsrechts, die nicht exportierbar sind. Für ihre Gewährung gilt das Diskriminierungsverbot. Deutsche und andere Unionsbürger sind gleich zu behandeln – es sei denn, dass sie sich nur deshalb nach Deutschland begeben, um hier Sozialhilfe zu beziehen; dann ist ihre Freizügigkeit nicht gerechtfertigt.

Soziale Hilfen in Form von Sozialhilfe nach SGB XII oder Arbeitslosengeld II nach SGB II können in unterschiedlichen Situationen für Unionsbürger von aufenthaltsrechtlicher Bedeutung werden (z. B. bei Erwerbsminderung durch Unfall oder Verlust des Arbeitsplatzes). Im Rahmen der Freizügigkeitsberechtigung von Nichterwerbstätigen ist davon auszugehen, dass für die Familienangehörigen dann ausreichende Existenzmittel vorliegen, wenn während des Aufenthalts keine staatlichen Unterstützungsleistungen des Aufnahmemitgliedstaates in Anspruch genommen werden müssen. Wenn jemand allerdings nach Erhalt der Aufenthaltsbescheinigung einen Antrag auf Unterstützung nach SGB II oder SGB XII stellt, darf die Behörde den Fortbestand der Voraussetzung für das Aufenthaltsrecht, nämlich das Vorhandensein ausreichender Existenzmittel überprüfen. In diesen Fällen wird es bei Inanspruchnahme von Sozialhilfe nach SGB XII erforderlich sein, eine exakte Vergleichsberechnung unter Einbeziehung der regionalen Bedarfssätze für diese Leistungen vorzunehmen, wobei die persönlichen Umstände berücksichtigt werden müssen. Der geforderte Betrag darf nicht über dem Schwellenwert liegen, unter dem deutschen Staatsangehörigen Sozialhilfe beziehungsweise Arbeitslosengeld II gewährt wird.

Im Zusammenhang mit der Dauer des Aufenthalts spielt die Inanspruchnahme von öffentlichen Unterstützungsleistungen eine wichtige Rolle. So können sich im Laufe der ersten fünf Jahre Zweifel an dem Fortbestehen der Ausübungsvoraussetzungen für die Freizügigkeit ergeben, z. B. wenn die zuständige Behörde meldet, dass Sozialhilfe beziehungsweise Arbeitslosengeld II beantragt worden ist. Dann sind die Freizügigkeitsvoraussetzungen im Einzelfall nachzuprüfen – unabhängig vom Inhalt der Bescheinigung über den Aufenthalt.

Unionsbürgern und ihren Familienangehörigen steht das Aufenthaltsrecht zu, solange sie die Unterstützungsleistungen des Aufnahmemitgliedstaates – wie das Gemeinschaftsrecht sagt – „nicht unangemessen" in Anspruch nehmen. Welche Bedeutung „nicht unan-

C. Freizügigkeit für Unionsbürger

gemessen" hat, ist bislang nicht geklärt. Ein Sinn könnte sich aus der Gegenüberstellung von laufenden („unangemessenen") und einmaligen („angemessenen") Leistungen erschließen. Eine genauere Abgrenzung muss sich erst aus der behördlichen Praxis ergeben. Gegebenenfalls wird dies der EuGH selbst klären müssen.

Die Inanspruchnahme von staatlichen Unterstützungsleistungen durch einen Unionsbürger oder einen seiner Familienangehörigen im Aufnahmemitgliedstaat darf nicht automatisch zu einer Ausweisung führen. Streitig war dies z. B. in dem vom EuGH entschiedenen Fall eines französischen Studenten in Belgien. Dieser hatte zunächst als Arbeitnehmer sein Studium finanziert, später dann Sozialhilfe (die entsprechende belgische Leistung „Minimex") beantragt, um sich ganz auf seine Prüfungsvorbereitung konzentrieren zu

Arbeitslosengeld II/Sozialhilfe für Unionsbürger im Aufnahmemitgliedstaat und Folgen ihres Bezugs

	3 Monate	3 Monate bis 5 Jahre	Ab 5 Jahre
Arbeitnehmer und Familienangehörige	Kein Anspruch	Recht auf ergänzende(s) Arbeitslosengeld II/ Sozialhilfe. Bei Inanspruchnahme Überprüfung des Fortbestandes des Aufenthaltsrechts	„nicht unangemessene" Inanspruchnahme von Arbeitslosengeld II/ Sozialhilfe möglich; darüber hinaus: Prüfung der möglichen Beendigung des Aufenthaltsrechts, sofern ein Grundinteresse der Gesellschaft berührt ist
Teilzeitarbeitnehmer Verbleibeberechtigte			
Selbständige und Familienangehörige			
Erstmalig Arbeitsuchende und Familienangehörige			
Nichterwerbstätige und Familienangehörige		Sonderfall: Zeitlich begrenzte Hilfe bis zum Studienabschluss, EuGH – Rs C 184/99 – *Grzelczyk*)	

können. Dies hat ihm der EuGH als Unionsbürger für begrenzte Zeit aus Gründen der Gleichbehandlung mit belgischen Studierenden in vergleichbarer Situation zugestanden. Bislang ist noch nicht geklärt, ob Deutschland im Falle der Aufnahme eines solchen Studierenden vor Erwerb des Daueraufenthaltsrechts Unterhaltsbeihilfen für die Zwecke des Studiums beziehungsweise Arbeitslosengeld II zum Abschluss eines Studiums gewähren wird. Es bedarf zur Klärung noch der weiteren Umsetzung des Gemeinschaftsrechts. Im Übrigen lässt sich der Bezug von existenzsichernden Unterstützungsleistungen (Sozialhilfe beziehungsweise Arbeitslosengeld II) wie auf S. 54 veranschaulichen.

VIII. Verlust des Rechts auf Einreise und Aufenthalt

Das Recht zum Daueraufenthalt von Unionsbürgern und ihren Familienangehörigen wird nach fünfjährigem Inlandsaufenthalt erworben. Der Verlust des Freizügigkeitsrechts innerhalb der ersten fünf Jahre nach Begründung des ständigen Aufenthalts im Bundesgebiet kann nur aus besonders schwerwiegenden Gründen entfallen. Ein derartiger Wegfall ist dann möglich, wenn die Freizügigkeitsvoraussetzungen festgestellt und die Bescheinigung über das gemeinschaftsrechtliche Aufenthaltsrecht eingezogen und die Aufenthaltserlaubnis-EU widerrufen werden. Im Übrigen kann der Rechtsverlust nur aus Gründen der öffentlichen Ordnung, Sicherheit oder Gesundheit eintreten. Auch in diesem Fall ist zunächst eine Entscheidung zu treffen, mit der die Verletzung von öffentlicher Ordnung, Sicherheit oder Gesundheit festgestellt, die Bescheinigung über das gemeinschaftsrechtliche Aufenthaltsrecht eingezogen und die Aufenthaltserlaubnis-EU widerrufen wird. Aus den genannten Gründen kann auch die Einreise verweigert werden.

Die Tatsache einer strafrechtlichen Verurteilung genügt für sich allein nicht, um diese Entscheidungen zu treffen. Das Gemeinschaftsrecht bestimmt, dass gegen Unionsbürger oder ihre Familienangehörigen, die das Recht auf Daueraufenthalt in seinem Hoheitsgebiet genießen, eine Ausweisung nur aus schwerwiegenden Gründen der öffentlichen Ordnung oder Sicherheit erfolgen darf. In Anlehnung an die Rechtsprechung des EuGH zur Aufenthaltsbeschränkung nach einer strafrechtlichen Verurteilung muss der Verstoß gegen die öffentliche Ordnung eine tatsächliche und hinreichend schwere Gefährdung darstellen, die ein „Grundinteresse der Gesellschaft" berührt. Ein solcher Verstoß wird auch bei wiederholter Begehung von Ordnungswidrigkeiten oder wiederholter leichter Straftaten nicht zu bejahen sein. Selbst bei mittelschwerer oder schwerer Delinquenz genügt allein die Tatsache einer strafrechtlichen Verurteilung nicht, um freizügigkeitsbeschränkende Maßnahmen zu begründen. Die Behörde darf allerdings Rückschlüsse aus den noch nicht getilgten Eintragungen zu strafrechtlichen Verurteilungen im Bundeszentralregister ziehen.

Strafurteile, die bei Drittausländern die zwingende Ausweisung beziehungsweise die Regelausweisung zur Folge haben, dürfen bei Unionsbürgern nicht zur quasi-automatischen Ausweisung ohne eine gründliche Gefahrenprognose führen. Die Gefahrenprognose ist einzelfallbezogen zu begründen. Das bedeutet z. B., dass die Entscheidung des Strafgerichts zur Strafaussetzung zur Bewährung auch für die konkrete Gefahrenprognose der Ausländerbehörde verbindlich sein muss.

Im Aufnahmemitgliedstaat geborene und aufgewachsene Unionsbürger sind nicht prinzipiell von einer Ausweisung ausgeschlossen – man erinnere sich an den bundesweit bekannt gewordenen Fall „Mehmet". Wenn eine solche Person wegen bestimmter Delikte verurteilt wurde und sie eine gegenwärtige Gefahr für die öffentliche Ordnung darstellt, stehen einer Ausweisung weder der EG-Vertrag noch die Freizügigkeitsrichtlinie entgegen. Letztere formuliert Grenzen des Ausweisungsschutzes (keine Ausweisung bei Minderjährigen, es sei denn, sie ist zum Wohle des Kindes notwendig im Sinne der UN-Kinderrechtskonvention). Die Behörden haben im konkreten Einzelfall die allgemeinen Grundsätze des Gemeinschaftsrechts, insbesondere den Grundsatz der Verhältnismäßigkeit zu wahren und unter Beachtung der Grundrechte einen angemessenen Ausgleich zwischen den öffentlichen und den persönlichen Interessen herzustellen. Ein besonderer Ausweisungsschutz für Unionsbürger ist unter Berücksichtigung der Dauer seines Aufenthalts, seines Alters, seines Gesundheitszustandes, seiner familiären und wirtschaftlichen Lage, seiner sozialen und kulturellen Integration in Deutschland und des Ausmaßes seiner Bindungen zu seinem Herkunftsstaat zu gewähren.

Die Behörden dürfen eine Wiedereinreise nicht auf Dauer, sondern nur befristet verbieten; das Wiedereinreiseverbot muss zeitlich begrenzt werden. Freizügigkeitsberechtigte Unionsbürger haben spätestens drei Jahre nach der Ausreise Anspruch auf Überprüfung, ob die Voraussetzungen für den Rechtsverlust noch vorliegen. Im Unterschied zum Aufenthaltsrecht für Drittstaatsangehörige (§ 11 Abs. 1 S. 3 AufenthG), der die Befristung der Ausweisung nur auf Antrag vorsieht, muss die Ausländerbehörde nach § 7 Abs. 2 S. 2 FreizügG/EU schon beim Erlass der Verfügung eine Befristung festlegen. Das Recht zur Überprüfung der Ausweisung nach Ablauf von drei Jahren kann nicht durch die Verhängung einer Frist von über drei Jahren ausgeschlossen werden.

Wichtige Gesetzesmaterialien und Richtlinien

Gesetz über die allgemeine Freizügigkeit von Unionsbürgern (Freizügigkeitsgesetz/EU – FreizügG/EU) vom 30. 7. 2004, BGBl. I S. 1986; Richtlinie 2004/38/EG über das Recht der Unionsbürger und ihrer Familienangehörigen, sich im Hoheitsgebiet der Mitgliedstaaten frei zu bewegen und aufzuhalten, ABl.EG Nr. L 158/177, berichtigt ABl.EG L 229 vom 29. 6. 2004, S. 35–48; § 2 AZRG i. V. m. §§ 1 und 20 AZRG-DV und Anhang; § 51 BZRG

Wichtige Urteile

EuGH, Urteil vom 27. 4. 2006, Rs C-441/02 – Kommission/Deutschland (Ausweisung von EU-Bürgern – zum § 12 des früheren Aufenthaltsgesetz/EWG), ZAR 2006, 210; EuGH, Urteil vom 31. 1. 2006, Rs C-503/03 – Kommission/Spanien (zur Frage der Einreiseverweigerung von drittstaatsangehörigen Ehegatten); BVerwG, Urteil vom 3. 8. 2004 (zur Ausweisung von Unionsbürgern), NVwZ 2005, 220–224.

Vertiefende Literatur:

Brinkmann, Kommentierung der §§ 1, 4, 9, 10, 12 und 13 des Gesetz über die allgemeine Freizügigkeit von Unionsbürgern (Freizügigkeitsgesetz/EU – FreizügG/EU, in: Huber, Handbuch des Ausländer- und Asylrechts, Band 2, FreizügG/EU, B 110; *Borrmann*, Rechte drittstaatsangehöriger Ehegatten wandernder Unionsbürger, ZAR 2004, 61–67; *Welte*, Freizügigkeitsrecht der Unionsbürger nach dem Freizügigkeitsgesetz/EU, InfAuslR 2005, 8–13; *Groß*, Das Gesetz über die allgemeine Freizügigkeit von Unionsbürgern,

C. Freizügigkeit für Unionsbürger

ZAR 2005, 81–86; *Hailbronner*, Die Richtlinie zur die Freizügigkeit der Unionsbürger, ZAR 2005, 259–265; *Eichenhofer*, Völker- und europarechtliche Vorgaben an die Sozialhilfe in Deutschland, in: Rothkegel (Hrsg.), Sozialhilferecht, 2005, 21–25; *Strick*, Ansprüche alter und neuer Unionsbürger auf Sozialhilfe und Arbeitslosengeld II, NJW 2005, 2182–2187.

Auskunft und Beratung

Bei den örtlichen Einwohnermeldeämtern und der Ausländerbehörde; kommunale Träger der Sozialhilfe; Bundesagentur für Arbeit (BA) sowie die gemeinsam von den kommunalen Trägern und der BA vereinbarten Arbeitsgemeinschaften (nach § 44 b SGB II), z. B. BAgIS (Bremer Arbeitsgemeinschaft für Integration und Soziales).

Hinweis auf zu erwartende Rechtsänderungen

Das Bundesministerium des Innern erarbeitet seit geraumer Zeit den Entwurf eines Gesetzes zur Umsetzung aufenthalts- und asylrechtlicher Richtlinien der Europäischen Union. Unter anderem werden die „Freizügigkeitsrichtlinie" (RL 2004/38/EG) und die „Richtlinie langfristig Aufenthaltsberechtigte" (RL 2003/109/EG) Ergänzungen bzw. Änderungen zum FreizügG/EU mit sich bringen.

IX. Unionsbürger aus den neuen Beitrittsstaaten (2004 und 2007)

1. Beitrittsakte von 2003 bzw. 2005 sowie Übergangsfristen

Mit der Aufnahme der zehn neuen Beitrittsstaaten zum 1.Mai 2004 wurden zwischen der EG (EU-15) und den Beitrittsstaaten (EU-10) in der Beitrittsakte 2003 Übergangsfristen bis zum Eintritt der vollen Wirksamkeit der Freizügigkeitsrechte vereinbart. Sie gelten nicht für Schweden, Irland und Großbritannien. In Großbritannien gilt allerdings das besondere „System der Registrierung von Arbeitnehmern". In Finnland, Griechenland, Portugal uns Spanien endete die Laufzeit seit Mai 2006. Italien hat die Beschränkungen seit Ende Juli 2006 aufgehoben. Unter bestimmten Bedingungen können Malta und Zypern Begrenzungen der Freizügigkeit gegenüber ihren Ländern geltend machen. Nach dem Beschluss der Bundesregierung vom 22. 3. 2006 will Deutschland die Übergangsregelungen bezüglich der Erweiterungsstaaten 2004 zunächst bis zum

IX. Unionsbürger aus den neuen Beitrittsstaaten (2004 und 2007)

30.4. 2009 in Anspruch nehmen. Mit dem Beitritt von Bulgarien und Rumänien 2007 gelten nach der Beitrittsakte von 2005 für diese Länder entsprechende Übergangsregelungen.

Bis zum Ablauf einer noch nicht endgültig feststehenden Übergangszeit genießen die Staatsangehörigen aus diesen Beitrittsstaaten also noch keine vollen Unionsbürgerrechte. Der Beitrittsvertrag einschließlich der im Anhang II zur Beitrittsakte enthaltenen Übergangsregelungen gilt für Arbeitnehmer und Dienstleistungserbringer aus bestimmten Dienstleistungsbereichen der neuen Mitgliedstaaten und ihre Familienangehörigen. Als Übergangszeit hat man ein Dreiphasen-Modell („2+3+2"-Modell) vereinbart. Danach werden im Rahmen einer siebenjährigen Übergangsfrist drei Phasen unterschieden:

- Während einer zweijährigen Übergangsfrist besteht in Bezug auf die mittel- und osteuropäischen Beitrittsstaaten keine gemeinschaftsrechtliche Arbeitnehmerfreizügigkeit; es gelten insofern die nationalen und bilateralen Regelungen des Arbeitsmarktzuganges fort. Die Mitgliedstaaten können somit entscheiden, inwieweit sie ihren Arbeitsmarkt ab dem Beitritt aufgrund nationaler Maßnahmen für Staatsangehörige aus den Beitrittsstaaten weiter öffnen.
- Vor Ablauf der ersten Phase sind die Alt-Mitgliedstaaten verpflichtet, in einer förmlichen Mitteilung die EU-Kommission darüber zu unterrichten, ob sie gemäß der im Beitrittsvertrag vereinbarten Übergangsregelungen nationale Maßnahmen zur Beschränkung des Arbeitsmarktzugangs für weitere drei Jahre weiterführen wollen oder Freizügigkeit nach Gemeinschaftsrecht gewähren.
- Alt-Mitgliedstaaten, die nach fünf Jahren noch weiterhin nationale Zugangsregelungen zum Arbeitsmarkt aufrechterhalten wollen, müssen der EU-Kommission förmlich mitteilen, dass sie die Übergangsregelungen noch für die weiteren zwei Jahre wegen der schwierigen nationalen Arbeitsmarktlage weiter anwenden wollen. Damit ist dann die Maximaldauer von sieben Jahren erreicht. Spätestens sieben Jahre nach dem Beitritt gilt volle Freizügigkeit.

C. Freizügigkeit für Unionsbürger

2. Rechtspositionen während der Übergangszeit

Bei der Grundfreiheit der Arbeitnehmerfreizügigkeit nimmt ein Unionsbürger als „Wanderarbeitnehmer" im Sinne des EU-Rechts ein eigenständiges Recht in Anspruch, bei einem in der EU niedergelassenen Unternehmen ein Beschäftigungsverhältnis einzugehen. Im Gegensatz hierzu begibt sich der von einem in seinem Heimatland ansässigen Unternehmen entsandte Arbeitnehmer nicht aus Eigeninitiative in ein anderes Beschäftigungsland der EU; er wird vielmehr im Rahmen der grenzüberschreitenden Dienstleistungserbringung von seinem im Beitrittsstaat niedergelassenen Arbeitgeber für einen projektbezogenen und zeitlich befristeten Einsatz in die „alten" EU-Mitgliedstaaten „entsandt". Für entsandte Arbeitnehmer gelten die Übergangsregelungen nicht, denn sie sind keine Arbeitnehmer im Sinne des Beitrittrechts.

Die Rechte aus dem EG-Vertrag hinsichtlich der Freizügigkeit von Arbeitnehmern (Art. 39 EG) gelten für Staatsangehörige der Beitrittsstaaten zunächst nur vorbehaltlich der im Beitrittsvertrag geregelten Übergangsbestimmungen. Sie haben also noch keinen gemeinschaftsrechtlichen Anspruch auf Freizügigkeit. Demnach behält in der Übergangszeit das nationale und gegebenenfalls bilaterale Arbeitsgenehmigungsrecht bei Beschäftigungen in Deutschland seine Gültigkeit. Arbeitnehmer aus den Beitrittsstaaten bedürfen weiterhin für die Aufnahme einer Beschäftigung in Deutschland einer Arbeitserlaubnis; diese ist vor einer Beschäftigungsaufnahme zu beantragen und zu erteilen.

Für die Tätigkeit von Selbständigen sind keine entsprechenden Übergangsregelungen vorgesehen. Sofern Bürger aus den Beitrittsstaaten als Selbständige in Deutschland tätig werden wollen, haben sie allerdings wie Inländer und Selbständige aus anderen EU-Mitgliedstaaten neben berufs- und gewerberechtlichen Bestimmungen auch die EU-spezifischen aufenthaltsrechtlichen Vorschriften zu beachten.

Der Arbeitsmarktzugang von Arbeitnehmern aus den Beitrittsstaaten wird bereits mit dem Tag des Beitritts verbessert. Dies gilt insbesondere für die sog. Gemeinschaftspräferenz (Vermittlungsvorrang von Unionsbürgern). Diese sieht vor, dass Arbeitskräfte aus

IX. Unionsbürger aus den neuen Beitrittsstaaten (2004 und 2007)

den Beitrittsstaaten beim Zugang zu den Arbeitsmärkten der derzeitigen Mitgliedstaaten, insbesondere bei freien Stellen, die im System EURES (European Employment Services) bzw. der Bundesagentur für Arbeit ausgeschrieben werden, den Vorzug vor Arbeitskräften aus Drittstaaten erhalten, sofern sie Tätigkeiten aufnehmen wollen, für die ausnahmsweise eine Zugangsmöglichkeit zum deutschen Arbeitsmarkt besteht. Darüber hinaus sieht der Beitrittsvertrag vor, dass eine rechtmäßige Beschäftigung in den derzeitigen EU-Mitgliedstaaten unter bestimmten Voraussetzungen zu einem uneingeschränkten Arbeitsmarktzugang führt. Darüber hinaus kann nach § 39 Abs. 6 AufenthG (gültig seit 1. 1. 2005) von der Bundesagentur für Arbeit eine Beschäftigung, die eine qualifizierte Berufsausbildung voraussetzt, unter den Voraussetzungen des Absatzes 2 erlaubt werden, soweit nach Maßgabe des Beitrittsvertrages von den Rechtsvorschriften der Europäischen Gemeinschaft abweichende Regelungen Anwendung finden. Ihnen ist Vorrang gegenüber zum Zweck der Beschäftigung einreisenden Staatsangehörigen aus Drittstaaten zu gewähren. Falls die Bundesagentur genehmigt, findet § 13 FreizügG/EU entsprechende Anwendung.

Nach Nr. 2 (und Nr. 8) der Vereinbarungen zum Kapitel Freizügigkeit (Beitrittsakte 2003, Anhang XII) erhalten Staatsangehörige der Beitrittsländer (und ggf. ihre Familienangehörigen), „die am Tag des Beitritts (oder nach dem Beitritt) für einen ununterbrochenen Zeitraum von 12 Monaten oder länger zum Arbeitsmarkt zugelassen waren", Zugang zum Arbeitsmarkt. Dies bedeutet, dass sie in Deutschland durch Erteilung einer Arbeitsberechtigung einen uneingeschränkten Arbeitsmarktzugang erhalten. Dieses Recht gilt wiederum nicht für Arbeitnehmer, die lediglich vorübergehend zur Erbringung von Dienstleistungen im Rahmen der Dienstleistungsfreiheit oder der bilateralen Abkommen über Werkvertragsarbeitnehmer nach Deutschland entsandt waren.

Familienangehörigen der Staatsangehörigen aus den Beitrittsstaaten, die am 1. Mai 2004 zwölf Monate mit entsprechenden Arbeitsgenehmigungen beschäftigt waren, wird eine Arbeitserlaubnis erteilt, wenn sie zu diesem Zeitpunkt ihren rechtmäßigen und gemeinsamen Wohnsitz mit dem Arbeitnehmer im Bundesgebiet hatten. Danach wird die Arbeitserlaubnis auch Familienangehörigen erteilt, die ihren rechtmäßigen und gemeinsamen Wohnsitz mit dem Arbeitnehmer im Bundesgebiet haben und sich seit mindestens achtzehn Monaten im Bundesgebiet aufhalten. Ab dem 2. Mai 2006 wird den Familienangehörigen der Arbeitnehmer, die zwölf Monate oder länger Arbeitsmarktzugang hatten, die Arbeitserlaubnis unabhängig von der Dauer des Aufenthaltes im Bundesgebiet erteilt.

Als Familienangehörige gelten der Ehegatte oder Lebenspartner sowie die Verwandten in absteigender Linie, die noch nicht 21 Jahre alt sind, oder Verwandte in aufsteigender Linie, denen Unterhalt gewährt wird. Zur Veranschaulichung dieses komplizierten Regelungswerks die folgenden Übersichten (s. S. 63–65).

3. Übergangsbestimmungen für die Freizügigkeit der Arbeitnehmer im Beitrittsvertrag von 2003

Nach der jüngsten Erweiterung am 1. Mai 2004 konnten die Mitgliedstaaten Übergangsregelungen für den Zugang der Arbeitnehmer aus acht neuen Mitgliedstaaten zu ihrem Arbeitsmarkt treffen (Arbeitnehmer aus Malta und Zypern fallen nicht unter diese Ausnahmeregelung). Die erste Phase dieser Übergangsregelungen endete am 1. Mai 2006. Die **zweite Phase** betrifft den Zeitraum **2006 bis 2009**. Nach den Absätzen 2 und 3 der länderspezifischen Anhänge zur Beitrittsakte von 2003 teilen alle EU-15-Staaten der Kommission „spätestens am Ende eines Zeitraums von zwei Jahren nach dem Beitritt" – also bis zum 30. April 2006 – mit, ob sie weiterhin nationale oder sich aus bilateralen Vereinbarungen ergebende Maßnahmen anwenden, oder ob künftig für den Zugang zu ihrem Arbeitsmarkt Gemeinschaftsrecht gilt. Gemäß einer weiteren wichtigen Bestimmung der Anhänge greift in Mitgliedstaaten, die keine entsprechende Mitteilung gemacht haben, ab dem 1. Mai 2006 das Freizügigkeitsrecht der Gemeinschaft. Auf die Pflicht der Mitgliedstaaten, vor dem 1. Mai 2006 eine solche Mitteilung zu machen, wurde von der Kommission auf den letzten Tagungen des Fachausschusses für die Freizügigkeit vom 22. Februar 2006 und der Hochrangigen Arbeitsgruppe für die Freizügigkeit vom 28. März 2006 ausdrücklich hingewiesen.

Die Absichten der **Bundesrepublik** für die zweite Phase lassen sich

IX. Unionsbürger aus den neuen Beitrittsstaaten (2004 und 2007)

Übersicht zur Freizügigkeit der Unionsbürger aus den neuen Beitrittsstaaten (ohne Malta und Zypern) in der EU (gilt nicht für Irland und Schweden, für Großbritannien gilt das besondere „System der Registrierung von Arbeitnehmern")		
Persönlicher Status	**Rechtsstatus nach EU-Recht**	**Aufenthalts- und arbeitserlaubnisrechtlicher Status nach der Beitrittsakte 2003 und Sozialrechtspositionen**
Arbeitnehmer und Dienstleistungserbringer bzw. -empfänger	• <u>Unionsbürger „im Übergang"</u>: Art. 39 und 49 EG in Verbindung mit Anhängen II der Beitrittsakte • Geschützt mit zeitlich gestufter Aussicht auf volle Unionsbürgerrechte	• Eingeschränkte Arbeitnehmer- und (branchenspezifische) Dienstleistungsfreizügigkeit mit Sozialrechtspositionen: Fortgeltung bilateraler Sozialversicherungsabkommen • Problem: Umsetzung des 2+3+2-Modells ist unvorhersehbar
Deren Familienangehörige	Wie oben	Unterschiede je nach Zeitpunkt der Begründung des gemeinsamen Wohnsitzes in einem Alt-EU-Staat (EU-15-Staaten)
Selbständige und deren Familienangehörige	<u>Unionsbürger</u> (Niederlassungsrecht nach Art. 43 EG)	Niederlassungsfreiheit unter Beachtung gerechtfertigter nationaler Zulassungsvoraussetzungen; Sozialrechtspositionen nach VO/EWG 1408/71 (künftig VO/EWG 883/2004)

C. Freizügigkeit für Unionsbürger

Unionsbürger aus den Beitrittsstaaten (ohne Malta und Zypern): Beschränkter Zugang zum deutschen Arbeitsmarkt nach dem 1. 5. 2004 bzw. 1. 1. 2007	
Unionsbürger der Beitrittsstaaten	**Zugang zum deutschen Arbeitsmarkt in den Grenzen des Beitrittsvertrags**
Arbeitnehmer (AN), die am 1. 5. 04 bzw. 1. 1. 07 oder danach mindestens 12 Monate ununterbrochen auf dem deutschen Arbeitsmarkt zugelassen sind	ja
AN in genehmigungsfreier Beschäftigung	ja
Grenzgänger, die in Polen keine Sozialleistungen beziehen	ja
Entsandte Arbeitnehmer (Entsendegesetz von 1996 bleibt unberührt)	nein
Befristet entsandte Arbeitnehmer mit Arbeitsvertrag im Heimatstaat bei 1. grenzüberschreitender Dienstleistungserbringung 2. Werkvertragsarbeitnehmer (Werkvertragsabkommen bleiben unberührt)	nein
Au-pair-Beschäftigte	nein
Praktikanten, Teilnehmer an Freiwilligendiensten	nein
Personen in Aus- und Weiterbildung	nein
Studenten (90 Tage Beschäftigung erlaubt)	Arbeitsberechtigung nach Vorrangprüfung möglich
Sonstige Arbeitnehmer	Gemeinschaftsvorrang; Vorrang der AN mit Arbeitsberechtigung: Gegenüber sonstigen Drittstaatsangehörigen bevorzugte Erteilung der Arbeitsberechtigung für zugelassene Beschäftigungen (§ 285 Abs. 4 SGB III)

IX. Unionsbürger aus den neuen Beitrittsstaaten (2004 und 2007)

Unionsbürger der Beitrittsstaaten	Zugang zum deutschen Arbeitsmarkt in den Grenzen des Beitrittsvertrags
Selbständige	Ja
Selbständige, die nach kurzer Zeit in abhängige Beschäftigung wechseln wollen	Arbeitsberechtigung unter Beachtung des Gemeinschaftsvorrangs
Familienangehörige (Ehegatten, Lebenspartner, Kinder bis 21 Jahre, Verwandte in aufsteigender Linie, denen Unterhalt gewährt wird)	
1. Bei rechtmäßigem und gemeinsamem Wohnsitz mit dem Arbeitnehmer (s. o. erste Zeile) im Bundesgebiet am 1. 5. 2004 bzw. 1. 1. 2007 in Deutschland	Ja
2. Nach dem 1. 5. 04 bzw. 1. 1. 07 zugezogen und mit rechtmäßigem und gemeinsamem Wohnsitz im Bundesgebiet nach Ablauf von 18 Monaten	Ja
3. Im Übrigen	Ja, unter Beachtung des Gemeinschaftsvorrangs

wie folgt zusammenfassen: Die Einschränkungen der ersten Phase, bezogen auf Arbeitserlaubnis und die grenzübergreifende Erbringung einiger Dienstleistungen, sollen auch für die zweite Phase beibehalten und nicht vor dem 30. April 2009 aufgehoben werden. Die bilateralen Vereinbarungen bleiben so lange in Kraft. Dies teilte die Vertretung der Bundesrepublik der Kommission am 20. April 2006 mit.

Wichtige Gesetzesmaterialien

Beitrittsvertrag vom 16. 4. 2003, Beitrittsakte, ABl. EG 23. 9. 2003, Nr. L 236, Anhänge; Deutsches Vertragsgesetz dazu vom 18. 9. 2003, BGBl. II 1408; Beitrittsvertrag vom 25. 4. 2005, Beitrittsakte, ABl.EG 21. 6. 2005, Nr. L 157, Anhänge; Werkvertragsabkommen mit Lettland, Polen, Slowakei, Tschechien und Ungarn; Gesetz über den Arbeitsmarktzugang im Rahmen der EU-Erweiterung vom 23. 4. 2004, BGBl. I S. 602; § 39 Abs. 6 AufenthG; § 13 FreizügG/EU; § 284 SGB III.

C. Freizügigkeit für Unionsbürger

Vertiefende Literatur

Fehrenbacher, Die Freizügigkeitsregelungen. Rahmen der EU-Erweiterung und ihre ausländerrechtlichen Folgen, ZAR 2004, 22–27; *ders.*, Übergangsregelungen bei der EU-Erweiterung und deren Auswirkungen im Ausländerrecht, ZAR 2004, 240–246.

Mitteilung der Kommission an den Rat, das Europäische Parlament, den Europäischen Wirtschafts- und Sozialausschuss und den Ausschuss der Regionen – Bericht über die Anwendung der im Beitrittsvertrag 2003 festgelegten Übergangsregelungen (Zeitraum 1. Mai 2004–30. April 2006), KOM (2006) 48 endgültig vom 8. 2. 2006; Schutzklauseln und Übergangsfristen im Vertrag über den EU-Beitritt von Bulgarien und Rumänien, Deutscher Bundestag, Wissenschaftliche Dienste, Ausarbeitung Nr. 45/06 (21. September 2006).

Auskünfte erteilen die zuständigen Ausländerämter und die Bundesagentur für Arbeit.

X. Freizügigkeit für Drittstaatsangehörige mit Daueraufenthalt

Seit den Beschlüssen des Europäischen Rates von Tampere 1999 hat die Politik der EU zum Ziel, auf eine stärkere gesellschaftliche Integration der Drittstaater hinzuwirken. Über ihre Statusverbesserung auch auf Gemeinschaftsebene hat man lange gestritten, zumal damit Arbeitskräftezuwanderungen verbunden sind und unterschiedliche Vorstellungen über die Integrationsbedingungen und die Auswirkungen auf die Sozialsysteme der Mitgliedstaaten bestanden. Ende 2003 einigte sich der Rat der zuständigen Einwanderungsminister über die Richtlinie betreffend die Rechtsstellung der langfristig aufenthaltsberechtigten Drittstaatsangehörigen. Diese ist bislang noch nicht in bundesdeutsches Recht umgesetzt worden (in dem Entwurf eines Gesetzes zur Umsetzung aufenthalts- und asylrechtlicher Richtlinien der Union vom Januar 2006 ist dies jetzt vorgesehen).

Im Kern geht es darum, die Rechtsstellung der Drittstaatsangehörigen derjenigen der Unionsbürger weitgehend anzunähern, insbesondere ihnen ein gemeinschaftlich harmonisiertes langfristiges Aufenthaltsrecht und Weiterwanderungsrecht in andere Mit-

X. Freizügigkeit für Drittstaatsangehörige mit Daueraufenthalt

gliedstaaten einzuräumen. Bislang war es für Drittstaater nur möglich, sich mit dem Schengen-Visum des erteilenden Mitgliedstaates dort kurzfristig bis zu drei Monaten aufzuhalten. Dieses Freizügigkeitsrecht bleibt national gebunden. Die Rechtsstellung der Drittstaatsangehörigen mit langfristigem Aufenthalt wird nunmehr innerhalb und für die Europäische Gemeinschaft harmonisiert – nationale Besonderheiten zur Erlangung eines Daueraufenthaltsrechts bleiben erhalten.

Die gemeinschaftsrechtlichen Regelungen zur Rechtsstellung eines langfristig Aufenthaltsberechtigten gelten nicht für Studenten, Au-pair- oder Saisonarbeitnehmer, vorübergehend zur Dienstleistung entsandte Arbeitnehmer und Diplomaten. Voraussetzung für die Rechtsstellung eines langfristig Aufenthaltsberechtigten ist ein fünfjähriger ununterbrochener Aufenthalt in einem Mitgliedstaat. Zeiten des Studiums und der Berufsausbildung werden zur Hälfte angerechnet. Aufenthaltsunterbrechungen sind unschädlich, wenn sie sechs Monate nicht überschreiten. Weiterhin müssen feste und regelmäßige Einkünfte vorhanden sein, die ohne Inanspruchnahme von Sozialhilfe den Lebensunterhalt für den Drittstaater und seine Familienangehörigen ermöglichen, und ein Krankenversicherungsschutz. Die Absolvierung eines Integrationskurses oder Sprachprüfungen können verlangt werden. Der Rechtsstatus darf nicht aus rein wirtschaftlichen Erwägungen versagt werden.

Aufenthaltstitel „Langfristige Aufenthaltsberechtigung-EG"	
Zwingende Voraussetzungen	• Antrag • Fünfjähriger ununterbrochener rechtmäßiger Aufenthalt vor Antragstellung (Zeiten des Studiums oder der Berufsausbildung werden zur Hälfte angerechnet; keine Anrechnung von Unterbrechungen bis zu sechs aufeinander folgenden Monaten und bis zu zehn Monate innerhalb der fünf Jahre; weitere Anerkennung von Zeiten aus spezifischen Gründen oder zeitlich begrenzten Ausnahmegründen je nach nationalen Regelungen)

C. Freizügigkeit für Unionsbürger

Aufenthaltstitel „Langfristige Aufenthaltsberechtigung-EG"	
	• Für sich und die Familienangehörigen ausreichende feste und regelmäßige Einkünfte ohne Inanspruchnahme von Sozialhilfe • Nachweis eines Krankenversicherungsschutzes, der sämtliche, in der Regel die auch für die eigenen Staatsangehörigen abgedeckten Risiken umfasst • Reisedokumente
Je nach nationalem Recht mögliche Erfordernisse	• Nachweis ausreichenden Wohnraums • Nachweis etwaiger Integrationsanforderungen • Versagung der Rechtsstellung aus Gründen der öffentlichen Sicherheit und öffentlichen Ordnung • Die Mitgliedstaaten können günstigere Bedingungen für die Ausstellung dauerhafter oder unbefristeter Aufenthaltstitel vorsehen
Gültigkeitsdauer	• Fünf Jahre (Verlängerung auf Antrag)
Versagungsgründe des Titels	• Erlangen der Rechtsstellung durch Täuschung • Ausweisungsverfügung nach Art. 12 der Richtlinie

Aufenthalt in anderen Mitgliedstaaten (MS) für langfristig aufenthaltsberechtigte Drittstaatsangehörige: „Weiterwanderungsrecht"	
Personenkreis	• Nicht für im Rahmen grenzüberschreitender Dienstleistungserbringung Entsandte • Nicht für Erbringer grenzüberschreitender Dienstleistungserbringung • Nationale Regelungen für Grenz- und Saisonarbeitnehmer möglich • Familienangehörige nach Art. 16 der RL

X. Freizügigkeit für Drittstaatsangehörige mit Daueraufenthalt

**Aufenthalt in anderen Mitgliedstaaten (MS)
für langfristig aufenthaltsberechtigte Drittstaatsangehörige:
„Weiterwanderungsrecht"**

Mögliche nationale Maßgaben (nach deutschem Recht noch nicht normiert)	• Antrag bis spätestens drei Monate nach Einreise in den zweiten MS (Einreichen des Antrags im Aufenthaltsstaat je nach nationaler Regelung) • Aufenthalt in beliebigem MS für mehr als drei Monate • Aufnahme einer beliebigen unselbständigen oder selbständigen Erwerbstätigkeit (Arbeitsmarktprüfung im Ermessen der MS unter Anwendung der nationalen Verfahren; Kontingentierungen nur, soweit bei Erlass der Richtlinie bereits vorgesehen) • Bei *unselbständiger Erwerbstätigkeit*: Nachweis einer Beschäftigung oder eines Beschäftigungsangebots • Bei *selbständiger Erwerbstätigkeit*: Nachweis angemessener Mittel, die nach nationalem Recht für die Ausübung vorgeschrieben sind • Absolvierung eines Studiums oder einer Berufsausbildung oder für sonstige Zwecke • Feste regelmäßige Einkünfte ohne Inanspruchnahme von Sozialhilfe • Nachweis eines Krankenversicherungsschutzes • Integrationsmaßnahmen • Integrationsvoraussetzungen können nicht verlangt werden, wenn schon der Erwerb der Aufenthaltsberechtigung an die Bedingung von Integrationsbedingungen geknüpft war. Der zweite Mitgliedstaat kann aber dann gegebenenfalls Sprachkursteilnahme verlangen

Wichtige Gesetzesmaterialien

Richtlinie 2003/109/EG des Rates vom 25. November 2003 betreffend die Rechtsstellung der langfristig aufenthaltsberechtigten Drittstaatsangehörigen, Amtsblatt Nr. L 16 vom 23. 1. 2004, S. 44

Vertiefende Literatur

Hailbronner, Langfristig aufenthaltsberechtigte Drittstaatsangehörige, ZAR 2004, 163–168

Auskünfte und Antragsformulare sind bei den zuständigen Ausländerämtern zu erhalten

Hinweis auf zu erwartende Rechtsänderungen: Das Bundesministerium des Innern erarbeitet seit geraumer Zeit den Entwurf eines Gesetzes zur Umsetzung aufenthalts- und asylrechtlicher Richtlinien der Europäischen Union. Unter anderem wird es Ergänzungen bzw. Änderungen zum FreizügG/EU, insbesondere eine Regelung zum Daueraufenthaltsrecht von Unionsbürgern mit sich bringen.

XI. Exkurs: Zum Sektoralabkommen EG-Schweiz betreffend Freizügigkeit der Arbeitnehmer

Mit dem Freizügigkeitsabkommen, einem von sieben Abkommen, die die EG mit der Schweiz 1999 geschlossen hat, wird der freie Personenverkehr zwischen der Schweiz und der EG durch eine schrittweise Öffnung des Arbeitsmarktes eingeführt. Das Abkommen bezweckt die Verwirklichung der beruflichen Freizügigkeit über einen Zeitraum von zwölf Jahren. Neben der Freizügigkeit werden in dem Abkommen auch die Niederlassungsfreiheit und Dienstleistungsfreiheit, die Anerkennung von Diplomen und Zeugnissen sowie die Koordinierung der Sozialversicherungssysteme geregelt. Die Lebens- und Arbeitsbedingungen für Unionsbürger in der Schweiz und für Schweizer in der EG werden Schritt für Schritt vereinfacht. Das Abkommen erstreckt sich auf Arbeitnehmer, Selbständige und deren Familienangehörige sowie Personen ohne Erwerbstätigkeit. Zur Vermeidung von Sozialhilfebedürftigkeit müssen Letztere über ausreichende Finanzmittel und einen sämtliche Risiken abdeckenden Krankenversicherungsschutz verfügen.

Das Abkommen gilt für die anfängliche Dauer von sieben Jahren. Seine Regelungen unterliegen anfangs noch Einschränkungen, die nach und nach abgebaut werden sollen. Danach müssen beide Vertragsparteien entscheiden, ob sie das Abkommen weiterführen wollen.

XI. Exkurs: Zum Sektoralabkommen EG-Schweiz

Freizügigkeitsabkommen EG-Schweiz (Vom 21. 6. 1999, in Kraft getreten am 1. 6. 2002)				
	1. Phase: zwei Jahre (1. 6. 2002– 31. 5. 2004)	2. Phase: drei Jahre (1. 6. 2004– 31. 5. 2007)	3. Phase: sieben Jahre (1. 6. 2007– 31. 5. 2014)	4. Phase: (ab 1. 6. 2014)
Unionsbürger in der Schweiz	– Anspruch auf Bewilligung der Arbeitserlaubnis bei Inländervorrang der Schweizer, wenn noch Kontingente frei sind. Derzeit jährlich • 15.000 für Daueraufenthalte • 115.500 für Kurzaufenthalte Im Übrigen: – übliches Verfahren des Ausländerrechts – Verbesserung der Arbeits- und Lebensbedingungen für bereits in der Schweiz lebende Unionsbürger	kein Inländervorrang der Schweizer mehr, aber Arbeitserlaubnis nur, wenn Kontingente frei sind.	• keine Kontingentierung mehr • versuchsweise Freizügigkeit für Unionsbürger in der Schweiz, aber Vorbehaltsrecht der Schweiz zur Wiedereinführung der Kontingente, wenn zu starker Zuzug von Unionsbürgern • Vertragskündigung möglich. Bei Nichtkündigung: Vertragsverlängerung auf unbestimmte Zeit	• volle Freizügigkeit • Kündigung jederzeit durch einen der beiden Vertragspartner möglich • Einführung von Zuwanderungsbeschränkungen bei ernsten sozialen und wirtschaftlichen Problemen in gegenseitigem Einvernehmen wieder möglich
Schweizer in der EG	Vorrang von Schweizern gegenüber anderen Drittstaatsangehörigen	volle Freizügigkeit der Schweizer als Arbeitnehmer in der EG	• Schutzklausel der EG • Vertragskündigung möglich. Bei Nichtkündigung: Vertragsverlängerung auf unbestimmte Zeit	• volle Freizügigkeit • Kündigung durch einen der beiden Vertragspartner jederzeit möglich • Einführung von Zuwanderungsbeschränkungen bei ernsten sozialen und wirtschaftlichen Problemen in gegenseitigem Einvernehmen wieder möglich

C. Freizügigkeit für Unionsbürger

Dieses Modell der Freizügigkeit weist starke Ähnlichkeit mit der schrittweisen Einführung der Freizügigkeit zwischen den Beitrittsstaaten und der EU auf, die auch in drei Etappen erfolgen soll und die den Vertragsparteien die Berufung auf eine Schutzklausel erlaubt. Das Freizügigkeitsabkommen gewährt die Einräumung eines Rechts auf Einreise, Aufenthalt und Zugang zu einer unselbständigen Erwerbstätigkeit. Darüber hinaus wird das Recht auf Verbleib im Hoheitsgebiet der Vertragsparteien und die Einräumung der gleichen Lebens-, Beschäftigungs-, und Arbeitsbedingungen wie für Inländer gewährt.

Die Schweiz hat eine Regelung getroffen, die es ihr während der Übergangszeit erlaubt, die nationale Ausländerpolitik (der Begrenzung der Ausländerbeschäftigung) weiterzuführen. Die Liberalisierung des Zugangs zum Arbeitsmarkt soll in drei Phasen erfolgen und ist durch flankierende Maßnahmen abgesichert, die verhindern sollen, dass es bei der Einführung des freien Personenverkehrs zu Sozial- und Lohndumping zum Nachteil der in der Schweiz wohnhaften Arbeitnehmer kommt.

Wichtige Gesetzesmaterialien

Abkommen zwischen der Europäischen Gemeinschaft und ihren Mitgliedstaaten einerseits und der Schweizerischen Eidgenossenschaft andererseits über die Freizügigkeit vom 21. 6. 1999, BGBl. II 2001, S. 810, in Kraft getreten zum 1. 6. 2002.

Vertiefende Literatur

Kälin, Das bilaterale Abkommen der Schweiz mit der EG über die Freizügigkeit von Personen, ZAR, 2002, S. 125–130

D. Aufenthalt für Drittstaatsangehörige

Das Aufenthaltsrecht für Drittstaatsangehörige gehört nach wie vor zum Kern nationaler Kompetenz. Die Frage, welcher Ausländer unter welchen Bedingungen zu welchem Zweck ein Einreise- und Aufenthaltsrecht erhält, steht nach wie vor im Zentrum aller ausländerpolitischen Erwägungen. Mit diesen Regelungen hat – so kann man sagen – der gesellschaftspolitische Streit darüber, ob Deutschland ein Einwanderungsland ist, seine juristische Antwort gefunden. Dies gilt besonders für die beschäftigungsorientierten Aufenthaltsfragen, denen im Kapitel F näher nachzugehen sein wird. Dass Antworten auf die meisten aufenthaltsbezogenen Fragen in allen Mitgliedstaaten der Europäischen Union heute weitgehend vom europäischen Gesetzgeber bestimmt werden, gehört zu den markanten Eigenheiten der gegenwärtigen Ausländergesetzgebung (siehe hierzu bereits oben unter A).

Das Aufenthaltsrecht ist in seiner Grundstruktur ein sehr „technisches" Recht. Die formale Ausgestaltung des Zugangs zu den einzelnen Aufenthaltstiteln, ihre Bindung an anerkannte Aufenthaltszwecke und der mögliche Verlust dieser Rechtspositionen sind sehr detailliert in den einzelnen Rechtsvorschriften ausgestaltet. Den vielen Besonderheiten kann hier im Einzelnen nicht nachgegangen werden. Im Ergebnis sind diese Vorschriften häufig Konkretisierungen einer im Laufe der Jahre unüberschaubar gewordenen Rechtsprechung, so dass sich hinter allen Formulierungen häufig auch gleichsam ein Strauß von Gerichtsurteilen verbirgt, deren Akzeptanz sich zu den gefundenen Gesetzesformulierungen verdichtet hat. In diesem Sinne mögen die folgenden Ausführungen verstanden werden.

I. Einreise und Aufenthalt

1. Erfordernis eines Aufenthaltstitels

Entsprechend § 4 AufenthG müssen Ausländer für die Einreise oder den Aufenthalt im Bundesgebiet einen Aufenthaltstitel besit-

D. Aufenthalt für Drittstaatsangehörige

zen, sofern nicht durch das EU-Recht oder durch Rechtsverordnung etwas anderes geregelt oder aufgrund des Assoziationsabkommen EWG/Türkei ein Aufenthaltsrecht besteht. Notwendig ist ein Antrag bei der Ausländerbehörde, die in einem einheitlichen Verwaltungsakt über die Aufenthalts- und Arbeitsberechtigung entscheidet. Eine Arbeitserlaubnis in Form eines separaten Verwaltungsaktes gibt es im Allgemeinen nicht mehr. Ausgenommen sind Anträge von Staatsangehörigen der Beitrittsstaaten, die den Übergangsregelungen unterliegen (vgl. § 13 FreizügG/EU i. V. m. § 284 bis 288 SGB III – siehe dazu Kapitel C IX.) nicht mehr. Die Entscheidung über den Aufenthalt und die Ausübung einer Erwerbstätigkeit ergeht nunmehr einheitlich durch die Ausländerbehörde.

Ein Aufenthaltstitel berechtigt zur Ausübung einer Erwerbstätigkeit in dem im Aufenthaltsgesetz vorgesehenen Rahmen oder sofern der Aufenthaltstitel die Ausübung der Erwerbstätigkeit ausdrücklich erlaubt. Jeder Aufenthaltstitel muss erkennen lassen, ob die Ausübung einer Erwerbstätigkeit erlaubt ist. Einem Ausländer, der keine Aufenthaltserlaubnis zum Zweck der Beschäftigung besitzt, kann die Ausübung einer Beschäftigung nur erlaubt werden, wenn die Bundesagentur für Arbeit zugestimmt hat oder wenn in der Beschäftigungsverordnung ausdrücklich festgelegt ist, dass die Ausübung der Beschäftigung ohne Zustimmung der Bundesagentur für Arbeit zulässig ist. Etwaige Beschränkungen, die die Bundesagentur für Arbeit bei der Erteilung der Zustimmung vorsieht, müssen in den Aufenthaltstitel aufgenommen werden.

Ausländer dürfen eine Beschäftigung nur ausüben, wenn der Aufenthaltstitel es ausdrücklich erlaubt. Andererseits dürfen die Arbeitgeber die Ausländer auch nur dann beschäftigen, wenn diese im Besitz eines entsprechenden Aufenthaltstitels sind. Das gilt nur in den Fällen nicht, in denen den Ausländern aufgrund einer zwischenstaatlichen Vereinbarung, eines Gesetzes oder einer Rechtsverordnung die Erwerbstätigkeit ohne den Besitz eines Aufenthaltstitels gestattet ist.

Die **Aufenthaltstitel** werden in drei Formen erteilt: **Visum**, **Aufenthaltserlaubnis** oder **Niederlassungserlaubnis**. Die **Duldung** (§ 60 a AufenthG) ist kein Aufenthaltstitel, denn mit ihr wird die zwangsweise Durchsetzung einer Ausreisepflicht lediglich zeitweise ausgesetzt. Auch die **Aufenthaltsgestattung** für Asylbewerber ist kein Aufenthaltstitel, denn mit der Aufenthaltsgestattung wird dem um Asyl nachsuchenden Ausländer für die Durchführung des Asylverfahrens ein zweckgebundenes, befristetes Aufenthaltsrecht eingeräumt. Mit der Stellung des Asylantrages erlischt eine Befreiung vom Erfordernis eines Aufenthaltstitels oder ein mit einer Gesamtdauer bis zu sechs Monaten erteilter Aufenthaltstitel. Ebenso entfallen dann die Wirkungen der Beantragung eines Aufenthaltstitels (Erlaubnis des Aufenthalts bis zur Entscheidung über den Aufenthaltstitel, Aussetzung der Abschiebung, § 81 Abs. 3 und 4 AufenthG). Unter besonderen Voraussetzungen kann dem Asylbewerber auch vor Abschluss des Asylverfahrens ein Aufenthaltstitel erteilt werden, allerdings nur dann, wenn wichtige Interessen der Bundesrepublik Deutschland es erfordern (§ 10 AufenthG). Eine dritte Möglichkeit für ein Aufenthaltsrecht ohne Aufenthaltstitel besteht in der Erteilung einer **Betretenserlaubnis** (siehe unten 4.).

Einem Ausländer kann nach Abschnitt 5 des AufenthG für die Aufnahme aus völkerrechtlichen oder dringenden humanitären Gründen eine Aufenthaltserlaubnis erteilt werden. Eine Aufenthaltserlaubnis muss z. B. dann erteilt werden, wenn das Bundesministerium des Innern oder die von ihm bestimmte Stelle zur Wahrung politischer Interessen der Bundesrepublik Deutschland die Aufnahme erklärt hat. Im letzteren Fall berechtigt die Aufenthaltserlaubnis zur Ausübung einer Erwerbstätigkeit. Für jüdische Zuwanderer gilt z. B. § 23 AufenthG (siehe dazu unten). In Härtefällen kann einem Ausländer, der ausreisepflichtig ist, der Aufenthalt gewährt werden, wenn ein Härtefallersuchen der in den Bundesländern eingerichteten Härtefallkommissionen vorliegt (§ 23 a AufenthG). Das Gleiche gilt, wenn Ausländern aufgrund eines Beschlusses der Europäischen Union vorübergehender Schutz gewährt wurde und der Ausländer dazu bereit ist, in Deutschland aufgenommen zu werden (§ 24 AufenthG). Einem Ausländer wird aus humanitären Gründen eine Aufenthaltserlaubnis erteilt, wenn er unanfechtbar als Asylberechtigter anerkannt ist. Dafür müssen weitere Voraussetzungen erfüllt sein, die in § 25 AufenthG näher beschrieben werden. In diesen genannten Fällen wird die Aufenthaltserlaubnis in der Regel für drei Jahre (mit Verlängerungsmöglichkeit erteilt (§ 26 AufenthG). Wenn nach dieser Zeit keine Voraussetzungen für den Widerruf oder die Rücknahme der Asylberechtigung nach § 25 AufenthG vorliegen, ist eine Niederlassungserlaubnis zu erteilen. Im Übrigen kann Ausländern, die seit sieben Jahren im Besitz einer Aufenthaltserlaubnis im Sinne der §§ 22–24 AufenthG sind, eine Niederlassungserlaubnis nach § 9 AufenthG erteilt werden, sofern die dort genannten Voraussetzungen gegeben sind.

2. Allgemeine Erteilungsvoraussetzungen für Aufenthaltstitel

Für die Erteilung eines Aufenthaltstitels muss eine Reihe von Voraussetzungen erfüllt sein. In der Regel verlangen die Ausländerbehörden,

- dass die Passpflicht nach §§ 3, 48 AufenthG erfüllt wird,
- der Lebensunterhalt gesichert ist,
- die Identität und, falls der Ausländer nicht zur Rückkehr in einen anderen Staat berechtigt ist, seine Staatsangehörigkeit geklärt ist,
- kein Ausweisungsgrund vorliegt und
- soweit kein Anspruch auf Erteilung eines Aufenthaltstitels besteht, der Aufenthalt des Ausländers nicht aus einem sonstigen Grund Interessen der Bundesrepublik Deutschland beeinträchtigt oder gefährdet.

Die Erteilung einer Aufenthaltserlaubnis oder einer Niederlassungserlaubnis setzt weiterhin voraus, dass der Ausländer

- mit dem erforderlichen Visum eingereist ist und
- die für die Erteilung maßgeblichen Angaben bereits im Visumantrag gemacht hat.

Hiervon kann unter bestimmten in § 5 Abs. 2 und 3 AufenthG näher benannten Voraussetzungen abgesehen werden, z. B. dann, wenn die Voraussetzungen eines Anspruchs auf Erteilung der Aufenthaltserlaubnis oder einer Niederlassungserlaubnis erfüllt sind; in derartigen Fällen, in denen die materielle Prüfung der Ausländerbehörde bereits zugunsten des Ausländers abgeschlossen ist, will man eine erneute Prüfung rein aus formalen Gründen vermeiden.

Die Erteilung eines Aufenthaltstitels ist zu versagen, wenn einer der Ausweisungsgründe nach § 54 Nr. 5 oder 5a vorliegt (Zugehörigkeit zu einer Vereinigung, die den Terrorismus unterstützt, oder

I. Einreise und Aufenthalt

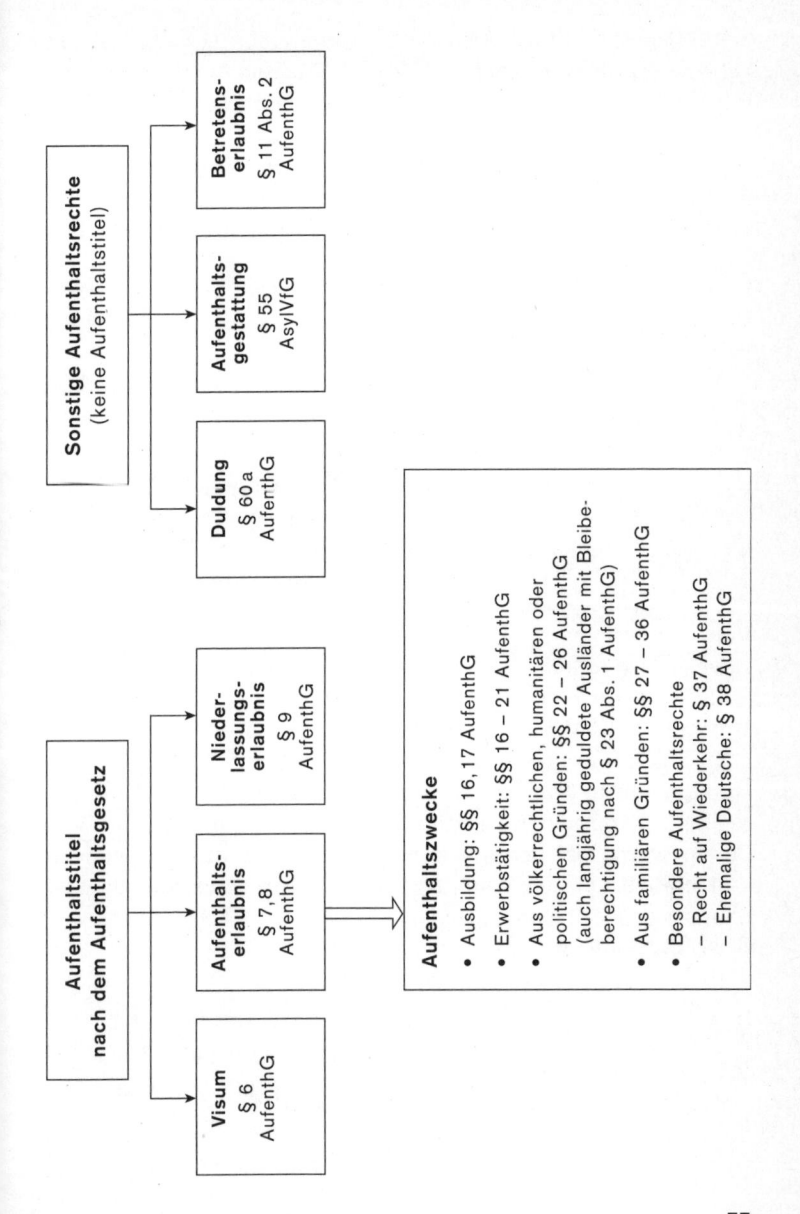

Aufenthaltstitel nach dem Aufenthaltsgesetz
- Visum § 6 AufenthG
- Aufenthaltserlaubnis §§ 7, 8 AufenthG
- Niederlassungserlaubnis § 9 AufenthG

Sonstige Aufenthaltsrechte (keine Aufenthaltstitel)
- Duldung § 60a AufenthG
- Aufenthaltsgestattung § 55 AsylVfG
- Betretenserlaubnis § 11 Abs. 2 AufenthG

Aufenthaltszwecke
- Ausbildung: §§ 16, 17 AufenthG
- Erwerbstätigkeit: §§ 16 – 21 AufenthG
- Aus völkerrechtlichen, humanitären oder politischen Gründen: §§ 22 – 26 AufenthG (auch langjährig geduldete Ausländer mit Bleibeberechtigung nach § 23 Abs. 1 AufenthG)
- Aus familiären Gründen: §§ 27 – 36 AufenthG
- Besondere Aufenthaltsrechte
  – Recht auf Wiederkehr: § 37 AufenthG
  – Ehemalige Deutsche: § 38 AufenthG

77

bei Gefährdung der freiheitlich-demokratischen Grundordnung). Davon können in begründeten Einzelfällen dann Ausnahmen zugelassen werden, wenn sich der Ausländer gegenüber den zuständigen Behörden offenbart und glaubhaft von seinem sicherheitsgefährdenden Handeln Abstand nimmt. Die für alle Schengen-Staaten grundsätzlich verbindliche Ausschreibung zur Einreiseverweigerung setzt das Vorliegen von Gefahren für die öffentliche Sicherheit und Ordnung oder die nationale Sicherheit voraus; bei Angehörigen von Religionsgemeinschaften ist der Wechselwirkung von Religionsfreiheit und Schrankenzweck durch entsprechende Güterabwägung Rechnung zu tragen.

Für jüdische Zuwanderer gilt ein „geregeltes Aufnahmeverfahren": Ausreisewillige jüdische Personen stellen einen Aufnahmeantrag in der deutschen Auslandsvertretung ihres Heimatlandes. Nach einem Erlass des Auswärtigen Amtes von 1997 sind Personen zuwanderungsberechtigt, die nach staatlichen Personenstandsurkunden selbst jüdischer Religion sind oder von mindestens einem jüdischen Elternteil abstammen. Rechtsgrundlage war bis Ende 2004 das Gesetz über Maßnahmen für im Rahmen humanitärer Hilfsaktionen aufgenommene Flüchtlinge. Mit Inkrafttreten des Zuwanderungsgesetzes erfolgt die Aufnahme auf der Grundlage von Anordnungen der Innenminister und -senatoren der Länder nach § 23 AufenthG. Seit Mai 2006 gilt eine neues Punktesystem für jüdische Einwanderer, wonach neben NS-Verfolgten nur noch Juden einwandern, die in diversen Kategorien mindestens 50 von 105 Punkten für eine positive Integrationsprognose erzielen. Das neue Verfahren wurde bei der Innenministerkonferenz übereinstimmend von jüdischen Gemeinden, Bund und Ländern beschlossen.

3. Aufenthaltstitel

Aufenthaltstitel gelten für bestimmte Aufenthaltszwecke. Visum, Aufenthaltserlaubnis und Niederlassungserlaubnis bezeichnen die verschiedenen möglichen Formen eines Aufenthaltstitels. Diese drei Formen von Aufenthaltstiteln werden im Folgenden gesondert dargestellt.

a) Visum (§ 6 AufenthG)

Das Visum wird in unterschiedlichen Formen erteilt: einerseits als Durchreisevisum oder als Besuchs- und Touristenvisum (Schengen-Visum für kurzfristige Aufenthalte), andererseits als nationales Visum für längerfristige Aufenthalte. Als wesentliches Element der europäischen Zusammenarbeit bei der Visa-Politik wurde am 8.6.2004 vom Rat beschlossen, ein Visa-Informationssystem (VIS) einzuführen. Diese zentrale europäische Datenbank soll die Daten zu den einzelnen Visumsanträgen koordinieren und so Mehrfachanträge verhindern. Auch wird überlegt, zusätzlich biometrische Merkmale, wie Fingerabdrücke oder Gesichtsbild, zu den Visa-Anträgen aufzunehmen und diese dann ebenfalls mit zu speichern. Das Visumsverfahren im nationalen Recht wird im Einzelnen in den §§ 31–38 AufenthVO geregelt.

Vor der Beantragung eines Besuchervisums werden Gastgeber aufgefordert, bei der zuständigen Ausländerbehörde eine Verpflichtungserklärung abzugeben, sofern der Antragsteller bei der Beantragung des Visums nicht nachweisen kann, dass sein Aufenthalt in Deutschland finanziell abgesichert ist. Mit dieser Erklärung verpflichtet sich der Gastgeber, für alle eventuell entstehenden Kosten, wie z. B. Wohnung und Bedarf für das tägliche Leben, Versorgung im Krankheitsfall oder bei Pflegebedürftigkeit sowie für Aufwendungen für die Rückreise aufzukommen. Nach einem Ratsbeschluss der EU muss bei der Beantragung des Schengen-Visums auch ein Versicherungsschutz, z. B. durch eine Reisekrankenversicherung nachgewiesen werden.

Nach § 68 AufenthG haftet derjenige, der sich der Ausländerbehörde oder einer Auslandsvertretung gegenüber schriftlich dazu verpflichtet hat, für dessen Lebensunterhalt. Er hat ggf. der öffentlichen Stelle, die die Kosten aufgewendet hat, sämtliche Kosten zu erstatten, wenn öffentliche Kosten für den Lebensunterhalt des Ausländers einschließlich der Versorgung mit Wohnraum und der Versorgung im Krankheitsfalle und bei Pflegebedürftigkeit aufgewendet wurden – auch soweit die Aufwendungen auf einem gesetzlichen Anspruch des Ausländers beruhen. Aufwendungen, die auf einer Beitragsleistung beruhen, sind nicht zu erstatten. Grundsätzlich ist eine solche Verpflichtungserklärung auch dann vorzulegen, wenn ein längerfristiger Aufenthalt geplant ist, der nicht zu Besuchszwecken erfolgen soll. Auf eine Verpflichtungserklärung wird z. B. dann verzichtet, wenn der Lebensunterhalt im Falle des Familiennachzuges erfolgt, der Lebensunterhalt aus Einkommen sichergestellt werden muss und wenn wie im Falle des Ehegattennachzugs ohnehin eine Unterhaltsverpflichtung besteht. Eine Verpflichtungserklärung kann nicht widerrufen werden. Sie gilt grundsätzlich so lange, bis der Eingeladene ausgereist ist, oder bis ihm in Deutschland ein Aufenthaltsrecht gewährt wird, das unabhängig von der abgegebenen Verpflichtungserklärung gilt, z. B. wenn jemand als Besucher einreist, dann die Aufenthaltserlaubnis aufgrund einer Eheschließung erteilt wird.

aa) Schengen – Visum: Das Schengen-Visum für kurzfristige Aufenthalte bis zu drei Monate wird erteilt, wenn die Voraussetzungen des Schengener Abkommens und seines Durchführungsabkommens erfüllt sind – in einzelnen Ausnahmefällen auch unabhängig davon. Ein von einem Vertragsstaat erteiltes Schengen-Visum gilt in allen Vertragsstaaten des Schengener Abkommens (Schengen-Gebiet). In Einzelfällen kann das Schengen-Visum für mehrere Kurzaufenthalte mit einer Gültigkeit bis zu fünf Jahren erteilt werden, wenn der Aufenthalt nicht jeweils drei Monate pro Halbjahr überschreitet. In besonderen Fällen kann das Schengen-Visum für kurzfristige Aufenthalte auch bis zu drei Monaten verlängert werden. Diese Entscheidungen werden von den deutschen Behörden auch dann getroffen, wenn das Schengen-Visum von der Auslandsvertretung eines anderen Schengen-Vertragsstaates ausgestellt worden ist. Das dreimonatige Schengen-Visum kostet 60 Euro.

bb) Nationales Visum: Für längere Aufenthalte oder zur Aufnahme einer Erwerbstätigkeit bedarf es eines nationalen Visums für das Bundesgebiet. In welchen Fällen es dazu der Zustimmung der zuständigen Ausländerbehörde bedarf, ist im Einzelnen in der Aufenthaltsverordnung geregelt. Siehe dazu die folgende Übersicht:

I. Einreise und Aufenthalt

Schengen-Visum für kurzfristigen Aufenthalt (Aufenthalt bis zu drei Monate)	Nationales Visum für längerfristigen Aufenthalt (Aufenthalt über drei Monate)
• Wird vor der Einreise erteilt • Gegebenenfalls ist eine Verpflichtungserklärung abzugeben Zwei Arten des Schengen-Visum lassen sich unterscheiden • Das **Durchreise- oder Transitvisum** zur Durchreise durch das Bundesgebiet (§ 6 Abs. 1 Nr. 1 AufenthG) • Das **Besuchs- oder Touristenvisum** für Aufenthalte bis zu drei Monaten (§ 6 Abs. 1 Nr. 2 AufenthG) – berechtigt zu Aufenthalten in allen Mitgliedstaaten der EU.	• Wird vor der Einreise erteilt • Bedarf der vorherigen Zustimmung der für den vorgesehenen Aufenthaltsort zuständigen Ausländerbehörde, wenn Erwerbstätigkeit aufgenommen werden soll • Es bedarf keiner Zustimmung der zuständigen Ausländerbehörde in folgenden Fällen: (1) die oberste Landesbehörde hat der Visumserteilung zugestimmt (§ 32 AufenthVO) (2) bei Spätaussiedlern (§ 33 AufenthVO) (3) bei Wissenschaftlern und Studenten (§ 34 AufenthVO) (4) bei bestimmten Arbeitsaufenthalten und Praktika (§ 35 AufenthVO) (5) Sonstige Fälle (§ 37 AufenthVO) • Prüfung der Voraussetzungen für die Erteilung einer Aufenthaltserlaubnis (§ 7 AufenthG) oder Niederlassungserlaubnis (§ 9 AufenthG)

b) Aufenthaltserlaubnis und Aufenthaltszwecke (§ 7 AufenthG)

Die Aufenthaltserlaubnis ist ein befristeter Aufenthaltstitel, der für gesetzlich näher umschriebene Aufenthaltszwecke erteilt wird. In begründeten Fällen kann eine Aufenthaltserlaubnis auch für einen im AufenthG nicht vorgesehenen Aufenthaltszweck erteilt werden. Folgende **Aufenthaltszwecke** sind (hier in der vom AufenthG

genannten Reihenfolge wiedergegeben) vom Gesetzgeber anerkannt:
- Ausbildung (siehe dazu Kapitel G)
- Selbständige oder unselbständige Erwerbstätigkeit (dazu unter Niederlassungserlaubnis nach § 9 AufenthG)
- Aufenthalt aus völkerrechtlichen, humanitären oder politischen Gründen (siehe dazu oben 2. am Ende)
- Familiäre Gründe/Familiennachzug/Minderjährige (dazu unten bei II.)
- Recht auf Wiederkehr (dazu unten bei III.).

Visum und Aufenthaltserlaubnis können mit Bedingungen erteilt und verlängert und (auch nachträglich) mit Auflagen (z. B. betreffend den Umfang der Erwerbstätigkeit) versehen werden.

Die Aufenthaltserlaubnis ist unter Berücksichtigung des beabsichtigten Aufenthaltszwecks (siehe oben) zu befristen. Ist eine für die Erteilung, die Verlängerung oder die Bestimmung der Geltungsdauer wesentliche Voraussetzung entfallen, so kann die Frist auch nachträglich verkürzt werden. Nach den Beschlüssen der Innenminister von Bund und Ländern von Ende November 2006 und der Großen Koalition von März 2007 erhalten auch langjährig geduldete Ausländer unter bestimmten Voraussetzungen eine zunächst befristete Aufenthaltserlaubnis (siehe dazu näher unten III.4.).

Die **Verlängerung** der Aufenthaltserlaubnis erfolgt unter denselben Bedingungen wie ihre Erteilung. Die Aufenthaltserlaubnis wird in der Regel nicht verlängert, wenn die zuständige Behörde dies bei einem seiner Zweckbestimmung nach nur vorübergehenden Aufenthalt (z. B. Studium) bei der Erteilung oder bei der zuletzt erfolgten Verlängerung der Aufenthaltserlaubnis ausgeschlossen hat. Die Teilnahme an einem Integrationskurs wird bei der Verlängerungsentscheidung der Aufenthaltserlaubnis berücksichtigt: Verletzt ein Ausländer seine Verpflichtung nach § 44 a Abs. 1 Satz 1 Nr. 1 AufenthG zur ordnungsgemäßen Teilnahme an einem Integrationskurs, so führt dies in der Regel zur Ablehnung einer Verlängerung der Aufenthaltserlaubnis. Besteht kein Anspruch auf die Erteilung der Aufenthaltserlaubnis, kann die Verlängerung der Aufenthaltserlaubnis abgelehnt werden. Bei diesen Ermessensentscheidungen sind die Dauer des rechtmäßigen Aufenthalts, schutzwürdige Bindungen des Ausländers an das Bundesgebiet und die Folgen für seine rechtmäßig im Bundesgebiet lebenden Familienangehörigen zu berücksichtigen (vgl. auch unter E III).

c) Niederlassungserlaubnis (§ 9 AufenthG)

Der Aufenthaltstitel der Niederlassungserlaubnis eröffnet ein unbefristetes und räumlich unbeschränktes Aufenthaltsrecht, das zur selbständigen und unselbständigen Erwerbstätigkeit berechtigt. Auflagen und Bedingungen dürfen dabei nicht gemacht werden.

Ein Ausländer hat Anspruch auf die Erteilung der Niederlassungserlaubnis, wenn

(1) er seit fünf Jahren die Aufenthaltserlaubnis besitzt,
(2) sein Lebensunterhalt gesichert ist,
(3) er mindestens 60 Monate (fünf Jahre) Pflichtbeiträge oder freiwillige Beiträge zur gesetzlichen Rentenversicherung geleistet hat oder Aufwendungen für einen Anspruch auf vergleichbare Leistungen einer Versicherungs- oder Versorgungseinrichtung oder eines Versicherungsunternehmens, also z. B. den Abschluss einer Lebensversicherung nachweist; berufliche Ausfallzeiten aufgrund von Kinderbetreuung oder häuslicher Pflege werden auf die 60 Monate angerechnet – diese Anforderung soll künftig gemildert werden,
(4) er in den letzten drei Jahren nicht wegen einer vorsätzlichen Straftat zu einer Jugend- oder Freiheitsstrafe von mindestens sechs Monaten oder einer Geldstrafe von mindestens 180 Tagessätzen verurteilt worden ist,
(5) ihm die Beschäftigung erlaubt ist, sofern er Arbeitnehmer ist,
(6) er im Besitz der sonstigen für eine dauernde Ausübung seiner Erwerbstätigkeit erforderlichen Erlaubnisse ist,
(7) er über ausreichende Kenntnisse der deutschen Sprache verfügt,
(8) er über Grundkenntnisse der Rechts- und Gesellschaftsordnung und der Lebensverhältnisse im Bundesgebiet verfügt und
(9) er über ausreichenden Wohnraum für sich und seine mit ihm in häuslicher Gemeinschaft lebenden Familienangehörigen verfügt.

Die Voraussetzungen Nr. 7 und 8 sind nachgewiesen, wenn ein Integrationskurs erfolgreich abgeschlossen wurde. Diese genannten besonderen Kenntnisse werden dann nicht verlangt, wenn der Ausländer sie wegen einer körperlichen, geistigen oder seelischen Krankheit oder Behinderung nicht erfüllen kann – in diesem Fall entfällt auch der Nachweis der in den Nr. 2 und 3 genannten Voraussetzungen.

Zur Vermeidung einer Härte **kann** die Behörde auf den Nachweis der Erfordernisse nach Nr. 7 und 8 verzichten. Wenn der Ausländer sich auf einfache Art in deutscher Sprache mündlich verständigen kann und er nach § 44 Abs. 3 Nr. 2 keinen Anspruch auf Teilnahme am Integrationskurs hatte oder er nach § 44a Abs. 2 Nr. 3 nicht zur Teilnahme am Integrationskurs verpflichtet war, verlangt die Behörde keine Kursnachweise.

Bei **Ehegatten**, die in ehelicher Lebensgemeinschaft leben, braucht nur einer die Voraussetzungen nach Nr. 3, 5 und 6 erfüllen. Vom Nachweis der Zahlung von 60 Monaten Pflichtbeiträgen zur Rentenversicherung wird abgesehen, wenn sich der Ausländer in einer Ausbildung befindet, die zu einem anerkannten schulischen oder beruflichen Bildungsabschluss führt.

Ist ein Ausländer **straffällig** geworden, beginnt die Dreijahresfrist nach Nr. 4 mit der Entlassung aus der Strafhaft. Auf die für die Erteilung einer Niederlassungserlaubnis erforderlichen Zeiten des Besitzes einer Aufenthaltserlaubnis (5 Jahre) werden folgende Zeiten angerechnet:

- die Zeit des früheren Besitzes einer Aufenthaltserlaubnis oder Niederlassungserlaubnis, wenn der Ausländer zum Zeitpunkt seiner Ausreise im Besitz einer Niederlassungserlaubnis war, abzüglich der Zeit der dazwischen liegenden Aufenthalte außerhalb des Bundesgebiets, die zum Erlöschen der Niederlassungserlaubnis führten; angerechnet werden höchstens vier Jahre,
- höchstens sechs Monate für jeden Aufenthalt außerhalb des Bundesgebiets, der nicht zum Erlöschen der Aufenthaltserlaubnis führte.

4. Erlaubte und unerlaubte Einreise

Bei der Einreise in und der Ausreise aus dem Bundesgebiet müssen Ausländer sich der polizeilichen Kontrolle des grenzüberschreitenden Verkehrs unterziehen, einen anerkannten und gültigen Pass oder Passersatz vorlegen und einen Aufenthaltstitel nachweisen. Nach § 1 PersAuswG besteht die Pflicht, einen Identitätspapier zu besitzen. Mit der Ausweispflicht soll die Identitätsfeststellung und die Feststellung des Aufenthaltsrechts während des Aufenthaltes im Bundesgebiet ermöglicht und eine illegale Einreise verhindert werden. Einzelheiten wie z. b. die Erfüllung der Passpflicht bei Minderjährigen (unter 16 Jahre alt), die Zulassung nichtdeutscher amtlicher Ausweise als Passersatz, deutsche Passersatzpapiere (z. B. Reiseausweise) oder die Befreiung von der Passpflicht sind in den §§ 2–14 der Aufenthaltsverordnung geregelt. Die notwendigen Voraussetzungen für etwa erforderliche Maßnahmen der Identitätsfeststellung, z. B. erkennungsdienstliche Maßnahmen, trifft § 49 AufenthG.

Deutsche Passersatzpapiere für Ausländer (§ 4 Aufenthaltsverordnung)
- Reiseausweis für Ausländer
- Grenzgängerkarte
- Notreiseausweis
- Reiseausweis für Flüchtlinge
- Reiseausweis für Staatenlose
- Schülersammelliste
- Bescheinigung über Wohnsitzverlegung
- Standardreisedokument für die Rückführung

Der Grenzübertritt ist – von Ausnahmen abgesehen – nur an den zugelassenen Grenzübergangsstellen und innerhalb der festgesetzten Verkehrsstunden zulässig. Im Allgemeinen ist ein Ausländer eingereist, wenn er die Grenze überschritten hat.

Unerlaubt reist ein Ausländer in das Bundesgebiet ein, wenn er einen erforderlichen Pass oder Passersatz und den erforderlichen Aufenthaltstitel nicht besitzt oder wenn er nicht einreisen darf (es sei denn, er besitzt eine **Betretenserlaubnis** nach § 11 Abs. 2, z. B. nach erfolgter Ausweisung zur Wahrnehmung seiner prozessualen Rechte im gegen die Ausweisung gerichteten Prozess). Ein Ausländer, der ausgewiesen, zurückgeschoben oder abgeschoben worden ist, darf nicht erneut in das Bundesgebiet einreisen und sich dort aufhalten. Ihm wird dann auch bei Vorliegen der Voraussetzungen eines Anspruchs nach dem AufenthG kein Aufenthaltstitel erteilt – für Unionsbürger gilt diese strenge Regel eines Wiedereinreiseverbots gegenüber ausgewiesenen Ausländern aus Drittstaaten nicht.

Ein Ausländer, der unerlaubt einreisen will, wird an der Grenze zurückgewiesen. Ein Ausländer **kann** an der Grenze aus folgenden (und weiteren in § 15 Abs. 3 und 4 AufenthG näher bestimmten Gründen) **zurückgewiesen** werden, wenn

(1) ein Ausweisungsgrund vorliegt,
(2) der begründete Verdacht besteht, dass der Aufenthalt nicht dem angegebenen Zweck dient oder
(3) er die Voraussetzungen für die Einreise in das Hoheitsgebiet der Vertragsparteien nach Artikel 5 des Schengener Durchführungsübereinkommens nicht erfüllt.

Ein Ausländer, der für einen vorübergehenden Aufenthalt im Bundesgebiet vom Erfordernis eines Aufenthaltstitels befreit ist, kann zurückgewiesen werden, wenn er keinen gültigen Pass besitzt und nicht die allgemeinen Voraussetzungen für einen Aufenthaltstitel (§ 5 Abs. 1 AufenthG) erfüllt.

Wichtige Gesetzesmaterialien und Richtlinien

§§ 3–15, 48, 49, 73 AufenthG; AufenthV; vorläufige Anwendungshinweise des Bundesministeriums des Innern zum Aufenthaltsgesetz und zum Freizügigkeitsgesetz/ EU (Dezember 2004); § 1 PersAuswG; BPolG

Wichtiges Urteil

EuGH, Urteil vom 16. 2. 2006 (Verlust des assoziationsrechtlichen Aufenthaltsrechts), Rs C-502/04 – Torun, NVwZ 2006, 556

Vertiefende Literatur

Kippels, Das neue Aufenthaltsrecht für Ausländer im Rahmen des Migrationsrechts der EU, InfAuslR 2005, 1–7; *Welte*, Aufenthaltsansprüche und Ermessen nach dem Aufenthaltsgesetz, InfAuslR 2006, 50–53; *Banassi*, Rechtsfolgen der Beantragung eines Aufenthaltstitels, InfAuslR 2006, 178–187; *Maor*, Die Bestimmungen der Aufenthaltsverordnung über Pässe und Ausweise, ZAR 2005, 222–227; *Weichert*, Kommentare zu den §§ 48, 49 und 73 AufenthG, in: Huber, Handbuch des Ausländer- und Asylrechts, Band 2, AufenhG, B 100.

Auskunft

Für alle Fragen des Aufenthaltsrechts geben die Ausländerbehörden vor Ort oder auch, soweit vorhanden, Ausländerbeauftragtenstellen Auskünfte. Auch die entsprechenden Abteilungen der Wohlfahrtsverbände, teilweise auch Gewerkschaftsbüros sind mit aufenthaltsrechtlichen Fragen vertraut. Gelegentlich gibt es dort Flyer oder andere Informationsschriften. Zu Visumsfragen siehe auch www.konsulate.de

5. Exkurs: Illegale Zuwanderung

Als illegale Migration – manchmal „irreguläre Migration" genannt – bezeichnet man grenzüberschreitende Wanderungen wie die Ein-, Aus- oder Transitwanderung, die außerhalb, jedenfalls ohne Beachtung staatlicher Regulierung von Wanderungsprozessen stattfindet. Illegale Zuwanderung ist als Begleiterscheinung der sich globalisierenden Weltgesellschaft ein Massenphänomen, nicht nur in Deutschland. Im Bericht der sogenannten „Süßmuth-Kommission" im Juli 2001 wird auf das Problem aufmerksam gemacht. Auch der Sachverständigenrat der Bundesregierung für Zuwanderung und Integration, der sogenannte „Zuwanderungsrat", stellte Ende 2004 fest, dass „illegale Zuwanderung, Menschenschmuggel und Menschenhandel" Konfliktbereiche sind, die dringend „zum Thema gemacht und bearbeitet werden" müssen. Naturgemäß liegen keine Zahlen vor zur illegalen Zuwanderung und zu den Migranten, die sich unrechtmäßig in Deutschland aufhalten. Nach inoffiziellen Schätzungen gibt es in Deutschland zwischen 500.000 bis 1 Million illegal lebende Migranten.

Unabhängig von den rechtlich-ordnungspolitischen Bestimmungen erfolgt illegale Migration unter beobachtbaren sozialen und ökonomischen Regeln, z. B. dem Vorhandensein von Arbeitsplätzen, Unterkünften oder sozial-ethnischen Netzwerken. Die auch in Deutschland beobachtbare Form der illegalen Migration hat vielfach die Form der Pendelmigration oder zirkulären Migration, bei der der Lebensmittelpunkt im Herkunftsland beibehalten wird. Ansonsten geht es häufig um Fluchtmigration; bei ihr tendieren die Personen eher zur Verlagerung des Lebensmittelpunkts aus der Herkunfts- in eine Zielregion.

Als einen Migranten mit illegalem Aufenthalt bezeichnet man eine Person, die unerlaubt in ein Land eingereist ist und/oder sich unerlaubt in einem Land aufhält. Unter einer unerlaubten Einreise wird verstanden, dass die betreffenden Personen für ihre Einreise

D. Aufenthalt für Drittstaatsangehörige

keine gültigen Papiere besitzen beziehungsweise besitzen können, die ihnen diese Einreise erlauben würden. Sie müssten deshalb, im Falle einer Kontrolle, mit einer Einreiseverweigerung, einer Abschiebung, Ausweisung oder Verhaftung rechnen. Eine unerlaubte Einreise besteht auch dann, wenn die Papiere ungültig werden, die einst ordnungsgemäß empfangen wurden und einen erlaubten Aufenthalt begründeten; das sind z. B. Aufenthaltstitel, Duldungen etc. Illegal wird ein Aufenthalt besonders dann, wenn der Aufenthalt nicht mehr regularisierbar ist (wie z. B. im Fall von Asylbewerbern, die vollziehbar zur Ausreise aufgefordert und zur Abschiebung ausgeschrieben sind.

Das neue Zuwanderungsgesetz beansprucht, Zuwanderung nach Deutschland umfassend zu steuern und zu begrenzen. Dabei wird allerdings das Phänomen der illegalen Zuwanderung und der aufenthaltsrechtlichen Illegalität weitgehend ausgeblendet und ausschließlich aus ordnungsrechtlicher Perspektive behandelt.

Den Problemen, die für die betroffenen Menschen und für die Gesellschaft daraus entstehen, kann man nicht allein mit Maßnahmen zur Kriminalitätsbekämpfung oder Grenzsicherung entgegengehen. Das Thema droht immer wieder z. B. bei der Diskussion um den Visa-Missbrauch verlorenzugehen, indem Kriminalität und illegale Migration vermischt werden. Dabei geht es vor allem um die schwierige humanitäre Lage der Migranten selbst, die häufig ihre Rechte nicht wahrnehmen können und z. B. ohne elementare Gesundheitsversorgung leben. Hier liegt ein weites Tätigkeitsfeld für die Kirchen und zahlreiche zivilgesellschaftliche Gruppen. Insgesamt müssten vor allem drei grundlegende soziale Rechte, die Illegale nach dem deutschen Recht haben, angstfrei in Anspruch genommen werden können: medizinische Versorgung, Schulbesuch von Kindern und das Recht auf Lohn für geleistete Arbeit. Letzteres ist verbunden mit dem Problem des (trotz einiger erfolgreicher Prozesse wegen vorenthaltenen Lohnes bei illegaler Beschäftigung) faktisch meist fehlenden Rechtsschutzes, wodurch die bestehende Rechtlosigkeit und Diskriminierung der Betroffenen noch verstärkt wird. Die in diesem Zusammenhang angesprochenen Ängste bestehen vor allem deshalb, weil öffentliche Stellen wie z. B. Schulen verpflichtet sind, die zuständigen Ausländerbehörden zu verständigen, wenn sie von dem illegalen Aufenthalt eines Ausländers Kenntnis erhalten haben (vgl. § 87 Abs. 2 AufenthG). Demgegenüber wollen beispielsweise einzelne Kommunen in Zusammenarbeit mit Wohlfahrtsverbänden und Ärzten vor Ort die medizinische Versorgung „Illegaler" verbessern. Es müsste rechtlich verbindlich klargestellt werden, dass humanitär motivierte Hilfe *nicht* unter den Straftatbestand der Beihilfe zu unerlaubter Einreise und unerlaubtem Aufenthalt fällt. Wer illegalen Zuwanderern humanitäre Hilfe leistet, muss Gewissheit haben, nicht vom Strafgesetz bedroht zu werden.

Ungeachtet zahlreicher völkerrechtlicher Aktionen gegen illegale Einwanderung ist auch die Europäische Union auf diesem Gebiet z. B. durch Rahmenbeschlüsse aktiv geworden, in denen sich die Bundesrepublik Deutschland verpflichtet hat, besondere strafrechtliche Sanktionen gegen Menschenhandel vorzusehen. Es gibt darüber hinaus zahlreiche Beschlüsse zur Rückführung von Drittstaatsangehörigen, zur Gründung von Informationsnetzen für eine verbesserte Koordinierung der Maßnahmen gegen illegale Einwanderung und Menschenhandel sowie Förderung der freiwilligen Rückkehr illegal aufhältiger Personen u. a. m. Aktionen zum Schutz humanitär motivierter Hilfe fehlen bislang allerdings.

Wichtige Gesetzesmaterialien und Richtlinien

§§ 87, 95–97 AufenthG; Rahmenbeschluss des Rates vom 19. Juli 2002 zur Bekämpfung des Menschenhandels – 2002/629 JI, ABl. EG L 203 vom 1. 8. 2002. Vorschlag für eine Richtlinie des Europäischen Parlaments und des Rates über gemeinsame Normen und Verfahren in den Mitgliedstaaten zur Rückführung illegal aufhältiger Drittstaatsangehöriger vom 11. 9. 2005, KOM (2005) 391 endg.

Vertiefende Literatur

Alt, Problemkomplex illegale Migration, ZAR 2003, 406–411; *Becher*, Kinder ohne Aufenthaltsrecht. Meldepflichten von Schulen und Kindergärten, InfAuslR 2006, 286–288; Manifest Illegale Zuwanderung – für eine differenzierte und lösungsorientierte Diskussion, Berlin März 2005 (Unterzeichnerstand am 10. März 2006: 405 Personen, Organisationen und Institutionen), unter www.forum-illegalitaet.de; Zivilgesellschaftliche Gruppen sind z. B. Pro Asyl oder der Flüchtlingsrat in den einzelnen Bundesländern. Siehe auch weitere Hinweise unter: www.aktivgegenabschiebung.de

Hilfe und Rat geben vor allem kirchliche Institutionen wie Caritas und Diakonie.

II. Familiennachzug

Die Familienzusammenführung war besonders seit dem Anwerbestopp Anfang 1970er Jahre in allen Mitgliedstaaten der damaligen Europäischen Gemeinschaft (in Deutschland 1973) ein beliebtes Mittel, um Zugang nach Europa zu erhalten. In Deutschland wurden 1981 von der Bundesregierung Grundsätze der sozial verantwortlichen Steuerung des Ausländerzuzugs erlassen, während das Bundesverfassungsgericht in seiner Entscheidung vom 12.Mai 1987 die seinerzeit eingeführte dreijährige Wartefrist für den Ehegattennachzug („Ehebestandszeit") beanstandete. Inzwischen hat das Thema einerseits durch die Zunahme sogenannter Scheinehen unter den Drittstaatsangehörigen (aber auch zwischen Deutschen und Drittstaatsangehörigen) sowie durch eine seit dem Amsterdamer Unionsvertrag von 1997 mögliche Europäisierung der Gesetzgebung zur Familienzusammenführung erneute Aktualität erhalten. Mit der Verabschiedung der EU-Richtlinie 2003/86/EG vom 22. 9. 2003 betreffend das Recht auf Familienzusammenführung war auch Deutschland zur Umsetzung dieser Richtlinie in nationales Recht verpflichtet. Dies ist inzwischen weitgehend durch das Aufenthaltsgesetz im Rahmen des Zuwanderungsgesetzes von 2004 geschehen. Über diese RL ist im Rat der EG vor allem wegen des strittigen Nachzugsalters bei Kindern lange verhandelt worden. Im Ergebnis gilt jetzt als maßgebliche Altersgrenze das 16. Lebensjahr sowie eine restriktive Ermessensregelung für ältere minderjährige Kinder, bei der das Kindeswohl und die familiäre Situation zu berücksichtigen sind. Ein Nachzugsanspruch bis zum 18. Lebensjahr besteht bei Kindern von Asylberechtigten und GFK-Flüchtlingen (Konventionsflüchtlinge.

Im Januar 2006 legte der Bundesminister des Innern zur Umsetzung aufenthalts- und asylrechtlicher Richtlinien der EU den Referentenentwurf für ein zweites Gesetz zur Änderung des Aufenthaltsgesetzes, des AsylVfG, des StAG und weiterer Gesetze vor. Darin werden u. a. zum Zwecke der Verhinderung von Scheinehen

Änderungen zum Ehegattennachzug vorgeschlagen, deren Geeignetheit von zahlreichen Verbänden, z. B. von der Caritas und der Diakonie, in Frage gestellt werden. Es bleibt abzuwarten, wann und in welcher Form neue Regelungen zum Familiennachzug im Deutschen Bundestag verabschiedet werden. Die Frage des Missbrauchs des Kindschaftsrechts (Vaterschaftsanerkennungen) zur Erschleichung von Aufenthaltstiteln soll auch im Sinne des Kindeswohls zu Änderungen des Bürgerlichen Gesetzbuches (BGB) führen, z. B. durch Einführung einer Anfechtungsmöglichkeit von Vaterschaftsanerkennungen.

1. Allgemeine Voraussetzungen

In § 27 AufenthG ist zunächst der Grundsatz des Familiennachzugs formuliert: Die Familiennachzugserlaubnis zur Herstellung und Wahrung der familiären Lebensgemeinschaft im Bundesgebiet für ausländische Familienangehörige (Familiennachzug) wird zum Schutz von Ehe und Familie gemäß Artikel 6 GG erteilt und verlängert. Entsprechendes gilt für die Herstellung und Wahrung einer lebenspartnerschaftlichen Gemeinschaft (im Sinne des Lebenspartnerschaftsgesetzes) im Bundesgebiet. § 27 Abs. 2 sieht in diesem Fall die entsprechende Geltung zahlreicher Vorschriften, z. B. im Zusammenhang mit der Erteilung einer Niederlassungserlaubnis, vor. Die Erteilung der Aufenthaltserlaubnis zum Zweck des Familiennachzugs kann allerdings versagt werden, wenn derjenige, zu dem der Familiennachzug stattfindet, für den Unterhalt von anderen ausländischen Familienangehörigen oder anderen Haushaltsangehörigen auf Leistungen nach SGB II oder XII angewiesen ist.

Das Gesetz unterscheidet beim Familiennachzug den Familiennachzug zu Deutschen und denjenigen zu Ausländern und im Übrigen den Ehegatten- und den Kindernachzug. Geregelt wird auch, unter welchen Bedingungen Nachzugsberechtigte ein eigenständiges Aufenthaltsrecht erhalten, denn grundsätzlich sind die Aufenthaltsrechte der Nachzugsberechtigten abgeleitete Rechte.

2. Familiennachzug zu Deutschen und zu Ausländern

Beim Familiennachzug zu Deutschen wird immer wieder die **Frage nach der Gültigkeit der Eheschließung** gestellt. Hierzu ist allgemein Folgendes festzustellen: Es kommt beispielsweise nicht darauf an, ob die Ehe in Deutschland oder im Ausland geschlossen wurde. Bei jeder Eheschließung muss die am Ort der Eheschließung vorgegebene Form einschließlich der zwingenden Eheschließungsvoraussetzungen, wie sie am Eheschließungsort gelten, beachtet worden sein. Religiöse Ehen stehen den vor staatlichen Stellen geschlossenen Ehen gleich, wenn sie am Ort der Eheschließung in der konkret vollzogenen Weise staatlich anerkannt sind; Gleiches gilt für Nottrauungen, die nach dem Recht des Ortes der Eheschließung gültig sind. Ferntrauungen werden allenfalls in Notsituationen anerkannt.

Ein **minderjähriges Kind** eines Deutschen, das einen Nachzugsanspruch geltend macht, darf nicht verheiratet, geschieden oder verwitwet sein und darf das 18. Lebensjahr noch nicht vollendet haben. Vorrangig wird geprüft, ob das Kind durch Geburt, Legitimation oder Adoption (§§ 4 bis 6 StAG) die deutsche Staatsangehörigkeit besitzt. Für den Nachzug ist es z. B. nicht erforderlich, dass der Deutsche zur Ausübung der Personensorge berechtigt ist. Die Herstellung einer familiären Lebensgemeinschaft zwischen dem Deutschen und dem Kind ist jedoch Voraussetzung und muss beabsichtigt und rechtlich sowie tatsächlich möglich und zu erwarten sein. Hat der deutsche Elternteil das Personensorgerecht, so kann von der Absicht und Möglichkeit der Herstellung der familiären Lebensgemeinschaft in der Regel ausgegangen werden. In Fällen der Anerkennung der Vaterschaft durch einen Deutschen erwirbt das Kind bereits mit der Geburt die deutsche Staatsangehörigkeit (§ 4 Abs. 1 Satz 2 StAG), so dass dann regelmäßig kein Nachzug eines minderjährigen ausländischen Kindes im Sinne des § 28 Abs. 1 Nr. 2 vorliegt.

Familiennachzug zu deutschen Familienangehörigen zur Herstellung und Wahrung einer familiären oder partnerschaftlichen Lebensgemeinschaft (§ 28 AufenthG):

(1) Die **Aufenthaltserlaubnis ist** dem ausländischen

1. Ehegatten eines Deutschen,

2. minderjährigen ledigen Kind eines Deutschen,
3. Elternteil eines minderjährigen ledigen Deutschen zur Ausübung der Personensorge

zu erteilen, wenn der Deutsche seinen gewöhnlichen Aufenthalt im Bundesgebiet hat.

Die **Aufenthaltserlaubnis kann** dem nichtsorgeberechtigten Elternteil eines minderjährigen ledigen Deutschen **erteilt werden**, wenn die familiäre Gemeinschaft schon im Bundesgebiet gelebt wird.

Die Aufenthaltserlaubnis wird **verlängert**, solange die familiäre Lebensgemeinschaft fortbesteht.

Die **Aufenthaltserlaubnis berechtigt zur Ausübung einer Erwerbstätigkeit**.

Zur Vermeidung einer außergewöhnlichen Härte kann einem sonstigen Familienangehörigen eines Ausländers eine Aufenthaltserlaubnis zum Familiennachzug erteilt werden, wenn es erforderlich ist.

(2) Eine **Niederlassungserlaubnis ist** dem Ausländer in der Regel **zu erteilen**, wenn
- er drei Jahre im Besitz einer Aufenthaltserlaubnis ist,
- die familiäre Lebensgemeinschaft mit dem Deutschen im Bundesgebiet fortbesteht,
- kein Ausweisungsgrund vorliegt und
- er sich auf einfache Art in deutscher Sprache mündlich verständigen kann.

Beim **Familiennachzug zu Ausländern** wird nach § 29 AufenthG allgemein vorausgesetzt, dass
- der hier lebende Ausländer für den Unterhalt von anderen ausländischen Familienangehörigen oder anderen Haushaltsangehörigen nicht auf Leistungen nach SGB II oder XII angewiesen ist
- eine Aufenthaltserlaubnis oder eine Niederlassungserlaubnis besitzt
- ausreichender Wohnraum zur Verfügung steht,
- der Lebensunterhalt des Familienangehörigen ohne Inanspruchnahme öffentlicher Mittel gesichert ist und
- kein Ausweisungsgrund vorliegt.

D. Aufenthalt für Drittstaatsangehörige

Besonderheiten gelten bei Ausländern, die aus humanitären Gründen eine Aufenthaltserlaubnis haben und in Fällen bestimmter Fluchtsituationen (§ 29 Abs. 3 und 4 (AufenthG). Soweit die Aufenthaltserlaubnis nur für einen vorübergehenden Aufenthalt gewährt wurde oder weil eine Abschiebung über einen längeren Zeitraum nicht möglich ist, wird ein Familiennachzug nicht gewährt (§ 29 Abs. 3 AufenthG).

Andere Verwandte als Ehegatten oder minderjährige ledige Kinder können nur nachziehen, wenn es zur Vermeidung einer außergewöhnlichen Härte erforderlich ist.

Die Aufenthaltserlaubnis berechtigt zur Ausübung einer Erwerbstätigkeit, soweit der Ausländer, zu dem der Familiennachzug erfolgt, zur Ausübung einer Erwerbstätigkeit berechtigt ist oder wenn die eheliche Lebensgemeinschaft seit mindestens zwei Jahren rechtmäßig im Bundesgebiet bestanden hat.

Beim Nachzug von Ehegatten/Lebenspartnern und von Kindern zu Ausländern werden Anspruchsvoraussetzungen zur Erteilung einer Aufenthaltserlaubnis und die Voraussetzungen für eine Ermessensentscheidung klar unterschieden. Im Einzelnen gilt Folgendes:

Nachzug von Ehegatten und minderjährigen ledigen Kindern des Ausländers	
Ehegatten (§ 30 AufenthG)	**Minderjährige ledige Kinder** (§ 32 AufenthG)
Dem Ehegatten eines Ausländers ist eine Aufenthaltserlaubnis zu erteilen, wenn der Ausländer (1) eine Niederlassungserlaubnis besitzt, (2) eine Aufenthaltserlaubnis aus humanitären Gründen nach § 25 Abs. 1 oder 2 AufenthG besitzt, (3) seit fünf Jahren eine Aufenthaltserlaubnis besitzt oder	**Dem minderjährigen ledigen Kind eines Ausländers ist eine Aufenthaltserlaubnis zu erteilen**, wenn (1) der Ausländer eine Aufenthaltserlaubnis nach § 25 Abs. 1 oder 2 (also unanfechtbar anerkannter Asylberechtigter ist) oder eine Niederlassungserlaubnis nach § 26 Abs. 3 (drei Jahre

II. Familiennachzug

Ehegatten (§ 30 AufenthG)	Minderjährige ledige Kinder (§ 32 AufenthG)
(4) eine Aufenthaltserlaubnis besitzt, die Ehe bei deren Erteilung bereits bestand und die Dauer seines Aufenthalts voraussichtlich über ein Jahr betragen wird. Die Aufenthaltserlaubnis **kann** abweichend von Nr. 4 erteilt werden, wenn der Ausländer eine Aufenthaltserlaubnis besitzt. Die Aufenthaltserlaubnis **kann verlängert** werden, **solange die eheliche Lebensgemeinschaft fortbesteht.**	nach Anerkennung als Asylberechtigter, ohne dass Voraussetzungen für den Widerruf oder die Rücknahme bestehen) besitzt oder (2) beide Eltern oder der allein personensorgeberechtigte Elternteil eine Aufenthaltserlaubnis oder Niederlassungserlaubnis besitzen und das Kind seinen Lebensmittelpunkt zusammen mit seinen Eltern oder dem allein personensorgeberechtigten Elternteil in das Bundesgebiet verlegt. Einem **minderjährigen ledigen Kind, welches das 16. Lebensjahr vollendet hat, ist eine Aufenthaltserlaubnis zu erteilen, wenn** • es die deutsche Sprache beherrscht oder gewährleistet erscheint, dass es sich aufgrund seiner bisherigen Ausbildung und Lebensverhältnisse in die Lebensverhältnisse in der Bundesrepublik Deutschland einfügen kann, und • beide Eltern oder der allein personensorgeberechtigte Elternteil eine Aufenthaltserlaubnis oder Niederlassungserlaubnis besitzen. **Dem minderjährigen ledigen Kind eines Ausländers, welches das 16. Lebensjahr noch nicht vollendet hat, ist eine Aufenthaltserlaubnis zu erteilen,**

D. Aufenthalt für Drittstaatsangehörige

Ehegatten (§ 30 AufenthG)	Minderjährige ledige Kinder (§ 32 AufenthG)
	• wenn beide Eltern oder der allein personensorgeberechtigte Elternteil eine Aufenthaltserlaubnis oder Niederlassungserlaubnis besitzen. **Im Übrigen kann** dem minderjährigen ledigen Kind eines Ausländers **eine Aufenthaltserlaubnis erteilt werden, wenn** es aufgrund der Umstände des Einzelfalls zur Vermeidung einer besonderen Härte erforderlich ist. Hierbei sind das Kindeswohl und die familiäre Situation zu berücksichtigen.

Das Aufenthaltsrecht der nachgezogenen Familienangehörigen ist abhängig vom Recht des Nachzugsberechtigten (Stammberechtigten). Aufgrund dieser sogenannten akzessorischen Verknüpfung zum Aufenthaltsrecht des im Bundesgebiet lebenden Ausländers darf z. B. die Geltungsdauer der einem Ehegatten erteilten Aufenthaltserlaubnis die Geltungsdauer der Aufenthaltserlaubnis des im Bundesgebiet lebenden Ausländers (Stammberechtigten) nicht überschreiten.

Für die **Ermessensentscheidung** beim Ehegattennachzug gemäß § 30 Abs. 2 AufenthG geben die vorläufigen Anwendungshinweise einige Anhaltspunkte: Für die Erteilung der Aufenthaltserlaubnis kann danach unter anderem maßgeblich sein, wie lange sich der Ehegatte, zu dem der Nachzug stattfindet, bereits im Bundesgebiet aufhält, insbesondere ob der Ehegatte, zu dem der Nachzug stattfindet, im Bundesgebiet geboren oder als Minderjähriger eingereist ist, obwohl er keine Niederlassungserlaubnis besitzt; maßgeblich kann auch sein, dass die Ehefrau schwanger ist oder aus der Ehe bereits ein Kind hervorgegangen ist oder dass an dem Aufenthalt einer Person, die sich vorübergehend im Bundesgebiet aufhält, ein öffentliches Interesse besteht – dies gilt insbesondere für Wissenschaftler, Gastwissenschaftler oder Studenten (vgl. § 34 AufenthV).

Die Aufenthaltserlaubnis darf im Wege des Ermessens auch dann **verlängert** werden, wenn die allgemeinen Erteilungsvoraussetzungen nicht mehr vorliegen. Geprüft wird insbesondere der Fortbestand der ehelichen Lebensgemeinschaft.

3. Eigenständige Aufenthaltsrechte von Ehegatten

Nach § 31 AufenthG erhält der nachgezogene Ehegatte im Falle der Aufhebung der ehelichen Lebensgemeinschaft durch Scheidung oder Tod dann für ein Jahr ein eigenständiges Aufenthaltsrecht (Aufenthaltserlaubnis), wenn
- die eheliche Lebensgemeinschaft seit mindestens zwei Jahren rechtmäßig im Bundesgebiet bestanden hat oder
- der Ausländer gestorben ist, während die eheliche Lebensgemeinschaft im Bundesgebiet bestand und der Ausländer bis dahin im Besitz einer Aufenthaltserlaubnis oder Niederlassungserlaubnis war, es sei denn, er konnte die Verlängerung aus von ihm nicht zu vertretenden Gründen nicht rechtzeitig beantragen.

Dieses eigenständige Aufenthaltsrecht (Aufenthaltserlaubnis) berechtigt zur Ausübung einer Erwerbstätigkeit. Eine erneute Zustimmung der Bundesagentur für Arbeit ist nicht erforderlich.

Grundlegende Voraussetzung für die Verselbständigung des Aufenthaltsrechts ist, dass der Stammberechtigte im Zeitpunkt der Beendigung der ehelichen Lebensgemeinschaft im Besitz eines grundsätzlich zur Verfestigung geeigneten Aufenthaltsrechts (Aufenthaltserlaubnis oder Niederlassungserlaubnis) war. Allerdings kann z. B. mit der Auflösung der Ehe keine aufenthaltsrechtliche Besserstellung erreicht werden, d. h. dass bei einer für den Stammberechtigten von vornherein nicht verlängerbaren vierjährigen Aufenthaltserlaubnis auch kein Schutz des eigenständig Berechtigten für den darüber hinausgehenden Zeitraum besteht, zumal auch für ihn niemals eine Aussicht auf ein verfestigtes Aufenthaltsrecht bestand.

Von der Voraussetzung des zweijährigen rechtmäßigen Bestandes der ehelichen Lebensgemeinschaft im Bundesgebiet ist abzusehen, soweit es zur Vermeidung einer besonderen Härte erforderlich ist, dem Ehegatten den weiteren Aufenthalt zu ermöglichen, es sei

D. Aufenthalt für Drittstaatsangehörige

denn, für den Ausländer ist die Verlängerung der Aufenthaltserlaubnis ausgeschlossen.

Eine besondere Härte liegt insbesondere vor, wenn dem Ehegatten wegen der aus der Auflösung der ehelichen Lebensgemeinschaft erwachsenden Rückkehrverpflichtung eine erhebliche Beeinträchtigung seiner schutzwürdigen Belange droht oder wenn dem Ehegatten wegen der Beeinträchtigung seiner schutzwürdigen Belange das weitere Festhalten an der ehelichen Lebensgemeinschaft unzumutbar ist; zu den schutzwürdigen Belangen zählt auch das Wohl eines mit dem Ehegatten in familiärer Lebensgemeinschaft lebenden Kindes. Im Deutschen Bundestag überlegt man, ob dies auch für den Fall einer Zwangsheirat gelten soll.

Zur Vermeidung von Missbrauch kann die Verlängerung der Aufenthaltserlaubnis versagt werden, wenn der Ehegatte aus einem von ihm zu vertretenden Grund auf Leistungen nach SGB II oder XII angewiesen ist. Im Übrigen steht die Inanspruchnahme von Leistungen nach SGB II oder XII der Verlängerung der Aufenthaltserlaubnis nicht entgegen, solange die Voraussetzungen für die Erteilung der Niederlassungserlaubnis nicht vorliegen. Wenn der Lebensunterhalt des Ehegatten nach Aufhebung der ehelichen Lebensgemeinschaft durch Unterhaltsleistungen aus eigenen Mitteln des Ausländers gesichert ist und dieser eine Niederlassungserlaubnis besitzt, ist dem Ehegatten unter erleichterten Voraussetzungen ebenfalls eine Niederlassungserlaubnis zu erteilen. Die Verlängerung des nach der Entstehung des eigenständigen Aufenthaltsrechts erteilten Aufenthaltstitels richtet sich nach den allgemeinen Vorschriften und erfolgt nach Ermessen. Der Aufenthaltszweck liegt im weiteren Aufenthalt im Bundesgebiet nach Entstehung eines eigenständigen Aufenthaltsrechts. Umstände, die zur Begründung der besonderen Härte beigetragen haben, können weiterhin eine Ausnahme von den allgemeinen Erteilungsvoraussetzungen einer Aufenthaltserlaubnis (vgl. § 5 Abs. 1 AufenthG) rechtfertigen. Danach kann die Aufenthaltserlaubnis verlängert werden, solange die Voraussetzungen für die Erteilung einer Niederlassungserlaubnis nicht vorliegen.

4. Nachzug von Kindern

Auch der Nachzug von Kindern hat im neuen Aufenthaltsgesetz eine sehr ins Detail gehende Regelung gefunden (§ 32 AufenthG).

Der Anspruch minderjähriger lediger Kinder eines Ausländers besteht z. B., wenn das Kind nicht verheiratet, geschieden oder verwitwet ist und das 18. Lebensjahr noch nicht vollendet hat. Hiervon abweichende Volljährigkeitsgrenzen nach dem Recht der Herkunftsstaaten sind unerheblich.

Beim Kindernachzug ist für die Berechnung der Altersgrenzen maßgeblich der Zeitpunkt der Antragstellung, nicht derjenige der Erteilung des Aufenthaltsrechts oder der Möglichkeit einer Erteilung im Falle einer Antragstellung, die tatsächlich nicht erfolgte. Die Geltungsdauer der Aufenthaltserlaubnis darf die Geltungsdauer der Aufenthaltserlaubnis beider Eltern oder, wenn das Kind nur zu einem Elternteil nachzieht, die Geltungsdauer der Aufenthaltserlaubnis dieses Elternteils nicht überschreiten – auch hier wird der akzessorische Charakter des Nachzugsrechts besonders deutlich.

a) Nachzug nach Vollendung des 16. Lebensjahres

Ein Anspruch auf Nachzug von Kindern nach Vollendung des 16. Lebensjahres besteht dann, wenn sie die deutsche Sprache beherrschen. Dies ist entsprechend der Definition der Stufe C1 der kompetenten Sprachanwendung des Gemeinsamen Europäischen Referenzrahmens für Sprachen zu bestimmen. Der Nachweis, dass dieser Sprachstand erreicht ist, wird durch eine Bescheinigung einer geeigneten in- oder ausländischen Stelle erbracht, die aufgrund eines Sprachstandstests ausgestellt wurde. Die Bescheinigung darf nicht älter sein als ein Jahr. Inländische Stellen, die eine derartige Bescheinigung ausstellen, sollen durch das Bundesamt für Migration und Flüchtlinge für die Ausführung von Sprachkursen zertifizierte Träger sein.

b) Aufenthaltserlaubnis für Kinder unter 16 Jahren

Der Anspruch auf Erteilung einer Aufenthaltserlaubnis für Kinder unter 16 Jahren besteht selbst dann, wenn der Ausländer, zu dem der Nachzug stattfindet, sich nur für einen begrenzten Zeitraum und gegebenenfalls ohne Verlegung des Lebensmittelpunktes in Deutschland aufhält, wie dies etwa bei Gastwissenschaftlern oder Studenten der Fall sein kann.

c) Besondere Härte

Zur Feststellung einer besonderen Härte ist unter Abwägung aller Umstände zu prüfen, ob nach den Umständen des Einzelfalles das Interesse des minderjährigen Kindes und der im Bundesgebiet lebenden Eltern an einem Zusammenleben im Bundesgebiet vorrangig ist. Dies kann z. B. der Fall sein, wenn sich die Lebensumstände, die das Verbleiben des Kindes in der Heimat bisher ermöglichten, wesentlich geändert haben oder den Eltern ein Zusammenleben mit dem Kind im Herkunftsstaat auf Dauer nicht zumutbar ist. Zu berücksichtigen sind hierbei neben dem Kindeswohl und dem elterlichen Erziehungs- und Aufenthaltsbestimmungsrecht, das für sich allein kein Nachzugsrecht begründet, u. a. auch die Integrationschancen des minderjährigen Kindes sowie die allgemeinen integrations- und zuwanderungspolitischen Interessen der Bundesrepublik Deutschland. Danach liegt z. B. keine besondere Härte im Fall vorhersehbarer Änderungen der persönlichen Verhältnisse (z. B. Beendigung der Ausbildung, notwendige Aufnahme einer Erwerbstätigkeit) oder der Änderungen der allgemeinen Verhältnisse im Herkunftsstaat vor (z. B. bessere wirtschaftliche Aussichten im Bundesgebiet). Eine besondere Härte, die den Nachzug auch noch nach Vollendung des 16. Lebensjahres rechtfertigt, kann angenommen werden, wenn das Kind aufgrund eines unvorhersehbaren Ereignisses auf die Pflege der Eltern angewiesen ist (z. B. Betreuungsbedürftigkeit aufgrund einer plötzlich auftretenden Krankheit oder eines Unfalls). Von Bedeutung ist, ob lediglich der im Bundesgebiet lebende Elternteil zur Betreuung des Kindes in der Lage ist.

5. Eigenständige Aufenthaltsrechte von Kindern

Die Eigenständigkeit des Aufenthaltsrechts der ausländischen Kinder hat eine am Integrationsgedanken orientierte Regelung erfahren. Diese Regelung ist in Zusammenhang mit der Anerkennung von Aufenthaltsrechten für im Bundesgebiet geborene Kinder (§ 33 AufenthG) zu sehen.

II. Familiennachzug

Nach § 35 AufenthG erhalten minderjährige Ausländer abweichend von § 9 Abs. 2 eine Niederlassungserlaubnis, wenn sie im Zeitpunkt der Vollendung ihres 16. Lebensjahres seit fünf Jahren im Besitz der Aufenthaltserlaubnis sind. Das Gleiche gilt, wenn
- der Ausländer volljährig und seit fünf Jahren im Besitz der Aufenthaltserlaubnis ist (auf die erforderlichen fünf Jahre werden in der Regel nicht die Zeiten angerechnet, in denen der Ausländer außerhalb des Bundesgebiets die Schule besucht hat).
- er über ausreichende Kenntnisse der deutschen Sprache verfügt und
- sein Lebensunterhalt gesichert ist oder er sich in einer Ausbildung befindet, die zu einem anerkannten schulischen oder beruflichen Bildungsabschluss führt.

Ein Anspruch auf Erteilung einer Niederlassungserlaubnis **besteht nicht**, wenn
- ein auf dem persönlichen Verhalten des Ausländers beruhender Ausweisungsgrund vorliegt,
- der Ausländer in den letzten drei Jahren wegen einer vorsätzlichen Straftat zu einer Jugend- oder Freiheitsstrafe von mindestens sechs Monaten oder einer Geldstrafe von mindestens 180 Tagessätzen verurteilt worden oder wenn die Verhängung einer Jugendstrafe ausgesetzt ist oder
- der Lebensunterhalt nicht ohne Inanspruchnahme von ALG II, Sozialhilfe oder Jugendhilfe gesichert ist, es sei denn, der Ausländer befindet sich in einer Ausbildung, die zu einem anerkannten schulischen oder beruflichen Bildungsabschluss führt.

Von den Anforderungen an sprachliche Kenntnisse und Unabhängigkeit von Zahlungen nach dem SGB II (ALG II), SGB VIII (Jugendhilfe) und SGB XII (Sozialhilfe) ist abzusehen, wenn sie von dem Ausländer wegen einer körperlichen, geistigen oder seelischen Krankheit oder Behinderung nicht erfüllt werden können. Sofern § 35 AufenthG nicht angewendet werden kann, gilt § 34 AufenthG (siehe unten 7.).

6. Geburt eines Kindes im Bundesgebiet

Ein im Bundesgebiet geborenes Kind hat nach § 33 AufenthG einen Anspruch auf eine (von Amts wegen erteilte) Aufenthaltserlaubnis, wenn die Mutter eine Aufenthaltserlaubnis oder eine Niederlassungserlaubnis besitzt. Es genügt auch, wenn der Mutter aufgrund eines vor der Geburt gestellten Antrags nach der Geburt die Aufenthaltserlaubnis oder Niederlassungserlaubnis erteilt wird. Die Anspruchsvoraussetzung ist jedoch erst erfüllt, wenn über den Antrag der Mutter des Kindes entschieden ist. Die Eltern sind verpflichtet, für das Kind Ausweispapiere (Pass oder Passersatz) zu beantragen.

Der Aufenthalt eines im Bundesgebiet geborenen Kindes, dessen Mutter zum Zeitpunkt der Geburt im Besitz eines Visums ist oder sich visumfrei aufhalten darf, gilt bis zum Ablauf des Visums oder des visumfreien Aufenthalts als erlaubt. Weitere aufenthaltsrechtliche Besonderheiten, z. B. je nach Besitz eines Schengen- oder nationalen Visums, sind zu beachten.

7. Aufenthaltsrecht von Kindern

Die Regelung von § 34 AufenthG betrifft zunächst Kinder, die noch nicht volljährig sind und die bereits eine Aufenthaltserlaubnis zum Zwecke des Familiennachzuges besitzen. Die Vorschrift vermittelt einen Anspruch sofern nicht kraft Verweisung auf Regelungen zur Wiederkehrrecht nach § 37 AufenthG, die eine Ermessensausübung vorsehen, eine Aufenthaltserlaubnis nach Ermessen zu erteilen ist. Sobald das Kind volljährig wird und ihm bislang eine Aufenthaltserlaubnis zur Herstellung und Wahrung einer familiären Lebensgemeinschaft erteilt war, erhält es ein eigenständiges Aufenthaltsrecht.

8. Nachzug sonstiger Familienangehöriger

a) Allgemeine Voraussetzungen

Einem sonstigen Familienangehörigen, z. B. Großeltern eines Ausländers **kann** im Wege des Ermessens nach § 36 AufenthG zum Familiennachzug eine Aufenthaltserlaubnis erteilt werden, wenn es

zur Vermeidung einer außergewöhnlichen Härte erforderlich ist. Dafür kommen insbesondere in Betracht:
- Eltern zu ihren minderjährigen oder volljährigen Kindern,
- volljährige Kinder zu ihren Eltern oder
- Minderjährige zu engen volljährigen Familienangehörigen, die die alleinige Personensorge in der Weise innehaben, dass eine geschützte Eltern-Kind-Beziehung besteht.

Die allgemeinen in § 27 AufenthG und – beim Nachzug zu Ausländern – in § 29 AufenthG normierten Familiennachzugsvoraussetzungen (siehe oben) müssen vorliegen.

b) Ausnahme- und Härtefälle

Ein Nachzug minderjähriger sonstiger Familienangehöriger zu Verwandten in aufsteigender Linie kommt ausnahmsweise nur in Betracht, wenn sie Vollwaisen sind (z. B. Enkelkinder zu Großeltern) oder wenn die Eltern nachweislich auf Dauer nicht mehr in der Lage sind, die Personensorge auszuüben (z. B. wegen einer Pflegebedürftigkeit). Die familiäre Lebensgemeinschaft muss das geeignete und notwendige Mittel sein, um die außergewöhnliche Härte zu vermeiden. Ein Härtefall kann durch solche Umstände gerechtfertigt sein, aus denen sich ergibt, dass entweder der im Bundesgebiet lebende oder der nachzugswillige Familienangehörige auf die familiäre Lebenshilfe angewiesen ist, die sich nur im Bundesgebiet erbringen lässt (z. B. infolge einer besonderen Betreuungsbedürftigkeit). Bei Minderjährigen sind das Wohl des Kindes und dessen Lebensalter vorrangig zu berücksichtigen. Umstände, die ein familiäres Angewiesensein begründen, können sich nur aus individuellen Besonderheiten des Einzelfalls ergeben (z. B. Krankheit, Behinderung, Pflegebedürftigkeit, psychische Not). Dagegen werden Umstände, die sich aus den allgemeinen Lebensverhältnissen im Herkunftsland des nachziehenden Familienangehörigen ergeben, nicht berücksichtigt.

Die Herstellung der familiären Lebensgemeinschaft mit einem im Bundesgebiet lebenden Angehörigen wird im Allgemeinen nicht zur Vermeidung einer außergewöhnlichen Härte für erforderlich gehalten, wenn im Ausland andere Familienangehörige leben, die zur Betreuung und Erziehung in der Lage sind. Dies wird besonders bei einem Nachzug volljähriger Kinder und volljähriger Adoptivkinder zu

D. Aufenthalt für Drittstaatsangehörige

den Eltern, beim Nachzug von Eltern zu volljährigen Kindern, beim Enkelnachzug und dem Nachzug von Kindern zu Geschwistern besonders geprüft. Als zu vermeidende Härte wird nicht anerkannt, wenn die Eltern eines im Bundesgebiet lebenden Kindes geschieden sind und dem nachzugswilligen geschiedenen ausländischen Elternteil kein Personensorgerecht zusteht.

Die Betreuungsbedürftigkeit von minderjährigen Kindern im Bundesgebiet als wird als solche nicht als ein außergewöhnlicher Härtefall angesehen. Ein Zuzug sonstiger Familienangehöriger zur Kinderbetreuung scheidet danach aus, wenn die Eltern die Kinderbetreuung nicht selbst übernehmen können, weil sie beispielsweise beide (ganztägig) erwerbstätig sind. Soweit eine außergewöhnliche Härte angenommen werden kann (z. B. ein Elternteil kann infolge einer schweren Erkrankung die Kinder nicht mehr betreuen, ein Elternteil ist verstorben), wird geprüft, ob der Zuzug sonstiger Verwandter zwingend erforderlich ist oder ob nicht eine Aufenthaltserlaubnis für einen vorübergehenden Aufenthalt nach § 25 Abs. 4 Satz 1 wegen dringender persönlicher oder humanitärer Gründe ausreichend sein kann.

Die Aufenthaltserlaubnis kann verlängert werden, wenn die Voraussetzungen des § 36 AufenthG weiterhin vorliegen und die familiäre Lebensgemeinschaft weiter fortbesteht. Bei volljährigen Familienangehörigen werden § 30 Abs. 3 und § 31 § 34 AufenthG und bei minderjährigen Familienangehörigen § 34 AufenthG entsprechende Anwendung.

Wichtige Gesetzesmaterialien und Richtlinien

§§ 27–36 AufenthG; vorläufige Anwendungshinweise des Bundesministerium des Innern zum Aufenthaltsgesetz und Freizügigkeitsgesetz/EU, einzusehen unter: www.fluechtlingsrat-berlin.de; Richtlinie 2003/86/EG des Rates vom 22. 9. 2003 betreffend das Recht auf Familienzusammenführung, ABl. EG Nr. L 251/12 (Umsetzungsfrist: 3. 10. 2005) – hierzu das Urteil des EuGH vom 27. 6. 2006, Rs C-540/03 – Europäisches Parlament/Rat der Europäischen Union.

Wichtige Urteile

EGMR, Urteil vom 1. 12. 2005 (zum Familiennachzug Minderjähriger), InfAuslR 2006, 105; EuGH, Urteil vom 27. 6. 2006 (Familienzusammenführung, Drittstaatsangehörige, Altersgrenze), ZAR 2006, 366; BVerfG, Beschluss

II. Familiennachzug

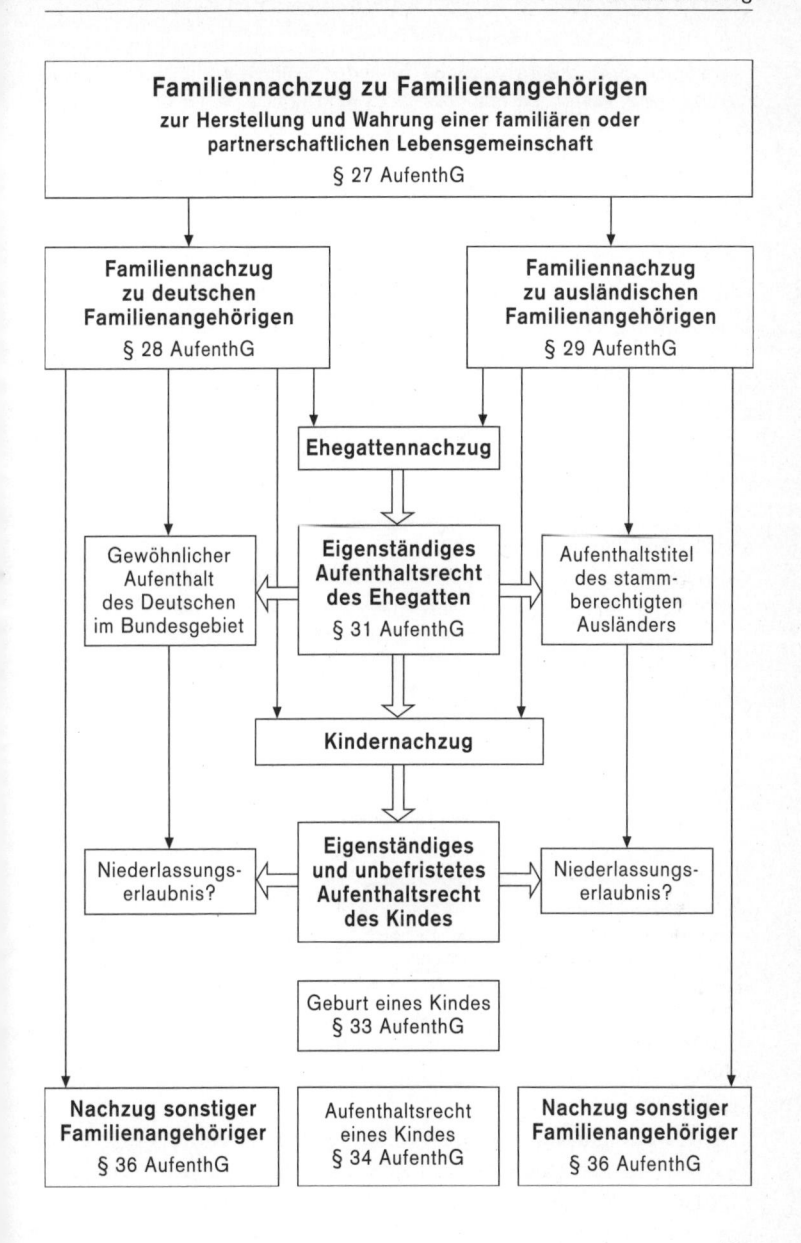

Familiennachzug zu Familienangehörigen
zur Herstellung und Wahrung einer familiären oder partnerschaftlichen Lebensgemeinschaft
§ 27 AufenthG

- **Familiennachzug zu deutschen Familienangehörigen** § 28 AufenthG
- **Familiennachzug zu ausländischen Familienangehörigen** § 29 AufenthG

Ehegattennachzug

- Gewöhnlicher Aufenthalt des Deutschen im Bundesgebiet
- **Eigenständiges Aufenthaltsrecht des Ehegatten** § 31 AufenthG
- Aufenthaltstitel des stammberechtigten Ausländers

Kindernachzug

- Niederlassungserlaubnis?
- **Eigenständiges und unbefristetes Aufenthaltsrecht des Kindes**
- Niederlassungserlaubnis?

Geburt eines Kindes § 33 AufenthG

- **Nachzug sonstiger Familienangehöriger** § 36 AufenthG
- Aufenthaltsrecht eines Kindes § 34 AufenthG
- **Nachzug sonstiger Familienangehöriger** § 36 AufenthG

vom 25. 10. 2005 (Unterschiedliche Behandlung von Vater und Mutter bei der Erteilung einer Aufenthaltserlaubnis für ihr Kind ist nicht verfassungsgemäß), NVwZ 2006, 324; BVerfG, Beschluss vom 8. 12. 2005, (zur Familienzusammenführung), ZAR 2006, 28; VG Berlin, Urteil vom 23. 9. 2005 (Berechnung des für die Sicherung des Lebensunterhalts vorausgesetzten Einkommens beim Familiennachzug), InfAuslR 2006, 21.

Vertiefende Literatur

Goebel-Zimmermann, „Scheinehen", „Scheinlebenspartnerschaften" und „Scheinväter" im Spannungsfeld von Verfassungs-, Zivil- und Migrationsrecht, ZAR 2006, 81–91; *Cernota*, Das Bundesverfassungsgericht stärkt das Aufenthaltsrecht ausländischer Väter, ZAR 2006, 102–104; *Hailbronner*, Die Richtlinie zur Familienzusammenführung, FamRZ 2005, 1–8; *Marx*, Familiennachzug nach dem Zuwanderungsgesetz, FamRBint 2005, 18–22; *Dienelt*, Die Auswirkungen der Familienzusammenführungsrichtlinie auf die Möglichkeit einer Erwerbstätigkeit, InfAuslR 2006, 1–3; *Mallmann*, Neuere Rechtsprechung zum assoziationsrechtlichen Aufenthaltsrecht türkischer Familienangehöriger, ZAR 2006, 450–55, *Thum*, Europäischer Grundrechtsschutz und Familienzusammenführung. NJW 2006, 3249–3252.

Das Recht des Familiennachzugs ist außerdem durch die Rechtsprechung des Europäischen Gerichtshofs für Menschenrechte (EGMR) zu Art. 8 (Recht auf Achtung des Privat- und Familienlebens) der Europäischen Menschenrechtskonvention (EMRK) geprägt, dazu: *Meyer-Ladewig*, EMRK. Handkommentar, Baden-Baden 2003. – Zur geplanten Änderung des AufenthG: *Hillgruber*, Mindestalter und sprachliche Integrationsvorleistung – verfassungsgemäße Voraussetzungen des Ehegattennachzugs?, ZAR 2006, 304–317.

Hinweis auf zu erwartende Rechtsänderungen

Das Bundesministerium des Innern erarbeitet seit geraumer Zeit den Entwurf eines Gesetzes zur Umsetzung aufenthalts- und asylrechtlicher Richtlinien der Europäischen Union. Unter anderem wird die Richtlinie für den Familiennachzug (RL 2003/86/EG) Ergänzungen bzw. Änderungen zum AufenthG mit sich bringen (z. B. beim Familiennachzug für Eheleute ein Mindestalter von 18 Jahren).

III. Beendigung des Aufenthalts

In den Paragraphen §§ 50–56 behandelt das AufenthG Fragen der Beendigung des Aufenthalts. Im Zentrum stehen die Begründung und Durchsetzung der Ausreisepflicht.

III. Beendigung des Aufenthalts

1. Allgemeine Voraussetzungen der Ausreisepflicht

Ein Ausländer ist zur Ausreise verpflichtet, wenn er einen erforderlichen Aufenthaltstitel nicht oder nicht mehr besitzt. Das gilt auch für Türken, wenn ihr Aufenthaltsrecht als Arbeitnehmer nach dem Assoziationsabkommen EWG/Türkei nicht oder nicht mehr besteht. Eine Niederlassungserlaubnis kann unabhängig davon (weiter) bestehen. Der Ausländer hat dann das Bundesgebiet unverzüglich zu verlassen. Hat die Ausländerbehörde ihm eine Ausreisefrist gesetzt (dies wird im Pass vermerkt), hat er das Land bis zum Ablauf der Frist zu verlassen. Wendet sich der Ausländer gegen eine derartige Fristsetzung, endet die Ausreisefrist spätestens sechs Monate nach dem Eintritt der Unanfechtbarkeit der Ausreisepflicht. Das kann je nach der Verfahrensdauer bedeuten, dass die Ausreise für längere Zeit nicht durchsetzbar ist. Die Ausreisefrist kann in besonderen Härtefällen auch verlängert werden. Die Härtefallregelung bezieht sich in diesem Fall ausschließlich auf den Zeitpunkt, zu dem der Ausländer das Bundesgebiet verlassen muss, und nicht auf die Ausreisepflicht selbst. Die Ausreisefrist wird unterbrochen, wenn die Vollziehbarkeit der Ausreisepflicht oder der Abschiebungsandrohung entfällt. Die Frist beginnt nach Wiedereintritt der Vollziehbarkeit erneut zu laufen.

Durch die Einreise in einen anderen Mitgliedstaat der Europäischen Gemeinschaften genügt der Ausländer seiner Ausreisepflicht nur, wenn ihm Einreise und Aufenthalt dort erlaubt sind. Fehlt es daran, ist der Ausländer zwar tatsächlich ausgereist, die Ausreisepflicht wird dadurch jedoch nicht rechtlich wirksam erfüllt. Im Falle der Rücküberstellung oder der sofortigen Wiedereinreise ohne Visum, auch aus Drittstaaten, besteht die Ausreisepflicht fort.

Ein ausreisepflichtiger Ausländer, der seine Wohnung wechseln oder den Bezirk der Ausländerbehörde für mehr als drei Tage verlassen will, hat dies der Ausländerbehörde vorher anzuzeigen. Der Pass oder Passersatz eines ausreisepflichtigen Ausländers soll bis zu dessen Ausreise in Verwahrung genommen werden. Ein Ausländer kann zum Zweck der Aufenthaltsbeendigung in den Fahndungshilfsmitteln der Polizei zur Aufenthaltsermittlung und Festnahme ausgeschrieben werden, wenn sein Aufenthalt unbekannt ist. Ein ausgewiesener, zurückgeschobener oder abgeschobener Ausländer kann zum Zweck der Einreiseverweigerung zur Zurückweisung und für den Fall des Antreffens im Bundesgebiet zur Festnahme ausgeschrieben werden.

2. Verlust des Aufenthaltsrechts

§ 51 AufenthG nennt verschiedene Gründe, deretwegen die Rechtmäßigkeit des Aufenthalts entfällt. Der Aufenthaltstitel entfällt bei
- Beendigung der Rechtmäßigkeit des Aufenthalts
- Widerruf des Aufenthaltstitels
- Ausweisung
  - Zwingende Ausweisung
  - Regelausweisung
  - Ermessensausweisung

Zu beachten ist der besondere Ausweisungsschutz für minderjährige und heranwachsende Ausländer.

Ein Aufenthaltstitel wird aus folgenden Gründen unwirksam (unabhängig von einem Widerspruch oder einer Klage, § 84 Abs. 2 Satz 1 AufenthG):

(1) Ablauf seiner Geltungsdauer,
(2) Eintritt einer auflösenden Bedingung (z. B. bei Asylantrag, § 56 Abs. 4 AufenthG),
(3) Rücknahme des Aufenthaltstitels (von Anfang an),
(4) Widerruf des Aufenthaltstitels (für die Zukunft) – die Zulässigkeit des Widerrufs richtet sich nach § 52 AufenthG,
(5) Ausweisung des Ausländers,
(6) Bekanntgabe einer Abschiebungsanordnung nach § 58 a,
(7) wenn der Ausländer aus einem seiner Natur nach nicht vorübergehenden Grunde ausreist,
(Dies kann angenommen werden, wenn der Ausländer seine Wohnung und Arbeitsstelle aufgegeben hat und unter Mitnahme seines Eigentums ausgereist ist oder wenn er sich zur endgültigen Ausreise verpflichtet hat, z. B. zur Abwendung einer Ausweisung)
(8) wenn der Ausländer ausgereist und nicht innerhalb von sechs

Monaten oder einer von der Ausländerbehörde bestimmten längeren Frist wieder eingereist ist.
(Der Aufenthaltstitel erlischt z. B. dann nicht, wenn die Frist lediglich wegen Erfüllung der gesetzlichen Wehrpflicht im Heimatstaat überschritten wird und der Ausländer innerhalb von drei Monaten nach der Entlassung aus dem Wehrdienst wieder einreist. In der Regel wird eine längere Frist bestimmt, wenn der Ausländer aus einem seiner Natur nach vorübergehenden Grunde ausreisen will und eine Niederlassungserlaubnis besitzt oder wenn der Aufenthalt außerhalb des Bundesgebiets Interessen der Bundesrepublik Deutschland dient.)
(9) wenn ein Ausländer nach Erteilung eines Aufenthaltstitels gemäß der §§ 22, 23 oder § 25 Abs. 3 bis 5 AufenthG (aus völkerrechtlichen, humanitären oder politischen Gründen) einen Asylantrag stellt.

Ein für mehrere Einreisen oder mit einer Geltungsdauer von mehr als drei Monaten erteiltes Visum erlischt nicht nach den Nummern 6 und 7. Die Niederlassungserlaubnis eines Ausländers, der sich mindestens 15 Jahre rechtmäßig im Bundesgebiet aufgehalten hat, sowie die Niederlassungserlaubnis seines mit ihm in ehelicher Lebensgemeinschaft lebenden Ehegatten erlöschen nicht nach Nr. 7 und 8, wenn deren Lebensunterhalt gesichert ist.

Die Befreiung vom Erfordernis des Aufenthaltstitels entfällt, wenn der Ausländer ausgewiesen oder abgeschoben wird; er darf dann nicht erneut in das Bundesgebiet einreisen und sich dort aufhalten. Räumliche und sonstige Beschränkungen und Auflagen nach diesem und nach anderen Gesetzen bleiben auch nach Wegfall des Aufenthaltstitels in Kraft, bis sie aufgehoben werden oder der Ausländer seiner Ausreisepflicht nachgekommen ist. Für Asylberechtigte und Ausländer, die nicht abgeschoben werden dürfen, gilt § 51 Abs. 7 AufenthG.

3. Ausweisung

Die Ausweisung ist ein spezifisch ausländerrechtlicher Verwaltungsakt, durch den der Aufenthaltstitel erlischt und der Ausländer zur Ausreise verpflichtet wird. Sie beendet die Rechtmäßigkeit des

D. Aufenthalt für Drittstaatsangehörige

Aufenthalts eines Ausländers. Das Zuwanderungsgesetz hat die Ausweisungsmöglichkeiten insbesondere für sogenannte Hassprediger und bei staatsschutzrelevanten Sachverhalten vereinfacht. Eine Ausweisung ist möglich, wenn der Aufenthalt des Ausländers die öffentliche Sicherheit und Ordnung oder sonstige erhebliche Interessen der Bundesrepublik Deutschland beeinträchtigt. Die herkömmliche Begründung für Ausweisungen besteht nach einer langjährig gefestigten Rechtsprechung in dem Hinweis auf ihre sogenannte generalpräventive Funktion, d. h. durch die drohende Ausweisung will man künftigen Störungen der öffentlichen Ordnung vorbeugen, indem man andere Ausländer abgeschreckt, Straftaten zu begehen.

Im AufenthG wird differenziert zwischen **Zwingenden Ausweisungen** (§ 53 AufenthG), **Regel-Ausweisungen** (§ 54 AufenthG) und Ausweisungen, die im **Ermessen der Ausländerbehörde** (§ 55 AufenthG) stehen. Entscheidend sind die jeweils im Gesetz genannten Ausweisungsgründe. Unter einer Regel-Ausweisung versteht man, dass in allen möglichen Fällen, die im Gesetz genannt werden, typische Merkmale vorhanden sind, während atypische Ausnahmen davon, sofern sie nicht unter zwingende Gründe fallen, im Rahmen einer Ermessensentscheidung zu begründen sind. Wichtig ist in allen Fällen, dass die Behörden den nach § 56 AufenthG bestehenden besonderen Ausweisungsschutz für minderjährige und heranwachsende Ausländer beachten.

a) Zwingende Ausweisung

Gründe für eine zwingende Ausweisung liegen vor, wenn ein Ausländer

- wegen einer oder mehrerer vorsätzlicher Straftaten rechtskräftig zu einer Freiheits- oder Jugendstrafe von mindestens drei Jahren verurteilt worden ist oder wegen vorsätzlicher Straftaten innerhalb von fünf Jahren zu mehreren Freiheits- oder Jugendstrafen von zusammen mindestens drei Jahren rechtskräftig verurteilt oder bei der letzten rechtskräftigen Verurteilung Sicherungsverwahrung angeordnet worden ist,
- wegen einer vorsätzlichen Straftat nach dem Betäubungsmittelgesetz, wegen Landfriedensbruches unter den in § 125 a Satz 2 StGB

genannten Voraussetzungen oder wegen eines im Rahmen einer verbotenen öffentlichen Versammlung oder eines verbotenen Aufzugs begangenen Landfriedensbruches gemäß § 125 StGB rechtskräftig zu einer Jugendstrafe von mindestens zwei Jahren oder zu einer Freiheitsstrafe verurteilt und die Vollstreckung der Strafe nicht zur Bewährung ausgesetzt worden ist oder
- wegen Einschleusens von Ausländern gemäß § 96 oder § 97 AufenthG rechtskräftig zu einer Freiheitsstrafe verurteilt und die Vollstreckung der Strafe nicht zur Bewährung ausgesetzt worden ist.

Die Ausweisung erfolgt in den genannten Fällen ohne Berücksichtigung von z. B. positiven Entwicklungen der betreffenden Person nach der Tat.

b) Regel-Ausweisung

Genau festgelegt sind auch die Voraussetzungen für eine Regel-Ausweisung. Ein Ausländer wird in der Regel ausgewiesen, wenn
- er wegen einer oder mehrerer vorsätzlicher Straftaten rechtskräftig zu einer Jugendstrafe von mindestens zwei Jahren oder zu einer Freiheitsstrafe verurteilt und die Vollstreckung der Strafe nicht zur Bewährung ausgesetzt worden ist,
- er wegen Einschleusens von Ausländern (gemäß § 96 oder § 97 AufenthG) rechtskräftig verurteilt ist,
- er den Vorschriften des Betäubungsmittelgesetzes zuwider ohne Erlaubnis Betäubungsmittel anbaut, herstellt, einführt, durchführt oder ausführt, veräußert, an einen anderen abgibt oder in sonstiger Weise in Verkehr bringt oder mit ihnen handelt oder wenn er zu einer solchen Handlung anstiftet oder Beihilfe leistet,
- er sich im Rahmen einer verbotenen oder aufgelösten öffentlichen Versammlung oder eines verbotenen oder aufgelösten Aufzugs an Gewalttätigkeiten gegen Menschen oder Sachen, die aus einer Menschenmenge in einer die öffentliche Sicherheit gefährdenden Weise mit vereinten Kräften begangen werden, als Täter oder Teilnehmer beteiligt.

Im Hinblick auf die Bekämpfung des internationalen Terrorismus sind die folgenden Regel-Ausweisungsgründe genannt:

D. Aufenthalt für Drittstaatsangehörige

- Tatsachen die Schlussfolgerung rechtfertigen, dass er einer Vereinigung angehört oder angehört hat, die den Terrorismus unterstützt, oder er eine derartige Vereinigung unterstützt oder unterstützt hat – auf zurückliegende Mitgliedschaften oder Unterstützungshandlungen kann die Ausweisung nur gestützt werden, soweit diese eine gegenwärtige Gefährlichkeit begründen,
- der Ausländer die freiheitliche demokratische Grundordnung oder die Sicherheit der Bundesrepublik Deutschland gefährdet oder sich bei der Verfolgung politischer Ziele an Gewalttätigkeiten beteiligt oder öffentlich zur Gewaltanwendung aufruft oder mit Gewaltanwendung droht,
- der Ausländer in einer Befragung, die der Klärung von Bedenken gegen die Einreise oder den weiteren Aufenthalt dient, der deutschen Auslandsvertretung oder der Ausländerbehörde gegenüber frühere Aufenthalte in Deutschland oder anderen Staaten verheimlicht oder in wesentlichen Punkten falsche oder unvollständige Angaben über Verbindungen zu Personen oder Organisationen macht, die der Unterstützung des internationalen Terrorismus verdächtig sind – die Ausweisung auf dieser Grundlage ist nur zulässig, wenn der Ausländer vor der Befragung ausdrücklich auf den sicherheitsrechtlichen Zweck der Befragung und die Rechtsfolgen falscher oder unvollständiger Angaben hingewiesen wurde; oder
- der Ausländer zu den Leitern eines Vereins gehörte, der unanfechtbar verboten wurde, weil seine Zwecke oder seine Tätigkeit den Strafgesetzen zuwiderlaufen oder er sich gegen die verfassungsmäßige Ordnung oder den Gedanken der Völkerverständigung richtet.

c) Ermessensausweisung

Ohne alle Gründe abschließend nennen zu können, legt § 55 AufenthG fest, dass ein Ausländer im Ermessenswege ausgewiesen werden kann, wenn sein Aufenthalt die öffentliche Sicherheit und Ordnung oder sonstige erhebliche Interessen der Bundesrepublik Deutschland beeinträchtigt. Weiter führt das Gesetz beispielhaft Gründe auf, unter denen eine Ermessensausweisung erfolgen darf. Ein Ausländer kann insbesondere dann ausgewiesen werden, wenn er

III. Beendigung des Aufenthalts

- in Verfahren nach dem AufenthG oder zur Erlangung eines einheitlichen Sichtvermerkes nach Maßgabe des Schengener Durchführungsübereinkommens falsche oder unvollständige Angaben zum Zweck der Erlangung eines Aufenthaltstitels gemacht oder trotz bestehender Rechtspflicht nicht an Maßnahmen der für die Durchführung dieses Gesetzes zuständigen Behörden im In- und Ausland mitgewirkt hat, wobei die Ausweisung auf dieser Grundlage nur zulässig ist, wenn der Ausländer vor der Befragung ausdrücklich auf die Rechtsfolgen falscher oder unvollständiger Angaben hingewiesen wurde,
- einen nicht nur vereinzelten oder geringfügigen Verstoß gegen Rechtsvorschriften oder gerichtliche oder behördliche Entscheidungen oder Verfügungen begangen oder außerhalb des Bundesgebiets eine Straftat begangen hat, die im Bundesgebiet als vorsätzliche Straftat anzusehen ist,
- gegen eine für die Ausübung der Gewerbsunzucht geltende Rechtsvorschrift oder behördliche Verfügung verstößt,
- Heroin, Cocain oder ein vergleichbar gefährliches Betäubungsmittel verbraucht und nicht zu einer erforderlichen seiner Rehabilitation dienenden Behandlung bereit ist oder sich ihr entzieht,
- durch sein Verhalten die öffentliche Gesundheit gefährdet oder längerfristig obdachlos ist,
- für sich, seine Familienangehörigen oder für sonstige Haushaltsangehörige Sozialhilfe in Anspruch nimmt,
- Hilfe zur Erziehung außerhalb der eigenen Familie oder Hilfe für junge Volljährige nach dem Achten Buch Sozialgesetzbuch erhält; das gilt nicht für einen Minderjährigen, dessen Eltern oder dessen allein personensorgeberechtigter Elternteil sich rechtmäßig im Bundesgebiet aufhalten,
- öffentlich, in einer Versammlung oder durch Verbreiten von Schriften ein Verbrechen gegen den Frieden, ein Kriegsverbrechen, ein Verbrechen gegen die Menschlichkeit oder terroristische Taten von vergleichbarem Gewicht in einer Weise billigt oder dafür wirbt, die geeignet ist, die öffentliche Sicherheit und Ordnung zu stören, oder
- in einer Weise, die geeignet ist, die öffentliche Sicherheit und Ordnung zu stören, zum Hass gegen Teile der Bevölkerung aufstachelt

oder zu Gewalt- oder Willkürmaßnahmen gegen sie auffordert oder die Menschenwürde anderer dadurch angreift, dass er Teile der Bevölkerung beschimpft, böswillig verächtlich macht oder verleumdet.

Liegen entsprechende Voraussetzungen vor, heißt dies nicht, dass eine Ausweisung automatisch zu erfolgen hat. Vielmehr muss im Einzelfall genau geprüft werden, ob und mit welcher Begründung eine Ausweisung erfolgen soll. Bei der Entscheidung über die Ausweisung sind zu berücksichtigen

- die Dauer des rechtmäßigen Aufenthalts und die schutzwürdigen persönlichen, wirtschaftlichen und sonstigen Bindungen des Ausländers im Bundesgebiet, und
- die Folgen der Ausweisung für die Familienangehörigen oder Lebenspartner des Ausländers, die sich rechtmäßig im Bundesgebiet aufhalten und mit ihm in familiärer oder lebenspartnerschaftlicher Lebensgemeinschaft leben.

Darüber hinaus sind z. B. beim Bezug von Sozialhilfe Vorgaben des Europäischen Fürsorgeabkommens zu beachten. Danach kann bei Sozialhilfebezug lediglich die Verlängerung des Aufenthaltsrechts versagt werden.

Im Falle sogenannter „Ehrenmorde", die in Deutschland soweit ersichtlich ausschließlich bei muslimischen Familien auftreten, ist bei Unionsbürgern oder z. B. bei türkischen Staatsangehörigen ausschließlich eine Ermessensentscheidung zulässig. Bei diesen Tätern ist nach Gemeinschaftsrecht und dem Assoziationsrecht eine Ausweisungsentscheidung im Ermessenswege nur unter Beachtung spezialpräventiver Gründe zulässig.

d) Ausweisungsschutz

§ 56 AufenthG gewährt einen besonderen Ausweisungsschutz, wenn der Ausländer

- eine Niederlassungserlaubnis besitzt und sich seit mindestens fünf Jahren rechtmäßig im Bundesgebiet aufgehalten hat,
- eine Aufenthaltserlaubnis besitzt und im Bundesgebiet geboren oder als Minderjähriger in das Bundesgebiet eingereist ist und sich mindestens fünf Jahre rechtmäßig im Bundesgebiet aufgehalten hat,

- eine Aufenthaltserlaubnis besitzt, sich mindestens fünf Jahre rechtmäßig im Bundesgebiet aufgehalten hat und mit einem der vorgenannten Ausländer in ehelicher oder lebenspartnerschaftlicher Lebensgemeinschaft lebt,
- mit einem deutschen Familienangehörigen oder Lebenspartner in familiärer oder lebenspartnerschaftlicher Lebensgemeinschaft lebt,
- als Asylberechtigter anerkannt ist oder Flüchtling im Sinne der Genfer Flüchtlingskonvention (GFK) ist.

Er wird in diesen Fällen nur aus schwerwiegenden Gründen der öffentlichen Sicherheit und Ordnung ausgewiesen – wann diese vorliegen, erläutert § 56 Absatz 1 Sätze 2 und 3 AufenthG näher. Weitere Besonderheiten gelten für jugendliche und heranwachsende Volljährige unter 21 Jahren, die im Bundesgebiet aufgewachsen sind und eine Niederlassungserlaubnis besitzen, sowie für Minderjährige, die eine Aufenthaltserlaubnis oder Niederlassungserlaubnis besitzen. Liegen Gründe für eine zwingende oder eine Regel-Ausweisung vor, wird nach Ermessen entschieden. Soweit die Eltern oder der allein personensorgeberechtigte Elternteil des Minderjährigen sich rechtmäßig im Bundesgebiet aufhalten, wird der Minderjährige in den Fällen, in denen zwingende Ausweisungsgründe vorliegen, im Wege einer Ermessensentscheidung ausgewiesen. Besonderheiten gelten für Asylantragsteller und Ausländer mit Aufenthaltstitel aus humanitären Gründen.

4. Durchsetzung der Ausreisepflicht (§§ 57–62 AufenthG)

Die Durchsetzung der Ausreisepflicht ist notwendig, wenn ein ausreisepflichtiger Ausländer das Bundesgebiet nicht verlässt. Ein Ausländer, der unerlaubt eingereist ist, soll innerhalb von sechs Monaten nach Grenzübertritt zurückgeschoben werden. Eine Zurückschiebung ist auch zulässig, solange ein anderer Staat aufgrund einer Übernahmevereinbarung zur Übernahme des Ausländers verpflichtet ist.

Ein Ausländer ist abzuschieben, wenn die Ausreisepflicht vollziehbar ist und nicht gesichert ist, dass die Ausreise freiwillig erfolgt, oder aus Gründen der öffentlichen Sicherheit und Ordnung eine

D. Aufenthalt für Drittstaatsangehörige

Überwachung der Ausreise erforderlich erscheint. Die Ausreisepflicht wird dann als vollziehbar angesehen, wenn der Ausländer
- unerlaubt eingereist ist, oder
- noch nicht die erstmalige Erteilung des erforderlichen Aufenthaltstitels oder nach Ablauf der Geltungsdauer noch nicht die Verlängerung beantragt hat und
- aufgrund einer Rückführungsentscheidung eines anderen Mitgliedstaates der Europäischen Union ausreisepflichtig wird, sofern diese von der zuständigen Behörde anerkannt wird, und eine Ausreisefrist nicht gewährt wurde oder diese abgelaufen ist. Im Übrigen ist die Ausreisepflicht erst vollziehbar, wenn die Versagung des Aufenthaltstitels oder der sonstige Verwaltungsakt, durch den der Ausländer nach § 50 Abs. 1 ausreisepflichtig wird, vollziehbar ist. Die Abschiebung muss – außer in den Fällen der Abwehr einer terroristischen Gefahr (§ 58a AufenthG) – angedroht worden sein. Ein besonderer Abschiebungsschutz besteht nach Art. 33 der Genfer Flüchtlingskonvention. Diese Schutzgewähr hat § 60 übernommen und näher erläutert.

§ 60a AufenthG regelt die Voraussetzungen, unter denen eine **Duldung**, d. h. eine vorübergehende Aussetzung der Abschiebung von der oberste Landesbehörde aus völkerrechtlichen oder humanitären Gründen oder zur Wahrung politischer Interessen der Bundesrepublik Deutschland angeordnet werden kann. Im November 2006 haben die Innenminister von Bund und Ländern Grundsätze beschlossen, nach denen von den geschätzten 200.000 geduldeten Ausländern mit langjährigem Aufenthalt 20.000, die faktisch wirtschaftlich und sozial im Bundesgebiet integriert sind, ein Bleiberecht in Form einer zeitlich zunächst auf zwei Jahre befristeten Aufenthaltserlaubnis nach § 23 Abs. 1 AufenthG erhalten können. Nach zwei- bis dreimaliger Verlängerung kann die Aufenthaltserlaubnis unbefristet erteilt werden. Zu den **begünstigten Personen** gehören:
- Ausreisepflichtige Ausländer, die mindestens ein minderjähriges Kind haben, das den Kindergarten oder die Schule besucht, und sich am 17. 11. 2006 seit mindestens sechs Jahren ununterbrochen im Bundesgebiet aufhalten. Einbezogen sind auch erwachsene un-

verheiratete Kinder, sofern sie bei ihrer Einreise minderjährig waren, wenn es gewährleistet erscheint, dass sie sich aufgrund ihrer bisherigen Ausbildung und Lebensverhältnisse dauerhaft integrieren werden. Diese jungen Erwachsenen können eine eigene Aufenthaltserlaubnis erhalten, unabhängig davon, ob ihren Eltern eine Aufenthaltserlaubnis erteilt wird.
- Ausreisepflichtige Ausländer, die sich am 17.11.2006 seit mindestens acht Jahren ununterbrochen im Bundesgebiet aufhalten.
- Ausreisepflichtige Ausländer, die im Besitz einer bis zum 30.9. 2007 zum Zweck der Arbeitsplatzsuche erteilten Duldung nach § 60a Abs. 1 AufenthG (s. Ziffer 2) sind und die ein verbindliches Arbeitsangebot nachweisen.

Wichtigste Voraussetzung ist ein dauerhafter Arbeitsplatz. Wer keinen Arbeitsplatz hat, erhält eine Frist bis 30. September 2007, um sich einen Arbeitsplatz zu suchen und ein Arbeitsangebot vorzuweisen. Der Ausländer unterliegt in dieser Zeit nicht dem Vorrangprinzip, d. h. seine Bewerbung auf dem Arbeitsmarkt erfolgt unter den gleichen Bedingungen wie für Deutsche und andere Unionsbürger. Die Aufenthaltserlaubnis ist bereits bei Vorlage eines verbindlichen Arbeitsangebots zu erteilen. Ausländer, die im Rahmen der Bleiberechtsregelung eine Aufenthaltserlaubnis erhalten haben, können Kindergeld und andere Familienleistungen erhalten.

Ein Ausländer ist zur Vorbereitung der Ausweisung allein aufgrund einer richterlichen Anordnung in Haft zu nehmen, wenn über die Ausweisung nicht sofort entschieden werden kann und die Abschiebung ohne die Inhaftnahme wesentlich erschwert oder vereitelt würde (Vorbereitungshaft). Die Dauer der Vorbereitungshaft soll sechs Wochen nicht überschreiten. Im Falle der Ausweisung bedarf es für die Fortdauer der Haft bis zum Ablauf der angeordneten Haftdauer keiner erneuten richterlichen Anordnung. Für die durch eine Abschiebung entstehenden Kosten haftet der Ausländer nach § 67 Abs. 1 AufenthG. Zu diesen Kosten gehören z. B. Kosten der Abschiebungshaft, Flugkosten, Kosten für etwaige Begleitpersonen, z. B. Polizeibeamte.

Die Bleiberechtsregelungen werden durch den Bundesgesetzgeber weiter verändert werden. Nach Ankündigung der Großen Koalition dürfen geduldete Ausländer, die mindestens acht Jahre – oder sechs als Familie – in Deutschland leben, bleiben, sofern sie bis September 2009 eine Arbeit gefunden haben. Sie erhalten dann statt einer „Aufenthaltserlaubnis auf Probe" eine dauerhafte Aufenthaltsgenehmigung. Ungeachtet verfassungsrechtlicher Bedenken gegenüber derartigen Plänen ist mit erheblichen politischen Auseinandersetzungen über diese Fragen zu rechnen.

Wichtige Gesetze

§§ 50–70 AufenthG; Europäisches Fürsorgeabkommen (EFA); Art. 33 GFK.

Wichtige Urteile:

BVerwG, Urteil vom 3. 8. 2004 (Ausweisung türkischer Arbeitnehmer), NVwZ 2005, 224–229; BVerwG, Urteil vom 6. 10. 2005 (Ausweisung nach Gemeinschaftsrecht und Vorverfahren), InfAuslR 2006,110–114 m. Anm. *Gutmann*; BVerwG, Urteil vom 6. 10. 2005 (Ausweisung aufenthaltsberechtigter türkischer Staatsangehöriger), ZAR 2006, 71–72; BVerwG, Urteil vom 14. 3. 2006 (Personalkosten als Abschiebungskosten), NJW 42/2006, S. XIV.

Vertiefende Literatur

Beichel, Ausweisungsschutz und Verfassung, Berlin 2001; *Dietz*, „Ehrenmord" als Ausweisungsgrund, NJW 2006, 1385–1389; *Jakober*, Auf der Suche nach Änderungen im Bereich der Aufenthaltsbeendigung und Ausweisung durch das Zuwanderungsgesetz, InfAuslR 2005, 97–103; *Heinold*, Aktuelle Rechtsprechung zur Abschiebungshaft, ZAR 2006, 360–366.

Informationen und Beratung

Zu den Fragen der Aufenthaltsbeendigung werden bei den zuständigen Ausländerbehörden, teilweise auch bei den Wohlfahrtsverbänden ausführliche Informationen gegeben. Wegen einer möglichen Bleibeberechtigung verteilen die Innenbehörden Merkblätter und Antragsformulare zum Bleiberecht, sofern potenzielle Berechtigte nicht ohnehin schon angeschrieben wurden.

IV. Besondere Aufenthaltsrechte

Abschließend zum Aufenthaltsrecht sind zwei besondere Aufenthaltsrechte anzusprechen: Das Recht auf Wiederkehr und das Aufenthaltsrecht ehemaliger Deutscher.

IV. Besondere Aufenthaltsrechte

1. Das Recht auf Wiederkehr

Die Zuwanderung nach Deutschland ist häufig mit jahrelangen Trennungen der Familienmitglieder verbunden. Der Wunsch nach zeitweiliger Rückkehr in den Heimatstaat ist unter Jugendlichen aus anderen Gründen als bei den Rentnern weit verbreitet. Diese Zeiten können zum Problem der Aufrechterhaltung von Aufenthaltstiteln führen. 1988 wurde aufgrund einer IMK-Absprache erstmals eine sogenannte Wiederkehroption für Jugendliche eingeführt, die häufig auch aus Gründen der Erziehung zur Ursprungsfamilie ins Heimatland zurückgingen. Der Gesetzgeber hat später besondere Vorkehrungen für die Rückkehr nach den sogenannten Unterbrechungszeiten auch für Rentner vorgesehen. Im Kern geht es bei der Wiederkehr von Jugendlichen darum, bereits begonnene Integrationsprozesse insbesondere im Jugendalter nicht zu unterbinden oder zu gefährden. Bei Rentnern will der Staat sicher sein, nicht dauerhaft Lasten tragen zu müssen. Dies ist der Grund für die sehr bürokratisch anmutende Regelung; sie ist allerdings auch das Ergebnis höchstrichterlicher Rechtsprechung zu § 16 des früheren Ausländergesetzes.

a) Jugendliche und Erwachsene

§ 37 AufenthG vermittelt vor allem jungen Ausländern, die Deutschland nach einem längeren Daueraufenthalt verlassen haben, ein eigenständiges, von anderen Aufenthaltszwecken (insbesondere vom Familiennachzug) unabhängiges Wiederkehr- und Aufenthaltsrecht.

EinemAusländer, der als Minderjähriger rechtmäßig seinen gewöhnlichen Aufenthalt im Bundesgebiet hatte, ist eine Aufenthaltserlaubnis zu erteilen, wenn er

- sich vor seiner Ausreise acht Jahre rechtmäßig im Bundesgebiet aufgehalten und sechs Jahre im Bundesgebiet eine Schule besucht hat,
- sein Lebensunterhalt aus eigener Erwerbstätigkeit oder durch eine Unterhaltsverpflichtung gesichert ist, die ein Dritter für die Dauer von fünf Jahren übernommen hat, und
- der Antrag auf Erteilung der Aufenthaltserlaubnis nach Vollendung des 15. und vor Vollendung des 21. Lebensjahres sowie vor Ablauf von fünf Jahren seit der Ausreise gestellt wird.

D. Aufenthalt für Drittstaatsangehörige

Die Aufenthaltserlaubnis berechtigt zur Ausübung einer Erwerbstätigkeit.

Der Wiederkehranspruch setzt nicht voraus, dass der Ausländer
- im Zeitpunkt der Ausreise minderjährig war,
- familiäre Beziehungen im Bundesgebiet hat oder
- sich vor der Einreise im Heimatstaat aufgehalten hat.

Es soll nur denjenigen Ausländern die Wiederkehr ermöglicht werden, die aufgrund ihres früheren rechtmäßigen Aufenthalts die Möglichkeit einer aufenthaltsrechtlichen Verfestigung im Bundesgebiet hatten (Daueraufenthalt). Ein Anspruch scheidet z. B. aus, wenn der Ausländer im Zeitpunkt seiner Ausreise lediglich im Besitz einer nach seiner Zweckbestimmung begrenzten Aufenthaltserlaubnis, z. B. einem Touristenvisum war, deren Verlängerung nach § 8 Abs. 2 ausgeschlossen war

Zur Vermeidung einer besonderen Härte kann von den oben unter Nrn.1 und 3 genannten Voraussetzungen abgewichen werden. Bei der Ausübung des behördlichen Ermessens muss berücksichtigt werden, ob der Ausländer von den Lebensverhältnissen im Bundesgebiet so entscheidend geprägt ist, dass es eine besondere Härte darstellen würde, wenn er keine Möglichkeit hätte, dauerhaft in das Bundesgebiet zurückzukehren. Härtefälle können z. B. dann vorliegen, wenn von den erforderlichen Fristen eine zeitlich nur unerhebliche Abweichung vorliegt oder wenn der Ausländer wegen der Leistung des gesetzlich vorgeschriebenen Wehrdienstes die rechtzeitige Antragstellung versäumt hat oder der Schulbesuch an einer deutschen Auslandsschule erfolgte

Darüber hinaus kann von den in Nr. 1 bezeichneten acht Jahren Voraufenthalts- und sechs Jahren Schulbesuchszeiten abgesehen werden, wenn der Ausländer in dieser Zeit im Bundesgebiet einen anerkannten Schulabschluss erworben hat. Als Schulbesuch kommen sowohl der Besuch allgemeinbildender Schulen als auch der Besuch von berufsbildenden Schulen oder vergleichbarer berufsqualifizierender Bildungseinrichtungen in Betracht. Dagegen sind zweckgebundene Ausbildungsaufenthalte wie z. B. Besuch einer Sprach- oder Musikschule nicht anrechenbar.

Die Erteilung einer Aufenthaltserlaubnis **kann** allerdings auch ganz **versagt** werden, wenn
- der Ausländer ausgewiesen worden war oder ausgewiesen werden konnte, als er das Bundesgebiet verließ,
- ein Ausweisungsgrund vorliegt oder
- solange der Ausländer minderjährig und seine persönliche Betreuung im Bundesgebiet nicht gewährleistet ist.

Bei der Ermessensausübung hat die Ausländerbehörde z. B. zu prüfen, ob aufgrund des bisherigen Verhaltens des Ausländers, das zu einer Ausweisung geführt hat, begründete Zweifel an einer Eingliederung in die sozialen und wirtschaftlichen Lebensverhältnisse der Bundesrepublik Deutschland bestehen.

Eine bloße Bescheinigung über die Wirkung einer Antragstellung für einen Aufenthaltstitel, die Fiktionsbescheinigung nach § 81 Abs. 3 AufenthG, berechtigt nicht zur Wiedereinreise.

Der Verlängerung der Aufenthaltserlaubnis steht nicht entgegen, dass der Lebensunterhalt nicht mehr aus eigener Erwerbstätigkeit gesichert oder die Unterhaltsverpflichtung wegen Ablaufs der fünf Jahre der Unterhaltszahlung durch einen Dritten entfallen ist.

In der Diskussion ist, ob auch jungen Menschen, die in ihren Herkunftsländern nicht zurechtkommen, unabhängig von der Sicherung des Lebensunterhalts ein Recht auf Wiederkehr eingeräumt werden kann. Desgleichen wird im Deutschen Bundestag überlegt, ob Frauen, die durch List, Gewalt oder Drohung mit einem empfindlichen Übel zur Eingehung der Ehe ins Ausland verbracht oder an der Rückkehr nach Deutschland gehindert wurden, eine legale Wiedereinreise gestattet werden soll.

b) Rentner

Einem Ausländer, der von einem Träger im Bundesgebiet Rente bezieht, wird in der Regel eine Aufenthaltserlaubnis erteilt, wenn er sich vor seiner Ausreise mindestens acht Jahre rechtmäßig im Bundesgebiet aufgehalten hat. Die Versagung der Aufenthaltserlaubnis kann in diesen Fällen nur aus ganz besonderen Gründen versagt werden. Die Aufenthaltserlaubnis wird in der Regel auch dann erteilt, wenn der Ausländer bereits im Ausland eine Rente eines deutschen Trägers bezieht. Der Rentenanspruch darf also nicht erst nach der Wiedereinreise in das Bundesgebiet entstehen. Dies gilt unabhängig von der Art der Rente (Alters-, Unfall-, Erwerbsunfähigkeits-, Witwen- oder Waisenrenten). Reicht der Rentenbezug zur Bestreitung des Lebensunterhalts nicht aus, wird die Aufenthaltserlaubnis in der Regel nicht erteilt.

2. Aufenthaltsrecht ehemaliger Deutscher

Wer die deutsche z. B. durch Erwerb einer anderen Staatsangehörigkeit verloren hat, soll als Ausländer unter den Voraussetzungen des § 38 AufenthG wieder ein Aufenthaltsrecht erhalten. Hierbei unterscheidet das Aufenthaltsgesetz zwischen ehemaligen deutschen Ausländern, die im Inland beziehungsweise im Ausland leben. Folgendes ist vorgesehen:

Einem **ehemaligen im Inland lebenden Deutschen** ist
- eine Niederlassungserlaubnis zu erteilen, wenn er bei Verlust der deutschen Staatsangehörigkeit seit fünf Jahren als Deutscher seinen gewöhnlichen Aufenthalt im Bundesgebiet hatte,
- eine Aufenthaltserlaubnis zu erteilen, wenn er bei Verlust der deutschen Staatsangehörigkeit seit mindestens einem Jahr seinen gewöhnlichen Aufenthalt im Bundesgebiet hatte.

Der Antrag auf Erteilung eines Aufenthaltstitels ist innerhalb von sechs Monaten nach Kenntnis vom Verlust der deutschen Staatsangehörigkeit zu stellen.

Einem **ehemaligen Deutschen**, der zum Zeitpunkt der Antragstellung mit gewöhnlichem Aufenthalt **im Ausland lebt**, kann eine Aufenthaltserlaubnis erteilt werden, wenn er über ausreichende Kenntnisse der deutschen Sprache verfügt.

Bei der Ermessensausübung sind u. a. die Umstände, die zum Verlust der deutschen Staatsangehörigkeit geführt haben, das Lebensalter, der Gesundheitszustand, die Lebensumstände des Antragstellers im Ausland sowie die Sicherung seines Lebensunterhaltes und gegebenenfalls die Erwerbsaussichten in Deutschland angemessen zu berücksichtigen. Im Wege des Ermessens wird auch berücksichtigt, ob der Antragsteller fortbestehende Bindungen an Deutschland glaubhaft machen kann.

In besonderen Fällen kann der Aufenthaltstitel unabhängig von den allgemeinen Erteilungsvoraussetzungen des §5 AufenthG erteilt werden. Die Erteilung einer Aufenthaltserlaubnis berechtigt zur Ausübung einer Erwerbstätigkeit. Sie ist auch innerhalb der sechs Monate nach Kenntnis vom Verlust der deutschen Staatsangehörigkeit und im Falle der Antragstellung bis zur Entscheidung der Ausländerbehörde über den Antrag erlaubt.

Besonders zu beachten ist die aufenthaltsrechtliche Behandlung von Türken mit ehemals deutscher Staatsangehörigkeit, die in der Zeit seit 2000 ihre türkische Staatsangehörigkeit wiedererlangt haben (siehe Kapitel K) und daher als ehemalige Deutsche zu betrachten sind. Sie richtet sich grundsätzlich nach § 38 AufenthG. Die Innenminister und Senatoren für Inneres der Bundesländer haben speziell zu dieser Frage am 16. 6. 2005 einen Erlass verabschiedet, der bis zum 31. 12. 2009 befristet ist.

Vertiefende Literatur

Das Aufenthaltsrecht ist sehr stark durch die frühere Rechtsprechung zum alten Ausländerrecht, dem Ausländergesetz von 1990, geprägt. Es ist daher durchaus informativ, sich bei Bedarf in den Kommentierungen zu diesem Gesetz (AuslG) vertiefte Kenntnisse zu verschaffen. Im Übrigen werden in den einschlägigen ausländerrechtlichen Zeitschriften (z. B. InfAuslR, ZAR, NVwZ) fortlaufend ausgewählte Themen zum neuen Aufenthaltsrecht behandelt.

Auskünfte

erteilen die jeweiligen Ausländerbehörden; auf die Berücksichtigung der Anwendungshinweise des Bundesministeriums des Innern zum Aufenthaltsgesetz (www.fluechtlingsrat-berlin.de) sollte man achten. Da vielfach noch ungeklärt ist, wie die Rechtsnormen im Einzelnen auszulegen sind, erscheint es ratsam, sich bei verschiedenen Stellen zu informieren, z. B. auch bei etwa vorhandenen Stellen von Ausländerbeauftragten oder den Wohlfahrtsverbänden.

Hinweis auf zu erwartende Rechtsänderungen

Das Bundesministerium des Innern erarbeitet seit geraumer Zeit den Entwurf eines Gesetzes zur Umsetzung aufenthalts- und asylrechtlicher Richtlinien der Europäischen Union. Es wird zahlreiche Ergänzungen bzw. Änderungen zum AufenthG mit sich bringen.

D. Aufenthalt für Drittstaatsangehörige

Rechtsstellung von Drittstaatsangehörigen in der EU

Persönlicher Status	Rechtsstatus	Aufenthalts- und arbeitserlaubnisrechtlicher Status *(nach Verordnungen und Richtlinien der EU – in der Interpretation des EuGH)*	Konflikte
Arbeitnehmer oder Selbständige mit 5 Jahre andauerndem ununterbrochenem rechtmäßigem Aufenthalt	Daueraufenthaltsstatus (teilweise geschützt)	Langfristig Aufenthaltsberechtigter (Arbeitnehmer oder Selbständige)	• Gleichbehandlung – auch bei Sozialleistungen? • Nachweis der notwendigen Bedingungen zur Anerkennung des Daueraufenthaltsrechts
Familienangehörige mit Drittstaatsangehörigkeit von EU-Arbeitnehmern und Selbständigen	Familienstatus (weitgehend geschützt)	Vom Familienstatus abgeleitete Rechte für Ehegatten und Kinder von Unionsbürgern, die von ihren Freizügigkeitsrecht Gebrauch machen Richtlinie 2003/109/EG	• Export von Familienleistungen
Entsandte Arbeitnehmer aus Drittstaaten	Entsendestatus (teilweise geschützt)	Vom Beschäftigtenstatus bei einem EU-Unternehmen abgeleiteter Rechtsstatus von Arbeitnehmern im Rahmen grenzüberschreitender Dienstleistungen; Entsenderichtlinie der EU	• Werkvertragsarbeitnehmer in doppelter Abhängigkeit: Zugangsrecht und Beschäftigung in einem EU-Staat sowie fortexistierende Arbeitsrechtsbeziehung nach Heimatstaatsrecht; • Übergang in illegale Beschäftigung

IV. Besondere Aufenthaltsrechte

		Rechtsstellung von Drittstaatsangehörigen in der EU (Fortsetzung)	
Staatsangehörige aus Assoziationsstaaten	Assoziationsrechtsstatus je nach Assoziationsrecht geschützt	Gestufte arbeits- und aufenthaltsrechtliche sowie sozialrechtliche Positionen, keine EU-Freizügigkeit, aber abgestufte Aussicht darauf: (1) Assoziationsabkommen EWG/Türkei: Assoziationsratsbeschlüsse Nr. 1/80 und 3/80	• Tatsächliche Garantie gleicher Arbeits- und Sozialrechtsschutzbedingungen • Gleichbehandlung: Weitgehende Angleichung an den Status der Unionsbürger im Aufenthaltsstaat
Persönlicher Status	Rechtsstatus	**Aufenthalts- und arbeitserlaubnisrechtlicher Status** *(nach Verordnungen und Richtlinien der EU – in der Interpretation des EuGH)*	**Konflikte**
		(2) Kooperationsabkommen EGW/EU mit Maghreb-Staaten (neu: Europa-Mittelmeer-Assoziationsabkommen): z. B. Marokko, Tunesien (3) Europaabkommen (z. B. Kroatien) (4) EG-Schweiz: Freizügigkeitsabkommen	• Nichtdiskriminierung im Aufenthaltsstaat • Nichtdiskriminierung im Aufenthaltsstaat; Aufnahme in die EU? • Nichtdiskriminierung im Aufenthaltsstaat; ab 2014: Schweizer als Unionsbürger?

E. Integration

Für Zuwanderer mit dauerhafter Aufenthaltsperspektive, insbesondere für Ausländerinnen und Ausländer sowie für Spätaussiedlerinnen und Spätaussiedler sieht das Aufenthaltsgesetz einen Mindestangebot für Sprachkurse und Einführungen in die Rechtsordnung, die Kultur und die Geschichte Deutschlands vor. Im Rahmen von Integrationskursen wird die Integration von rechtmäßig auf Dauer im Bundesgebiet lebenden Ausländern in das wirtschaftliche, kulturelle und gesellschaftliche Leben in der Bundesrepublik Deutschland gefördert.

Bei der Integration werden zwei unterschiedliche Gruppen angesprochen: Um die Integration der **Ausländern** geht es in §§ 43 bis 45 AufenthG, während die Integration der **Spätaussiedler** in § 9 BVFG angesprochen wird. Die im Wesentlichen gleichen Inhalte der gesetzlichen Vorschriften über die Integration von Ausländern und Spätaussiedlern und die Integrationskursverordnung (IntV) stellen sicher, dass Ausländer und Spätaussiedler in den Kernbereichen die gleiche staatliche Integrationsförderung erhalten. Die Integrationskurse sollen von Ausländern und Spätaussiedlern gemeinsam besucht werden.

Durch ein staatliches Grundangebot zur Integration, den Integrationskurs, sollen dem Anspruch nach die Eingliederungsbemühungen von Ausländern konkret unterstützt werden. Die Berechtigten sollen mit den Lebensverhältnissen im Bundesgebiet so weit vertraut gemacht werden, dass sie ohne die Hilfe oder Vermittlung Dritter in allen Angelegenheiten des täglichen Lebens selbständig handeln können. Die Integrationskurse sollen also die Teilnehmer zum selbständigen Handeln in allen Angelegenheiten des täglichen Lebens verhelfen. Der Schwerpunkt der Integrationsbemühungen wird dabei auf den Erwerb der deutschen Sprache gelegt, da deutsche Sprachkenntnisse eine Schlüsselrolle bei der erfolgreichen Integration spielen. Das Ziel, mit dem Integrationskurs ausreichende Sprachkenntnisse zu vermitteln, ergibt sich unmittelbar aus den für die Niederlassungserlaubnis (§ 9 Abs. 2 Satz 1 Nr. 7 i. V. m. § 9 Abs. 2

Satz 2 AufenthG) und die Einbürgerungsvoraussetzungen (§ 10 Abs. 3 i. V. m. § 11 Satz 1 Nr. 1 StAngG) maßgeblichen Vorschriften. Organisation und Finanzierung der Integrationsangebote erfolgen durch das Bundesamt für Migration und Flüchtlinge (BAMF), das in diesem Bereich eine Koordinierungs- und Steuerungsfunktion insbesondere auf regionaler und örtlicher Ebene ausübt. Die Kursangebote umfassen

- **Sprachkurse** (Basis- und Aufbausprachkurse) mit jeweils 300 Unterrichtseinheiten
- **Orientierungskurse** (Einführung in die Rechts- und Wirtschaftsordnung, die Kultur und die Geschichte in Deutschland) mit 30 Unterrichtseinheiten,
- **Spezielle Zielgruppenkurse** – bei Bedarf: z. B. Jugend-, Eltern- bzw. Frauenintegrationskurse, Alphabetisierungskurse,
- **Beratungsangebote** (z. B. migrationsspezifische) können nach einem Integrationsprogramm (§ 45 AufenthG) ergänzt werden.

Am Ende der Kurse werden Abschlusstests durchgeführt. Nach erfolgreicher Sprachprüfung erhalten die Teilnehmer z. B. das Zertifikat-Deutsch B 1.

Das Bundesamt für Migration und Flüchtlinge entwickelt ein bundesweites Integrationsprogramm, in dem insbesondere die bestehenden Integrationsangebote von Bund, Ländern, Kommunen und privaten Trägern für Ausländer und Spätaussiedler festgestellt und Empfehlungen zur Weiterentwicklung der Integrationsangebote (Nationaler Integrationsplan – NIP) vorgelegt werden. Bei der Entwicklung des bundesweiten Integrationsprogramms sowie der Erstellung von Informationsmaterialien über bestehende Integrationsangebote werden die Länder, die Kommunen und die Ausländerbeauftragten von Bund, Ländern und Kommunen sowie der Beauftragte der Bundesregierung für Aussiedlerfragen beteiligt. Darüber hinaus sollen Religionsgemeinschaften, Gewerkschaften, Arbeitgeberverbände, die Träger der freien Wohlfahrtspflege sowie sonstige gesellschaftliche Interessenverbände beteiligt werden. In einzelnen Bundesländern sind die Volkshochschulen mit der Durchführung der Integrationskurse beauftragt. Die Teilnehmer erhalten von den jeweiligen Kursträgern eine Bescheinigung über die erfolgreiche Teilnahme und den bestandenen Abschlusstest.

Die Teilnehmer müssen sich an den Kosten der Integrationskurse „in angemessenem Umfang unter Berücksichtigung der Leistungsfähigkeit" beteiligen (1 Euro pro Unterrichtsstunde). Ist jemand dem Ausländer zur Gewährung des Lebensunterhalts verpflichtet, ist dieser auch zur Zahlung der Integrationskurskosten verpflichtet. Auf Antrag unter Vorlage eines aktuellen Nachweises des Leistungsbezugs von Leistungen nach dem SGB II oder von Sozialhilfe nach dem SGB XII können Ausländer von den Teilnahmekosten befreit werden. Ausländer, die vom Bundesamt zur Teilnahme an einem Integrationskurs zugelassen worden sind, können bei der zuständigen Regionalstelle auch einen Antrag auf Übernahme der Kosten für den Abschlusstest stellen.

Nähere Einzelheiten zu den Integrationskursen, insbesondere die Grundstruktur, die Dauer, die Lerninhalte und die Durchführung, die Vorgaben bezüglich der Auswahl und Zulassung der Kursträger sowie die Voraussetzungen und die Rahmenbedingungen für die Teilnahme und ihre Ordnungsmäßigkeit einschließlich der Kostentragung sowie die erforderliche Datenübermittlung zwischen den beteiligten Stellen sind in der Integrationskursverordnung geregelt.

I. Teilnahmebedingungen für Integrationskurse

Nach § 44 AufenthG hat der Ausländer einen **Anspruch auf einmalige Teilnahme** an einem Integrationskurs, der sich **dauerhaft** im Bundesgebiet aufhält, wenn er **erstmals**
- eine Aufenthaltserlaubnis erhält
  - zu Erwerbszwecken (§§ 18, 21 AufenthG),
  - zum Zweck des Familiennachzugs (§§ 28, 29, 30, 32, 36 AufenthG),
  - aus humanitären Gründen (§ 25 Abs. 1 oder 2 AufenthG)
  oder
- eine Niederlassungserlaubnis erhält.

Gedacht ist hierbei an Neuzuwanderer, denen nach dem Aufenthaltsgesetz überhaupt erstmals eine Aufenthaltserlaubnis erteilt wird. Dabei ist nicht die Bezeichnung des Aufenthaltstitels als Aufenthaltserlaubnis ausschlaggebend, sondern der Umstand, dass der

E. Integration

anspruchsbegründende Daueraufenthalt erst unter der Geltung des Aufenthaltsgesetzes zustande kommt. Die reine Umschreibung eines nach dem Aufenthaltsgesetz bereits zum dauerhaften Aufenthalt berechtigten Aufenthaltstitels, z. B. bei bereits vor 2005 länger in Deutschland rechtmäßig lebenden Ausländern, ist demnach nicht als erstmaliger Erhalt einer Aufenthaltserlaubnis anzusehen und lässt keinen Anspruch auf Teilnahme am Integrationskurs entstehen. Damit wird deutlich, dass Integrationskosten nur für Neuzuwanderer anerkannt werden und aufgebracht werden sollen. Teilnahmeansprüche haben allerdings auch Personen, die z. B. Ende 2003 oder 2004 eingereist sind und durch die Verlängerung ihres Aufenthaltstitels im Jahr 2005 in der Form einer Aufenthaltserlaubnis erstmals zu einem dauerhaften Aufenthalt gelangen, weil die Frist von 18 Monaten überschritten wird. Von einem dauerhaften Aufenthalt ist in der Regel auszugehen, wenn der Ausländer eine Aufenthaltserlaubnis von mehr als einem Jahr erhält oder seit über 18 Monaten eine Aufenthaltserlaubnis besitzt. Ist der Aufenthalt nur vorübergehend, entfällt ein Anspruch. Der Teilnahmeanspruch erlischt zwei Jahre nach Erteilung des den Anspruch begründenden Aufenthaltstitels oder bei dessen Wegfall.

Kein Anspruch besteht
- bei Kindern, Jugendlichen und jungen Erwachsenen, die eine schulische Ausbildung aufnehmen oder ihre bisherige Schullaufbahn in der Bundesrepublik Deutschland fortsetzen (da der Integrationssprachkurs bei einem Sprachkursträger keine wirksame Vorbereitung auf eine schulische oder weiterführende Bildungslaufbahn darstellt),
- bei erkennbar geringem Integrationsbedarf oder
- wenn der Ausländer bereits über ausreichende Kenntnisse der deutschen Sprache verfügt.
- für Unionsbürger und ihre Familienangehörigen
- bereits im Bundesgebiet vor dem 1. Januar 2005 Ausländer mit Daueraufenthaltsrecht.

Ein geringer Integrationsbedarf liegt in der Regel dann vor, wenn der Ausländer einen Hochschul- oder Fachhochschulabschluss oder eine andere entsprechende Qualifikation besitzt. Von der Annahme eines geringen Integrationsbedarfs ist auch dann auszugehen, wenn die Annahme gerechtfertigt ist, dass die Integration des Ausländers in die Lebensverhältnisse der Bundesrepublik Deutschland und die Sicherung des Lebensunterhaltes ohne staatliche Hilfe gewährleistet ist. Nicht anspruchberechtigt sind auch Ausländer, deren Aufenthalt regelmäßig deutsche Sprachkenntnisse voraussetzt, wie z. B. Studenten.

Ausländer, die keinen Teilnahmeanspruch (wie z. B. die Unionsbürger) haben oder nicht mehr besitzen, können zur Teilnahme zugelassen werden, sofern Kursplätze verfügbar sind. Die Verfügbarkeit wird vom Bundesamt auf der Grundlage der zur Verfügung stehenden Haushaltsmittel zur Finanzierung der Integrationskurse geprüft. Es ist dabei insbesondere an Unionsbürger gedacht, die allerdings nur in diesem Rahmen berücksichtigt werden können. Die Teilnahme an einem Orientierungskurs bleibt gleichwohl möglich, wenn der Ausschluss von der Teilnahme an einem Integrationskurs festgestellt worden ist.

II. Verpflichtung zur Teilnahme an Integrationskursen

Ausländer sind nach § 44a AufenthG zur Teilnahme an einem Integrationskurs verpflichtet,
- wenn sie einen Anspruch auf Teilnahme haben und sich nicht auf einfache Art in deutscher Sprache mündlich verständigen können
  – in diesen Fällen stellt die Ausländerbehörde bei der Ausstellung des Aufenthaltstitels fest, ob der Ausländer zur Teilnahme verpflichtet ist – oder
- wenn die Ausländerbehörde sie im Rahmen verfügbarer und zumutbar erreichbarer Kursplätze zur Teilnahme am Integrationskurs auffordert und sie
  – Leistungen nach dem Zweiten Buch Sozialgesetzbuch (SGB II – Arbeitslosengeld II-Ansprüche) beziehen und die die Leistung bewilligende Stelle die Teilnahme angeregt hat oder
  – in besonderer Weise integrationsbedürftig ist.

Von der Teilnahmeverpflichtung **ausgenommen** sind Ausländer,
- die sich im Bundesgebiet in einer beruflichen oder sonstigen Ausbildung befinden,

- die die Teilnahme an vergleichbaren Bildungsangeboten im Bundesgebiet nachweisen oder
- deren Teilnahme auf Dauer unmöglich oder unzumutbar ist.

Ausländer, die keinen Teilnahmeanspruch haben oder den Anspruch nicht mehr besitzen, können auf Antrag im Rahmen verfügbarer Kursplätze zur Teilnahme zugelassen werden.

III. Möglicher Verlust oder Ablehnung von Aufenthaltsrechten bei Nichtteilnahme

Die Ausländerbehörde muss Ausländern, die aus von ihnen zu vertretenden Gründen den Integrationskurs nicht besuchen, auf die möglichen Folgen einer Nichtteilnahme an diesen Kursen aufmerksam machen. Folgen kann die mangelnde Teilnahme nämlich bei der Entscheidung über die Verlängerung ihrer Aufenthaltserlaubnis nach § 8 Abs. 3 AufenthG oder über die Aufenthaltsverfestigung § 9 Abs. 2 Nr. 7 und 8 AufenthG oder über die Einbürgerung nach § 10 Abs. 3 i. V. m. § 11 Satz 1 Nr. 1 StAngG haben, denn mangelnde Teilnahme ist zu „berücksichtigen". Bei diesen im Ermessen der Ausländerbehörde stehenden Entscheidungen kann demnach nicht ausgeschlossen werden, dass Ausländer ihr Aufenthaltsrecht verlieren, eine Niederlassungserlaubnis nicht erhalten bzw. nicht eingebürgert werden. Den teilnahmeverpflichteten Ausländern, die zur Teilnahme am Integrationskurs aufgefordert wurden, können bei Nichtteilnahme nach vorherigem Hinweis der Ausländerbehörde sogar Leistungen des Arbeitslosengeldes II um bis zu 10 % gekürzt werden. Bei Verletzung der Teilnahmepflicht kann der voraussichtliche Kostenbeitrag auch vorab in einer Summe durch Gebührenbescheid erhoben werden.

Der besonderen Situation von Ausländern, denen etwa aufgrund besonderer familiärer oder persönlicher Umstände eine Teilnahme auf Dauer nicht zumutbar ist, etwa bei eigener Behinderung oder der Pflege behinderter Familienangehöriger, ist Rechnung zu tragen. Die bloße Erziehung eigener Kinder führt dagegen nicht ohne weiteres zur Unzumutbarkeit der Kursteilnahme, dies gilt insbesondere bei der Möglichkeit kursergänzender Kinderbetreuung.

IV. Das Problem „ausreichende Kenntnisse der deutschen Sprache"

Der Nachweis ausreichender Deutschkenntnisse ist erbracht, wenn die nach dem Integrationskurs vorgesehene Prüfung „Zertifikat Deutsch – B1" erfolgreich bestanden ist. Das Zertifikat Deutsch ist ein auch in der Wirtschaft anerkanntes Sprachdiplom, so dass mit dem erfolgreichen Abschluss des Integrationskurses auch die Integration in das Erwerbsleben unterstützt wird.

Der Nachweis der ausreichenden Sprachkenntnisse kann durch den Sprachstandtest durch die Ausländerbehörde festgestellt werden. Hierzu stellt das Bundesamt kostenlos den vom Goethe-Institut entwickelten Sprachtest zur Verfügung. Wenn die Ausländerbehörden beim Test ausreichende Sprachkenntnisse feststellen, sollen diese durch die Ausländerbehörde bescheinigt werden. Das Kursziel, ausreichende Kenntnisse der deutschen Sprache zu erwerben, ist erreicht, wenn sich ein Kursteilnehmer im täglichen Leben in seiner Umgebung selbständig sprachlich zurechtfinden und entsprechend seinem Alter und Bildungsstand ein Gespräch führen und sich schriftlich ausdrücken kann. Mit diesen Worten präzisiert § 3 Abs. 2 IntV den unbestimmten Rechtsbegriff „ausreichende Kenntnisse der deutschen Sprache". Die Konkretisierung dieses unbestimmten Rechtsbegriffs erfolgt allerdings je nach Bundesland in sehr unterschiedlicher Weise (z. B. Form und Inhalt von Sprachtests). Es ist festzustellen, dass aufgrund unterschiedlicher Anforderungen an das Bestehen der Tests unter den Ausländern, die die Integrationskurse besuchen (müssen), Ungleichheiten bezüglich der Lebens- und Integrationschancen samt der daraus folgenden Statuspositionen entstehen. Eine wünschenswerte Vereinheitlichung der Sprachstandards ist bislang leider nicht erreicht worden.

V. Besonderheiten des Verfahrens

Anträge auf Zulassung zur Teilnahme an Integrationskursen sowie auf Befreiung von den Teilnahmekosten für die Integrationskosten müssen Ausländer schriftlich an das BAMF beziehungsweise

E. Integration

Aussiedler an das Bundesamt richten. Sie werden normalerweise über die Kursträger eingereicht und von diesen weitergeleitet. Die Teilnahmeberechtigung zu den Integrationskursen bestätigen die Ausländerbehörden den Ausländern und das Bundesverwaltungsamt den Spätaussiedlern. Erst mit dieser Bestätigung entsteht der Teilnahmeanspruch.

Wichtige Gesetzesmaterialien und Richtlinien

§§ 43, 44, 44a, 45 AufenthG; Integrationskursverordnung (IntV); § 9 Abs. 1 Satz 4 BVFG; § 10 Abs. 3 i. V. m. § 11 Satz 1 Nr. 1 StAngG

Beschluss der Konferenz der Innenminister und -senatoren der Länder: „Integration und Einbürgerung", ZAR 2006, 218–219

Vertiefende Literatur

Hauschild, Die Integrationskurse des Bundes, ZAR 2005, 56–61; *Gutmann*, Integration durch Kurse?, InfAuslR 2005, 58–61: *Schliesky*, Ausländerintegration als kommunale Aufgabe, ZAR 2005, 106–114; *Röper*, Die Grundrechte als Integrationsmaßstab, ZRP 2006, 187–190

Auskünfte und Beratung

Durch die Ausländerbehörden, die örtlichen Stellen des BAMF, Volkshochschulen, für Spätaussiedler durch das Bundesverwaltungsamt. Alle für die Ausländer- und Aussiedlersozialberatung zuständigen Stellen (Wohlfahrtsverbände, Kirchen, Bundesverwaltungsamt u. a. m.), Regionale Stellen der Bundesagentur für Arbeit, Träger der Jugendsozialarbeit (Jugendmigrationsdienste); Einzelheiten zu den Kursangeboten, Integrationsprogrammen und anderen Programm-Förderungen und Beratungsangeboten des BAMF siehe unter: www.bamf.de

Hinweis auf zu erwartende Rechtsänderungen

Das Bundesministerium des Innern erarbeitet seit geraumer Zeit den Entwurf eines Gesetzes zur Umsetzung aufenthalts- und asylrechtlicher Richtlinien der Europäischen Union. Vorgesehen sind auch Änderungen zu den Integrationsregelungen im AufenthG; strittig sind z. B. die Folgen fehlender Teilnahme an Integrationskursen oder nicht bestandener Abschlusstests aus vom Ausländer zu vertretenden Gründen.

F. Arbeit

In dem neuen Aufenthaltsgesetz von 2004 hat sich gegenüber den arbeitsmarktpolitischen Überlegungen, die dem früheren Ausländerrecht zugrunde lagen, kein grundsätzlich neues Konzept der Zuwanderung von Ausländern zu Erwerbszwecken niedergeschlagen. Während früher arbeitsförderungs- und aufenthaltsrechtliche Bestimmungen in getrennten Gesetzen geregelt waren, werden mit dem Aufenthaltsgesetz erstmals die entscheidenden Bestimmungen über den Aufenthalt und den Arbeitsmarktzugang von Ausländern in einem Gesetz zusammengefasst. Insofern ist es gerechtfertigt, von einem neuen **Ausländerbeschäftigungsrecht** zu sprechen.

Der seit 1973 bestehende Anwerbestopp ermöglichte es drittstaatsangehörigen Ausländern nur in Ausnahmefällen und in der Regel nur für einen befristeten Zeitraum zu Erwerbszwecken nach Deutschland zu kommen. Im Jahre 2000 wurde erstmals versucht, mit der sogenannten „Green-Card" eine Sonderregelung für Fachkräfte der Informations- und Kommunikationstechnologien mit auf fünf Jahre befristeten Aufenthalts- und Arbeitserlaubnissen zu erlassen. Die Green-Card gab es; nicht geklappt hat es mit der Anwerbung von Arbeitnehmern: Das erwünschte Ziel wurde mit dieser Regelung nicht erreicht.

Die politischen Auseinandersetzungen über das neue Zuwanderungsrecht gerieten zunehmend in das Spannungsverhältnis von wachsenden Arbeitslosenzahlen einerseits und den Veränderungen der Altersstruktur der deutschen Bevölkerung andererseits. Der Bericht der Zuwanderungskommission vom Juli 2001 gab die Empfehlung, mit dem neuen Zuwanderungsrecht ein flexibles Instrument zur Gestaltung der durch Globalisierung der Wirtschaft und bevölkerungspolitische Veränderungen gekennzeichneten Arbeitsmarktbeziehungen zu entwickeln. Die Idee eines dafür in Anlehnung an ausländische Erfahrungen vorgesehenen arbeitsplatzunabhängigen Auswahlverfahrens („Punktesystem") wurde nicht weiter verfolgt. Stattdessen wurde der Anwerbestopp für qualifizierte Tätigkeiten wieder eingeführt, während Hochqualifizierten erleichterte Zu-

F. Arbeit

gangsmöglichkeiten zum Arbeitsmarkt in Aussicht gestellt wurden. Das neue Aufenthaltsgesetz hat am Ende einzelne Neuerungen mit sich gebracht, ohne dass man von einem Systemwechsel der arbeitsmarktbezogenen Zuwanderung sprechen kann. Es gilt weiterhin das Vorrangprinzip, auch das Prinzip des Gemeinschaftsvorbehalts genannt. Das bedeutet, dass Unionsbürger bei der Besetzung von Arbeitsplätzen vorrangig zu berücksichtigen und zu vermitteln sind.

Die wohl wichtigste Neuerung ist in der Einführung eines **einheitlichen Genehmigungsverfahrens** („One-Stop-Government", § 4 Abs. 2 AufenthG) zu sehen: Während früher eine gesonderte Genehmigung jeweils für das Aufenthaltsrecht und den Arbeitsmarktzugang notwendig war, müssen Ausländer jetzt nur noch einen Antrag bei der zuständigen Ausländerbehörde stellen, die sich ihrerseits mit der Bundesagentur hinsichtlich des von ihr zu verantwortenden Bereichs, z. B. Prüfung der Arbeitsmarktsituation und etwaiger Zustimmungserfordernisse, abstimmen muss. Im Aufenthaltstitel wird dann der Umfang der Arbeitsberechtigung im Einzelnen festgestellt (siehe dazu schon unter Kapitel D I. 1.). Kommt es zu Rechtsstreitigkeiten, sind dafür die Verwaltungsgerichte zuständig; die Bundesagentur wird gegebenenfalls dazu hinzugezogen. Ob mit dieser rein verwaltungstechnischen Neuerung tatsächlich Verbesserungen für die Betroffenen verbunden sein werden, muss sich noch erweisen.

Wird bei der Ausländerbehörde ein Antrag für einen Aufenthalt zum Zwecke der Erwerbstätigkeit gestellt, bestehen zwei Entscheidungsmöglichkeiten:

Die Ausländerbehörde **entscheidet selbständig über Arbeitsmarktzulassung** in folgenden Fällen:

- die Zustimmung der Bundesagentur für eine Beschäftigung ist nicht erforderlich (§ 18 Abs. 2 AufenthG; §§ 1–16 BeschV; Beschäftigungen sind in zwischenstaatlichen Vereinbarungen vorgesehen) und
- bei Hochqualifizierten in zustimmungsfreien Beschäftigungen (§ 19 Abs. 2 AufenthG, §§ 1–16 BeschV) oder

die Ausländerbehörde **beteiligt die Bundesagentur für Arbeit**, deren **Zustimmung** zur Beschäftigung in folgenden Fällen erforderlich ist:

- Beschäftigungen, die keine qualifizierte Berufsausbildung voraussetzen (§§ 17–24 BeschV)
- Beschäftigungen, die eine qualifizierte Berufsausbildung voraussetzen (§§ 25–31 BeschV)
- weitere Beschäftigungen (§§ 32–37 BeschV)
- Beschäftigungen auf der Grundlage zwischenstaatlicher Vereinbarungen (§§ 38–41 BeschV)

Des Weiteren hat man durch die Möglichkeit der Erteilung einer Niederlassungserlaubnis für **besonders hochqualifizierte Drittstaatsangehörige** den Arbeitsmarkt geöffnet und erstmals **Zugangs- und Verbleibsmöglichkeiten für erfolgreiche Studienabsolventen** für eine Tätigkeit in ihrem Fachgebiet geschaffen. Schließlich wurde der Handlungsspielraum des Bundesministers für Arbeit und Soziales bei Verordnungsentscheidungen bezüglich der Arbeitsmigration an eine **Zustimmungspflicht im Bundesrat** gekoppelt. Die vorliegende Einführung wird nur grundlegende Orientierungen über das Ausländerbeschäftigungsrecht geben können. Im Einzelfall sind die einschlägigen Rechtstexte mit heranzuziehen und konkrete Informationen bei den Ausländerbehörden und der Bundesagentur für Arbeit vor Ort einzuholen.

Ganz allgemein gesagt, kann Ausländern ein Aufenthaltstitel zur Ausübung einer selbständigen oder abhängigen Beschäftigung erteilt werden, wenn die Bundesagentur für Arbeit (nach § 39 AufenthG) zugestimmt hat oder durch Rechtsverordnung oder eine zwischenstaatliche Vereinbarung bestimmt ist, dass die Ausübung der Beschäftigung ohne Zustimmung der Bundesagentur für Arbeit zulässig ist. Beschränkungen bei der Erteilung der Zustimmung durch die Bundesagentur für Arbeit müssen im Aufenthaltstitel vermerkt werden. Eine Aufenthaltserlaubnis zur Ausübung einer Beschäftigung, die keine qualifizierte Berufsausbildung voraussetzt, darf nur erteilt werden, wenn dies durch zwischenstaatliche Vereinbarung bestimmt ist oder wenn aufgrund einer Rechtsverordnung (nach § 42 AufenthG) die Erteilung der Zustimmung zu einer Aufenthaltserlaubnis für diese Beschäftigung zulässig ist. Das Bundesministerium für Wirtschaft und Arbeit (dieses heißt jetzt Bundesministerium für Wirtschaft und Technologie) hat zu diesem Zweck die

F. Arbeit

Verordnung über die Zulassung von neu einreisenden Ausländern zur Ausübung einer Beschäftigung (Beschäftigungsverordnung – BeschV) und die Verordnung über das Verfahren und die Zulassung von im Inland lebenden Ausländern zur Ausübung einer Beschäftigung (Beschäftigungsverfahrensverordnung – BeschVerfV) erlassen.

Die Diskussionen über künftige Veränderungen der beschäftigungsrechtlichen Situation der Ausländer sind bereits in Gang gekommen. Hierzu trägt der europapolitisch geprägte Rahmen der Debatte über das „EU-Konzept zur Verwaltung der Wirtschaftsmigration" und über den „Strategischen Plan zur legalen Zuwanderung" bei. Offen ist beispielsweise noch die Frage, ob es für bestimmte Wirtschaftssektoren gemeinsame Aufnahmekriterien von Migranten in der EU geben wird. Nicht zuletzt die fortlaufenden arbeitsmarktbezogenen Prüfungen über eine mögliche weitere Verlängerung der Übergangsbestimmungen zur Freizügigkeit der Arbeitnehmer aus den osteuropäischen Erweiterungsstaaten (dazu Näheres in Kapitel C. IX. 2.) prägen die Entscheidungen über anstehende Änderungen des Zuwanderungsgesetzes. So könnten sich bestimmte Prioritäten für den Arbeitsmarktzugang und Zustimmungserfordernisse der Bundesagentur für Arbeit dadurch verändern, dass eine frühere Öffnung des deutschen Arbeitsmarktes gegenüber den osteuropäischen Erweiterungsstaaten beschlossen wird, da sich dann das Ausmaß der Gemeinschaftspräferenz allein durch die Möglichkeit der Inanspruchnahme von mehr freizügigkeitsberechtigten Unionsbürgern quantitativ erheblich erweitern würde.

I. Ausländerbeschäftigung und die Rolle der Bundesagentur für Arbeit

Das Ausländerbeschäftigungsrecht ist nach wie vor von dem juristischen Prinzip des allgemeinen „Verbots mit Erlaubnisvorbehalt" geprägt. In der Praxis bedeutet dies, dass bei jeder Art von Ausländerbeschäftigung, die als allgemein verboten angesehen wird, zu prüfen ist, ob sie erlaubt ist. Der Gesetzgeber hat dies in § 4 Abs. 2 AufenthG wie folgt zum Ausdruck gebracht: „Ein Aufenthaltstitel berechtigt zur Ausübung einer Erwerbstätigkeit, sofern es nach die-

I. Ausländerbeschäftigung und die Rolle der Bundesagentur für Arbeit

sem Gesetz bestimmt ist oder der Aufenthaltstitel die Ausübung der Erwerbstätigkeit ausdrücklich erlaubt." Die Ausübung einer Beschäftigung wird nur dann als erlaubt angesehen, wenn die Bundesagentur für Arbeit zugestimmt hat oder in einer Rechtsverordnung bestimmt ist, dass die Ausübung der Beschäftigung ohne Zustimmung der Bundesagentur für Arbeit zulässig ist. Es ist immer zu prüfen, ob ihre Beteiligung in Betracht kommt (§§ 39–42 AufenthG). Diese Rechtssituation macht das Ausländerbeschäftigungsrecht unübersichtlich. Die vorliegende Einführung wird diesbezüglich nur grundlegende Orientierungen geben können.

Der Aufenthalt zum **Zwecke der Erwerbstätigkeit** ist in den §§ 18 ff. AufenthG geregelt. Die Zulassung ausländischer Beschäftigter orientiert sich ganz allgemein an den Erfordernissen des Wirtschaftsstandortes Deutschland. Hierbei sollen die Verhältnisse auf dem Arbeitsmarkt berücksichtigt werden. Letztlich geht es bei den zu treffenden Entscheidungen über die Frage, ob die Bundesagentur einer Ausländerbeschäftigung zustimmt oder nicht, um steuernde oder strukturierende Eingriffe in den Arbeitsmarkt, mit denen man z. B. auch versucht, den Problemen der Arbeitslosigkeit wirksam entgegenzusteuern. Die in Internationalen Verträgen, z. B. Niederlassungsabkommen eingegangenen Verpflichtungen bleiben davon unberührt. Andererseits geben z. B. die in den Werkvertragsvereinbarungen vorgesehenen Quotierungen, die den sich verändernden wirtschaftlichen Erfordernissen angepasst werden können, dem Arbeitsministerium selbst entsprechende Steuerungsmöglichkeiten an die Hand.

Die folgenden Ausführungen widmen sich im Einzelnen den Voraussetzungen für eine abhängige oder selbständige Beschäftigung für drittstaatsangehörige Ausländer. Die selbständige Beschäftigung wird durch Erteilung einer Niederlassungserlaubnis als eigenständiger Aufenthaltstitel ermöglicht (im Einzelnen siehe dazu Kapitel D. I. 3. c), insbesondere für hochqualifizierte Ausländer (§ 19 AufenthG). Für Unions- bzw. EWR-Bürger gelten die besonderen Freizügigkeitsrechte nach dem Freizügigkeitsgesetz/EU (siehe dazu Kapitel C) Die besondere Privilegierung, die türkische Arbeitnehmer durch das europäische Recht erfahren haben, bezieht sich auf eine schrittweise fortlaufende, auf Dauer angelegte Arbeitsmöglichkeit

F. Arbeit

und Integration nach der erstmaligen Arbeitsmarktzulassung aus dem Ausland. Zum besseren Verständnis werden die Möglichkeiten des Arbeitsmarktzugangs für Drittstaatsangehörige vorweg in folgender Übersicht dargestellt:

Beschäftigungsrechte für Unions- und EWR-Bürger	
Status	**Rechtsgrundlage**
Unions- (EU 15) und EWR-Bürger	FreizügigG/EU
Unionsbürger aus acht Erweiterungsstaaten 2004 (EU 8)	Übergangsregelungen der Beitrittsakte (2+3+2-Modell, siehe dazu Kapitel C IX); § 284 SGB III; § 13 FreizügG/EU

Beschäftigungsrechte für Bürger aus Drittstaaten	
Status	**Rechtsgrundlage**
Arbeitsmarktzugang für Drittstaatsangehörige aus dem Ausland • zum Zwecke der Beschäftigung mit oder ohne qualifizierte Berufsausbildung • Niederlassung für Hochqualifizierte • Selbständige Tätigkeiten	§§ 7, 8 i. V. m. §§ 18– 21, 39– 42 AufenthG und der BeschV
Arbeitsmarktzugang für im Inland lebende Ausländer mit anderen als zu Erwerbstätigkeit erteilten Aufenthaltsrechten: Ausländer • mit verfestigtem Aufenthaltsstatus (unbefristete Aufenthaltserlaubnis und Aufenthaltsberechtigung nach dem alten Ausländergesetz von 1990) • mit befristeter Aufenthaltserlaubnis und unbeschränktem Arbeitsmarktzugang	§ 4 Abs. 2 AufenthG und BeschVerfV § 101 AufenthG
(1) bei Familiennachzug zu Deutschen	§ 28 Abs. 5 AufenthG
(2) bei Familiennachzug zu Ausländern,	§ 29 Abs. 5 1.Alt

Status	Rechtsgrundlage
wenn dieser einen unbeschränkten Arbeitsmarktzugang hat	§ 29 Abs. 5 2.Alt AufenthG
(3) beim eigenständigen Aufenthaltsrecht der Ehegatten	§ 31 Abs. 1 S. 2 AufenthG
(4) beim Recht auf Wiederkehr	§ 37 Abs. 1 S. 2 AufenthG
(5) beim Aufenthaltstitel für ehemalige Deutsche	§ 38 Abs. 4 u. 5 AufenthG
(6) bei Aufnahme aus dem Ausland	§ 22 Satz 3 AufenthG
(7) bei Asylberechtigten	§ 25 Abs. 1 S. 4 AufenthG
(8) bei Flüchtlingen nach GFK	§ 25 Abs. 2 S. 2 AufenthG
• Türkische Staatsangehörige nach erstmaliger Zulassung auf dem deutschen Arbeitsmarkt	Art. 6 ARB Nr. 1/80
• mit unbeschränktem Arbeitsmarktzugang mit befristeter Aufenthaltserlaubnis	§ 105 Abs. 2 AufenthG
• mit unbeschränktem Arbeitsmarktzugang nach Integrationsleistungen von Jugendlichen	§ 9 BeschVerfV
	§ 8 BeschVerfV
• mit befristetem Aufenthaltstitel und eingeschränktem Arbeitsmarktzugang	§ 6,7 BeschVerfV
• mit nachrangigem Arbeitsmarktzugang	§ 16 Abs. 4 AufenthG, § 1 Nr. 2 und 3 BeschVerfV

II. Arbeitsmarktzugang von Ausländern aus dem Ausland

Die folgenden Ausführungen beschränken sich auf die Fragen, die mit dem Zugang von Ausländern aus dem Ausland zur Beschäftigung auf dem deutschen Arbeitsmarkt zu tun haben. Nach dem Ausländerbeschäftigungsrecht ergeben sich mehrere Zugangswege zum Arbeitsmarkt für Drittstaatsangehörige aus dem Ausland, einer auch nach erfolgreichem Studienabschluss im Rahmen eines Ausbildungsaufenthaltes (dazu Kapitel GV.4.):

F. Arbeit

Arbeitsmarktzugang für Drittstaatsangehörige			
Direkt vom Ausland aus			Vom Inland aus (nach Ausbildungsaufenthalt)
Beschäftigung je nach den Arbeitsmarktverhältnissen und Erfordernissen wirksamer Bekämpfung der Arbeitslosigkeit: • mit oder • ohne qualifizierte Berufsausbildung	Niederlassungserlaubnis für Hochqualifizierte	Selbständige Tätigkeiten – Niederlassungserlaubnis	Verlängerung der Aufenthaltserlaubnis zu Ausbildungszwecken im Anschluss an den erfolgreichen Studiumsabschluss zur Suche nach einem diesem Abschluss angemessenen Arbeitsplatz (dazu Kapitel G. V. 4.)
§ 18 AufenthG	§ 19 AufenthG	§ 21 AufenthG	§ 16 Abs. 4 und 5 AufenthG

1. Aufenthalt zum Zwecke der Beschäftigung (§ 18 AufenthG)

Einem Ausländer kann im Ermessenswege ein Aufenthaltstitel zur Ausübung einer Beschäftigung erteilt werden. Das Ausländerbeschäftigungsrecht unterscheidet nun danach, ob es sich um eine Beschäftigung mit oder ohne eine qualifizierte Ausbildung handelt. Im Übrigen darf der Aufenthaltstitel nur erteilt werden, wenn ein konkretes Arbeitsplatzangebot vorliegt.

a) Beschäftigung ohne qualifizierte Berufsausbildung

Eine Aufenthaltserlaubnis zur Ausübung einer Beschäftigung ohne eine qualifizierte Berufsausbildung darf nur erteilt werden – abgesehen von Verpflichtungen in einer zwischenstaatlichen Vereinbarung –, wenn aufgrund der Beschäftigungsverordnung die Erteilung der Zustimmung zu einer Aufenthaltserlaubnis für diese Beschäftigung überhaupt vorgesehen ist. Soweit in den dort vorgesehenen Fällen eine Zustimmung zur Aufnahme einer Beschäftigung mit einer zeitlichen Begrenzung erfolgt, kann der Aufnahme einer anderen zeitlich begrenzten Beschäftigung – vorbehaltlich besonderer Regelungen – erst im folgenden Kalenderjahr zugestimmt werden. Verschiedene zeitlich begrenzte Beschäftigungen können also nicht beliebig hintereinander ausgeübt werden. Zu den hier gemeinten Beschäftigungen zählen z. B. Saisonbeschäftigungen, Tätigkeiten von Schaustellergehilfen, Au-pair-Beschäftigungen, Haushaltshilfen, Beschäftigte in Kultur und Unterhaltung.

Für Haushaltshilfen nach § 21 BeschV ist ein ziemlich komplizierter Mechanismus bei der Zustimmung durch die Bundesagentur für Arbeit vorgeschrieben: Möchte jemand als ausländische Haushaltshilfe für drei Jahre einer versicherungspflichtigen Vollzeitbeschäftigung für hauswirtschaftliche Arbeiten in einem Haushalt mit einer pflegebedürftigen Person (im Sinne des Pflegeversicherungsgesetzes, SGB XI) nachgehen, ist dies nur nach Abstimmung zwischen der heimatlichen Arbeitsverwaltung und der Bundesagentur möglich. Eine Zustimmung zu derartigen Tätigkeiten kann danach nur dann erteilt werden, wenn die betreffenden Personen aufgrund einer Absprache der Bundesagentur für Arbeit mit der Arbeitsverwaltung des Herkunftslandes über das Verfahren und die Auswahl vermittelt worden sind. Damit nicht genug: Innerhalb des Zulassungszeitraumes von drei Jahren kann die Zustimmung zum Wechsel des Arbeitgebers erteilt werden. Die Bundesagentur behält sich also auch bei – im Pflegesektor durchaus üblichen – Arbeitswechseln eine Zustimmungsentscheidung vor. Die Kontrolle geht sogar noch weiter: Für eine erneute Beschäftigung nach der Ausreise darf die Zustimmung nur erteilt werden, wenn sich die betreffende Person nach der Ausreise mindestens so lange im Ausland aufgehalten hat, wie sie zuvor im Inland beschäftigt war, d. h. nach einer dreijährigen Tätigkeit als Pflegekraft darf eine erneute Beschäftigung erst nach drei Jahren Aufenthalt im Heimatstaat oder sonst außerhalb der Bundesrepublik Deutschland wieder erlaubt werden. Zu wessen Schutz hier Wiederbeschäftigungsmöglichkeiten eingeschränkt werden, ist nicht ganz deutlich. Der individuelle Schutz der Pflegekräfte erfolgt sicherlich durch sie selbst am besten.

Offenbar will man durch den sowohl im Heimatstaat wie in Deutschland öffentlich gesteuerten Zugang verhindern, dass sich der für eine alternde Gesellschaft nicht ganz unbedeutende Arbeitsmarkt durch private Rekrutierung öffentlicher Kontrolle entzieht und damit steuer- und sozialversicherungsrechtlich nicht erfasst wird. Aber auch Qualitätsstandards und ausreichende deutsche Sprachkenntnisse sollen im Rahmen der angebotenen Pflegeleistungen überprüfbar werden. Es darf allerdings bezweifelt werden, ob mit derartigen Bürokratisierungen den Bedürfnissen dieses Beschäftigungssektors gedient ist. Letztlich greift der deutsche Verordnungsgeber damit zu Maßnahmen, die in ihrer Konsequenz zu vermehrter illegaler Beschäftigung führen. Denn mit dieser Kontrolle werden letztlich Lohnniveaus bewirkt, die für den größten Teil der Bevölkerung nicht finanzierbar sind. Es bleibt abzuwarten, ob das Ausländerbeschäftigungsrecht hier längerfristig verändert werden wird.

Die hier exemplarisch vertieften Überlegungen zu einem nicht ganz unbedeutenden Segment des Beschäftigungssystems sollen verdeutlichen, in welchem Ausmaß übergeordnete Gesichtspunkte der Arbeitsmarktsteuerung in bürokratische Verfahrensstrukturen übertragen werden. Weitere Vertiefungen in vergleichbaren Segmenten des Arbeitsmarktes, z. B. bei Pflegekräften mit qualifizierter Berufsausbildung nach § 30 BeschVerfV (siehe dazu weiter unten), sind hier nicht möglich.

b) Beschäftigung mit qualifizierter Berufsausbildung (§§ 25–31 BeschV)

Ein Aufenthaltstitel wird dann für Angehörige einer Berufsgruppe erteilt, die eine mindestens dreijährige Berufsausbildung voraussetzen. Dazu zählen qualifizierte Tätigkeiten von Lehrkräften zur Erteilung muttersprachlichen Unterrichts in Schulen unter Aufsicht der jeweils zuständigen berufskonsularischen Vertretung bis zu einer Geltungsdauer von fünf Jahren oder Spezialitätenköche für die Beschäftigung in Spezialitätenrestaurants bis zu einer Geltungsdauer von vier Jahren. Weiter zählen dazu Fachkräfte, die eine Hochschul- oder Fachhochschulausbildung oder eine vergleichbare Qualifikation mit Schwerpunkt auf dem Gebiet der Informations- und Kommunikationstechnologie besitzen oder eine Hochschul- oder Fachhochschulausbildung oder eine vergleichbare Qualifikation besitzen, wenn an ihrer Beschäftigung wegen ihrer fachlichen

Kenntnisse ein öffentliches Interesse besteht. Diese IT-Kräfte erhalten – anders als früher die „Green-Card-IT-Kräfte" – eine Bleibeperspektive, die den früheren mit einer Übergangsregelung (§ 105 AufenthG) jetzt auch eröffnet wird. Weiterhin zählen dazu leitende Angestellte und Spezialisten. Von besonderem Interesse sind erneut die Pflegekräfte (§ 30 BeschV). Die Bundesagentur für Arbeit kann die Zustimmung zu einem Aufenthaltstitel zur Ausübung einer Beschäftigung als Gesundheits- und Krankenpfleger oder Gesundheits- und Kinderkrankenpfleger sowie Altenpfleger mit einem bezogen auf einschlägige deutsche berufsrechtliche Anforderungen gleichwertigen Ausbildungsstand und ausreichenden deutschen Sprachkenntnissen erteilen. Voraussetzung ist auch hier, dass die betreffenden Personen von der Bundesagentur für Arbeit aufgrund einer Absprache mit der Arbeitsverwaltung des Herkunftslandes über das Verfahren, die Auswahl und die Vermittlung ihre Tätigkeit gefunden haben. Die Gründe für diese Kontrolle ließen sich wie schon oben geschehen auch hier näher veranschaulichen.

Im begründeten Einzelfall kann eine Aufenthaltserlaubnis auch für eine Beschäftigung erteilt werden, wenn an der Beschäftigung ein öffentliches, insbesondere ein regionales, wirtschaftliches oder arbeitsmarktpolitisches Interesse besteht wie etwa bei Spezialisten im Umweltschutzbereich.

2. Niederlassungserlaubnis für Hochqualifizierte (§ 19 AufenthG)

Einem **besonders hoch qualifizierten** Ausländer **kann** nach § 19 AufenthG in besonderen Fällen eine Niederlassungserlaubnis erteilt werden, wenn er hierfür einen konkreten Arbeitsplatz nachweisen kann (§ 18 Abs. 4 AufenthG). Mit dieser Möglichkeit sollen vor allem für die wirtschaftliche Entwicklung Deutschlands benötigte Spezialisten auf den deutschen Arbeitsmarkt gelockt werden. Der Gesetzgeber stellt hohe Anforderungen für diese Zulassung und unterstreicht damit den Ausnahmecharakter dieser Regelung. Nähere Umschreibungen der Hochqualifizierten aus dem Bereich der Wissenschaft finden sich in § 5 BeschV. In anderen als den besonders hervorgehobenen Fällen, die zustimmungsfrei sind, spricht die Beschäftigungsverordnung von Personengruppen wie z. B. wirtschaftlichen Führungskräften, Personen in der Fort- und Weiterbildung, in kaufmännischer Tätigkeit im Ausland oder von Hochschulangehörigen in Ferienbeschäftigungen. Des Weiteren geht es um bestimmte Berufsgruppen im künstlerischen Bereich, Berufssportler, Mannequins oder Journalisten (§§ 2–16 BeschV).

Erforderlich ist die Zustimmung der Bundesagentur für Arbeit, es sei denn, dass es sich um zustimmungsfreie Tätigkeiten im Sinne der Beschäftigungsverordnung handelt oder dass zwischenstaatlich vereinbart ist, dass die Niederlassungserlaubnis ohne Zustimmung der Bundesagentur für Arbeit erteilt werden kann. In allen Fällen muss die Annahme gerechtfertigt sein, dass die Integration in die Lebensverhältnisse der Bundesrepublik Deutschland und die Sicherung des Lebensunterhalts ohne staatliche Hilfe gewährleistet sind.

Von einer hohen Qualifizierung geht man regelmäßig insbesondere bei folgenden Personen aus:
- Wissenschaftler mit besonderen fachlichen Kenntnissen, z. B. ein Gen-Forschungsspezialist
- Lehrpersonen in herausgehobener Funktion oder wissenschaftliche Mitarbeiter in herausgehobener Funktion (letztere mindestens in Leitungsfunktionen von Projekten oder Arbeitsgruppen)
- Spezialisten und leitende Angestellte mit besonderer Berufserfahrung, die ein Gehalt in Höhe von mindestens dem Doppelten der Beitragsbemessungsgrenze der gesetzlichen Krankenversicherung erhalten (das sind z.Zt. jährlich 84000 Euro).

Die Bundesregierung plant, die Hürden für die Zuwanderung Hochqualifizierter zu senken. Die Schwelle für einen Arbeitsmarktzugang soll, dem Beispiel Hollands folgend, auf 45000 Euro gesenkt werden. Vertreter der Wirtschaftsverbände forderten in diesem Zusammenhang die Einführung eines Punktesystems.

3. Selbständige Tätigkeit (§ 21 AufenthG)

Einem Ausländer kann eine Aufenthaltserlaubnis zur Ausübung einer selbständigen Tätigkeit erteilt werden, wenn
- ein übergeordnetes wirtschaftliches Interesse oder ein besonderes regionales Bedürfnis besteht,

II. Arbeitsmarktzugang von Ausländern aus dem Ausland

- die Tätigkeit positive Auswirkungen auf die Wirtschaft erwarten lässt und
- die Finanzierung der Umsetzung durch Eigenkapital oder durch eine Kreditzusage gesichert ist.

Die ersten beiden Voraussetzungen werden in der Regel als gegeben angesehen, wenn mindestens 1 Million Euro investiert und zehn Arbeitsplätze geschaffen werden. Im Übrigen richtet sich die Beurteilung der genannten Voraussetzungen insbesondere nach der Tragfähigkeit der zu Grunde liegenden Geschäftsidee, den unternehmerischen Erfahrungen des Ausländers, der Höhe des Kapitaleinsatzes, den Auswirkungen auf die Beschäftigungs- und Ausbildungssituation und dem Beitrag für Innovation und Forschung. Die Prüfung eines Antrags führt zur Beteiligung z. B. der für die Berufszulassung zuständigen Behörden.

Eine Aufenthaltserlaubnis zur Ausübung einer selbständigen Tätigkeit kann auch erteilt werden, wenn völkerrechtliche Vergünstigungen auf der Grundlage der Gegenseitigkeit bestehen, also die beteiligten Länder sich wechselseitig eine derartig bevorzugte Stellung eingeräumt haben. Als Beispiel sind die Europaabkommen mit Bulgarien und Rumänien zu nennen (jeweils Art. 45). Die Mitgliedstaaten der EU gewähren für die Niederlassung von Gesellschaften und Staatsangehörigen dieser Staaten eine Behandlung, die nicht weniger günstig ist als die Behandlung ihrer eigenen Gesellschaften und Staatsangehörigen. Sie unterliegen damit nur noch berufs- oder gewerberechtlichen Beschränkungen. Weitere zu berücksichtigende völkerrechtliche Vereinbarungen sind die bestehenden Freundschafts-, Handels- und Niederlassungsverträge mit Meistbegünstigungs- oder Wohlwollensklauseln, z. B. mit der Dominikanischen Republik, Indonesien, Iran, Japan, Philippinen, Türkei und den USA.

Ausländer, die älter sind als 45 Jahre, müssen eine angemessene Altersversorgung nachweisen. Als Ausgangspunkt für die Ermittlung der untersten Grenze einer angemessenen Alterssicherung wird die Form einer Regelaltersrente (§ 35 SGB VI: nach Vollendung des 65. Lebensjahrs und der Erfüllung allgemeiner Wartezeiten) herangezogen.

Die Zuwanderung Selbständiger ist grundsätzlich auf Dauer angelegt. Dennoch erhalten Selbständige die Niederlassungserlaubnis nicht sofort, sondern erst nach drei Jahren, da die Niederlassungserlaubnis auch zur Aufnahme einer unselbständigen Tätigkeit berechtigen würde. Nach drei Jahren kann abweichend von § 9 Abs. 2 AufenthG die Niederlassungserlaubnis erteilt werden, wenn der Ausländer seine Geschäftsidee erfolgreich verwirklicht hat und der Lebensunterhalt weiterhin gesichert ist. Zur Beurteilung, ob der Ausländer die geplante Tätigkeit erfolgreich verwirklicht hat, werden – wie schon bei der Erteilung der Niederlassungserlaubnis – die maßgeblichen Behörden erneut beteiligt.

Selbständige sind zur Teilnahme an einem Integrationskurs berechtigt (§ 44 Abs. 1 Nr. 1 a AufenthG) und sogar verpflichtet, wenn sie sich nicht auf einfache Art in deutscher Sprache mündlich verständigen können (§ 44 a Abs. 1 AufenthG).

III. Arbeitsmarktzugang von Ausländern aus dem Inland

Ausländer, die keine Aufenthaltserlaubnis zum Zweck der Beschäftigung, sondern beispielsweise eine Aufenthaltserlaubnis aus Gründen des Familiennachzugs besitzen, wollen meist auch einer Beschäftigung nachgehen. Das AufenthG sieht allerdings eine strenge Bindung von Aufenthalt und Aufenthaltszwecken vor, so dass in diesen Fällen grundsätzlich eine Beschäftigung verboten ist. Die Ausübung einer Beschäftigung kann, sofern in bestimmten Fällen wie z. B. wie beim Familiennachzug zu Deutschen gesetzlich ohnehin vorgesehen, aber erlaubt werden, wenn die Bundesagentur für Arbeit dem zugestimmt hat oder durch die BeschVerfV bestimmt ist, dass die Ausübung der Beschäftigung ohne Zustimmung der Bundesagentur für Arbeit zulässig ist. Sollte es Beschränkungen bei der Erteilung der Zustimmung durch die Bundesagentur für Arbeit geben, sind diese in den Aufenthaltstitel zu übernehmen.

Sofern die Zustimmung der Bundesagentur für Arbeit entbehrlich ist, kann die Ausländerbehörde eine Beschäftigungserlaubnis erteilen. Wann die Zustimmung der Bundesagentur für Arbeit nicht nötig ist, lässt sich der Beschäftigungsverfahrensverordnung im Einzelnen entnehmen (§§ 1–4 BeschVerfV).

III. Arbeitsmarktzugang von Ausländern aus dem Inland

1. Zustimmungsfreie Beschäftigungen

Arbeitsmarktzugang ohne die Zustimmung der Bundesagentur für Arbeit haben:
- Ausländer, die bereits zum Zeitpunkt des Inkrafttretens des neuen AufenthG am 1.1. 2005 über einen verfestigten Aufenthaltstatus verfügten, also eine unbefristete Aufenthaltserlaubnis oder Aufenthaltsberechtigung nach altem Recht besitzen. Diese alten Aufenthaltsrechte gelten als Niederlassungserlaubnis nach dem neuen Recht weiter.
- Eine vor Inkrafttreten des AufenthG erteilte Arbeitserlaubnis behält ihre Gültigkeit bis zum Ablauf ihrer Geltungsdauer. Wird ein Aufenthaltstitel nach diesem Gesetz erteilt, gilt die Arbeitserlaubnis als Zustimmung der Bundesagentur für Arbeit zur Aufnahme einer Beschäftigung (§ 105 AufenthG, § 46 BeschV; befristete Weitergeltung der ArGV, ASAV und der IT-ArGV bis zum 31. 7. 2008)
- Ausländer mit befristeter Aufenthaltserlaubnis bei gleichzeitiger Entscheidung über einen unbeschränkten Arbeitsmarktzugang aufgrund gesetzlicher Regelung
  - bei Familiennachzug zu Deutschen, § 28 Abs. 5 AufenthG
  - bei Familiennachzug zu Ausländern, wenn dieser einen unbeschränkten Arbeitsmarktzugang hat, § 29 Abs. 5, 1.Alt., § 29 Abs. 5, 2. Alt. AufenthG
  - beim eigenständigen Aufenthaltsrecht der Ehegatten, § 31 Abs. 1 S. 2 AufenthG
  - beim Recht auf Wiederkehr, § 37 Abs. 1 S. 2 AufenthG
  - beim Aufenthaltstitel für ehemalige Deutsche, § 38 Abs. 4 u. 5 AufenthG
  - bei Aufnahme aus dem Ausland, § 22 Satz 3 AufenthG
  - bei Asylberechtigten, § 25 Abs. 1 S. 4 AufenthG
  - bei Flüchtlingen nach GFK, § 25 Abs. 2 S. 2 AufenthG
- Ehegatten, Lebenspartner, Verwandte und Verschwägerte ersten Grades eines Arbeitgebers in dessen Betrieb, wenn der Arbeitgeber mit diesen in häuslicher Gemeinschaft lebt. Keiner Zustimmung bedarf auch die Ausübung einer Beschäftigung von Ausländern, die vorwiegend zu ihrer Heilung, Wiedereingewöhnung, sitt-

lichen Besserung oder Erziehung beschäftigt werden (§§ 3, 4 BeschVerfV).
- Bei den türkischen Staatsangehörigen ist das assoziationsrechtlich gesicherte Weiterbeschäftigungsrecht nach Art. 6 Abs. 1 ARB 1/80 (beim gleichen Arbeitgeber nach einem Jahr Beschäftigung) ist vorrangig zu beachten, d. h. die spezielle assoziationsrechtliche Gewährleistung geht einer Prüfung bezüglich der Zustimmung zu einer Fortsetzung des Arbeitsverhältnisses nach § 6 BeschVerfV, die allgemein für Ausländer gilt, vor (siehe zu den Türken unten 6. Exkurs).

2. Ermessensgebundene Zustimmung zu Beschäftigungen

Grundsätzlich kann die Erlaubnis zur Ausübung einer Beschäftigung im Ermessenswege an Ausländer erteilt werden, wenn sie eine Aufenthaltserlaubnis besitzen, die kein Aufenthaltstitel zum Zwecke der Beschäftigung ist (§§ 17, 18 und 19 AufenthG) oder die nicht schon aufgrund des Aufenthaltsgesetzes zur Beschäftigung berechtigt (§ 4 Abs. 2 Satz 3 AufenthG) sind. Ohne Vorrangprüfung kann die Bundesagentur für Arbeit ihre Zustimmung (zu Erlaubnissen) zur Ausübung einer Beschäftigung in folgenden Fällen erteilen:

a) Fortsetzung eines Arbeitsverhältnisses

Wenn der Ausländer seine Beschäftigung nach Ablauf der Geltungsdauer einer für mindestens ein Jahr erteilten Zustimmung bei demselben Arbeitgeber fortsetzt. Dies gilt nicht für Beschäftigungen, für die eine zeitliche Begrenzung bestimmt ist.

b) Härtefälle

Wenn die Versagung unter Berücksichtigung der besonderen Verhältnisse im Einzelfall eine besondere Härte bedeuten würde.

c) Ausbildung und Beschäftigung von im Jugendalter eingereisten Ausländern

Bei Jugendlichen, die vor Vollendung des 18. Lebensjahrs eingereist sind und eine Aufenthaltserlaubnis besitzen, kann eine Zustimmung für einen unbeschränkten Arbeitsmarktzugang erteilt werden

III. Arbeitsmarktzugang von Ausländern aus dem Inland

- für eine **Beschäftigung** in einem Arbeitsverhältnis, wenn der Ausländer im Inland
  - einen Schulabschluss einer allgemein bildenden Schule erworben hat, oder
  - an einer einjährigen schulischen Berufsvorbereitung,
  - an einer berufsvorbereitenden Bildungsmaßnahme nach dem Dritten Buch des Sozialgesetzbuches oder
  - an einer Berufsausbildungsvorbereitung nach dem Berufsbildungsgesetz regelmäßig und unter angemessener Mitarbeit teilgenommen hat, oder
- für eine **Berufsausbildung** in einem staatlich anerkannten oder vergleichbar geregelten Ausbildungsberuf, wenn der Ausländer einen Ausbildungsvertrag abschließt.

d) Unbeschränkter Arbeitsmarktzugang nach Vorbeschäftigungs- bzw. Voraufenthaltszeit

Wer eine Aufenthaltserlaubnis besitzt, erhält
- gem. § 9 Abs. 1 Nr. 1 BeschVerfV nach **drei Jahren** rechtmäßiger, versicherungspflichtiger **Beschäftigung** (hierauf werden u. a. Zeiten einer begrenzten Beschäftigung nicht angerechnet) im Bundesgebiet oder
- gem. § 9 Abs. 1 Nr. 2 BeschVerfV nach **vier Jahren** ununterbrochenem erlaubtem oder geduldetem **Aufenthalt**

einen unbeschränkten Arbeitsmarkzugang. Damit wird eine spezielle Arbeitsmarktverfestigung im Bereich der Zulassung zum Arbeitsmarkt erreicht.

Schließlich ist auf Folgendes hinzuweisen:

Ausländer nach **Abschluss ihres Studiums** (§ 18 Abs. 4 AufenthG) haben einen nachrangigen Zugang zum Arbeitsmarkt. Zur Suche nach einem diesem Abschluss angemessenen Arbeitsplatz (dazu Kapitel G. V. 4.) kann die Verlängerung der Aufenthaltserlaubnis zu Ausbildungszwecken im Anschluss an den erfolgreichen Studiumsabschluss erteilt werden. Ebenso vorbehaltlich anderweitiger vorrangig zu berücksichtigender Arbeitsplatzbewerber kann **Asylbewerbern** mit einer Aufenthaltsgestattung nach Ablauf eines Jahres (§ 61 Abs. 2 des AsylVfG) eine Beschäftigung erlaubt werden. Bei nach § 60a AufenthG **geduldeten Ausländern** wird bei der Ermessensentscheidung geprüft, ob sie sich seit einem Jahr erlaubt oder geduldet im Bundesgebiet aufgehalten haben. Sie dürfen jedoch keiner Beschäftigung nachgehen, wenn sie ins Bundesgebiet gekommen sind, um Leistungen nach dem Asylbewerberleistungsgesetz zu erlangen, oder wenn aufenthaltsbeendende Maßnahmen gegen sie nicht vollzogen werden können, weil sie z. B. das Abschiebungshindernis durch Täuschung über ihre Identität oder ihre Staatsangehörigkeit oder durch sonst falsche Angaben herbeigeführt haben.

3. Exkurs: Die besondere Rechtsstellung der türkischen Arbeitnehmer

Türkische Staatsangehörige genießen aufgrund der Assoziationsvereinbarung zwischen der Türkei und der EWG und ihren Mitgliedstaaten von 1963 innerhalb der Mitgliedstaaten der EU eine privilegierte beschäftigungsrechtliche Stellung. Besondere Beschäftigungsrechte sind ihnen aufgrund des Assoziationsratsbeschlusses (ARB) Nr. 1/80 zugestanden worden, der hinsichtlich sozialer Rechtspositionen durch den Beschluss Nr. 3/80 ergänzt wurde. Die daraus erwachsenen Rechtsstellungen sind im Laufe der Jahre bis in die jüngste Zeit durch zahlreiche Urteile des EuGH näher präzisiert worden. Der Gerichtshof hat vor allem die Regelungen des ARB Nr. 1/80 als Gemeinschaftsrecht anerkannt und so im Laufe der Jahre immer wieder Gelegenheit erhalten, den Bedeutungsgehalt der assoziationsrechtlich geformten Rechtsstellung der türkischen Arbeitnehmer zu interpretieren. Die Privilegierung der türkischen Arbeitnehmer resultiert aus Art. 6 ARB Nr. 1/80, der ihnen, sofern sie dem regulären Arbeitsmarkt angehören, d. h. deren erstmalige Zulassung zum deutschen Arbeitsmarkt unter Beachtung des Vorrangs von Unionsbürgern ordnungsgemäß erlaubt wurde, die folgende Rechte zubilligt:
- Nach einem Jahr ordnungsgemäßer Beschäftigung besteht ein Anspruch auf Erneuerung der Arbeitserlaubnis bei dem gleichen Arbeitgeber, wenn dieser über einen Arbeitsplatz verfügt.
- Nach drei Jahren ordnungsgemäßer Beschäftigung hat der türkische Arbeitnehmer – vorbehaltlich der vorrangig zu beachtenden

Beschäftigungsmöglichkeiten von Unionsbürgern – das Recht, sich für den gleichen Beruf bei einem Arbeitgeber seiner Wahl auf ein unter normalen Bedingungen unterbreitetes und bei der Bundesagentur für Arbeit eingetragenes anderes Stellenangebot zu bewerben.
- Nach vier Jahren ordnungsgemäßer Beschäftigung hat der türkische Arbeitnehmer freien Zugang zu jeder von ihm gewählten Beschäftigung im Lohn- und Gehaltsverhältnis.
- Entsprechendes gilt für Familienangehörige nach fünfjährigem „ordnungsgemäßen" Aufenthalt gem. Art. 7 Abs. 1 und bei nachgezogenen Kindern gem. Art. 7 Abs. 2 ARB 1/80, wenn die Eltern bereits seit drei Jahren hier leben.

Aus dieser beschäftigungsrechtlichen Position hat der EuGH zugleich auch die aufenthaltsrechtliche Begünstigung der türkische Arbeitnehmer abgeleitet. Die heutige Relevanz dieser Privilegierung ist vor allem darin zu sehen, dass die Arbeits- und Ausländerbehörden die jeweils anzuwendenden Verfahrensregeln beachten. Erwähnung finden die rechtlich zu beachtenden Verfahrensregeln gegenüber türkischen Arbeitnehmern nur an wenigen Stellen des AufenthG (§ 4 Abs. 5 AufenthG). Vor allem im Ausweisungsrecht hat der EuGH – und im Anschluss an ihn auch das Bundesverwaltungsgericht – den türkischen Staatsangehörigen den besonderen gemeinschaftsrechtlichen Ausweisungsschutz gewährt (Art. 14 ARB Nr. 1/80 in Übereinstimmung mit Art. 39 Abs. 3 EG) mit der Folge, dass gegenüber Türken eine Ausweisungsentscheidung nur als Ermessensentscheidung und eine Aufenthaltsbeendigung nur dann zulässig ist, wenn kein anderer Schutz vor den vom Täter ausgehenden Gefahren („Spezialprävention") möglich erscheint.

Wichtige Gesetzesmaterialien und Richtlinien

§§ 18–21 und 39–42 AufenthG; Beschäftigungsverordnung (BeschV) und Beschäftigungsverfahrensverordnung (BeschVerfV): Beschlüsse Nr. 1/80 und Nr. 3/80 des Assoziationsrats EWG-Türkei über die Entwicklung der Assoziation.

Vorläufige Anwendungshinweise des Bundesministeriums des Innern zum AufenthG und zum FreizügG/EU (Stand: 22. 12. 2004).

Allgemeine Anwendungshinweise des Bundesministeriums des Innern

F. Arbeit

zum Beschluss Nr. 1/80 des Assoziationsrats EWG/Türkei (AAH – ARB 1/80) – Fassung 2002 – vom 2. Mai 2002, veröffentlicht in InfAuslR 2002, 349 ff.

Wichtiges Urteil

Urteil des EuGH vom 26. 10. 06 – C 4/05 – Güzeli, InfAuslR 2007, 1 (Aufenthaltsrecht und Gleichbehandlung)

Vertiefende Literatur

Unabhängige Kommission „Zuwanderung" (Hrsg.), Zuwanderung gestalten – Integration fördern, Bericht vom 4. 7. 2001, sowie 6. Bericht über die Lage der Ausländer in der Bundesrepublik Deutschland 2005, beides unter: www.bundesregierung.de und dann über Integrationsbeauftragte.

Grünbuch über ein EU-Konzept zur Verwaltung der Wirtschaftsmigration, KOM (2004) 811 endg. vom 11. 1. 2005; Mitteilung der Kommission – Strategischer Plan zur legalen Zuwanderung, KOM (2005) 669 endg. vom 21. 12. 2005.

Feldgen, Das neue Ausländerbeschäftigungsrecht – Zugang zum Arbeitsmarkt für Drittstaatsangehörige, ZAR 2006, 168–184; *Gutmann*, 40 Jahre Ausländerrecht für Türken in Deutschland, ZAR 2002, 22–27; *ders.*, Die Assoziationsfreizügigkeit türkischer Staatsangehöriger, 2. Aufl. 1999.

Auskunft und Rat

Beratungen erteilen die Dienststellen der Bundesagentur für Arbeit und die Ausländer- und Arbeitsbehörden der Bundesländer; Sekretariate der Gewerkschaften (z. B. IG-Metall, verdi); Wohlfahrtsverbände und zahllose zivilgesellschaftliche Gruppen.

G. Bildung

Bildung und Erziehung für Kinder und Jugendliche aus Migrantenfamilien stehen seit den sog. PISA-Studien im Zentrum bildungspolitischer Diskussionen. Eine Erkenntnis haben die Untersuchungen zu Tage gebracht, nämlich die starke Benachteiligung von Jugendlichen mit Migrationshintergrund. Den damit verbundenen Problemen etwaiger Grundrechtsbeeinträchtigungen oder sogar -verletzungen kann hier nicht nachgegangen werden. Sie sind Gegenstand vielfältiger Erörterungen in den Medien wie auch in der Wissenschaft. Welche Folgen sich aus diesen Diskussionen ergeben werden, so z. B. die angekündigte Änderung des bayerischen Erziehungs- und Unterrichtsgesetzes, wonach Kinder ausländischer Eltern ohne ausreichende Deutschkenntnisse künftig nicht mehr in eine Regelschule (Grundschule) eingeschult werden, oder ob Änderungen weiterer Schulgesetze anderer Bundesländer oder von Ausbildungsordnungen erfolgen werden, lässt sich nicht absehen. Hier können nur erste Hinweise für einen recht unübersichtlichen Bereich, nämlich die Bildungsrechte der Migranten, gegeben werden.

Das deutsche Bildungssystem befindet sich in ständiger Veränderung und kann hier nicht im Einzelnen näher dargestellt werden. Die gesamte öffentlich oder privat organisierte Bildung beginnt im Kleinkindalter von zwei bzw. drei Jahren in vorschulischen Einrichtungen wie Kinderkrippen bzw. Kindergärten, setzt sich in der schulischen und weiteren beruflichen Ausbildung und im Grundsatz über die gesamte Lebensdauer fort: Es gilt der Grundsatz des lebenslangen Lernens. Je nach sozialer Situation und individueller Begabung gibt es unterschiedlich lange Ausbildungswege. Der Kindergartenbereich umfasst bildungsrechtlich gesprochen die vorschulische Erziehung. Es schließt sich der schulische Erziehungsbereich an, der durch einen von den Bundesländern im Einzelnen stark ausdifferenzierten Schulaufbau geprägt ist.

Das Bildungsrecht wird insbesondere durch die 1968 ergangene Verordnung über die Freizügigkeit der Wanderarbeitnehmer (VO/EWG Nr. 1612/68) und durch die Artt. 149 und 150 (vor 1999

G. Bildung

Artt. 126, 127) EG-Vertrag, nach denen u. a. Förderprogramme und Empfehlungen an die Mitgliedstaaten vorgesehen sind, vom Europäischen Gemeinschaftsrecht überformt. Für den schulischen Bereich gilt seit 1977 die Richtlinie 77/486 über die schulische Betreuung von Wanderarbeitnehmern aus der EU. Von Bedeutung ist auch die jüngst ergangene Richtlinie 2004/114/EG des Rates vom 13. Dezember 2004 über die Bedingungen für die Zulassung von Drittstaatsangehörigen zur Absolvierung eines Studiums oder zur Teilnahme an einem Schüleraustausch, einer unbezahlten Ausbildungsmaßnahme oder einem Freiwilligendienst. Entsprechend den unterschiedlichen Aufenthaltszwecken sieht die Richtlinie eigene Aufenthaltstitel wie „Aufenthaltstitel – Student" (bzw. – Schüleraustausch, – unbezahlter Praktikant oder – Freiwilliger) vor. Die einzelnen Aufenthaltstitel sind in dieser Form noch nicht im Aufenthaltsgesetz umgesetzt worden. – Lediglich für Studierende ist eine Nebenbeschäftigung möglich; siehe dazu unten V. 4.

Wichtige Gesetzesmaterialien und Richtlinien

Art. 2, 3 und 5 der Richtlinie 77/486 über die schulische Betreuung von Wanderarbeitnehmern aus der EU, ABl.EG 1977, Nr. L 199/32.

Richtlinie 2004/114/EG des Rates vom 13. Dezember 2004 über die Bedingungen für die Zulassung von Drittstaatsangehörigen zur Absolvierung eines Studiums oder zur Teilnahme an einem Schüleraustausch, einer unbezahlten Ausbildungsmaßnahme oder einem Freiwilligendienst, ABl.EG Nr. L 375/12 (Umsetzungsfrist: 12. 1. 2007).

Sechster Bericht der Beauftragten der Bundesregierung für Migration, Flüchtlinge und Integration über die Lage der Ausländerinnen und Ausländer in Deutschland vom 22. 6. 2005.

I. Kindergärten/Bildung und Erziehung im Elementarbereich

Die Betreuung von Kindern erfolgt in der Regel vom 3. Lebensjahr bis zur Einschulung im Kindergarten. Seit 1990 haben ausländische und deutsche Kinder während dieser Zeit einen Rechtsanspruch auf einen Kindergartenplatz. Dieser kann durch kommunale Träger (Städte, Gemeinden) oder freie Träger (z. B. Wohlfahrtsverbände wie Caritas, Diakonie, private Vereine oder eine Kirchengemeinde) bereitgestellt werden. Mit dieser vom Staat, demgegenüber gegebenenfalls Ansprüche durchgesetzt werden müssen, garantierten Bereitstellung eines Kindergartenplatzes ist keine Kostenfreiheit verbunden. Entsprechende Kindergartengebühren werden von den Kommunen oder den freien Trägern (z. B. Caritas, Diakonie) in unterschiedlicher Höhe verlangt.

Ausländische wie deutsche Kinder müssen nicht in einen staatlichen oder privaten Kindergarten gehen; sie können die vorschulische Erziehung auch privat organisieren. Seit geraumer Zeit gibt es Bestrebungen, für das 2. Lebensjahr Betreuungsangebote auf Länderebene zu finanzieren und bei den Kommunen anzubieten. Bislang ist dieser Betreuungsbedarf aber noch der privaten Initiative überlassen. Hinzuweisen ist auf das seit dem 1. Januar 2005 geltende Gesetz zum Ausbau der Tagesbetreuung für Kinder unter drei Jahren – Tagesbetreuungsausbaugesetz (TAG).

Die gegenwärtig in vielen Bundesländern diskutierten Folgen unzureichender Deutsch-Kenntnisse zum Zeitpunkt der Einschulung (z. B. Einrichtung von „sonderpädagogischen Diagnose- und Förderklassen" in Bayern) werden die pädagogische Gestaltung im vorschulischen Erziehungsbereich beeinflussen. Unter welchen Bedingungen Mindestanforderungen an die schulische Integration gestellt werden, entscheiden die jeweiligen Bundesländer. Gegebenenfalls können daraus Sprachförderungsmaßnahmen im vorschulischen Bereich folgen – nicht zu reden von etwaigen Verpflichtungen der Eltern zur Teilnahme an Integrationskursen. Hierzu sollten zu gegebener Zeit Auskünfte vor Ort eingeholt werden.

Wichtige Gesetzesmaterialien und Richtlinien
SGB VIII, insbesondere §§ 6, 24; Tagesbetreuungsausbaugesetz (TAG).

Vertiefende Literatur
Kunkel, Jugendhilfe für junge Ausländer, ZAR 2006, 92–102 mit einer umfassenden Rechtsquellensynopse, insbesondere über das EU-Recht und das zwischenstaatliche Abkommensrecht.

Auskünfte
Erteilen die Träger von Kindergärten, insbesondere die örtlichen Jugendämter und Bildungsbehörden, die Kirchen und die Wohlfahrtsverbände.
Siehe auch: Kapitel K. III. 1. (Tischgebet im kommunalen Kindergarten).

II. Schulbildung

1. Schulsystem

Gemäß Art. 7 Abs. 1 GG steht das gesamte Schulwesen unter der Aufsicht des Staates. Obwohl jedes Bundesland einzeln über das Schul- und Bildungswesen bestimmen darf, gibt es grundsätzliche Gemeinsamkeiten in allen Bundesländern. Bezüglich der Schularten unterscheidet man sog. allgemeinbildende Schulen (Grund-, Haupt-, Realschulen, Gymnasien, Gesamtschulen) und berufliche Schulen. Mit dem Schulaufbau wird die organisatorische Grundstruktur des Schulsystems festgelegt. Dahinter verbergen sich grundlegende schulpolitische Entscheidungen über die vorhandenen Schularten und Schulstufen (Primarstufe mit vorgeschalteter Elementarstufe, Sekundarstufe I (Schuljahrgänge 5–10) und Sekundarstufe II (mit anschließendem Tertiär- bzw. Hochschulbereich). Die Orientierungsstufe (Klassen 5 und 6) wird im Allgemeinen der Sekundarstufe I zugeordnet. Die Schulpflicht besteht im ganzen Bundesgebiet; ausgenommen sind davon lediglich Kinder von Diplomaten und ausländischen Militärangehörigen sowie in einigen Bundesländern Kinder von Eltern, deren Asylverfahren noch nicht abgeschlossen ist bzw. die nur geduldet sind. Die Schulpflicht ist neben einzelnen landesverfassungsrechtlichen Regelungen in den Schulgesetzen der Bundesländer festgelegt. Grundlage für den Unterricht sind Lehrpläne und Beschlüsse der Kultusministerkonferenz (KMK), dem zentralen Koordinationsgremium der Länder im Bereich der Bildungs- und Kulturpolitik. Grundsätzlich steht es den Eltern frei, ihre Kinder auf öffentliche oder private Schulen zu schicken. Zu Privatschulen zählen z. B. konfessionelle Schulen in kirchlicher Trägerschaft oder Privatschulen mit besonderer pädagogischer Prägung wie die freien Waldorfschulen – Letztere erheben Kosten, während die staatlichen Schulen im Prinzip kostenfrei sind. Einzelne Bundesländer kennen auch eine landesverfassungsrechtlich garantierte Lernmittelfreiheit, so zum Beispiel Baden-Württemberg, Bremen und Hessen. Ansonsten ist die Lernmittelfreiheit Gegenstand spezieller Landesgesetze. In einigen Bundesländern ist geplant, für die Bereitstellung von Schulbüchern – außer von nachweislich besonders bedürftigen Familien – ein so genanntes Büchergeld in Höhe von 20 Euro an Grundschulen und 40 Euro an weiterführenden Schulen (also ab der vierten Klasse) zu erheben, jedoch nur für höchstens zwei Kinder pro Familie.

Die allgemeine Schulpflicht beginnt für alle Kinder nach Vollendung des 6. Lebensjahres mit dem 1. August desselben Jahres. Sie dauert im Regelfall zwölf Jahre, die nach neun- oder zehnjährigem Besuch einer Vollzeitschule (allgemeine oder allgemeinbildende Schule genannt) auch mit dem Besuch einer Teilzeitschule (Berufsschule) erfüllt wird. Die Kinder besuchen vier Jahre lang die Grundschule. Nach der anschließenden, zwei Jahre andauernden Beobachtungsstufe trennen sich meist die Schulwege der Kinder – je nach bildungspolitischer Priorität in den einzelnen Bundesländern. So werden z. B. neuerdings in Niedersachsen die Kinder schon nach der vierten Klasse getrennt. Die Lehrer und die Eltern der Kinder entscheiden nach deren Leistung darüber, ob der Schüler ab der fünften Klasse eine Haupt- oder Realschule oder das Gymnasium besuchen soll. Auch der Besuch von Privatschulen (unter staatlicher Aufsicht) ist möglich. Nach einer etwaigen Beobachtungsstufe müssen Lehrer und Eltern entscheiden, auf welche Schule das Kind weiter gehen soll.

Die Hauptschule endet mit der neunten Klasse, die Realschule mit der zehnten Klasse und das Gymnasium je nach Bundesland mit der zwölften oder dreizehnten Klasse. Je nach schulischer Qualifikation bestehen weitere Möglichkeiten, weiterführende Schulen zu besuchen, z. B. besondere Fachoberschulen nach dem Realschulabschluss. Im Anschluss an die schulische Ausbildung folgt im Allgemeinen entweder eine Berufsausbildung in Form einer Lehre und parallel dazu der Besuch einer Berufsschule („duales Berufsausbildungssystem") oder die Aufnahme eines Studiums an einer Hochschule (z. B. Fachhochschule, Universität). Einem Ausländer kann eine Aufenthaltserlaubnis zur Teilnahme an Sprachkursen, die nicht der Studienvorbereitung dienen, und in Ausnahmefällen für den Schulbesuch erteilt werden.

2. Ausländische Schulen

Ausländische Schulen, echte (z. B. von ausländischen Stationierungsstreitkräften) oder deutsche Privatschulen ausländischen Charakters, sind keine deutschen öffentlichen Schulen. Als Privatschulen unterliegen sie dem deutschen Privatschulrecht der jeweiligen Bundesländer. Beide Schultypen sind an die freiheitlich-demokratische Grundordnung gebunden und unterliegen der Schulaufsicht. Der Besuch einer solchen Schule kann ausnahmsweise als hinreichender Grund für die Befreiung von der Schulpflicht angesehen werden, wenn z. B. die Eltern in absehbarer Zeit in ein fremdsprachiges Ausland ziehen und ihre Kinder deshalb zweisprachig erziehen lassen wollen. Ausnahmsweise können deutsche Schulbehörden (zuständig sind jeweils die örtlichen Behörden) deutschen Kindern den Besuch dieser Schulen gestatten und dies als Erfüllung der Schulpflicht anerkennen.

3. Fragen der Religion

Deutsche wie auch ausländische Kinder mit gewöhnlichem Aufenthalt in Deutschland unterliegen der aus Art. 7 Abs. 1 GG fließenden und regelmäßig einfachgesetzlich normierten allgemeinen Schulpflicht. Religionsfragen haben im Schulwesen durch das Rücksichtnahme- und Toleranzgebot eine gewichtige Bedeutung. Dies soll möglichst bereits im Lehrplan und durch allgemeine schulorganisatorische Maßnahmen sichergestellt werden. Ein genereller Glaubensvorbehalt gegen die allgemeine Schulpflicht kann nicht zur Befreiung vom Unterricht führen. Die Pflicht der Eltern, ihr Kind in eine öffentliche Schule zu schicken, beeinträchtigt nicht unzumutbar ihre Glaubens- oder Gewissensfreiheit. Ein grundsätzlicher Vorbehalt der Eltern gegen die schulische Erziehung ihrer Kinder aus Glaubens- oder Gewissensgründen muss hinter der verfassungsrechtlich verankerten Schulpflicht zurückstehen.

a) Religionsunterricht (insbesondere Islamunterricht)

Fast in allen Bundesländern besteht der konfessionelle Religionsunterricht als Pflichtfach in allen allgemeinbildenden Schulen. In Art. 7 Abs. 3 Satz 1 GG heißt es, dass Religionsunterricht in allen öffentlichen Schulen ordentliches Lehrfach ist. Darin liegt eine institutionelle Garantie einer religiösen Unterweisung im öffentlichen Schulsystem. Der Staat hat innerhalb des staatlichen Schulwesens Religionsunterricht einzurichten. Der Religionsunterricht ist eine gemeinsame Angelegenheit von Staat und Kirche. Jeder Schüler unterliegt der Pflicht zur Teilnahme am Religionsunterricht, sofern er einer Religionsgemeinschaft angehört. Eine Befreiung von der Teilnahme ist möglich. Anstelle des Religionsunterrichts kann (je nach Bundesland, z. B. Berlin) eine verpflichtende Teilnahme am Ethikunterricht treten. Die Religionsgemeinschaften können entscheiden, ob und in welchem Umfang bekenntnisfremden Schülern die Teilnahme gestattet wird. Von der grundsätzlichen Pflicht zur Veranstaltung von Religionsunterricht in öffentlichen Schulen gibt es Ausnahmen:

- Art. 7 Abs. 3 GG nimmt bekenntnisfreie Schulen – bei deren staatlicher Anerkennung gilt ihr Besuch als Erfüllung der Schulpflicht – ausdrücklich von der Verpflichtung zum Religionsunterricht aus. Bekenntnisfrei sind Schulen, die auf jegliche religiöse Bindung überhaupt verzichten.
- Daneben sieht Art. 7 Abs. 4 GG das Recht zur Errichtung von Privatschulen vor. Entgegen der institutionellen Garantie des Religionsunterrichts an öffentlichen Schulen, ist dieser an Privatenschulen nicht verpflichtend.
- Schließlich gibt es in Art. 141 GG eine weitere Ausnahme. Die sog. Bremer Klausel befreit solche Bundesländer von der Pflicht zum Religionsunterricht in öffentlichen Schulen, die vor dem Inkrafttreten des Grundgesetzes am 1. 1. 1949 eine andere Regelung hatten. Das gilt für Bremen und Berlin. Seit der Vereinigung Deutschlands zählen auch die neuen Länder Brandenburg, Mecklenburg-Vorpommern, Sachsen, Sachsen-Anhalt und Thüringen hierzu. In diesen Bundesländern ist der Religionsunterricht alleinige Sache der Religionsgemeinschaften; sie können allerdings auch Religionsunterricht als ordentliches Lehrfach einführen. Von diesem Recht haben einige neue Bundesländer Gebrauch gemacht.

In allen Gemeinschaftsschulen unter staatlicher Aufsicht wird von im Dienst des Landes stehenden Lehrern Religionsunterricht erteilt. Der Unterricht besteht überwiegend in der Vermittlung von Glaubens- und Bekenntnisinhalten einer Religionsgemeinschaft. Dabei muss die Religionsgemeinschaft nicht christlich sein. Der Religionsunterricht muss integraler Bestandteil von Schule sein und den anderen Fächern gleichstehen. Der Staat als Veranstalter der Schule trägt die Kosten des Unterrichts auch dann, wenn kein Religionslehrer aus dem öffentlichen Dienst, sondern ein Geistlicher den Unterricht hält. Der Religionsunterricht muss durch eine angemessene Wochenstundenzahl berücksichtigt werden. Bei der Erarbeitung der Lehrpläne, Auswahl der Lehrbücher und der Entwicklung methodischer und didaktischer Konzepte müssen die Religionsgemeinschaften maßgeblich beteiligt sein. Bei der allgemeinen Schulaufsicht des Staates führen die Religionsgemeinschaften eine auf den Religionsunterricht beschränkte Teilaufsicht in Einvernehmen mit dem Staat aus.

Bei der Bestimmung von Religionsgemeinschaften kommt es weder auf deren Größe, noch auf deren Organisationsform an. Es muss jedoch ein Mindestmaß an Organisation und festliegenden Glaubensinhalten in einem gemeinsamen Bekenntnis vorhanden sein. Daher muss grundsätzlich auch für Minderheiten und Angehörige nichtchristlicher Glaubensgemeinschaften Religionsunterricht eingerichtet werden.

Bezüglich islamischer Religionsgemeinschaften besteht das Problem, dass diese in ihrem Erscheinungsbild durch eine Vielzahl unterschiedlicher Gruppen und Strömungen gekennzeichnet sind. Häufig fehlen für das Zusammenspiel Staat – Religionsgemeinschaft funktionsfähige Ansprechpartner, denn ein islamischer Dachverband unterschiedlicher Glaubensgemeinschaften, deren Mitglieder wiederum nur Personenzusammenschlüsse sind, ist keine Religionsgemeinschaft. So konnte etwa die Islamische Religionsgemeinschaft Hessen (IRH) wegen der unterschiedlichen Ausrichtung ihrer Mitgliedschaft, die nicht zuletzt durch die facettenreiche Struktur des Islam selbst bedingt ist, nicht als Religionsgemeinschaft anerkannt werden. In Nordrhein-Westfalen wird seit 1999 an 110 Schulen „Islamische Unterweisung" in deutscher Sprache als ordentliches Lehrfach unterrichtet. Ähnliches geschieht in Bayern seit 2001 an 21 Grundschulen. In den Stadtstaaten Berlin und Bremen besteht eine andere Situation, die dem Art. 141 GG geschuldet ist, wonach Art. 7 Abs. 3 GG in den Ländern keine Anwendung findet, in denen am 1.1. 1949 eine andere landesrechtliche Regelung bestand: In Bremen erfolgt aufgrund einer solchen landesverfassungsrechtlichen Regelung anstelle des konfessionellen Religionsunterrichts ein „Biblischer Geschichtsunterricht auf christlicher Grundlage", in Berlin unterrichtet seit 2001 die „Islamische Föderation Berlin" an 37 Berliner Schulen ohne staatliche Aufsicht, aber auf Kosten der Stadt. In Baden-Württemberg soll demnächst ein Modellversuch mit der Islamischen Glaubensgemeinschaft Baden-Württemberg beginnen, die neben vier anderen islamischen Antragstellern als Gesprächspartnerin des Kultusministeriums übrig geblieben ist.

Bei der einvernehmlichen Religionsunterrichtsgestaltung von Staat und islamischen Religionsgemeinschaften gibt es darüber hinaus Probleme auf dem Gebiet der Gleichberechtigung von Mann und Frau und bei der Anerkennung der freiheitlich-demokratischen Grundordnung, wenn z. B. die Errichtung eines Gottesstaates erklärtes Ziel der Religionsgemeinschaft ist. Für Religionsgemeinschaften, die nicht mit den Werten des Grundgesetzes übereinstimmen, gibt es keinen Anspruch auf die Einrichtung von Religionsunterricht. Nähere Bestimmungen dazu, wann für religiöse Minderheiten Religionsunterricht eingerichtet werden muss, finden sich im jeweiligen Landesrecht. Dabei haben die Bundesländer einen Beurteilungsspielraum, ab welcher Schülerstärke sie Religionsunterricht oder nur religiöse Unterweisung anbieten. Dies hängt maßgeblich von der Bevölkerungsstruktur ab. Das Recht auf Religionsunterricht steht insoweit unter dem Vorbehalt des Möglichen. In Hessen z. B. geben neben der evangelischen und katholischen Kirche Religionsgemeinschaften wie die syrisch-orthodoxe Kirche, die Mennoniten, die jüdische Gemeinschaft oder die Unitarische Freie Religionsgemeinschaft Unterricht. Bisher ist in keinem Bundesland islamischer Religionsunterricht eingerichtet, dafür aber ersatzweise religiöse Unterweisung. Die Unterweisung bezieht sich auf den Unterricht einer speziellen Religion, während der Religionsunterricht generell von Religionen handelt. Diese erfolgt meist in der Muttersprache der islamischen Schüler durch muttersprachliche Lehrer.

G. Bildung

Teilweise wird diese religiöse Unterweisung mittlerweile auch auf Deutsch erteilt oder durch die konsularischen Vertretungen der Herkunftsländer der Schüler (z. B. der Türkei). Der Einfluss der konsularischen Lehrer ist zur Zeit heftig umstritten. Dabei überlegt man, u. a. auch in Erfüllung des Verfassungsauftrags aus Art. 7 Abs. 3 GG, islamische Religionslehrer gänzlich in Deutschland auszubilden, womit sicherlich auch eine angemessenere staatliche Aufsicht zu erreichen ist.

Sofern der Islamunterricht staatlich angeboten wird, nämlich anstelle eines Religionsunterrichts in Form einer religiösen Unterweisung, ist dieser nicht als ordentliches Lehrfach im Sinne des Art. 7 Abs. 3 GG anzusehen.

b) Befreiung vom Unterricht

Die Erziehungsberechtigten können gemäß Artikel 7 Abs. 2 GG darüber bestimmen, ob das Kind am **Religionsunterricht** teilnimmt. Die Erziehungsberechtigten entscheiden bis zum 12. Lebensjahr des Kindes allein, danach sind sie an die Zustimmung des Kindes gebunden und schließlich entscheidet der Schüler ab dem 14. Lebensjahr (Religionsmündigkeit) allein über die Teilnahme am Religionsunterricht (in Bayern, Rheinland-Pfalz und im Saarland ab dem 18. Lebensjahr). Im letztgenannten Fall ist eine schriftliche Erklärung des Kindes erforderlich. In einigen Bundesländern ist bei Befreiung vom Religionsunterricht eine Teilnahme an einem Ersatzunterricht (z. B. Ethikunterricht, Philosophie- oder Werte-und-Normen-Unterricht) verpflichtend.

Die Veranstaltung eines **Schulgebets** zu Beginn des Schultages verstößt nach einer Entscheidung des Bundesverfassungsgerichts nicht gegen die negative Bekenntnisfreiheit der Schüler bzw. deren Eltern, die eine religiöse Erziehung ablehnen. Sie können aber von der Teilnahme befreit werden. Dabei sind Diskriminierungen und Ausgrenzungen der nicht-teilnehmenden Schüler zu vermeiden. Dagegen ist z. B. das Aufhängen eines Kruzifixes in einem Klassenzimmer einer öffentlichen Schule unzulässig, weil sich die konfessionsfremden Schüler der ständigen Präsenz des Symbols nicht entziehen können.

Eltern haben einen Anspruch auf rechtzeitige und umfassende Information über den Inhalt und den methodisch-didaktischen Weg der **Sexualerziehung** in der Schule. Von der Teilnahme am Sexualkundeunterricht können Schülerinnen oder Schüler nicht befreit werden. Bei **koedukativem Sportunterricht**, also nicht nur beim Schwimmunterricht, haben Schülerinnen islamischen Glaubens mit Rücksicht auf die Bekleidungsvorschriften des Korans einen Anspruch auf Befreiung, sofern die Teilnahme zu einem Gewissenskonflikt führt. Beim Sportunterricht, der nach Geschlechtern getrennt gegeben wird, dürfte ggf. anders zu entscheiden sein. Dieser Anspruch ergibt sich aus Artikel 4 Abs. 1 GG.

Eine Befreiung vom allgemeinen Schulunterricht wegen **religiöser Feiertage** ist nur eingeschränkt möglich. Aufgrund der Schulpflicht verbietet sich ein regelmäßiges oder häufiges Fehlen der Schüler. Schulfreie Tage sind der Samstag (bei einigen Gymnasien auf freiwilliger Basis nicht) und der Sonntag. Da manche Religionsgemeinschaften auch freitags ihren Feiertag haben, werden diese in zulässigerweise in ihrer Gestaltungsfreiheit bezüglich des Feiertags beschränkt. Wenn das Kind allerdings einem starken Glaubenszwang unterliegt und erwiesenermaßen auch selbständig lernen kann, wäre seine Nicht-Befreiung vom Unterricht an dem bestimmten Wochentag unverhältnismäßig – es kommt also auf den Einzelfall an. Befreiung vom Unterricht ist auch dann zu erteilen, wenn der Schulbesuch die Schüler in einen religiösen Gewissenskonflikt stellen würde, z. B. bei Unterricht am Samstag, sofern eine Pflicht zur Heiligung des Sabbat besteht. Bei ein Mal im Jahr stattfindenden Glaubensfesten muss das Kind aber immer freigestellt werden, weil es sich hier nicht um regelmäßiges Fehlen geht.

c) Ethikunterricht

Vom Religionsunterricht zu unterscheiden ist der besonders in den neuen Bundesländern diskutierte Lehrplan für Ethik. In Brandenburg wurde das Pflichtfach Lebenskunde, Ethik und Religion (LER) eingerichtet, und in Berlin soll für zwei Stunden pro Woche vom 7. bis zum 10. Schuljahr Ethikunterricht als Pflichtfach eingeführt werden. Die Situation in Berlin deutet darauf hin, dass es noch länger andauernde Rechtsstreitigkeiten über den neuen Ethikunterricht geben wird.

d) Pflicht zum Deutsch-Sprechen?

In der Herbert-Hoover-Schule in Berlin-Wedding, wo der Anteil der Schüler aus Migrantenfamilien bei ca. 90 % liegt, kamen Ende 2004 Lehrer, Eltern und Schüler überein, folgenden Passus in die Schulordnung aufzunehmen: „Die Schulsprache unserer Schule ist Deutsch. Jeder Schüler ist verpflichtet, sich im Geltungsbereich der Hausordnung nur in dieser Sprache zu verständigen." Eine derartige Vereinbarung wurde in weiteren Berliner Schulen getroffen. Auf Verstöße gegen diese Vereinbarung reagieren die Lehrer lediglich mit Ermahnungen, nicht mit Strafen. Die entbrannte Debatte über die mit dieser Vereinbarung verbundene Grundrechtseinschränkung hält an. Einig ist man sich allerdings darüber, dass mit dem Gebrauch der gleichen Verkehrssprache weniger Ausgrenzung, weniger Misstrauen und weniger Pöbeleien entstehen. Staatliche Regelungen über eine grundsätzliche Verpflichtung zum Gebrauch der deutschen Sprache als Verkehrssprache bestehen nicht; sie dürften auch verfassungsrechtlich problematisch sein.

4. Muttersprachlicher Unterricht und weitere Förderungen

a) Muttersprachlicher Unterricht

In völkerrechtlichen Dokumenten (z. B. KSZE-Schlussakte) und der Richtlinie 77/486 über die schulische Betreuung von Wanderarbeitnehmern aus der EU wird eine den Regelunterricht ergänzende Vermittlung von Muttersprache verbunden mit einer Unterweisung in der Landeskunde des Herkunftsstaates gefordert, was man als eine Pflicht zum Bemühen um entsprechende Angebote verstehen muss. Dies entspricht der ergänzenden muttersprachlichen Unterweisung, die grundsätzlich in allen Bundesländern auf freiwilliger Grundlage angeboten wird. In Hessen gehört der ergänzende muttersprachliche Unterricht für ausländische Schüler aus den sogenannten Anwerbestaaten zum Pflichtfach (mit Befreiungsmöglichkeit); er soll allerdings aus dem Pflichtbereich zugunsten des Wahlpflichtbereichs herausgelöst werden.

II. Schulbildung

b) Sonstige Förderungen

Die Carls Stiftung, die Hertie-Stiftung und die einzelnen Bundesländer fördern gemeinsam begabte und engagierte Kinder von zugewanderten Mitbürgern im Rahmen des START-Programms für Kinder aus Migrantenfamilien. Das Schülerstipendienprogramm läuft bereits in Bremen, Hessen, Berlin, Bielefeld, Dresden, Gütersloh, Leipzig und Wuppertal. Für zunächst ein Jahr erhalten die Stipendiaten ein Bildungsgeld von 100 Euro monatlich sowie einen Computer mit Internetanschluss. Außerdem werden sie ideell gefördert, dazu gehören unter anderem Beratungsangebote im Bereich der Ausbildungs- und Studienplanung, Bildungsseminare sowie verschiedene Exkursionen. Wenn die Jugendlichen erfolgreich sind, kann das Bildungsgeld bis zum Erreichen eines höheren Bildungsabschlusses gewährt werden. Neuere Förderungen werden laufend entwickelt, zuletzt z. B. Förderunterricht für Kinder mit Migrationshintergrund, Gemeinsames Projekt der Stiftung Mercator, des Bildungssenators und der Universität Bremen.

Wichtige Gesetzesmaterialien und Richtlinien

Art. 3, 4, 7 und 141 GG; auch die einzelnen Verfassungen der Bundesländer enthalten bildungs-, insbesondere schulbezogene Normen; wegen der Länderverantwortlichkeit für das Schulwesen hat jedes Bundesland eigene Schul- und Schulverwaltungsgesetze erlassen; KMK-Beschlüsse.

Zur Vermittlung deutscher Sprachkenntnisse und zum muttersprachlichen Unterricht: Z. B. KSZE-Schlussakte von Helsinki (1975); Art. 2, 3 und 5 der Richtlinie 77/486 über die schulische Betreuung von Wanderarbeitnehmern aus der EU, ABl.EG 1977, Nr. L 199/32.

Wichtige Urteile

Zur Glaubens- und Gewissenfreiheit in der Schule allgemein: Urteil des Bundesverfassungsgerichts vom 17. 12. 1975, NJW 1976, 947; zum Religionsunterricht an öffentlichen Schulen: Urteil des Bundesverwaltungsgerichts vom 23. 2. 2005, NJW 2005, 2101; zum Kopftuchstreit: Urteil des Bundesverfassungsgerichts vom 24. 9. 2003, NJW 2003, 311; zum Schwimmunterricht: Urteil des Bundesverwaltungsgerichts vom 25. 8. 1993, NVwZ 1994, 578 und aus jüngster Zeit: VG Düsseldorf vom 30. 5. 2005, NWVBl. 2006,68. Siehe auch Kapitel J III. 2. (Schulgebet) und IV. 2. (Tragen eines Kopftuchs im Unterricht an staatlichen Schulen); BVerfG PM Nr. 67/2006 vom 20. Juli 2006, Beschluss vom 14. Juli 2006, 1 BvR 1017/06 (Erfolglose

Verfassungsbeschwerde gegen die Einführung des Ethikunterrichts in Berlin als Pflichtfach).

Vertiefende Literatur

Sechster Bericht der Beauftragten der Bundesregierung für Migration, Flüchtlinge und Integration über die Lage der Ausländerinnen und Ausländer in Deutschland vom 22. 6. 2005, BT-Drs.15/5826, I. 1. (Kindergarten) und 2. (Schule), 25–29 bzw. 29–36. Der Bericht ist auch zugänglich über: www.bundesregierung.de und dann über Integrationsbeauftragte.

Beauftragte der Bundesregierung für Ausländerfragen (Hrsg.), Mehrsprachigkeit an deutschen Schulen – ein Länderüberblick, von Till Baumann, Berlin und Bonn 2001

Detaillierte rechtliche Informationen: *Staupe*, Schulrecht von A – Z, 5. Aufl. 2001 (Beck-Rechtsberater im dtv 5232) – siehe dort auf Seite 362 die graphische Übersicht über die Grundstruktur des deutschen Bildungswesens; *Brenner*, Meine Rechte in der Schule, 2. Aufl. 2003 (Beck-Rechtsberater im dtv 5665). Siehe auch die Beiträge in Heft 1/2004 der Zeitschrift Recht der Jugend und des Bildungswesens (RdJB) S. 11–90. Die RdJB enthält laufend maßgebliche Beiträge zur Rechtsentwicklung im Bildungsbereich.

Für **Auskünfte und Beratung** über schulische Fragen wird empfohlen, die örtlichen Schulverwaltungen aufzusuchen. Sie sind auch für die maßgeblichen Einzelfallentscheidungen z. B. bei Anträgen auf Befreiung vom Schulunterricht zuständig.

III. Freiwilligendienste

Nach dem Schulabschluss bzw. vor Eintritt in die berufliche Bildung bzw. Hochschulbildung können Jugendliche eine freiwillige Tätigkeit im Rahmen des sogenannten Freiwilligen Sozialen oder Freiwilligen Ökologischen Jahres (FSJ und FÖJ) oder des Europäischen Freiwilligendienstes (EFD) übernehmen. Derartige Tätigkeiten werden teilweise auch im kulturellen Bereich angeboten. Sofern sich ausreichend Träger derartiger Jugenddienste finden, erhalten Jugendliche im Regelfall Unterkunft und Verpflegung und ein monatliches Taschengeld. Der Europäische Freiwilligendienst trägt auch (einmalig) Reisekosten. Der Freiwilligendienst wird durch eine Reihe von Bildungsmaßnahmen (Seminarzeiten) begleitet.

Am Ende des Freiwilligenjahres erhalten die Jugendlichen einen Teilnahmenachweis, mit dem sie unter Umständen schneller Zugang zu weiteren Studienplätzen erhalten. Neben der Teilnahmebescheinigung können die Jugendlichen auch ein schriftliches Zeugnis fordern, in dem neben der Art und Dauer auch auf die Leistungen und die Führung während der Dienstzeit sowie berufsqualifizierende Merkmale des freiwilligen Dienstes Bezug zu nehmen ist.

Wichtige Gesetzesmaterialien und Richtlinien

Gesetz zur Förderung eines freiwilligen soziales Jahres (FÖJG); Gesetz zur Förderung eines freiwilligen ökologischen Jahres (FSJG); Richtlinie 2004/114/EG des Rates vom 13. Dezember 2004 über die Bedingungen für die Zulassung von Drittstaatsangehörigen zur Absolvierung eines Studiums oder zur Teilnahme an einem Schüleraustausch, einer unbezahlten Ausbildungsmaßnahme oder einem Freiwilligendienst, ABl.EG Nr. L 375/12.

Vertiefende Literatur

Sieveking (Hrsg.), Europäischer Freiwilligendienst für Jugendliche – Statusfragen und rechtspolitische Probleme, Neuwied 2000.

Auskünfte

Bei den örtlichen Jugendbehörden, bei denen auch Antragsformulare erhältlich sind. Broschüre „Für mich und andere" beim Bundesfamilienministerium, anzufordern über E-Mail: broschürenstelle@bmfsfj.de oder Informationen beim Bundesarbeitskreis fsj: www.pro.fsj.de oder www.asf-ev.de oder die Nachweise im google unter: Freiwilligendienste. Für den EFD: Deutsches Büro „Jugend für Europa", Hochkreuzallee 20, D-53175 Bonn, E-Mail: evs@ijab.de

IV. Berufliche Bildung

Eine Berufsausbildung kann in Schulen mit Schwerpunkt in der Vermittlung beruflicher Kenntnisse und Fähigkeiten (vollzeitschulische Berufsausbildung) oder nach dem Berufsbildungsgesetz i. V. m. den Landesschulgesetzen im sogenannten dualen System erfolgen, also im Nebeneinander von betrieblichem Ausbildungsverhältnis und begleitender Berufsschule in Teilzeit- oder Vollzeitform oder in der Kombination von vollzeitschulischem Berufsgrundbildungsjahr und anschließendem Ausbildungsverhältnis. Der Zugang zur beruflichen Erstausbildung steht formal Kindern von Unionsbürgern genauso offen wie den Kindern von Deutschen. Für sonstige Ausländerkinder gelten gewisse Einschränkungen, die mit dem Aufenthaltsstatus der Eltern zusammenhängen.

Berufliche Bildung findet auch bei Weiterbildungsträgern z. B. im Rahmen von Fortbildung und Umschulung statt. Eine wichtige Rolle spielen dabei Angebote zur Nachqualifizierung von Migranten, die in Deutschland die Anerkennung von im Ausland erworbenen Berufsqualifikationen erreichen wollen. Hiermit verbessern sich die jeweiligen Zugangs- und Verbleibschancen auf dem Arbeitsmarkt.

Einem Ausländer kann eine Aufenthaltserlaubnis zum Zweck der betrieblichen Aus- und Weiterbildung erteilt werden, wenn die Bundesagentur für Arbeit zugestimmt hat oder durch eine Rechtsverordnung oder eine zwischenstaatliche Vereinbarung bestimmt ist, dass die Aus- und Weiterbildung ohne Zustimmung der Bundesagentur für Arbeit zulässig ist. Etwaige Beschränkungen bei der Erteilung der Zustimmung durch die Bundesagentur für Arbeit sind in die Aufenthaltserlaubnis zu übernehmen. Wie bei einem Studienaufenthalt soll auch während des betrieblichen Aus- und Weiterbildungsaufenthalts keine Aufenthaltserlaubnis für einen anderen Zweck erteilt werden. Zeitliche Begrenzungen oder Verlängerungen sind jedoch möglich.

Die Integration der Ausländer in die berufliche Bildung ist nach wie vor unzureichend. Den hierfür maßgeblichen Ursachen kann hier nicht nachgegangen werden. Das einschlägige Berufsbildungsgesetz wurde durch das Berufsbildungsreformgesetz von 2005 dahingehend geändert, dass Möglichkeiten geschaffen wurden, vollzeitschulische und andere nichtbetriebliche Ausbildungsgänge durch die Zulassung zur Kammerprüfung mit betrieblichen Ausbildungen gleichzustellen. Auf die Unterstützung junger Migranten sind insbesondere die vom Bundesministerium für Bildung und Forschung geförderten Beruflichen Qualifizierungsnetze (BQN) gerichtet. Weitere Maßnahmen werden für die soziale und berufliche Integration benachteiligter Migranten erprobt. Hier sollten sich Betroffene genau bei den Dienststellen der Bundesagentur für Arbeit informieren.

Eine Besonderheit besteht in Deutschland hinsichtlich der Dauer der Schulpflicht, die zwar überall in zwei Abschnitte geteilt ist, nämlich in die sogenannte Vollzeitschulpflicht (neun bzw. zehn Jahre) und die Berufsschulpflicht, die je nach Bundesland jeweils unterschiedlich festgelegt sind. Nach Ablauf der neun- bzw. zehnjährigen Vollzeitschulpflicht beginnt die Teilzeitschulpflicht, die – abhängig von der Ausbildungsdauer der jeweiligen Ausbildungsberufe – in der Regel drei Jahre dauert und durch den Besuch einer Berufsschule oder durch Besuch eines Gymnasiums erfüllt wird. Auf die Besonderheiten der Länderregelungen muss hier verwiesen werden.

Wichtige Gesetze

Berufsbildungsgesetz vom v. 23. 3. 2005, BGBl. I S. 931; Schulgesetze der Länder.

Vertiefende Literatur

Sechster Bericht der Beauftragten der Bundesregierung für Migration, Flüchtlinge und Integration über die Lage der Ausländerinnen und Ausländer in Deutschland vom 22. 6. 2005, BT-Drs.15/5826, B I. 3., 36–41. Der Bericht ist auch zugänglich über: www.bundesregierung.de und dann über Integrationsbeauftragte.

Kompetenzen stärken, Qualifikationen verbessern, Potentiale nutzen. Berufliche Bildung von Jugendlichen und Erwachsenen mit Migrationshintergrund, Dokumentation einer Fachkonferenz, herausgegeben von der Friedrich-Ebert-Stiftung und dem Bundesinstitut für Berufsbildung, Bonn 2006, download unter: http://library.fes.de/pdf-files/asfo/03665.pdf

Auskünfte und Beratung

Schulische Beratungsstellen, Berufsschulen, Bundesagentur für Arbeit, bei den Kammern, z. B. Handwerkskammern, Weiterbildungsberatungsstellen, Aus- und Weiterbildungsträger.

V. Hochschulbildung

Folgende allgemeine Zulässigkeitsvoraussetzungen bestehen für ein Studium an einer deutschen Hochschule (Universität oder Fachhochschule)
- Aufenthaltsrecht
- Schulabschlusszeugnis
- Bescheinigung über eine gültige Krankenversicherung
- Beleg über den eingezahlten Semesterbeitrag

und speziell für Drittstaater:

G. Bildung

- Empfehlungsschreiben der Heimatuniversität
- Immatrikulationsbescheinigung der Heimatuniversität.

Die Aufenthaltsrechte ergeben sich aus unterschiedlichen Gründen: Aufenthaltsrecht der Eltern, selbständige Aufenthaltsrechte als Kinder von freizügigkeitsberechtigten Unionsbürgern oder eine Aufenthaltserlaubnis in Form eines Visums. Für die Erteilung eines Visums benötigt man

- die Zulassung an einer deutschen Hochschule
- einen Finanzierungsnachweis über die Sicherung des Lebensunterhalts (z. B. Stipendiennachweis)
- Krankenversicherungsnachweis

Im Übrigen sind folgende drei Gruppen von Ausländern zu unterscheiden: Ausländer mit deutschem Schulabschluss, Unionsbürger und sonstige privilegierte Ausländer, sowie sonstige Ausländer aus Drittstaaten.

1. Ausländer mit deutschem Schulabschluss (Bildungsinländer)

Studierende ohne deutsche Staatsangehörigkeit, aber mit einer in Deutschland erworbenen Hochschulzugangsberechtigung (Bildungsinländer) nehmen ebenso wie deutsche Staatsangehörige an den Zulassungsverfahren zum Hochschulstudium teil. Um an einer deutschen Universität zugelassen zu werden, benötigt man entweder einen Sekundarschulabschluss oder man muss eine sogenannte Feststellungsprüfung ablegen. Diese besteht aus sprachlichen und fachlichen Vorbereitungskursen, die zwei Semester dauern. Diese Prüfung ist für Universitäten und Fachhochschulen unterschiedlich. Besonderes Augenmerk wird auf das sprachliche Verständnis gelegt. So kann es z. B. notwendig sein, ein Sprachdiplom in der deutschen Sprache abzulegen.

Alle in Deutschland lebenden Menschen müssen bei der Meldestelle angemeldet sein. Dafür braucht man ein Anmeldeformular (liegt beim Einwohneramt bzw. der Meldestelle aus) und den Reisepass.

V. Hochschulbildung

2. Unionsbürger und sonstige privilegierte Ausländer

Unionsbürger und Bürger aus Australien, Honduras, Island, Israel, Japan, Kanada, Lichtenstein, Monaco, Neuseeland, Norwegen, San Marino, Schweiz und USA benötigen für den Aufenthalt in Deutschland kein Visum, aber eine Aufenthaltserlaubnis zu Studienzwecken, die innerhalb von drei Monaten zu beantragen ist. Studierende aus den Mitgliedstaaten der EU genießen als Unionsbürger das Freizügigkeitsrecht (Dienstleistungsfreiheit). Alle **Unionsbürger** und Staatsangehörigen der genannten Länder müssen bestimmte Voraussetzungen erfüllen, wenn sie in Deutschland studieren wollen: Sie benötigen eine Bescheinigung über die Einschreibung bei einer bundesdeutschen Hochschule und müssen nachweisen, dass sie einen umfassenden Krankenversicherungsschutz haben. Darüber hinaus müssen sie glaubhaft machen, dass sie über ausreichende Unterhaltsmittel verfügen, wobei nicht verlangt werden darf, dass sie einen bestimmten Existenzmittelbetrag erreichen. Zum Nachweis genügt eine Erklärung oder ein Beleg. Alle übrigen Drittstaater müssen sich vor ihrer Einreise nach Deutschland ein Visum bei einer deutschen Vertretung besorgen.

3. Sonstige Ausländer aus Drittstaaten

Einem Ausländer kann nach § 16 AufenthG zum Zweck der Studienbewerbung und des Studiums (oder einer Promotion) an einer staatlichen oder staatlich anerkannten Hochschule oder vergleichbaren Ausbildungseinrichtung einschließlich der studienvorbereitenden Maßnahmen eine Aufenthaltserlaubnis erteilt werden. Die Geltungsdauer bei der Ersterteilung der Aufenthaltserlaubnis soll bei studienvorbereitenden Maßnahmen zwei Jahre nicht überschreiten; im Falle des Studiums wird die Aufenthaltserlaubnis für zwei Jahre erteilt und kann dann später um jeweils bis zu weiteren zwei Jahren verlängert werden, wenn das Studium nicht rechtzeitig beendet werden konnte – der Aufenthaltszweck also noch nicht erreicht ist – und in einem angemessenen Zeitraum aber noch erreicht werden kann. Die Aufenthaltsdauer als Studienbewerber darf höchstens neun Monate betragen.

Während des Studienaufenthalts (oder der Studienbewerbung

bzw. Studienvorbereitung) soll in der Regel kein Wechsel des Aufenthaltszwecks stattfinden. Eine Aufenthaltserlaubnis für einen anderen Aufenthaltszweck wird nur dann erteilt oder verlängert, sofern hierauf ein gesetzlicher Anspruch besteht, z. B. bei Heirat eines deutschen Ehegatten. Eine Niederlassungserlaubnis kann in diesen und anderen Fällen allerdings nicht erteilt werden.

Aufenthaltszwecke im Rahmen der Ausbildung von Drittstaatsangehörigen

- § 16 Abs. 1– 3 AufenthG — Studienbewerbung und Studium einschließlich studienvorbereitende Maßnahmen
- § 16 Abs. 4 AufenthG — Arbeitsplatzsuche nach erfolgreichem Abschluss des Studiums
- § 16 Abs. 5 AufenthG — Sprachkurse und Schulbesuch
- § 17 AufenthG — Betriebliche Aus- und Weiterbildung

4. Beschäftigungen neben und nach dem Studium

Eine Beschäftigung („Job") neben dem Studium ist für einen begrenzten Zeitraum möglich; die Erlaubnis hierzu wird gleichzeitig mit der Aufenthaltserlaubnis erteilt. Die Tätigkeiten dürfen jedoch den Zweck „Studium" nicht gefährden. Drittstaater dürfen maximal 90 volle Tage oder 180 halbe Tage arbeiten. Als Beschäftigungszeiten werden auch für den Fall, dass die Beschäftigung nicht über einen längeren Zeitraum verteilt erfolgt, sondern zusammenhängend z. B. in den Semesterferien ausgeübt wird, nur die Arbeitstage oder halben Arbeitstage angerechnet, an denen tatsächlich gearbeitet wurde. Eine Missachtung der Vorschriften kann zur Ausweisung führen!

Ausländische Studierende dürfen ohne zeitliche Beschränkung **studentische Nebentätigkeiten** an der Hochschule oder an einer anderen wissenschaftlichen Einrichtung ausüben. Das sind solche Beschäftigungen, die sich auf hochschulbezogene Tätigkeiten im fachlichen Zusammenhang mit dem Studium in hochschulnahen Organisationen (wie z. B. Tutoren in Wohnheimen) beschränken.

Praktika, die vorgeschriebener Bestandteil des Studiums oder zur Erreichung des Ausbildungszieles erforderlich sind, sind zustimmungsfreie Beschäftigungen, werden also nicht auf die oben erwähnten 90 Tage angerechnet.

Bei all diesen zustimmungsfreien Beschäftigungen wird die Auflage (Stempel in der Aufenthaltserlaubnis: „Erwerbstätigkeit nur mit Erlaubnis der Ausländerbehörde") erteilt. Eine über die gesetzlich bereits vorgesehenen Beschäftigungsmöglichkeiten hinausgehende längerfristige Erwerbstätigkeit (z. B. ganzjährig) kann z. B. als Teilzeit nur zugelassen werden, wenn dadurch der auf das Studium beschränkte Aufenthaltszweck nicht verändert und die Erreichung des Studienziels nicht erschwert oder verzögert wird. Durch die Zulassung einer Erwerbstätigkeit darf ein Wechsel des Aufenthaltszwecks nicht vor Abschluss des Studiums ermöglicht werden. Ansonsten handelt es sich um eine Unterbrechung des Studiums. Die Zulassung zu einer derartigen Beschäftigung liegt also im Ermessen der Ausländerbehörde und bedarf, sofern sie nicht zustimmungsfrei nach §§ 2 bis 16 der Beschäftigungsverordnung ist, der Zustimmung der Bundesagentur für Arbeit. Die Zulassung wird gegebenenfalls in Form einer Auflage erteilt.

Die Zulassung einer über die gesetzlich bereits vorgesehenen Möglichkeiten hinausgehende Beschäftigung kommt beispielsweise dann in Betracht, wenn die Sicherung des Lebensunterhalts des Ausländers durch Umstände gefährdet ist, die er und seine Angehörigen nicht zu vertreten haben und das Studium unter Berücksichtigung der besonderen Schwierigkeiten, die Ausländern bei der Aufnahme und Durchführung eines Studiums entstehen können, bisher zielstrebig durchgeführt worden ist und nach entsprechender Bestätigung seitens der Hochschule daher von einem erfolgreichen Abschluss ausgegangen werden kann. Ansonsten hat die Ausländerbehörde bei einem Verlängerungsantrag zur Aufenthaltserlaubnis zu prüfen, ob die allgemeinen Erteilungsvoraussetzungen der Aufenthaltserlaubnis gegeben sind oder ob eine nachträgliche Befristung der Aufenthaltserlaubnis in Betracht kommt.

Mit der Auflage zur Ausübung einer Beschäftigung sind Ausländer schriftlich darauf hinzuweisen, dass die Beschäftigung nur zur Sicherung des Lebensunterhalts bis zur Beendigung des Studiums ermöglicht worden ist. Eine Beschäftigung während eines vorbereitenden Sprachkurses oder während des Studienkollegs außerhalb der Ferien ist nicht gestattet. Dies wird in Form einer Auflage dokumentiert. Bei türkischen Staatsangehörigen sind die Regelungen des Artikels 6 Beschlusses Nr. 1/80 des Assoziationsrates EWG/Türkei zu beachten.

Nach Abschluss des Studiums kann die Aufenthaltserlaubnis um bis zu einem Jahr verlängert werden, damit Ausländer ausreichend Zeit für die Arbeitsplatzsuche und auf diese Weise die Möglichkeit haben, einen ihrer Qualifikation angemessenen Arbeitsplatz zu finden. Dafür müssen wiederum die allgemeinen, für einen Aufenthalt erforderlichen Erteilungsvoraussetzungen nach § 5, insbesondere die Sicherung des Lebensunterhalts, vorliegen. Wurde der Aufenthalt durch Stipendien aus deutschen öffentlichen Mitteln oder Stipendien einer in Deutschland anerkannten Förderorganisation oder Stipendien aus öffentlichen Mitteln des Herkunftslandes finanziert und hat sich der Geförderte nicht verpflichtet, nach Abschluss der Ausbildung in seinen Heimatstaat zurückzukehren, soll nach erfolgreichem Abschluss einer Ausbildung in Deutschland vor Erteilung eines Aufenthaltstitels eine Stellungnahme des Bundesministeriums für wirtschaftliche Zusammenarbeit und Entwicklung, des zuständigen Landeswissenschaftsministeriums oder eine Stellungnahme der deutschen Auslandsvertretung eingeholt werden. Die Stellungnahme ist Grundlage zur Berücksichtigung entwicklungspolitischer Belange, die die Versagung eines Aufenthaltstitels rechtfertigen können.

Mit der Verlängerung der Aufenthaltserlaubnis tritt ein Aufenthaltszweckwechsel ein, der zur Folge hat, dass die Regelungen der zustimmungsfreien Beschäftigungen (90 Tage Beschäftigung, studentische Nebentätigkeiten, Praktika) nicht mehr zugelassen sind. Diese Regelungen gelten nur für Studierende während des Studiums; denn mit diesen Regelungen wird den besonderen Lebensumständen von Studierenden Rechnung getragen, die nach Abschluss des Studiums nicht mehr gegeben sind.

Soweit Studienabsolventen in dieser Zeit die Aufnahme einer Beschäftigung beabsichtigen, ist dazu die Zustimmung der Bundesagentur für Arbeit erforderlich. Mit der Aufnahme einer Beschäftigung, die lediglich der Sicherung des Lebensunterhalts während des Zeitraumes zur Suche eines der Qualifikation angemessenen Arbeitsplatzes dient, erfolgt kein Aufenthaltszweckwechsel. Die mit der Zustimmung der Bundesagentur für Arbeit verbundenen Vorgaben sind als Auflage zu übernehmen.

Haben Studienabsolventen einen ihrer Qualifikation angemessenen Arbeitsplatz gefunden oder liegen die Voraussetzungen zur Aufnahme einer selbständigen Erwerbstätigkeit vor, so kann eine Aufenthaltserlaubnis oder eine Niederlassungserlaubnis erteilt werden, wenn die jeweils dazu erforderlichen Voraussetzungen vorliegen. Hiermit wäre dann ein Aufenthaltszweckwechsel verbunden. Der neue Aufenthaltszweck ist in dem erteilten Aufenthaltstitel zu vermerken.

Wichtige Gesetze und Richtlinien

§§ 16, 17 AufenthG; FreizügigkeitsG/EU; Vorläufige Anwendungshinweise des Bundesministeriums des Innern zum Aufenthaltsgesetz und zum Freizügigkeitsgesetz/EU, Stand: 22. Dezember 2004.

Auskünfte

Studentenwerke, Studentensekretariate und Auslandsabteilungen der Universitäten und Fachhochschulen.

Hinweis auf zu erwartende Rechtsänderungen

Das Bundesministerium des Innern erarbeitet seit geraumer Zeit den Entwurf eines Gesetzes zur Umsetzung aufenthalts- und asylrechtlicher Richtlinien der Europäischen Union. Unter anderem wird die „Studentenrichtlinie" (RL 2004/114/EG) Ergänzungen bzw. Änderungen zum AufenthG mit sich bringen.

VI. Kosten, Finanzen, Förderungsmöglichkeiten

1. Allgemeines

Die meisten ausländischen Studierenden kommen ohne Stipendium nach Deutschland. Sie müssen den deutschen Auslandsvertretungen und Ausländerbehörde nachweisen, dass sie ihren Aufenthalt finanzieren können. Dies kann entweder durch einen monatlichen Einkommensnachweis oder durch den Nachweis von ausreichenden Finanzmitteln zur Finanzierung des Lebensbedarfs für ein Jahr erfolgen. Geldforderungen mit Schecks zu bedienen, ist in Deutschland unüblich. Zum Geldtransfer benötigen Studierende ein Bankkonto. Dieses kann unter Umständen gebührenfrei sein. Anschließend kann man mit der Bankkarte alle Geschäfte tätigen.

Die Lebenshaltungskosten in Deutschland sind hoch. Sie belaufen sich im Monat auf mindestens ca. 700 Euro in Westdeutschland und ca. 600 Euro in Ostdeutschland. Auch Arbeitsmaterialien und Lehrbücher sind teuer. Die Ausgaben hierfür variieren je nach Studienfach und können leicht 200 Euro pro Semester erreichen. Hinzu kommen noch die von den Universitäten erhobenen Verwaltungsgebühren (kombiniert mit Fahrtberechtigungen im Nahverkehr in Form sogenannter Semestertickets) und eventuelle Studiengebühren; Letztere werden von den Universitäten in unterschiedlichen Formen (z. B. unter Zugrundelegung eines „Studienkontos") festgelegt. Ihre Höhe beträgt durchschnittlich 500 Euro pro Semester.

Die meisten Universitäten vergeben keine Stipendien. Das größte deutsche Stipendienprogramm stellt der Deutsche Akademische Auslandsdienst (DAAD) zur Verfügung. Dieses Programm ist jedoch vornehmlich für fortgeschrittene Studierende und Graduierte vorgesehen. In Einzelfällen übernimmt der DAAD auf Antrag auch Reisekosten, wenn Studierende vom Ausland (ihrem Heimatstaat) aus einen Zulassungsnachweis erbringen. Für Studierende aus den Mitgliedstaaten der Europäischen Union gibt es die von der EU finanzierten Stipendienaustauschprogramme ERASMUS bzw. SOKRATES. Es ermöglicht einen Auslandsaufenthalt an einer am Programm teilnehmenden Universität und hat den Vorteil der gegenseitigen Anerkennung von Leistungen, die besondere Betreuung und ggf. eine Übernahme von Studienkosten. Informationen gibt es dazu an der Heimatuniversität jeweils in den internationalen Sekretariaten.

2. Steuerfinanzierte Ausbildungsförderung

Das deutsche Bundesausbildungsförderungsgesetz (BAföG) stellt für Auszubildende, die nicht genügend finanzielle Mittel haben, eine Unterstützung zur Verfügung, die je zur Hälfte aus einem zurückzuzahlendem zinslosen Darlehen und einem geschenkten Betrag (Zuschuss) besteht. Die Rückzahlung findet statt, wenn der

Auszubildende im Berufsleben steht, kann jedoch auch dann noch für einen gewissen Zeitraum gestundet werden.

Gemäß § 1 BAföG besteht ein Rechtsanspruch auf individuelle Ausbildungsförderung, wenn die Ausbildung der Neigung, Eignung und Leistung des Auszubildenden entspricht und ihm die dafür erforderlichen Mittel nicht anderweitig zur Verfügung stehen. Wenn der Auszubildende also über genügend Einkommen oder Vermögen verfügt oder seine Eltern genügend Einkommen haben (§ 11 Abs. 2 BAföG), besteht kein Anspruch.

Nach §§ 1601, 1610 Abs. 2 BGB besteht der zivilrechtliche Unterhaltsanspruch des Auszubildenden gegenüber seinen Eltern unabhängig von dem Anspruch auf Ausbildungsförderung. Das BAföG ist also eine soziale Hilfeleistung, die die Unterhaltsleistung der Eltern ergänzt. Wenn die Eltern den geschuldeten Unterhalt nicht gewähren, tritt das BAföG in Vorleistung (§ 36 BAföG). Der Unterhaltsanspruch des Auszubildenden geht dann kraft Gesetzes (§ 37 BAföG) auf den Staat über und der holt sich die Beträge bei den Eltern zurück.

Anspruchsvoraussetzungen sind die Eignung, das Alter und die Staatsangehörigkeit. Die Voraussetzungen nach § 1 BAföG (Neigung, Eignung und Leistung) werden dadurch erfüllt, dass der Auszubildende die Zugangsvoraussetzung für die Ausbildung (z. B. Abitur) nachweist. Diese Erfolgsprognose wird durch Leistungsnachweise während der Ausbildung bestätigt und durch Vorlage bestandener Leistungskontrollen im Laufe des Studiums begründet. Wenn diese Bedingungen erfüllt und die Leistungsnachweise erbracht sind, wird die Erfolgsprognose vermutet.

Die Altersgrenze für die Inanspruchnahme von Leistungen nach dem BAföG ist die Vollendung des 30. Lebensjahres. Der Staat fördert bei Überschreiten der Altersgrenze ausnahmsweise

- eine Ausbildung, die erst auf dem zweiten Bildungsweg erreicht wurde,
- eine Hochschulzugangsberechtigung aufgrund beruflicher Qualifikation,
- eine Ausbildung, die üblicherweise nicht vor dem 30. Lebensjahr begonnen wird,
- eine späte Ausbildung aus persönlichen oder familiären Gründen,

G. Bildung

- eine späte Ausbildung aus Gründen unverschuldeter Bedürftigkeit bei mangelnder Berufsqualifikation.

Nach § 8 Abs. 1 BAföG ist die Förderung für deutsche Staatsbürger und die ihnen gleichgestellten Ausländer vorgesehen. EU-Bürger sind den deutschen gleichgestellt, wenn sie Kinder von Wanderarbeitnehmern sind oder in einem ausbildungsnahen Beschäftigungsverhältnis Platz gefunden haben. Bei der Gewährung von Studienbeihilfen sind Unionsbürger dann Deutschen gegenüber gleich zu behandeln, wenn sie hinreichend integriert sind; davon ist auszugehen, wenn sie ein Daueraufenthaltsrecht haben, sich also mindestens fünf Jahre rechtmäßig in Deutschland aufgehalten haben. Für andere in der Bundesrepublik lebende Ausländer und für eine Ausbildung im Ausland gelten besondere Verwaltungsvorschriften. Nicht gleichgestellte Ausländer können dann in den Genuss der Förderung kommen, wenn sie oder ihre Eltern bereits eine bestimmte Zeit in der Bundesrepublik gelebt haben und rechtmäßig erwerbstätig gewesen sind. Regelmäßig haben auch diese Ausländer einen Förderungsanspruch, wenn ihre Eltern wegen Ausbildung, Kindererziehung, Krankheit, Schwangerschaft, Arbeitslosigkeit, Erwerbsunfähigkeit oder Beschäftigungsverbot nicht erwerbstätig waren. Jedoch müssen sie insgesamt wenigstens sechs Monate erwerbstätig gewesen sein. Für die nicht privilegierten Ausländer gelten zusätzlich die Maßnahmen der Ausbildungsförderung nach SGB III.

Das BAföG wird grundsätzlich nur für die Erstausbildung bis zum berufsqualifizierenden Abschluss gewährt. Ausnahmsweise wird eine Zweitausbildung finanziert und nach einem Ausbildungsabbruch bzw. Ausbildungswechsel weiter gefördert. In Bezug auf die neuen Studienabschlüsse wie Bachelor ist nicht zwingend mit dem Erreichen dieses Abschlusses eine Berufqualifikation gegeben, die ein Auslaufen der BAföG-Zahlungen zur Folge hat.

Als eine förderungswürdige Zweitausbildung anerkennt das Gesetz

- eine Ausbildung nach einer schulischen Berufsausbildung
- eine Ausbildung auf dem zweiten Bildungsweg
- eine Ausbildung nach einer Ausbildung des zweiten Bildungswegs

VI. Kosten, Finanzen, Förderungsmöglichkeiten

- ein Vertiefungs- und Ergänzungsstudium nach einem Hochschulstudium.

Eine Förderung nach einem Ausbildungsabbruch bzw. Ausbildungswechsel ist nur „aus wichtigem Grund" möglich, jedoch wird ein Abbruch oder Wechsel nach dem vierten Fachsemester nicht mehr akzeptiert.

Die **Förderungshöhe** errechnet sich aus einem gesetzlich bestimmten Bedarf, welcher sich aus einem Grundsockel und Zusatzbeträgen z. B. für eine eigene Wohnung, Krankenversicherung usw. zusammensetzt, abzüglich des anrechenbaren Einkommens und Vermögens des Auszubildenden und seiner Eltern. Derzeit liegt der Förderungssatz für Studenten, die nicht bei ihren Eltern leben und familienkrankenversichert sind, bei 466 Euro. Liegen Einkünfte und Vermögen des Auszubildenden oder seiner Eltern unterhalb der Anrechnungsgrenzen (bei Eltern 1440 Euro monatlich), bekommt er die volle Förderungshöhe. Haben er oder seine Eltern darüber hinausgehende eigene finanzielle Mittel, so werden diese stufenweise angerechnet. Dabei werden zu versorgende Geschwister zusätzlich durch Freibeträge berücksichtigt.

Die Hälfte des BAföG ist ein nicht zurückzuzahlender Zuschuss, die andere Hälfte ein zinsloses Darlehen. Diese Darlehen ist spätestens fünf Jahre nach dem Ende der Förderungshöchstdauer komplett oder in monatlichen Raten von mindestens 205 Euro innerhalb von 20 Jahren zurückzuzahlen. Wenn der Geförderte nach Abschluss der Ausbildung nicht mehr als 960 Euro monatlich verdient, verschiebt sich die Rückzahlungspflicht zeitlich nach hinten. Ein teilweiser Erlass der Rückzahlung ist bei guten und vorzeitigen Examina (§ 18b Abs. 1, § 18b Abs. 3 BAföG), bei Behinderungen (§ 18b Abs. 4 BAföG), aus sozialen Gründen (§ 18b Abs. 5 BAföG) und bei vorzeitiger Rückzahlung (§ 18 Abs. 5b BAföG) möglich.

3. Steuerfinanzierte Förderung im Ausland

Es ist auch eine Förderung der Ausbildung im Ausland möglich. Dafür müssen genügende Sprachkenntnisse vorliegen und die ausländische Ausbildungsstätte muss gleichwertig sein. Deutsche und EU-Ausländer können für Auslandsaufenthalte, die bloß förderlich sind, für ein Jahr gefördert werden. Nicht privilegierte Ausländer können nur für notwendige Auslandsausbildungen gefördert werden. Diese ist jedoch zeitlich nicht begrenzt. Die Förderungshöchstdauer richtet sich nach der Regelstudienzeit (vgl. § 10 Abs. 2 HRG) oder wenn eine Regelstudienzeit nicht festgelegt ist, nach § 15a BAföG. Auch hier sind wieder Ausnahmen, die eine Überschreitung der Förderungshöchstdauer rechtfertigen, vorgesehen. So besteht z. B. die Möglichkeit, die Abschlussprüfung zu wiederholen.

4. Steuerfinanzierte Förderung im Rahmen des Meister-BAföG

Neben dem BAföG gibt es noch das AFBG, das sog. Meister-BAföG. Es soll eine Lücke zwischen BAföG und SGB III schließen und wird nur gezahlt, sofern es keine Ansprüche nach BAföG und SGB III gibt, die vorrangig gezahlt werden. Mit dem Meister-BAföG wird die Teilnahme an Fortbildungsmaßnahmen gefördert. Diese Ausbildungsförderung ist ihrer Struktur nach dem BAföG ähnlich. Gefördert werden grundsätzlich Deutsche und diesen gleichgestellte Ausländer. Ausnahmsweise ist auch eine Auslandsförderung möglich. Die Berechnung des Bedarfs richtet sich nach den Regelungen des BAföG. Auch das Meister-BAföG wird je zur Hälfte als Zuschuss und Darlehen gewährt. Die Förderung ist auf zwei Jahre begrenzt. Neben den Lebenshaltungskosten werden im Unterschied zum BAföG auch die Kosten der Fortbildungsmaßnahmen übernommen. Das Darlehen muss spätestens zwei Jahre nach dem Ende der Maßnahmen und innerhalb von zehn Jahren zurückgezahlt werden. Die Ausnahmen für die Rückzahlung des Darlehens für die Lebenshaltung richtet sich nach dem BAföG, wohingegen das Darlehen für die Maßnahmen gemäß § 13 Abs. 6 nur im Falle einer Existenzgründung zurückzuzahlen sind.

Wichtige Gesetze

Bundesausbildungsförderungsgesetz (BAföG); siehe dazu unter: www.dasneue-bafoeg.de; SGB III (Arbeitsförderung); Gesetz zur Förderung der beruflichen Aufstiegsfortbildung (AFBG); § 10 II Hochschulrahmengesetz (HRG) in der Fassung 2006.

Vertiefende Literatur

Ramsauer, Stallbaum, Sternal, Mein Recht auf BAföG. Förderung von Auszubildenden an Schulen und Hochschulen, Beck-Rechtsberater im dtv, 4. Auflage München 2003 (dtv-Band 5283); *Niedobitek*, Studienbeihilfen und Unionsbürgerschaft, RdJB 2006, 105–115

Zu Fragen der Bildung bei Migrantinnen und Migranten siehe: „Bildung in Deutschland. Ein indikatorengestützter Bericht mit einer Analyse zu Bildung und Migration", Herausgeber: Konsortium Bildungsberichterstattung im Auftrag der Ständigen Konferenz der Kultusminister der Länder in der Bundesrepublik Deutschland und des Bundesministeriums für Bildung und Forschung, Bielefeld 2006, 327 Seiten, download unter www.bildungsbericht.de;

Sechster Bericht der Beauftragten der Bundesregierung für Migration, Flüchtlinge und Integration über die Lage der Ausländerinnen und Ausländer in Deutschland vom 22. 6. 2005, Kapitel B I. Zum Bildungswesen in Deutschland insgesamt siehe: *Cortina* u. a. (Hg.), Das Bildungswesen in der Bundesrepublik Deutschland. Strukturen und Entwicklungen im Überblick, Reinbek bei Hamburg, Neuausgabe November 2003 (Ein Bericht des Max-Planck-Instituts für Bildungsforschung, Berlin); www.bildungsserver.de

Auskünfte

Auslandsabteilungen und Studentensekretariate der Universitäten und Fachhochschulen. Siehe auch die homepage des Deutschen Akademischen Austauschdienstes: www.daad.de

H. Soziale Sicherung

Die folgende Übersicht über das System der sozialen Sicherung gibt die im Sozialgesetzbuch zusammengefassten Leistungsbereiche in ihrem jeweiligen systematischen Begründungszusammenhang wieder. Beispielhaft werden hier zur besseren Orientierung diejenigen Bereiche genannt, die für Ausländer allgemein von praktischer Bedeutung sind. Die jeweiligen Rechtsgrundlagen werden in Klammern genannt (z. B. SGB I).

Die **allgemeinen Bestimmungen** (Sozialgesetzbuch Allgemeiner Teil, SGB I) **gelten für alle Gebiete des Rechtes der sozialen Sicherung**. Das trifft auch zu für die Vorschriften des Zehnten Buches des Sozialgesetzbuchs über **„Verwaltungsverfahren – Schutz der Sozialdaten – Zusammenarbeit der Leistungsträger und ihre Beziehungen zu Dritten"** (SGB X).

Die Leistungsbereiche werden in den sogenannten besonderen Teilen des Sozialgesetzbuchs zusammengefasst und werden hier nach ihren sozialpolitischen Begründungszusammenhängen in vier unterschiedliche Säulen gegliedert. Mit dieser Übersicht können somit diejenigen Lebensbereiche schnell erfasst werden, in denen das Sozialrecht bestimmte Risiken schützen will: Unter dem Aspekt der sozialen Vorsorge werden die zentralen **sozialversicherungsrechtlichen Bereiche** zusammengefasst. Kennzeichen dieser Versicherungsbereiche ist die aus einer Beschäftigung erwachsene Verpflichtung zur Zahlung von Versicherungsbeiträgen. Die Finanzierungslasten dafür werden bei der Rentenversicherung, bei der Kranken- und Pflegeversicherung (je nach Krankenkassenzugehörigkeit in unterschiedlicher Höhe) und bei der Arbeitslosenversicherung grundsätzlich je zur Hälfte (anders z. B. bei der Rentenversicherung der Knappschaft) von den Arbeitgebern und den versicherungspflichtigen Beschäftigten, bei der Unfallversicherung allein von den Arbeitgebern getragen. Für das Sozialversicherungsrecht gelten neben den einzelnen Sozialgesetzbüchern (III, V, VI, VII, IX) sogenannte Gemeinsame Vorschriften der Sozialversicherung, SGB IV (z. B. für „geringfügige Beschäftigungsverhältnisse",

H. Soziale Sicherung

Übersicht zur sozialen Sicherung nach dem Sozialgesetzbuch (SGB)

Sozialgesetzbuch Allgemeiner Teil (SGB I)

Soziale Vorsorge/ Sozialversicherung	Soziale Entschädigung	Soziale Förderung	Sozialer Ausgleich
Krankenversicherung (SGB V)	Kriminalopferversorgung nach dem Opferentschädigungsgesetz (OEG) i. V. m. dem Bundesversorgungsgesetz (BVG)	Kindergeld (EStG, BKGG)	Arbeitslosengeld II/Grundsicherung für arbeitsfähige Arbeitsuchende (SGB II)
Rentenversicherung (SGB VI)	Häftlingshilfegesetz (für zu Unrecht erlittene Haft)	Kinder- und Jugendhilfe (SGB VIII)	Sozialhilfe/Grundsicherung für nicht Arbeitsfähige (SGB XII)
Unfallversicherung (SGB VII)	Infektionsschutzgesetz (IfSG)	Ausbildungsförderung (BAföG)	Leistungen für Asylbewerber (AsylbLG)
Pflegeversicherung (SGB XI)		Erziehungsgeld (seit 1. 1. 2007 Elterngeld) (BErzGG bzw. BEEG)	
Arbeitslosenversicherung (SGB III)		Unterhaltsvorschuss (UnterhVG) Wohngeld (WoGG) Hilfen für Behinderte (SGB IX)	

Gemeinsame Vorschriften Sozialversicherung (SGB IV)

Rehabilitation und Teilhabe behinderter Menschen (SGB IX): Dieses Buch beinhaltet z. T. Rechtsvorschriften zur Rehabilitation, die für mehrere Sozialleistungsbereiche gelten; deren Zuständigkeiten und Leistungsvoraussetzungen richten sich nach speziellen Leistungsgesetzen, z. B. SGV oder SGB III; z. T. enthält das SGB IX das Schwerbehindertenrecht mit behördlichen Leistungsträgern (Versorgungsämter, Integrationsämter, Bundesagentur für Arbeit).

Verwaltungsverfahren – Schutz der Sozialdaten – Zusammenarbeit der Leistungsträger und ihre Beziehungen zu Dritten (SGB X)

H. Soziale Sicherung

§ 8 SGB IV). Die übrigen Leistungsbereiche werden durch Steuern finanziert. Bei der **sozialen Entschädigung** übernimmt der Staat die finanzielle Verantwortung für solche Gesundheitsschäden, die er als Abgeltung für die Übernahme besonderer Opfer betrachtet (z. B. bei den Opfern von Gewalttaten für nicht leistbare Sicherungsvorsorge). Soziale **Förderungen** sind Ausdruck der jeweils herrschenden Vorstellungen über Sozialpolitik. Hier gewährt der Sozialstaat in unterschiedlichen Bereichen (z. B. Familienleistungen, Ausbildung) Unterstützung. Naturgemäß ergeben sich hier aufgrund ständig wechselnder Haushaltslagen und daran angepasster Politikentscheidungen in Bund und Ländern häufig Leistungskürzungen, die in den angepassten Leistungsgesetzen ihren Niederschlag finden – Schwierigkeiten bereitet gelegentlich die genaue Kenntnis der im Einzelnen zugrunde zu legenden Rechtslage. **Soziale Ausgleichsleistungen** (z. B. Sozialhilfe, Arbeitslosengeld II) runden die staatliche Leistungsstruktur ab, die insgesamt in der Weise ausgestaltet ist, dass nach dem Sozialstaatsprinzip allen Bürgern ein menschenwürdiges Leben nach den für unsere Gesellschaft maßgebenden Vorstellungen eines bestimmten Mindeststandards zustehen sollen.

Im Folgenden werden einzelne soziale Risiken etwas eingehender in ihrer rechtlichen Struktur dargestellt. Hervorzuheben ist, dass damit keine umfassenden Erörterungen zu den ausländerrechtlichen Besonderheiten des Sozialleistungssystems erfolgen können. Zu beachten ist immer, ob Ausländer Leistungen im Inland beanspruchen oder im Ausland darauf angewiesen sind. Je nach ihrer Eigenschaft als Unionsbürger, Türken oder sonstige Drittstaater sind jedenfalls Rententransfers (z. B. Altersrente, Unfallrente) oder auch Kranken- bzw. Pflegeversicherungsleistungen auch im Ausland beziehbar. Hierzu existieren entsprechende **Sonderrechtsvorschriften** (s. S. 188).

Im Folgenden werden vor allem die für Ausländer wichtigen Sicherungsbereiche näher angesprochen.

H. Soziale Sicherung

Sozialrechtliche Sonderrechtsregeln			
Unionsbürger	Türkische Staatsangehörige	Drittstaatsangehörige mit Daueraufenthalt	Sonstige Drittstaater
• Verordnung über die soziale Sicherheit der Wanderarbeiter und ihrer Familien (VO/EWG Nr. 1408/71 und die neue VO/EG 883/04) • Europäisches Fürsorgeabkommen	• ARB 3/80: ABl.EG Nr. C 110/60 vom 25.4.1983 • Bilaterale Sozialversicherungsabkommen • Europäisches Fürsorgeabkommen	Ausländer mit langfristigem Aufenthalt (Daueraufenthalt von mindestens 5 Jahren) bei Weiterwanderung innerhalb der EU • Richtlinie 2003/109/EG des Rates vom 25. November 2003 betreffend die Rechtsstellung der langfristig aufenthaltsberechtigten Drittstaatsangehörigen. • Bilaterale Sozialversicherungsabkommen • Europäisches Fürsorgeabkommen	• SGB, z. B. § 18 SGB V; § 97 SGB VII • Europäisches Fürsorgeabkommen • Bilaterale Sozialversicherungsabkommen

I. Arbeitslosengeld

Das Risiko der Arbeitslosigkeit entsteht aus vielerlei hier nicht zu vertiefenden Gründen. Die drei sozialrechtlichen Reaktionsformen zur Absicherung der Betroffenen sind personen- und situationsbezogen und unterscheiden sich in der Finanzierungsart. Es handelt sich um

- Arbeitslosengeld – beitragsfinanziert (§§ 117 ff. SGB III)
- Grundsicherung für Erwerbsfähige – steuerfinanziert (Arbeitslosengeld II, §§ 1,8 SGB II)
- Grundsicherung für dauerhaft Nicht-Erwerbsfähige und aus dem Erwerbsleben Ausgeschiedene – steuerfinanziert (Sozialhilfe, § 23 SGB XII)

Die dazugehörigen Rechtsnormen sehen bei Ausländern unter Umständen Besonderheiten vor.

Das **Arbeitslosengeld** ist eine sozialversicherungsrechtlich gewährleistete Leistung, auf die je nach Dauer der Zahlung von Beiträgen zur Arbeitslosenversicherung und je nach Alter zeitlich gestaffelte Ansprüche bestehen. Das Arbeitslosengeld wird gegebenenfalls an Arbeitnehmer, die das 65. Lebensjahr noch nicht vollendet haben, bei Arbeitslosigkeit und bei beruflicher Weiterbildung unter folgenden Voraussetzungen gezahlt: Sie müssen bei der Agentur für Arbeit arbeitslos gemeldet sein und die Anwartschaftszeit, eine Mindestzeit von gezahlten Versicherungsbeiträgen, erfüllt haben. Die Bezugsdauer des Arbeitslosengeldes (§ 127 ff. SGB III) beträgt nach Versicherungspflichtverhältnissen mit einer Dauer von insgesamt mindestens

... Monaten	und nach Vollendung des ... Lebensjahres	Monate
12		6
16		8
20		10
24		12
30	55.	15
36	55.	18

Nach Ausschöpfung des Arbeitslosengeldanspruchs wird je nach individuellem Bedarf das Arbeitslosengeld II (allgemein bekannt unter ALG II) oder bei fehlender Erwerbsfähigkeit Sozialhilfe gezahlt.

Wichtige Rechtsnormen

§§ 117–147a SGB III

Vertiefende Literatur

Winkler, Arbeitsförderung, in: *Brühl* u. a., Handbuch der Sozialrechtsberatung. HRSB, 2. Aufl. Baden-Baden 2007.

Auskünfte

Dienststellen der Bundesagentur für Arbeit

II. Grundsicherung für erwerbsfähige Arbeitsuchende (Arbeitslosengeld II – SGB II) und Sozialhilfe (SGB XII)
(für Unionsbürger siehe C. VII.)

Leistungen der Grundsicherung werden als steuerfinanzierte staatliche Ausgleichsleistungen immer dann gezahlt, wenn jemand trotz Arbeitsfähigkeit keinen eigenen Lebensunterhalt verdient und ein Bedarf vorliegt. Solche Ausländer, die sich gewöhnlich in der

H. Soziale Sicherung

Bundesrepublik Deutschland aufhalten, wie auch Asylbewerber, werden grundsätzlich in dieses Leistungssystem einbezogen. Sie werden allerdings je nach Status unterschiedlichen Bereichen zugeordnet. Grundsätzlich sind drei Grundsicherungsgesetze für Ausländer einschlägig:

Die Sozialhilfeleistungen für Asylbewerber wurden mit dem Asylbewerberleistungsgesetz (AsylbLG) von 1993 aus dem damaligen Bundessozialhilfegesetz (BSHG, heute SGB XII) herausgelöst und als ein eigenständiges Leistungsgesetz für Asylbewerber, geduldete Ausländer und Kriegs- bzw. Bürgerkriegsflüchtlinge zur Sicherstellung ihres Existenzminimums während ihres vorübergehenden Aufenthaltes in Deutschland eingeführt. Für die sonstigen Ausländer gelten seit dem 1.1. 2005 das SGB II mit seinen Vorschriften über die Grundsicherungsansprüche auch für arbeitslose arbeitsfähige Ausländer (Arbeitslosengeld II) sowie das SGB XII, die allgemeine Sozialhilfe. In allen Fällen handelt es sich um unterschiedliche Formen der Mindestsicherung.

Sozialgesetzbuch II (SGB II)	Sozialhilfegesetz (SGB XII)	Asylbewerberleistungsgesetz (AsylbLG)
Grundsicherung für arbeitsfähige Arbeitsuchende (Arbeitslosengeld II)	Grundsicherung für Arbeitsunfähige aus dem Erwerbsleben Ausgeschiedene und mit 18 Jahren auf Dauer Erwerbsgeminderte (Sozialhilfe)	Herabgestufte Leistungen für Asylbewerber, geduldete Ausländer und Kriegs- bzw. Bürgerkriegsflüchtlinge (Grundsicherung/Sozialhilfe)

1. Grundsicherung für arbeitsfähige Arbeitsuchende – Arbeitslosengeld II (SGB II)

Mit dem Vierten Gesetz über moderne Dienstleistungen am Arbeitsmarkt wurde die bisherige Arbeitslosenhilfe und Sozialhilfe ab 1.1. 2005 zu einer einheitlichen Leistung „Grundsicherung für Arbeitsuchende" („Arbeitslosengeld II") zusammengefasst, die auf der Grundlage des Zweiten Buches Sozialgesetzbuch (SGB II) erbracht wird. Die neue Aufgabe wird in geteilter Trägerschaft durch die

II. Grundsicherung für erwerbsfähige Arbeitsuchende

Agenturen für Arbeit sowie die kreisfreien Städte und Landkreise (kommunale Träger) ausgeführt – je nach Bundesland unterschiedlich. Das SGB II ist Teil des sog. Hartz-IV-Gesetzes und somit auch Teil einer umfassenden neuen Sozialgesetzgebung in Deutschland.

Das Arbeitslosengeld II wird an Erwerbslose gezahlt, die keinen Anspruch (mehr) auf die Versicherungsleistung „Arbeitslosengeld" haben. Nach § 7 Abs. 1 SGB II sind Personen leistungsberechtigt, die das 15. Lebensjahr vollendet und das 65. Lebensjahr noch nicht vollendet haben, die erwerbsfähig und hilfebedürftig sind und ihren gewöhnlichen Aufenthalt in der Bundesrepublik Deutschland haben (erwerbsfähige Hilfsbedürftige). Für diejenigen, die Arbeitslosengeld bezogen haben, werden übergangsweise innerhalb von zwei Jahren nach dem Ende des Bezugs von Arbeitslosengeld bei der dann einsetzenden Leistung von Arbeitslosengeld II zur Abfederung gegenüber den niedrigeren Leistungen des Arbeitslosengelds II bedarfserhöhende Zuschläge gezahlt.

Auf **Ausländer mit Duldung oder Aufenthaltsgestattung** findet das AsylbLG Anwendung; sie sind deshalb von den Leistungen nach dem SGB II ausgeschlossen. Weitere Ausländer, die zu diesem Personenkreis ohne Ansprüche auf das ALG gehören, sind: Asylbewerber, Personen im Flughafenverfahren, Bürgerkriegsflüchtlinge mit einer Aufenthaltsbefugnis nach § 22 AufenthG, Geduldete nach § 60 Abs. 7 AufenthG (Ausländer, bei denen die Abschiebung ausgesetzt wird, erhalten eine Duldungsbescheinigung, sofern ihnen nicht ein Aufenthaltstitel (befristete Aufenthaltserlaubnis nach § 25 Abs. 3 Satz 1 AufenthG erteilt wird), vollziehbar Ausreisepflichtige sowie Ehegatten und Kinder der genannten Personengruppen. Abgesehen von den Leistungsberechtigten nach dem AsylbLG sind nur Touristen sowie Ausländer, denen – ausnahmsweise – ausländerrechtlich eine Erwerbstätigkeit untersagt ist, von den Leistungen nach SGB II ausgeschlossen.

Keinen Anspruch auf Arbeitslosengeld II haben
- Leistungsberechtigte nach § 1 AsylbLG
- Geduldete nach § 60 Abs. 7 AufenthG
- vollziehbar Ausreisepflichtige
- Touristen

sowie deren Familienangehörige.

H. Soziale Sicherung

Die Grundsicherung für Arbeitsuchende umfasst – wie die Sozialhilfe – auch Dienst-, Geld- und Sachleistungen, die je nach individueller Lebenslage des Leistungsberechtigten gewährt werden. Im Vordergrund der Leistungen steht das Ziel, die Notsituation durch eine Eingliederung in den Arbeitsmarkt (unter Einsatz der Instrumente der Arbeitsförderung wie z. B. Umschulungskurse) oder durch eine Beschäftigungsmaßnahme mit Mehraufwandsentschädigung zu überwinden. Sofern im eigenen Haushalt der Arbeitsuchenden auch Personen leben, die nicht erwerbsfähig sind, haben diese einen Anspruch auf Sozialgeld (§ 28 SGB II) – in diesen Fällen spricht man von einer Bedarfsgemeinschaft. Mitglieder der Bedarfsgemeinschaft sind die mit der erwerbsfähigen hilfebedürftigen Person in gemeinsamem Haushalt zusammenlebenden Eheleute, Lebenspartner und Kinder, die das 25. Lebensjahr noch nicht vollendet haben, jeweils mit Anspruch auf 80 % reduziertem Regelbedarf. Beide Leistungsarten, also das ALG II und das Sozialgeld entsprechen ihrer Höhe und Struktur nach der Hilfe zum Lebensunterhalt nach SGB XII (also einer Mindestsicherung) und werden nur auf Antrag geleistet (§ 37 SGB II).

Ausländer haben Anspruch auf SGB-II-Leistungen, soweit ihnen nach den arbeitsgenehmigungsrechtlichen Vorschriften (SGB III) der Zugang zum Arbeitsmarkt nicht verwehrt ist. Nach § 8 Abs. 1 SGB II ist erwerbsfähig, wer nicht wegen Krankheit oder Behinderung auf absehbare Zeit außerstande ist, unter den üblichen Bedingungen des allgemeinen Arbeitsmarktes mindestens drei Stunden täglich erwerbstätig zu sein. § 8 Abs. 2 SGB II lautet: „Im Sinne von Abs. 1 können Ausländer nur erwerbstätig sein, wenn ihnen die Aufnahme einer Beschäftigung erlaubt ist oder erlaubt werden könnte." Voraussetzung für Leistungen nach dem SGB II ist also der „gewöhnliche Aufenthalt in der Bundesrepublik Deutschland" und ein gleich- oder nachrangiger Arbeitsmarktzugang. Seit April 2006 ist erforderlich, dass sich ihr Aufenthaltsstatus nicht „allein aus dem Zweck der Arbeitssuche ergibt". Damit sind Absolventen deutscher Hochschulen, die nach § 16 Abs. 4 AufenthG eine Aufenthaltserlaubnis und einen Arbeitsmarktzugang besitzen, vom ALG II-Bezug ausgeschlossen. Dasselbe gilt auch für freizügigkeitsberechtigte arbeitsuchende Unionsbürger, die noch nicht in Deutschland beschäftigt waren. Nicht geregelt ist allerdings, ob es sich um einen befristeten Zeitraum des Ausschlusses handelt oder um ein generelles Versagen von Leistungen. Ausländer sind dadurch gegenüber der größten Zuwanderungsgruppe, den Spätaussiedlern benachteiligt; denn diese können ALG-II-Leistungen auch dann beziehen, wenn sie in Deutschland noch nicht beschäftigt waren.

Ausländer gelten auch dann als erwerbsfähig, wenn die Aufnahme einer Beschäftigung ihnen nur mit einer Beschränkung erlaubt ist oder erlaubt werden könnte. Das gilt insbesondere für Ausländer mit (befristeter) Aufenthaltserlaubnis nach § 7 AufenthG. Im Ergebnis reicht es für den Anspruch auf Leistungen nach dem SGB II aus, dass der Ausländer eine Arbeitserlaubnis beanspruchen könnte, unabhängig davon, dass er bei der Arbeitserlaubniserteilung der Vorrangprüfung unterliegt und deshalb gegebenenfalls aufgrund der aktuellen Arbeitsmarktlage Probleme hat, auch tatsächlich eine Arbeitserlaubnis zu erhalten. Keine aufenthaltsrechtlichen Einschränkungen für Anspruchsberechtigung für das ALG II bestehen für Ausländer mit einer Niederlassungserlaubnis (§ 9 AufenthG) oder einer Aufenthaltserlaubnis/EU. Keinen Anspruch auf ALG II haben Ausländer, deren Aufenthaltsrecht sich allein aus dem Zweck der Arbeitssuche ergibt (§ 7 Abs. 1 Satz 2 SGB II).

Wer Anspruch auf das ALG II hat, ist von Leistungen der Hilfe zum Lebensunterhalt nach dem Dritten Kapitel des SGB XII ausgeschlossen. Anderes gilt nur in Sonderfällen, wenn z. B. die vorgesehenen Hilfen zum Lebensunterhalt für die Übernahme von Schulden (§ 21 in Verbindung mit § 34 SGB XII) nicht von der Bundesagentur beziehungsweise dem kommunalen Träger entsprechend § 22 Abs. 5 SGB II zu übernehmen sind.

Bei fehlendem Anspruch auf Arbeitslosengeld II entfallen auch Vermittlungsleistungen der Arbeitsagenturen. Die nach § 14 ff. SGB II vorgesehenen Förderungsleistungen zur Eingliederung in Arbeit erhalten diese Ausländer also gar nicht.

2. Grundsicherung für nicht Arbeitsfähige oder Rentner – Sozialhilfe (SGB XII)

Gleichzeitig mit dem SGB II wurde das Gesetz zur Einordnung des Sozialhilferechts in das Sozialgesetzbuch verabschiedet

(SGB XII), mit dem das bislang geltende Bundessozialhilfegesetz (BSHG) abgelöst wurde. An die Stelle des alten § 120 BSHG (Sozialhilfe für Ausländer) ist nun § 23 SGB XII getreten.

Nach § 23 Abs. 1 SGB XII ist Ausländern, die sich im Inland tatsächlich aufhalten, Hilfe zum Lebensunterhalt, Hilfe bei Krankheit, Hilfe bei Schwangerschaft und Mutterschaft sowie Hilfe zur Pflege zu gewähren. Im Übrigen können weitere Hilfen geleistet werden, d. h. es liegt im behördlichen Ermessen, soweit dies im Einzelfall gerechtfertigt ist. Ausländer, die im Besitz einer Niederlassungserlaubnis oder eines befristeten Aufenthaltstitels sind und sich voraussichtlich dauerhaft im Bundesgebiet aufhalten, erhalten auch andere, in § 23 Abs. 1 SGB XII nicht genannte Sozialhilfeleistungen, z. B. die Grundsicherung im Alter und bei Erwerbsminderung.

Ausländer, die eingereist sind, um Sozialhilfe zu erlangen, haben keinen Anspruch auf Sozialhilfe. In derartigen Fällen muss das Motiv, Sozialhilfe zu erlangen, prägend gewesen sein; dies ist gegebenenfalls vom Träger der Sozialhilfe nachzuweisen. Ist jemand zum Zweck einer Behandlung oder Linderung einer Krankheit eingereist, soll Krankenhilfe nur zur Behebung eines akut lebensbedrohlichen Zustandes oder für eine unaufschiebbare und unabweisbar gebotene Behandlung einer schweren oder ansteckenden Erkrankung geleistet werden.

Sozialhilfe für Ausländer (§ 23 SGB XII)

Anspruch auf Hilfe zum Lebensunterhalt	Ansprüche auf einzelne Hilfen
(§§ 27–40 SGB XII)	• bei Krankheit • bei Schwangerschaft • Mutterschaftshilfe • zur Pflege (§§ 61–66 SGB XII)

Ermessensleistungen: Weitere Hilfen, soweit im Einzelfall gerechtfertigt, wie z. B. Eingliederungshilfe

Für bestimmte Ausländer gibt es Sonderregelungen: Gleiche Rechte und Pflichten haben anerkannte Flüchtlinge: Asylberechtigte, Konventionsflüchtlinge (nach der GFK), Kontingentflüchtlinge (Jüdische Zuwanderer aus der ehemaligen Sowjetunion) und heimatlose Ausländer einschließlich deren Ehegatten und minderjähriger Kinder. Weiterhin sind österreichische und schweizerische Staatsangehörige, die sich in Deutschland aufhalten, sozialhilferechtlich den Deutschen gleichgestellt, sofern sie nicht zu dem Zwecke eingereist sind, um Vergünstigungen aus dem Abkommen (Fürsorgeabkommen Deutschland – Österreich) in Anspruch zu nehmen oder sich wegen einer im Augenblick der Einreise bestehenden Krankheit pflegen zu lassen (Fürsorgeabkommen Deutschland – Schweiz). Diese Leistungseinschränkung gilt ebenso für Staatsangehörige aus Unterzeichnerstaaten des Europäischen Fürsorgeabkommens (EFA). Für Arbeitnehmer und Verbleibeberechtigte mit ihren Familienangehörigen aus EU-Staaten ergibt sich der Anspruch auf mit Deutschen gleichgestellte Behandlung speziell aus Art. 7 Abs. 2 VO/EWG 1612/68. Danach genießen Arbeitnehmer mit der Staatsangehörigkeit anderer Mitgliedstaaten die gleichen sozialen Vergünstigungen wie inländische Arbeitnehmer. Diese Sonderstellung wird noch dadurch bekräftigt, dass die meisten Mitgliedstaaten der EU Unterzeichner des EFA sind.

Eine Gleichbehandlung mit Deutschen wird folgenden Ausländern gewährt:
- Asylberechtigten, Konventions- und Kontingentflüchtlingen, heimatlosen Ausländern einschließlich deren Ehegatten und Kindern
- Österreichischen und Schweizer Staatsangehörigen
- Staatsangehörigen aus Unterzeichnerstaaten des Europäischen Fürsorgeabkommens (EFA) – das sind alle Mitgliedstaaten der EU sowie Island, Norwegen, Schweiz, Türkei –, sofern sie sich erlaubt in Deutschland aufhalten
- Arbeitnehmern und ihren Familienangehörigen aus EU-Staaten nach dem Freizügigkeitsgesetz/EU (vgl. Art. 7 Abs. 2 VO/EWG 1612/68)

Angehörige und Zivilbedienstete der Stationierungsstreitkräfte (Nato-Truppenstatut) haben nach pflichtgemäßem Ermessen Ansprüche auf ein Mindestmaß an Hilfe, wenn der grundsätzlich verpflichtete Entsendestaat keine äquivalenten Unterstützungsansprüche gewährt.

Ausländer im Besitz einer Niederlassungserlaubnis oder eines befristeten Aufenthaltstitels und mit voraussichtlich dauerhaftem Aufenthalt im Bundesgebiet erhalten auch andere Sozialhilfeleistungen nach dem SGB XII wie
• Grundsicherung im Alter und bei Erwerbsminderung (§§ 41–46 SGB XII)
• Hilfen zur Gesundheit (§§ 47–52 SGB XII)
• Eingliederungshilfe (§§ 53–60 SGB XII)
• Hilfe zur Überwindung besonderer sozialer Schwierigkeiten (§§ 67–69 SGB XII)
• Hilfe in anderen Lebenslagen (§§ 70–74 SGB XII)

Ausländische Kinder und Jugendliche mit Behinderungen ohne bereits feststehendes dauerhaftes Aufenthaltsrecht werden vor dem Hintergrund von § 23 SGB XII von den ausbildungsbezogenen Leistungen im Rahmen der Eingliederungshilfe nach § 53 SGB XII (und den in der dazu ergangenen Eingliederungsverordnung näher beschriebenen bildungsbezogenen Hilfen) nur eingeschränkt begünstigt. Diese Leistungsbeschränkung erscheint angesichts der Rechtsprechung des Bundesverfassungsgerichts, wonach die Gewährung von Kindergeld in Abhängigkeit zum ausländerrechtlichen Status nur aus gewichtigen Gründen versagt werden darf, verfassungsrechtlich bedenklich.

Ausländer, denen Sozialhilfe geleistet wird, sind auf für sie zutreffende Rückführungs- und Weiterwanderungsprogramme hinzuweisen; in geeigneten Fällen ist auf eine Inanspruchnahme solcher Programme hinzuwirken, z. B. ist das REAG (Reisebeihilfen)/GARP-(Starthilfe)-Programm ein humanitäres Hilfsprogramm, das die freiwillige Rückkehr/Weiterwanderung fördert, Starthilfen bietet und der Steuerung von Migrationsbewegungen dient. Legal hier lebenden Ausländern darf mit dem Hinweis auf derartige Programme die Sozialhilfe nicht verweigert werden. Gedacht sind diese Finanzierungshilfen beispielsweise für (abgelehnte) Asylbewerber, aber auch für ausländische Frauen als Opfer von Frauenhandel und Zwangsprostitution, die freiwillig in ihre Heimat zurückkehren möchten, ohne dass darauf Rechtsansprüche bestehen. Entsprechende Anträge können nur über einen Verband der Freien Wohlfahrtspflege, kommunale oder Landesbehörden oder das UNO-Flüchtlingshilfswerk gestellt werden.

In den Teilen des Bundesgebiets, in denen sich Ausländer, gemeint sind vor allem Asylbewerber, einer ausländerrechtlichen räumlichen Beschränkung zuwider aufhalten, darf der für den tatsächlichen Aufenthaltsort zuständige Träger der Sozialhilfe nur die nach den Umständen unabweisbar gebotene Leistung erbringen. Näheres hierzu regelt § 11 Abs. 2 des AsylbLG.

3. Prekäre Situationen beim Leistungsbezug von Arbeitslosengeld II oder Sozialhilfe

a) Arbeitslosengeld II (ALG II)

Der Bezug von Arbeitslosengeld II kann zu Problemen bei der Verlängerung der Aufenthaltserlaubnis führen. Dies wiederum kann für die Erfüllung der Voraussetzungen einer Niederlassungserlaubnis von Bedeutung sein, da für deren Erwerb u. a. eine fünfjährige Aufenthaltserlaubnis vorausgesetzt wird. Sofern kein Anspruch auf die Erteilung der Aufenthaltserlaubnis besteht, kann die Verlängerung der Aufenthaltserlaubnis abgelehnt werden. Bei dieser Ermessensentscheidung sind die Dauer des rechtmäßigen Aufenthalts, schutzwürdige Bindungen des Ausländers an das Bundesgebiet (z. B. eheliche Verbindung oder nichteheliche Kinder, denen gegenüber eine Unterhaltspflicht besteht) und die Folgen für die rechtmäßig im Bundesgebiet lebenden Familienangehörigen des Ausländers (z. B. schwer durchführbare oder ausbleibende Unterhaltsverpflichtungen) zu berücksichtigen (§ 8 Abs. 3 AufenthG).

b) Sozialhilfebezug

Von großer Bedeutung sind die Folgen, die der Bezug oder Nichtbezug von Sozialhilfe für Ausländer sowohl im Aufenthaltsrecht, insbesondere beim Familiennachzug und der Ausweisung, als auch im Einbürgerungsrecht haben kann.

aa) Aufenthaltsrecht: Nach § 27 Abs. 2 AufenthG kann die Erteilung der Aufenthaltserlaubnis zum Zweck des Familiennachzugs versagt werden, wenn derjenige, zu dem der Familiennachzug stattfindet, für den Unterhalt von anderen ausländischen Familienangehörigen oder anderen Haushaltsangehörigen auf Sozialhilfe angewiesen ist. Nach § 31 Abs. 2 Satz 3 AufenthG kann die Verlängerung der Aufenthaltserlaubnis zur Vermeidung von Missbrauch versagt werden. Unbeschadet dieser Regelung steht nach § 31 Abs. 4 AufenthG die Inanspruchnahme von Sozialhilfe der Verlängerung der Aufenthaltserlaubnis nicht entgegen. Danach kann die Aufenthaltserlaubnis auch dann verlängert werden, solange die Voraussetzungen für die Erteilung der Niederlassungserlaubnis nicht vorliegen. Zur Frage eines eigenständigen, unbefristeten Aufenthaltsrechts der Kinder bestimmt § 35 Abs. 3, dass eine Niederlassungserlaubnis nach § 35 Abs. 1 nicht besteht, wenn der Lebensunterhalt nicht ohne Inanspruchnahme von Sozialhilfe oder Jugendhilfe (nach SGB VIII) gesichert ist, es sei denn, der Ausländer befindet sich in einer Ausbildung, die zu einem anerkannten schulischen oder beruflichen Bildungsabschluss führt.

Unionsbürger dürfen wegen Inanspruchnahme von Sozialhilfe nicht ausgewiesen werden. Zur Ausweisung sonstiger Ausländer regelt § 55 Nr. 6 AufenthG, dass ein Ausländer insbesondere dann ausgewiesen werden kann, wenn er für sich, seine Familienangehörigen oder für sonstige Haushaltsangehörige Sozialhilfe in Anspruch nimmt. Zu Fragen der Datenübermittlung an Ausländerbehörden bei Sozialhilfebezug siehe Kapitel M. IV.

bb) Einbürgerungsrecht: Auch bei der Frage der Einbürgerung spielt der Bezug von Arbeitslosengeld II und Sozialhilfe eine Rolle. § 10 Abs. 1 Nr. 3 StAG sieht vor, dass ein Ausländer auf Antrag dann einzubürgern ist, wenn er neben anderen zu erfüllenden Voraussetzungen auch den Lebensunterhalt für sich und seine unterhaltsberechtigten Familienangehörigen bestreiten kann, ohne Arbeitslosengeld II oder Sozialhilfe in Anspruch zu nehmen. Von dieser Voraussetzung wird abgesehen, wenn der Ausländer noch nicht 23 Jahre alt ist oder aus einem von ihm nicht zu vertretenden Grund den Lebensunterhalt nicht ohne Inanspruchnahme von Arbeitslosengeld II und Sozialhilfe bestreiten kann. Darunter versteht man nach der Allgemeinen Verwaltungsvorschrift zum Staatsangehörigkeitsrecht (StAR-VwV), dass jemand, der Hilfe zum Lebensunterhalt (Sozialhilfe) oder Arbeitslosengeld II bezieht, keinen Einbürgerungsanspruch hat. Dies gilt auch, wenn der Einbürgerungsbewerber ohne eigenes Verschulden in diese Situation gekommen ist. Dagegen steht es der Einbürgerung nicht entgegen, wenn der Einbürgerungsbewerber Kindergeld oder eine Rente eines deutschen Trägers bezogen hat oder bezieht. Bezieht er andere Leistungen, wie Arbeitslosengeld, Erziehungsgeld, Unterhaltsgeld, Krankengeld, Wohngeld oder Ausbildungsförderung nach dem Bundesausbildungsförderungsgesetz, ist im Rahmen einer Prognoseentscheidung zu prüfen, ob der Einbürgerungsbewerber künftig in der Lage sein wird, sich ohne Bezug solcher Leistungen aus eigenen Kräften zu unterhalten (zur Einbürgerung siehe Kapitel L.).

Wichtige Gesetzesmaterialien und Richtlinien

§§ 1,7,8 SGB II; Synopse zu den Leistungsansprüchen nach altem und neuem Recht von *Bäcker* und *Koch* unter http://www.sozialpolitik-aktuell.de
§ 23 SGB XII; AsylbLG; §§ 71 ff. SGB X; § 10 StAG und die Allgemeine Verwaltungsvorschrift zum Staatsangehörigkeitsrecht (StAR-VwV)
Näheres zu den Programmen: Reintegration and Emigration Program for Asylum-Seekers in Germany (REAG) und Government Assisted Repatriation Programm (GARP) unter: www.bamf.de

Vertiefende Literatur

Rothkegel (Hrsg.), Sozialhilferecht. Existenzsicherung – Grundsicherung, Handbuch, Baden-Baden 2005; *Brühl* u. a., Handbuch Sozialrechtsberatung. HRSB, 2. Aufl. Baden-Baden 2007.

Auskünfte

Die örtlichen Sozialämter, die sozialen Dienste der Wohlfahrtsverbände und die Dienststellen der Bundesagentur für Arbeit; kommunale Träger der Sozialhilfe; Bundesagentur für Arbeit (BA) sowie die gemeinsam von den kommunalen Trägern und der BA vereinbarten Arbeitsgemeinschaften (Arge nach § 44 b SGB II), z. B. BAgIS (Bremer Arbeitsgemeinschaft für Integration und Soziales).

III. Entschädigung

Für Ausländer relevante Entschädigungsansprüche können sich vor allem aus dem Gesetz über die Entschädigung für Opfer von Gewalttaten von 1993 (Opferentschädigungsgesetz) ergeben, das unter

bestimmten Voraussetzungen bei Gewalttaten mit gesundheitlichen und wirtschaftlichen Folgen eine Entschädigung der Opfer vorsieht. Nach § 1 Abs. 4 OEG haben Ausländer einen **Anspruch auf Versorgung nach dem Bundesversorgungsgesetz**,
- wenn sie Staatsangehörige eines Mitgliedstaates der Europäischen Gemeinschaften sind oder
- soweit Rechtsvorschriften der Europäischen Gemeinschaften, die eine Gleichbehandlung mit Deutschen erforderlich machen, auf sie anwendbar sind oder
- Drittstaatsangehörige, wenn die Gegenseitigkeit gewährleistet ist oder wenn sie sich rechtmäßig seit mindestens drei Jahren in der Bundesrepublik Deutschland aufhalten.

Eingeschränkte Leistungen erhalten Drittstaatsangehörige, die sich kürzer als drei Jahre in der Bundesrepublik Deutschland aufhalten. **Eine einmalige Abfindung (Härteausgleich) nach Ermessen** erhalten Touristen und Besucher, die sich zwar rechtmäßig, aber nur kurzfristig in der Bundesrepublik Deutschland aufhalten, bei besonders schwerer Schädigung beim endgültigen Verlassen der Bundesrepublik Deutschland.

In dem Opferentschädigungsgesetz wurde das im Völkerrecht entwickelte Gegenseitigkeitsprinzip, wonach ein Anspruch nur dann gegeben ist, wenn der Herkunftsstaat ebenfalls Entschädigung gewährt, gegenüber Drittstaatsangehörigen modifiziert. Unionsbürger werden entschädigungsrechtlich mit Deutschen gleichgestellt, während Drittstaatsangehörige einer Sonderregelung unterfallen. Eine Gleichstellung der Ausländer, die sich rechtmäßig seit mindestens drei Jahren in der Bundesrepublik Deutschland aufhalten, mit Deutschen und EU-Ausländern ist vorgesehen. Eingeschränkte Leistungen erhalten Ausländer, die sich rechtmäßig kürzer als drei Jahre in der Bundesrepublik Deutschland aufhalten. Im Rahmen einer Härteausgleichsregelung können Touristen und Besucher, die sich zwar rechtmäßig, aber nur kurzfristig in der Bundesrepublik Deutschland aufhalten, bei besonders schwerer Schädigung beim endgültigen Verlassen der Bundesrepublik Deutschland eine einmalige Abfindung erhalten (§ 10 b OEG). Weitere Besonderheiten sind in § 1 Abs. 5 bis 7 OEG geregelt. Eine Entschädigung nach dem

§ 56 Infektionsschutzgesetz erfolgt für Ausländer ebenso wie für Deutsche.

IV. Kindergeld, Erziehungs- bzw. Elterngeld, Unterhaltsvorschuss und Wohngeld

Ansprüche auf **Kindergeld, Erziehungs- bzw. Elterngeld** und **Unterhaltsvorschuss** haben Ausländer auf Antrag nach in allen Gesetzen vergleichbar formulierten Voraussetzungen, wenn sie in Deutschland einen Wohnsitz oder einen gewöhnlichen Aufenthalt haben und
- eine Niederlassungserlaubnis,
- eine Aufenthaltserlaubnis zum Zwecke der Erwerbstätigkeit,
- eine Aufenthaltserlaubnis nach § 25 Abs. 1 und 2, den §§ 31, 37, 38 des Aufenthaltsgesetzes oder
- eine Aufenthaltserlaubnis zum Zwecke des Familiennachzugs zu einem Deutschen oder zu einer von den Nummern 1 bis 3 erfassten Person besitzen.

Kein Kinder-, Erziehungs- bzw. Elterngeld oder Unterhaltsvorschuss erhält, wer Saisonarbeitnehmer oder Werkvertragsarbeitnehmer ist oder im Rahmen seines im Ausland bestehenden Beschäftigungsverhältnisses vorübergehend nach Deutschland entsandt ist und aufgrund über- oder zwischenstaatlichen Rechts oder nach § 5 SGB IV nicht dem deutschen Sozialversicherungsrecht unterliegt. Entsprechendes gilt für den ihn begleitenden Ehegatten oder Lebenspartner, wenn dieser in Deutschland keine mehr als geringfügige Beschäftigung (§ 8 SGB IV) ausübt.

Türkische Staatsangehörige erhalten auch – sofern wie in Bayern vorgesehen – Landeserziehungsgeld.

Mit dem seit 1.1.2007 geltenden Gesetz zum Elterngeld und zur Elternzeit (BEEG) wird das Bundeserziehungsgeldgesetz abgelöst. Danach erhalten berufstätige Mütter oder Väter von der Geburt an 67 Prozent ihres durchschnittlichen Nettoeinkommens der vergangenen 12 Monate (mindestens 300 Euro – bei Arbeitslosengeld II, Sozialhilfe, Unterhalt und Kinderzuschlag wird das Elterngeld oberhalb dieses Sockelbetrags als Einkommen berücksichtigt; maximal

H. Soziale Sicherung

1.800 Euro). Unionsbürger sind Deutschen gleichgestellt, Drittstaatsangehörige müssen besondere, im BErzGG vergleichbar, aber weniger einschränkend geregelte Voraussetzungen erfüllen (§ 1 Abs. 1 und 7 BEEG).

Wohngeld wird ebenfalls auf Antrag nach § 1 Wohngeldgesetz zur wirtschaftlichen Sicherung angemessenen und familiengerechten Wohnens als Miet- oder Lastenzuschuss zu den Aufwendungen für den Wohnraum geleistet. Für einen Mietzuschuss sind antragsberechtigt unter anderem

- der Mieter von Wohnraum,
- der Bewohner eines Heimes im Sinne des Heimgesetzes, soweit er nicht nur vorübergehend aufgenommen wird,
- Empfänger von Leistungen des Arbeitslosengeldes II und des Sozialgeldes nach SGB II,
- Empfänger von Leistungen der Grundsicherung im Alter und bei Erwerbsminderung nach dem SGB XII und
- Empfänger von Leistungen der Hilfe zum Lebensunterhalt nach dem SGB XII.

Die sehr technisch ausgestalteten Antragsvoraussetzungen zu den genannten Sozialleistungen können hier nicht im Einzelnen mitgeteilt werden. Bei den zuständigen Stellen gibt es jeweils Formulare dazu.

Wichtige Gesetze

Bundeskindergeldgesetz (BKGG), Bundeserziehungsgeldgesetz (BErzGG), Bundeselterngeld- und Elternzeitgesetz (BEEG), Unterhaltsvorschussgesetz (UhVorschG); Wohngeldgesetz (WGG).

Wichtige Urteile

Entscheidungen des Bundesverfassungsgerichts vom 6. 7. 2004, InfAuslR 2005, 67 (zum Kindergeld) und NVwZ 2005, 319 (zum Erziehungsgeld) – jeweils zur Frage des Ausschlusses von Ausländern von Familienleistungen.

Vertiefende Literatur

Brühl u. a., Handbuch der Sozialrechtsberatung. HRSB, 2. Aufl. Baden-Baden 2007; *Gutmann*, Soziale Rechte von Kindern und Jugendlichen, InfAuslR 2006, 142–147; *Werner*, Erziehungsgeld und Kindergeld für Ausländer – Eine unendliche Geschichte, InfAuslR 2006, 237–244.

Auskünfte und Antragsformulare

sind bei den zuständigen Sozialämtern, den Dienststellen der Bundesagentur für Arbeit oder bei kommunalen bzw. örtlichen Wohnungsämtern zu erhalten.

V. Jugendhilfe

Bei der Jugendhilfe geht es grundsätzlich darum, die Eltern in ihrer Erziehungskompetenz zu fördern und zu unterstützen. Derartige Hilfen werden nach dem Kinder- und Jugendhilfegesetz von 1991, dem Sozialgesetzbuch VIII gewährt. Dieses Gesetz regelt Leistungen, die jungen Menschen und den Müttern, Vätern bzw. Personensorgeberechtigten von Minderjährigen gewährt werden, und andere Aufgaben. Es geht um Hilfen zur Erziehung; im Einzelfall können damit auch Eingriffe in die Rechte von Eltern oder sonstigen Erziehungsberechtigten oder den jugendlichen Ausländern, den „Ausländerkindern" verbunden sein. Was ist unter „Ausländerkindern" zu verstehen?

Das Handeln der Jugendbehörden ist in eine Vielzahl von Normen eingebunden. Sie müssen insbesondere das UN-Übereinkommen über die Rechte des Kindes von 1989 beachten, mit der Zustimmung zu welchem sich die Bundesrepublik Deutschland verpflichtet hat, Einrichtungen, Dienste und Institutionen für die Betreuung von Kindern weiter auszubauen. Ebenso verpflichtet das Haager Minderjährigenschutzabkommen die Mitgliedsstaaten dazu, den Schutz des Minderjährigen und seines Vermögens bis zur Rückführung in den Herkunftsstaat zu gewähren. Leistungen der Jugendhilfe an Unionsbürger sind als soziale Vergünstigungen im Sinne des Freizügigkeitsrechts der EG anzusehen.

Sofern die Jugendhilfe nicht ohnehin im Einzelfall auf Besonderheiten junger Menschen zu achten hat, bestimmt das SGB VIII erstmals in der Geschichte des Jugendhilferechts ausdrücklich, dass auch junge ausländische Staatsangehörige Jugendhilfeleistungen beanspruchen können, z. B. einen Kindergartenplatz nach § 24 f. SGB VIII (siehe dazu Kapitel G. I). In § 1 Abs. 1 SGB VIII heißt es: „**Jeder** (Hervorhebung des Autors) junge Mensch hat ein Recht auf Förderung seiner Entwicklung und auf Erziehung zu einer eigenverantwortlichen und gemeinschaftsfähigen Persönlichkeit."

H. Soziale Sicherung

Maßgeblich für Jugendhilfeleistungen an Ausländer ist der § 6 SGB VIII. Nach § 6 Abs. 2 können Ausländer „Leistungen nach diesem Buch nur beanspruchen, wenn sie rechtmäßig oder aufgrund einer ausländerrechtlichen Duldung ihren gewöhnlichen Aufenthalt im Inland haben". Vorrangig ist allerdings § 6 Abs. 4 zu beachten, der bestimmt, dass Leistungen, die in Regelungen des über- und zwischenstaatlichen Rechts vereinbart wurden, unberührt bleiben. Leistungen des SGB VIII werden an ausländische Jugendliche vorrangig nach über- und zwischenstaatlichem Recht (§ 6 Abs. 4 SGB VIII), nach Europäischem Gemeinschaftsrecht oder nach Völkerrecht, z. B. dem Europäischen Fürsorgeabkommen von 1953 oder dem Haager Minderjährigenschutzabkommen von 1961, im Übrigen nach § 6 Abs. 2 SGB VIII gewährt.

Das Europäische Gemeinschaftsrecht garantiert Gleichbehandlung für die Unionsbürger (vgl. Art. 12 EG und Art. 7 Abs. 2 VO/EWG Nr. 1612/68). Das Europäische Fürsorgeabkommen gewährleistet etwa erforderliche Grundsicherung in Form von Geld- oder Sachleistungen, nicht jedoch Erziehungs- und Beratungsleistungen. Der vom Minderjährigenschutzabkommen gewährleistete Schutz wird durch das SGB VIII umgesetzt. So erhalten alleinreisende Minderjährige nach dem Haager Minderjährigenschutzabkommen Leistungen der Jugendhilfe, z. B. Inobhutnahme, Krankenhilfe, Rückführung. § 6 Abs. 2 SGB VIII hat in diesem Zusammenhang vor allem Bedeutung für volljährige ausländische junge Menschen. Der Leistungsanspruch richtet sich hierbei vorrangig an die Sorgeberechtigten, gegebenenfalls an den Amtsvormund oder Amtspfleger. Ausländischen Eltern von Minderjährigen können Leistungen auch dann beanspruchen, wenn ihr Kind die deutsche Staatsangehörigkeit durch Einbürgerung erworben hat. Für junge Volljährige sind Leistungen nach dem SGB VIII lediglich als Hilfe zur Verselbständigung möglich und nur dann ohne größere Probleme zugänglich, wenn bereits zuvor beim noch Minderjährigen Jugendhilfe geleistet worden ist.

§ 6 Abs. 2 SGB VIII knüpft zwei Bedingungen an die Leistung: Deutschland muss der gewöhnliche Aufenthaltsort (§ 30 Abs. 3 SGB I) der Leistungsempfänger sein und dieser gewöhnliche Aufenthalt muss entweder rechtmäßig (§ 7 AufenthG) oder ausländerrechtlich geduldet (§ 60a AufenthG) sein.

Eine Person hat – nach der Legaldefinition von § 30 SGB I – ihren gewöhnlichen Aufenthalt dort, wo sie sich unter Umständen aufhält, die darauf schließen lassen, dass sie an diesem Ort oder in diesem Gebiet nicht nur vorübergehend weilt. Ausländische Jugendliche müssen danach subjektiv den Willen haben, an diesem Ort nicht nur vorübergehend zu verweilen, und objektiv in der Lage sein, ihren entsprechenden Willen auch tatsächlich verwirklichen zu können.

Wie der Anspruch auf Jugendhilfe umgesetzt werden kann, dazu gibt § 1 Abs. 2 SGB VIII eine Orientierung: Jugendhilfe soll u. a. junge Menschen in ihrer individuellen und sozialen Entwicklung fördern und dazu beitragen, Benachteiligungen zu vermeiden oder abzubauen. Gerade bei jungen Menschen mit Migrationshintergrund bedeutet dies, die spezifische individuelle Lage und kulturelle wie religiös geprägte Besonderheiten bei der Aufgabenwahrnehmung der Jugendhilfe (vgl. § 2 SGB VIII) zu beachten. Bei der Ausgestaltung der Leistungen und der Erfüllung der Aufgaben sind verfassungsrechtliche Vorgaben (Gleichbehandlung und Benachteiligungsverbot) und insbesondere elterliche Entscheidungen über die Grundrichtung der Erziehung (Art. 6 Abs. 2 GG) zu berücksichtigen (vgl. § 9 SGB VIII). Der Staat, d. h. die öffentlichen Träger der Jugendhilfe, hat darüber zu wachen, dass Kindererziehung nicht mit dem Kindeswohl in Konflikt gerät und dass elterliche Erziehung nicht mit Gewalt erfolgen darf. Andernfalls muss er eingreifen.

Unterschiedliche Grundrichtungen der Erziehung finden ihre Grenze in den Grundrechten des Grundgesetzes, die nicht nur im Grundgesetz, sondern meist konkreter in den jeweiligen Verfassungen der Bundesländer beschrieben sind und im Rahmen der Durchführungsvorschriften der Länder (z. B. Länder-Ausführungsgesetze zum SGB VIII) näher konkretisiert werden. Ist eine Persönlichkeitsgefährdung eines Kindes durch das Handeln oder Unterlassen der Eltern gegeben und kann in einem solchen Fall das Jugendamt nicht ausgleichen, dann wäre ausnahmsweise eine Intervention wegen Gefährdung des Kindeswohls gemäß § 1666 BGB möglich.

Elterliche Grundentscheidungen im Bereich der religiösen Erziehung von Kindern und Jugendlichen sind als Ausdruck der Bekenntnisfreiheit nach Art. 4 GG selbstverständlich von den Jugendbehörden zu beachten. Das gilt vor allem für die Erziehung im Vorschulbereich (siehe zur Kindergartenerziehung Kapitel I – Bildung). Weiterhin hat die Jugendhilfe z. B. darauf zu achten, dass die unterschiedlichen Lebenslagen von Mädchen und Jungen zu berücksichtigen sind (§ 9 Nr. 3 SGB VIII). Insgesamt hat die Jugendhilfe gleichberechtigte Teilhabeansprüche auf Jugendhilfeleistungen gerade bei ausländischen jungen Menschen unter Berücksichtigung kultureller Vielfalt zu gewähren. Diese sind im Rahmen der Jugendhilfeplanung (§ 80 SGB VIII) umzusetzen.

Für ausländische Jugendliche wichtige Leistungen der Jugendhilfe umfassen die Leistungen der Jugendsozialarbeit gemäß § 13 SGB VIII. Zum Ausgleich sozialer Benachteiligungen oder zur Überwindung individueller Beeinträchtigungen sollen sozialpädagogische Hilfen angeboten werden, die der schulischen und beruflichen Ausbildung, der Eingliederung in die Arbeitswelt und der sozialen Integration dienen. Sofern nicht Maßnahmen anderer Träger vorliegen, können individuell geeignete sozialpädagogisch begleitete Ausbildungs- und Beschäftigungsmaßnahmen sowie erforderlichenfalls die Unterkunft während dieser Maßnahmen in sozialpädagogisch begleiteten Wohnformen angeboten werden.

Auch wenn im Rahmen der Jugendhilfe kaum Fälle denkbar sind, in denen ausländischen Jugendlichen Leistungen verwehrt werden können, so besteht doch nach wie vor das Problem, dass mit der Jugendhilfegewährung ausländerrechtliche Konsequenzen verbunden sein können. Denn ein Ausländer kann nach § 55 AufenthG ausgewiesen werden, wenn sein Aufenthalt die öffentliche Sicherheit und Ordnung oder sonstige erhebliche Interessen der Bundesrepublik Deutschland beeinträchtigt. Ein Ausländer kann nach § 55 Abs. 2 Nr. 7 AufenthG insbesondere dann ausgewiesen werden, wenn er Hilfe zur Erziehung außerhalb der eigenen Familie oder Hilfe für junge Volljährige nach dem Achten Buch Sozialgesetzbuch erhält. Das gilt nicht für einen Minderjährigen, dessen Eltern oder dessen allein personensorgeberechtigter Elternteil sich rechtmäßig im Bundesgebiet aufhalten. Daß sich unter diesen Bedingungen eine Situation ergeben kann, in der Jugendhilfeleistungen erbracht werden, die unter den Voraussetzungen von § 55 Abs. 2 Nr. 7 AufenthG zur Ausweisung führen können, macht einen Wertungswiderspruch zwischen dem Kinder- und Jugendhilferecht einerseits und dem Ausländerrecht andererseits deutlich: Sozialpädagogisch für sinnvoll gehaltene Leistungen sollen auf Ausländer beschränkt bleiben, die hier auf Dauer rechtmäßig leben und integriert werden sollen. Dass die mögliche ausländerrechtliche Ausweisungsentscheidung an die Rechtmäßigkeit des elterlichen Aufenthaltsrechts gekoppelt bleibt, ist problematisch. Hier muss die Ermessensentscheidung besonders sorgfältig begründet werden und überprüfbar sein.

Die Adoption von Kindern unter 18 Jahren – auch sie ist als eine Aufgabe des Kinder- und Jugendhilferechts anzusehen – erfolgt auf der Grundlage eines speziellen Gesetzes, dem Adoptionsvermittlungsgesetz.

Wichtige Gesetze

Art. 18 UN-Kinderrechtskonvention; Haager Abkommen über die Zuständigkeit und das anzuwendende Recht auf dem Gebiet des Schutzes von Minderjährigen von 1961; Europäisches Fürsorgeabkommen (EFA); Art. 7 Abs. 2 VO/EWG Nr. 1612/68; Art. 3, 4, 6 GG; Kinderrechtliche Grundrechtsregeln der Länderverfassungen; Kinder- und Jugendhilfegesetz (SGB VIII), insbesondere §§ 1, 6, 9; auch § 1666 BGB; Adoptionsvermittlungsgesetz.

Vertiefende Literatur

Sachverständigenkommission 11. Kinder- und Jugendbericht (Hrsg.), Band 5: Migration und Europäische Integration. Herausforderungen für die Kinder- und Jugendhilfe, Opladen 2002 (mit Beiträgen von *Diefenbach, Renner* und *Schulte*); *Krauss*, Kinder- und Jugendhilfe für Zugewanderte, ZAR 2003, 183–189.
Brühl u. a., Handbuch der Sozialrechtsberatung. HRSB, 2. Aufl. Baden-Baden 2007.

Auskünfte und Beratung

Jugendämter; Soziale Dienste der Wohlfahrtsverbände.

VI. Krankheit und Pflegebedürftigkeit

Besonderheiten im Bereich des Krankenversicherungsrechts für Ausländer und deren gesundheitliche Versorgung sind auf rechtlicher Ebene kaum auszumachen. Ausländer sind über die Vorschriften des SGB V, SGB VII und SGB XI in die Kranken-, Pflege- und Unfallversicherungsstrukturen in gleicher Weise wie Deutsche einbezogen (Versicherungspflicht etc.). Im Rahmen der konkreten Versorgung gibt es gleichwohl Unterschiede, z. B. wenn Kranken- oder Pflegebehandlungen nur unter Inanspruchnahme von Dolmetschern möglich sind. Die Versorgung vor Ort variiert durchaus, ohne dass hier nähere Einzelheiten behandelt werden können.

Im Krankenversicherungsrecht spielt häufig die Frage nach einer möglichen auswärtigen Behandlung (innerhalb oder außerhalb der EU) eine Rolle. Für Unionsbürger ergeben sich Besonderheiten bei grenzüberschreitender Kranken- bzw. Krankenhausbehandlung. Sonderregelungen (§ 18 SGB V) gibt es für Behandlungen außerhalb des Raumes des EWR (EU, Norwegen, Island).

Von großer praktischer Bedeutung ist, dass Leistungsansprüche ruhen, wenn sich Versicherte im Ausland aufhalten, und zwar auch dann, wenn sie dort während eines vorübergehenden Aufenthalts (z. B. bei einem Verwandtenbesuch) erkranken (§ 16 SGB V). Im Pflegeversicherungsrecht gilt eine besondere „Ruhensregelung" (§ 34 SGB XI): Der Anspruch auf Pflegeversicherungsleistungen ruht, solange sich der Versicherte im Ausland aufhält. Das Pflegegeld (§ 37 SGB XI) oder das anteilige Pflegegeld von Kombinationsleistungen (§ 38 SGB XI: Kombination von Sach- und Geldleistungen) muss aber bei vorübergehendem Auslandsaufenthalt bis zu sechs Wochen im Kalenderjahr weitergezahlt werden. Für Information, Beratung und Aufklärung und Kostenabrechnungen mit in- und ausländischen Stellen sowie weitere Aufgaben ist die Deutsche Verbindungsstelle Krankenversicherung – Ausland zuständig (§ 219a SGB V).

Wichtige Gesetze

SGB V, insbesondere §§ 13, 16, 18, 219a SGB V; SGB XI, insbesondere §§ 34, 37, 38 SGB XI.

Vertiefende Literatur

Ebsen/Knieps Krankenversicherungsrecht, und *Igl.*, Pflegeversicherung, beide in: v. *Maydell/Ruland* (Hrsg.), Sozialrechtshandbuch (SRH), 3. Auflage Baden-Baden 2003, 813–900 bzw. 1061–1102; *Fuchs* (Hrsg.), Kommentar zum Europäischen Sozialrecht, 4. Auflage, Baden-Baden 2005; außerdem die internationalrechtlichen Beiträge im oben erwähnten Sozialrechtshandbuch (SRH): Das nationale Recht grenzüberschreitender Sachverhalte (S. 1583–1609, *Steinmeyer*), Supranationales Recht (S. 1610–1676, *Schulte*), Das Sozialrecht der internationalen Organisationen (S. 1677–1700, *Nußberger*) und Sozialversicherungsabkommen (S. 1701–1723, *Petersen*). Zu den einzelnen Sozialleistungsbereichen auch: *Brühl* u. a., Handbuch der Sozialrechtsberatung. HRSB, 2. Aufl. Baden-Baden 2007.

Auskünfte

zu allen Fragen der Kranken- und Pflegeversicherung erteilen die gesetzlichen und privaten Krankenkassen. Auskünfte zu allen auslandsrelevanten Informationen erteilt die Deutsche Verbindungsstelle Krankenversicherung – Ausland: www.dvka.de

VII. Alter

Die Beitragspflicht zur Rentenversicherung knüpft an eine Erwerbsbeschäftigung an. Insofern ergeben sich keine anderen Verpflichtungen für Ausländer als für Deutsche. Die unterschiedlichen Renten wie z. B. Altersrente oder Erwerbsminderungsrente unterliegen in Entstehung und Leistungsumfang einem komplizierten Regelungstechnik des SGB V. Das muss hier nicht vertieft werden, denn dazu gibt es umfangreiche Literatur und auch kompetente Beratung bei den für Rentenfragen zuständigen Sozialversicherungsträgern. Orientierungen sollen hier allerdings für die Fragen in Zusammenhang mit dem Rentenexport ins Ausland gegeben werden.

Diese Fragen stellen sich, wenn Ausländer aus der EU in Deutschland arbeiten oder ihre Arbeit fortsetzen und Rentenansprüche (weitere) erwerben oder wenn Drittstaatangehörige ins Ausland zurückkehren und dorthin ihre erworbenen Rentenrechte exportieren wollen. Hierzu kann man folgende Unterscheidungen treffen: Entweder man kann sich die Hälfte der eingezahlten Beiträge erstatten lassen oder die Rentenanwartschaften können übertragen werden, z. B. für Unionsbürger innerhalb der EU, oder man lässt sich die Rente ins Ausland überweisen

Unter sehr eng gezogenen Voraussetzungen können Ausländer sich die Hälfte der von Ihnen bzw. für sie gezahlten Rentenversicherungsbeiträge auf Antrag erstatten lassen. Ein Recht auf Beitragserstattung haben diejenigen Versicherten, die seit zwei Jahren nicht (mehr) versicherungspflichtig und zur freiwilligen Versicherung nicht berechtigt sind. Unabhängig von der Zeit der Beitragszahlung, aber vorbehaltlich abweichenden zwischenstaatlichen oder europäischen Gemeinschaftsrechts können dies Ausländer, die weder ihren Wohnsitz noch ihren gewöhnlichen Aufenthalt im Inland haben (§ 210 SGB VI). Wenn versicherte Ausländer eine Sach- oder Geldleistung (Regelleistung) wie z. B. ein Heilverfahren oder eine sonstige Regelleistung erhalten haben, werden nur die danach entrichteten Beiträge erstattet (§ 210 Abs. 5 SGB VI). Die Erstattung schließt weitere Ansprüche aus den bisher zurückgelegten Versicherungszeiten und das Recht zur freiwilligen Versicherung aus.

Die Zahlung von Renten an Berechtigte außerhalb der Bundesrepublik Deutschland unterliegt besonderen Bestimmungen (§ 110 ff. SGB VI), soweit nicht EU-Recht oder zwischenstaatliches Abkommensrecht vorgehen, denn dieses internationale Recht stellt im Regelfall die Angehörigen der Mitgliedstaaten bzw. der Vertragsstaaten den Inländern und den Aufenthalt im Vertragsstaat dem im Inland gleich. Finden derartige Regeln keine Anwendung, ist die Zahlung von Renten ins Ausland begrenzt, es sei denn, es handelt sich nur um einen vorübergehenden Auslandsaufenthalt (§ 110 SGB VI). Bei nicht nur vorübergehendem gewöhnlichen Auslandsaufenthalt (dazu die Legaldefinition in § 30 SGB I) werden Leistungen an Ausländer nur insoweit erbracht, als sie auf Beitragszeiten im Bundesgebiet beruhen. Außerdem erfolgt ein Abschlag von 30 % (§ 110, 113 SGB VI). Bei Erwerbsgeminderten tragen nichtdeutsche Versicherte das Risiko der Verwertbarkeit ihres Restvermögens, d. h. Berechtigte erhalten wegen verminderter Erwerbsfähigkeit nur dann eine Rente, wenn der Anspruch unabhängig von der jeweiligen Arbeitsmarktlage besteht.

Oft stellt sich die Frage, welcher Rentenversicherungsträger zuständig ist. Neuversicherte Arbeitnehmer werden seit dem 1. Januar 2005 durch die Datenstelle der Rentenversicherung einem Rentenversicherungsträger zugeordnet. Die Zuordnung erfolgt anhand der jeweiligen Versicherungsnummer in einem Ausgleichsverfahren und wird auf alle Rentenversicherungsträger gleichmäßig verteilt.

VII. Alter

Rentenversicherungsrechtliche Ansprüche und Auslandsbezug		
Rechtsansprüche	Unionsbürger	Drittstaatsangehörige
Erstattung von Beitragsanteilen für gezahlte Beiträge bei Nichtinanspruchnahme von Versicherungsleistungen Übertragung der Rentenanwartschaften und Rentenexport bei Verzug ins Ausland	• Art. 10 VO/EWG Nr. 1408/71 (bleibt weiter anwendbar). Die neue VO/EG Nr. 883/04 wird demnächst angewendet • Art. 10 VO/EWG Nr. 1408/71 (Zusammenrechnung der im Einzelnen erworbenen Rentenansprüche – Proratisierung*). Die VO bleibt weiter anwendbar. Die neue VO/EG Nr. 883/04 wird demnächst angewendet	§ 210 SGB VI • Vollständige Gleichstellung der Angehörigen der Vertragsstaaten mit Inländern und des Aufenthaltes im Vertragsstaat mit dem im Inland (im Rahmen von Sozialversicherungsabkommen) • Ansonsten ist die Zahlung von Renten in das Ausland begrenzt, §§ 110, 113 SGB VI; bei nicht nur vorübergehendem Auslandsaufenthalt erfolgen Zahlungen nur für auf Beitragszeiten im Bundesgebiet beruhenden Leistungen

* Durch Anwendung des Grundsatzes der Proratisierung (pro-rata-temporis-Berechnung) wird sichergestellt, dass die tatsächliche Dauer der Beschäftigung bzw. der Versicherung in dem jeweiligen Mitgliedstaat bei der Leistungsberechnung Berücksichtigung findet.

Welcher Rentenversicherungsträger für Sie als Neuversicherter zuständig ist, wird Ihnen schriftlich mitgeteilt.

Für bereits versicherte Arbeitnehmer ändert sich grundsätzlich nichts; ihr bisheriger Rentenversicherungsträger bleibt weiterhin für sie zuständig. Für Versicherte, die z. B. einen einzigen Beitrag zur Bahnversicherungsanstalt, Knappschaft oder Seekasse entrichtet haben, ist immer die Deutsche Rentenversicherung Knappschaft-Bahn-See zuständig.

Wichtige Gesetze

SGB VI, insbesondere §§ 110 ff.; 210; SGB VII, insbesondere § 97 SGB VII (Leistungen der Unfallversicherung, z. B. Unfallrenten, ins Ausland.

H. Soziale Sicherung

Über- und zwischenstaatliches Recht (EU-Sozialrecht; bilaterale Sozialversicherungsabkommen bzw. Abkommen über Soziale Sicherheit)

Vertiefende Literatur

Ruland, Rentenversicherungsrecht, in: *v. Maydell/Ruland* (Hrsg.), Sozialrechtshandbuch (SRH), 3. Auflage Baden-Baden 2003, 958–1060; *Fuchs* (Hrsg.), Kommentar zum Europäischen Sozialrecht, 4. Auflage, Baden-Baden 2005; außerdem die internationalrechtlichen Beiträge im oben erwähnten Sozialrechtshandbuch (SRH): Das nationale Recht grenzüberschreitender Sachverhalte (S. 1583–1609, *H.-D. Steinmeyer*), Supranationales Recht (S. 1610–1676, *B. Schulte*), Das Sozialrecht der internationalen Organisationen (S. 1677–1700, *A. Nußberger*) und Sozialversicherungsabkommen (S. 1701–1723, *U. Petersen*). Zu den einzelnen Sozialleistungsbereichen auch: *Brühl* u. a., Handbuch der Sozialrechtsberatung. HRSB, 2. Aufl. Baden-Baden 2006. Zum Sozialrecht der EU speziell siehe *Eichenhofer*, Sozialrecht der Europäischen Union, 3. Auflage Berlin 2006. Im Übrigen: *Brühl* u. a., Handbuch der Sozialrechtsberatung. HRSB, 2. Aufl. Baden-Baden 2006.

Auskünfte

Personalabteilungen aller Beschäftigungsstellen, z. B. der Wirtschaftsunternehmen oder der Verwaltung sowie alle Rentenversicherungsträger, siehe unter: www.deutsche-rentenversicherung.de, dort unter Ausland und Rente weitere Nachweise sowie die Broschüre: Versicherung im Ausland – Rente ins Ausland (VDR Broschürenreihe Nr. 15). Siehe auch die Nachweise zu den Versicherungsträgern im Anhang III.

J. Politische Betätigung

I. Allgemeines

Politische Betätigung bedeutet nach einer Formel des Bundesverfassungsgerichts jedes Tun oder Handeln, das auf die Erringung, Änderung oder Bewahrung von Macht und von Einfluss auf die Gestaltung staatlicher oder gesellschaftlicher Einrichtungen und Daseinsformen gerichtet ist. Hier geht es um vielfältige Formen von Meinungsäußerungen, Mitgliedschaften in politischen Parteien oder Teilnahme an Wahlen zu Volksvertretungen. Derartige grundrechtliche Äußerungsformen stehen Ausländern im Rahmen der Verfassung (siehe unter A) zu. § 47 AufenthG spricht von Verbot und Beschränkung der politischen Betätigung und stellt in Absatz 1 fest, dass Ausländer sich im Rahmen der allgemeinen Rechtsvorschriften politisch betätigen dürfen.

Die politische Betätigung eines Ausländers kann nach behördlichem Ermessen unter den in § 47 Abs. 1 AufenthG genannten Voraussetzungen beschränkt oder untersagt werden, d. h. es bleibt der Ausländerbehörde überlassen einzuschreiten, und wenn sie das tun will festzulegen, welche von mehreren in Betracht kommenden Entscheidungen sie treffen will. Dabei hat die Behörde ihr Ermessen entsprechend dem Zweck des § 47 Abs. 1 AufenthG auszuüben und muss dabei die Grenzen des Ermessens, insbesondere die Grundrechte des betroffenen Ausländers einhalten (vgl. § 40 VwVfG; siehe unter S). Unter bestimmten in § 47 Abs. 2 AufenthG genannten Voraussetzungen muss die Behörde zwingend die politische Betätigung eines Ausländers untersagen, nämlich soweit sie

- die freiheitliche demokratische Grundordnung oder die Sicherheit der Bundesrepublik Deutschland gefährdet oder den kodifizierten Normen des Völkerrechts widerspricht,
- Gewaltanwendung als Mittel zur Durchsetzung politischer, religiöser oder sonstiger Belange öffentlich unterstützt, befürwortet oder hervorzurufen bezweckt oder geeignet ist oder
- Vereinigungen, politische Bewegungen oder Gruppen innerhalb

oder außerhalb des Bundesgebiets unterstützt, die im Bundesgebiet Anschläge gegen Personen oder Sachen oder außerhalb des Bundesgebiets Anschläge gegen Deutsche oder deutsche Einrichtungen veranlasst, befürwortet oder angedroht haben.

Nach § 47 Abs. 1 AufenthG kann die politische Betätigung beschränkt und versagt werden, soweit sie

- die politische Willensbildung in der Bundesrepublik Deutschland oder das friedliche Zusammenleben von Deutschen und Ausländern oder von verschiedenen Ausländergruppen im Bundesgebiet, die öffentliche Sicherheit und Ordnung oder sonstige erhebliche Interessen der Bundesrepublik Deutschland beeinträchtigt oder gefährdet,
- den außenpolitischen Interessen oder den völkerrechtlichen Verpflichtungen der Bundesrepublik Deutschland zuwiderlaufen kann,
- gegen die Rechtsordnung der Bundesrepublik Deutschland, insbesondere unter Anwendung von Gewalt, verstößt oder
- bestimmt ist, Parteien, andere Vereinigungen, Einrichtungen oder Bestrebungen außerhalb des Bundesgebiets zu fördern, deren Ziele oder Mittel mit den Grundwerten einer die Würde des Menschen achtenden staatlichen Ordnung unvereinbar sind.

II. Vereinigungs- und Versammlungsrecht

1. Vereine

Ausländer haben das Recht, im Rahmen ihrer politischen und gesellschaftlichen Tätigkeit Vereine zu gründen. Dieses Recht, Vereine zu gründen und Gesellschaften zu bilden, steht ihnen nach dem Vereinsgesetz und nicht wie den Deutschen als Grundrecht nach Art. 9 GG zu. Vereinsbildungen erfolgen vor allem zur Pflege der heimischen Sprache und ihres Brauchtums. In den letzten Jahren haben sich zahlreiche Vereine insbesondere von Türken oder ehemals türkischen Bürgern, die die deutsche Staatsangehörigkeit erworben haben, gebildet. Vor dem Hintergrund der wachsenden Zahl von Muslimen in Deutschland sind vor allem zwei Fragen aktuell geworden: Einerseits die nach der Rechtsstellung der Religionsgemeinschaften und andererseits die nach der Zulässigkeit von Parteigründungen.

Nach Art. 9 Abs. 2 GG ist ein Verein kraft Gesetzes verboten, wenn seine Zwecke oder Tätigkeit den Strafgesetzen zuwiderlaufen oder sich gegen die verfassungsmäßige Ordnung oder den Gedanken der Völkerverständigung richten, sogenanntes zwingendes Vereinsverbot. Ein entsprechendes Verhalten muss vor einer Verbotsverfügung von der zuständigen Behörde, mit der sie die Voraussetzungen für das Vorliegen eines derartigen strafbaren Verhaltens begründet, festgestellt werden. Eine derartige Verbotverfügung wurde z. B. nach § 3 VereinG Ende 2005 gegen den muslimischen Verein „Multi-Kultur-Haus e. V." in Neu-Ulm wegen extremistischer Umtriebe erlassen. Gegenüber einer Verbotsverfügung können sich Vereine seit Anfang 2002 nicht mehr auf das sog. Religionsprivileg berufen. Der bis dahin geltende § 2 Abs. 2 Nr. 3 VereinsG sah vor, dass Religionsgemeinschaften und Vereinigungen dann nicht als Vereine im Sinne des Vereinsgesetzes anzusehen sind und nicht nach den Regeln des Vereinsgesetzes verboten werden können, wenn sie sich die gemeinschaftliche Pflege einer Weltanschauung zur Aufgabe machen oder als Religionsgemeinschaft im Sinne von Art. 140 GG anerkannt sind.

Auch **Ausländervereine** sind Vereine, deren Mitglieder ausschließlich oder überwiegend Ausländer sind. Vereine, deren Mitglieder oder Leiter sämtlich oder überwiegend ausländische Staatsangehörige eines Mitgliedstaates der Europäischen Union sind, gelten allerdings nicht als Ausländervereine.

Ausländervereine können nach den in Art. 9 Abs. 2 GG genannten Gründen verboten werden. Eine darauf gegründete Verbotsverfügung erließ der Bundesminister des Innern z. B. 2002 gegen den Verein „Al Aqsa e. V.". Dies Verbot hat das Bundesverwaltungsgericht Anfang Dezember 2004 bestätigt. Darüber hinaus können Ausländervereine nach § 14 VereinsG dann verboten werden, wenn sie durch politische Betätigung die innere oder äußere Sicherheit, die öffentliche Ordnung oder sonstige erhebliche Belange der Bundesrepublik Deutschland oder eines ihrer Länder verletzen oder gefährden. Im Einzelnen können Ausländervereine verboten werden, soweit ihr Zweck oder ihre Tätigkeit

J. Politische Betätigung

- den Strafgesetzen zuwiderlaufen oder sich gegen die verfassungsmäßige Ordnung oder gegen den Gedanken der Völkerverständigung richten (Art. 9 Abs. 2 GG).
- die politische Willensbildung in der Bundesrepublik Deutschland oder das friedliche Zusammenleben von Deutschen und Ausländern oder von verschiedenen Ausländergruppen im Bundesgebiet, die öffentliche Sicherheit oder Ordnung oder sonstige erhebliche Interessen der Bundesrepublik Deutschland beeinträchtigt oder gefährdet
- den völkerrechtlichen Verpflichtungen der Bundesrepublik Deutschland zuwiderläuft
- Bestrebungen außerhalb des Bundesgebiets fördert, deren Ziele oder Mittel mit den Grundwerten einer die Würde des Menschen achtenden staatlichen Ordnung unvereinbar sind
- Gewaltanwendung als Mittel zur Durchsetzung politischer, religiöser oder sonstiger Belange unterstützt, befürwortet oder hervorrufen soll oder
- Vereinigungen innerhalb oder außerhalb des Bundesgebiets unterstützt, die Anschläge gegen Personen oder Sachen veranlassen, befürworten oder androhen.

Anstelle eines Vereinsverbots können auch einzelne Betätigungsverbote bezüglich bestimmter Handlungen oder Personen erlassen werden. Zuständig für derartige Verbote sind die Landesbehörden.

Von **ausländischen Vereinen** spricht § 15 VereinsG. Darunter sind Vereine mit Sitz im Ausland zu verstehen, deren Organisation oder Tätigkeit sich auf das Gebiet der Bundesrepublik Deutschland erstreckt (z. B. die kurdische PKK). Derartige ausländische Vereine können entsprechend wie Ausländervereine nach § 14 VereinsG verboten werden. Häufig geht es um die Tätigkeit von regional operierenden Unterorganisationen (Teilvereine) von ausländischen Vereinen. Diese einem ausländischen Verein eingegliederten Teilvereine, deren Mitglieder und Leiter sämtlich oder überwiegend Deutsche oder Unionsbürger sind, können nur aus den in Artikel 9 Abs. 2 des Grundgesetzes genannten Gründen verboten oder in ein Verbot einbezogen werden.

Zuständig für ein Verbot nach § 15 VereinsG ist der Bundesminister des Innern. Ein derartiges Verbot wurde beispielsweise Ende 2001 vom Bundesminister des Innern gegenüber der islamischen Organisation „Kalifatstaat" erlassen (vgl. unten K. I.).

Gemäß § 3 Abs. 3 VereinsG, der auch für Ausländervereine gilt, erstreckt sich das Verbot eines Vereins grundsätzlich auf alle Organisationen, die dem Verein derart eingegliedert sind, dass sie nach dem Gesamtbild der tatsächlichen Verhältnisse als Gliederung dieses Vereins erscheinen (Teilorganisationen). Auf nichtgebietliche Teilorganisationen mit eigener Rechtspersönlichkeit erstreckt sich das Verbot nur, wenn sie in der Verbotsverfügung ausdrücklich benannt sind. Voraussetzung für das Vorliegen einer Teilorganisation ist eine Identität zwischen dem Verein als Ganzem und seiner Gliederung. Die Gliederung muss tatsächlich in die Gesamtorganisation eingebunden sein und im Wesentlichen von ihr beherrscht werden, auch wenn eine totale organisatorische Eingliederung nicht notwendig ist. Indizien dafür können sich etwa aus der personellen Zusammensetzung, den Zielen, der Tätigkeit, der Finanzierung, aus Verflechtungen bei der Willensbildung und aus Weisungsgegebenheiten ergeben.

2. Parteien

Die Frage nach der Zulässigkeit von Ausländer-Parteien richtet sich nach dem Parteiengesetz und betrifft vor allem die seit langem bestehenden Überlegungen innerhalb der Muslime in Deutschland, eine eigene Partei zu gründen. Von den in Deutschland lebenden ca. 3,2 Mio. lebenden Muslimen sind ca. 2,2 Mio. Türken. In allen bestehenden demokratischen Parteien gibt es deutsche Mitglieder türkischer Herkunft. Es gibt z. B. bei der größten islamischen Organisation in Deutschland „Milli Görüs" Pläne zur Gründung einer islamisch ausgerichteten Partei.

Die Anforderungen an die Gründung einer Partei als einer besonderen Form von Vereinigung sind im Parteiengesetz näher geregelt. Nach § 2 Absatz 1 PartG werden Parteien als Vereinigungen von Bürgern definiert, „die dauernd oder für längere Zeit für den Bereich des Bundes oder eines Landes auf die politische Willensbildung Einfluss nehmen und an der Vertretung des Volkes im Deutschen Bundestag oder einem Landtag mitwirken wollen, wenn sie nach dem Gesamtbild der tatsächlichen Verhältnisse, insbesondere nach Umfang und Festigkeit ihrer Organisation, nach der Zahl ihrer Mitglieder und nach ihrem Hervortreten in der Öffentlichkeit eine ausreichende Gewähr für die Ernsthaftigkeit ihrer Zielsetzung bieten". In § 2 Absatz 3 PartG heißt es: „Politische Vereinigungen sind nicht Parteien, wenn 1. ihre Mitglieder oder die Mitglieder ihres Vorstandes in der Mehrheit Ausländer sind oder 2. ihr Sitz oder ihre Geschäftsleitung sich außerhalb des Geltungsbereichs dieses Gesetzes befindet".

3. Versammlungen

Eine Versammlung ist das Zusammentreffen von Menschen, um Meinungen auszutauschen oder zu äußern; sie muss friedlich sein und kann ein privates Zusammentreffen oder eine Versammlung auf öffentlichen Straßen oder Plätzen sein. Nach § 1 Abs. 1 VersammlG haben Ausländer auch Versammlungsfreiheit. Sie nehmen damit ihr Recht auf freie Entfaltung der Persönlichkeit nach Art. 2 Abs. 1 GG wahr. Allerdings kann die Versammlungsfreiheit für Ausländer nach § 47 AufenthG (siehe oben unter I.) weiter eingeschränkt werden als für Deutsche, deren Recht auf Versammlungsfreiheit nach Art. 8 GG besonders geschützt ist.

Wichtige Gesetze

Art. 11, 16 EMRK, Art. 2, 8, 9, 140 GG; §§ 3, 14, 15 Vereinsgesetz von 1964 (BGBl. I S. 593, zuletzt geändert durch Gesetz vom 2. 8. 2002 (BGBl. I S. 3390); Parteiengesetz i. d. F. vom 28. 6. 2002 (BGBl. I S. 2268); § 1 Versammlungsgesetz von 1978 i. d. F. vom 11. 8. 1999 (BGBl. I S. 1818).

III. Beschwerde-, Petitions- und Informationsrechte

Jeder Ausländer kann sich nach Art. 17 GG einzeln oder in Gemeinschaft mit anderen schriftlich mit Bitten oder Beschwerden an den Deutschen Bundestag und an die Volksvertretungen in den Bundesländern (Parlamente der Länder, Kreise und Gemeinden) wenden. Besondere Beschwerde-, Petitions- und Informationsrechte bestehen nach Art. 21 EG bei Organen und Einrichtungen der

EU. Petitionen können Unionsbürger und alle Personen mit Wohnsitz in einem Mitgliedstaat in Angelegenheiten, die in die Tätigkeitsbereiche der Gemeinschaft fallen und die ihn oder sie unmittelbar betreffen, an das Europäische Parlament richten. In gleicher Weise können Beschwerden über Missstände bei der Tätigkeit der Organe oder Institutionen der Gemeinschaft (außer dem Gerichtshof der EG) an den Europäischen Bürgerbeauftragten erhoben werden (Art. 194,195). Bürger können sich schriftlich in deutscher (oder einer sonst in Art. 314 EG genannten) Sprache an jedes europäische Organ (Parlament, Rat, Kommission, Gerichtshof, Rechnungshof) oder den EU-Bürgerbeauftragten wenden und eine Antwort in der gleichen Sprache erhalten.

Wichtige Gesetze, Auskünfte, Hinweise
Art. 17 GG; Art. 7, 21, 194, 195 und 314 EG.
Petitionsausschüsse beim Bundestag und bei den Länder-, Gemeinde- und Kreisparlamenten; EU-Bürgerbeauftragter: www.euro-ombudsman.eu.int
Berichte der jeweiligen Ausschüsse und z. B. den Jahresbericht des EU-Bürgerbeauftragten.

IV. Europawahlrecht und Kommunalwahlrecht für Unionsbürger

Die Unionsbürger mit Wohnsitz in Deutschland können sich hier an den Europawahlen und an den Kommunalwahlen beteiligen.

1. Europawahlrecht

Seit 1979 wird das Europäische Parlament auf fünf Jahre gewählt, zuletzt im Jahre 2004. Unionsbürger, die in Deutschland leben, können seit den Beschlüssen zum Vertrag von Maastricht im Jahre 1992 auch hier von ihrem Wahlrecht Gebrauch machen, wenn sie das nicht in ihrem Herkunftsland tun wollen. Nach § 6 Abs. 3 EuWG sind Unionsbürger, die in der Bundesrepublik Deutschland eine Wohnung innehaben oder sich sonst gewöhnlich aufhalten und die am Wahltage (1) das achtzehnte Lebensjahr vollendet haben, (2) seit mindestens drei Monaten in der Bundesrepublik Deutschland oder in den übrigen Mitgliedstaaten der Europäischen Gemeinschaft eine

Wohnung innehaben oder sich sonst gewöhnlich aufhalten und (3) nicht vom Wahlrecht ausgeschlossen sind, wahlberechtigt. Das Wahlrecht darf nur einmal und nur persönlich ausgeübt werden. Das gilt auch für Wahlberechtigte, die zugleich in einem anderen Mitgliedstaat der Europäischen Gemeinschaft zum Europäischen Parlament wahlberechtigt sind. Unter bestimmten, näher in § 6 a EuWG angegebenen Voraussetzungen sind Unionsbürger von der Wahl ausgeschlossen. Nach § 6 b EuWG ist ein Unionsbürger, der in der Bundesrepublik Deutschland eine Wohnung innehat oder sich sonst gewöhnlich aufhält und der am Wahltage das achtzehnte Lebensjahr vollendet hat, wählbar. Nicht wählbar ist ein Unionsbürger, der in der Bundesrepublik Deutschland oder im Herkunfts-Mitgliedstaat vom Wahlrecht ausgeschlossen ist. Das gilt auch, wenn er infolge Richterspruchs in der Bundesrepublik Deutschland die Wählbarkeit oder die Fähigkeit zur Bekleidung öffentlicher Ämter nicht besitzt oder infolge einer zivil- oder strafrechtlichen Einzelfallentscheidung im Herkunfts-Mitgliedstaat die Wählbarkeit nicht besitzt. Zur Ausübung des Wahlrechts müssen die Unionsbürger beantragen, in das Wählerverzeichnis einer Gemeinde aufgenommen zu werden. Mit dieser Registrierung im Wahlregister können sie dann bei folgenden Europawahlen von Amts wegen benachrichtigt werden, es sei denn, sie äußern einen gegenteiligen Wunsch oder verlieren das aktive Wahlrecht.

2. Kommunalwahlrecht

Das Kommunalwahlrecht für Ausländer aus den Mitgliedstaaten der EU nach Art. 19 EG wurde infolge der Ratifizierung des Vertrags von Maastricht 1992 in Deutschland mit der Ergänzung des Satzes 3 in Absatz 1 von Art. 28 GG ermöglicht, der lautet: „Bei Wahlen in Kreisen und Gemeinden sind auch Personen, die die Staatsangehörigkeit eines Mitgliedstaates der Europäischen Gemeinschaft besitzen, nach Maßgabe von Recht der Europäischen Gemeinschaft wahlberechtigt und wählbar." Danach sind Unionsbürger nach den gleichen Bedingungen wie deutsche Staatsangehörige zur aktiven und passiven Wahlbeteiligung auf kommunaler Ebene berechtigt. In Erfüllung dieser Grundgesetzänderung sind in den Wahlgesetzen der einzelnen Bundesländer Wahlvorschriften zum Wahlrecht und der Wählbarkeit der Unionsbürger erlassen worden (in den Stadtstaaten Berlin und Hamburg zu den Bezirksversammlungen, in Bremen zur Stadtverordnetenversammlung Bremerhaven und zur Stadtbürgerschaft Bremen). Mit diesem Recht ist auch die Beteiligung an Abstimmungen bei kommunalen Bürgerentscheiden und -begehren verbunden.

Wichtige Gesetzesmaterialien und Richtlinien

Art. 7, 19, 21, 314 EG; Europawahlgesetz i. d. F. der Bekanntmachung vom 8. 3. 1994 (BGBl. I S. 423, 555) zuletzt geändert durch Art. 2 des Gesetzes vom 5. 8. 2003 (BGBl. I S. 1655); Richtlinie 94/80/EG zum Kommunalwahlrecht der Unionsbürger vom 19. 12. 1994 (ABl.EG Nr. L 368, 38); Art. 28 Abs. 1 GG; Wahlgesetze der Bundesländer.

Vertiefende Literatur

Pieroth/Schmülling, Die Umsetzung der Richtlinie des Rates zum Kommunalwahlrecht der Unionsbürger in den deutschen Ländern, DVBl. 1998, 365–371 – Der Beitrag enthält vor allem auch Hinweise auf länderspezifische Regelungen zur Wählbarkeit von Unionsbürgern und auf stadtstaatliche Besonderheiten.

V. Politische Mitwirkungsrechte auf kommunaler Ebene

Es besteht kein Kommunalwahlrecht für Drittstaatsangehörige. Ein solches Recht hat das Bundesverfassungsgericht in seinem Urteil vom 12. 10. 1989 unter Hinweis auf die fehlende Zugehörigkeit der Ausländer zum deutschen Volk („Alle Staatsgewalt geht vom deutschen Volk aus", Art. 20 Absatz 2 GG) für unvereinbar mit dem Grundgesetz gehalten. Für Unionsbürger hat es dies seinerzeit offengehalten (siehe jetzt oben unter IV.2.). Versuche, ein Ausländerwahlrecht auf der Ebene unterhalb der Kommunen zu ermöglichen (z. B. für die Bezirke in Hamburg oder die Beiräte in Bremen) hat die Rechtsprechung unter Berufung auf das Homogenitätsprinzip ebenfalls verworfen. Das Verfassungsgericht hat anstelle des Kommunalwahlrechts für Ausländer auf die Möglichkeit ihrer Einbürgerung verwiesen. Es gab immer wieder Versprechungen, z. B. in der Koalitionsvereinbarung von SPD und Bündnis 90/DIE GRÜNEN

J. Politische Betätigung

von 1998, ein kommunales Ausländerwahlrecht einzuführen, ohne dass bislang entsprechende Gesetzesinitiativen ergriffen wurden. Hierfür ist allerdings ein Beschluss des Deutschen Bundestages mit Zweidrittelmehrheit zur Änderung des Grundgesetzes erforderlich.

Auf der Ebene von Städten und Gemeinden haben sich in unterschiedlichen Formen Möglichkeiten der Ausländerbeteiligung mit dem Ziel der politischen Einflussnahme auf das politische Leben in den jeweiligen Kommunen herausgebildet (so jüngst der Bremer Rat für Integration). Zusammensetzung und Aufgabenstellung der Ausländerbeiräte variieren in den einzelnen Kommunen. Teilweise ist ein Ausländerbeirat in den Kommunalverfassungen gesetzlich verankert und eine Urwahl festgeschrieben. Nach der Gemeindeordnung in Nordrhein-Westfalen z. B. müssen in Städten mit mindestens 5000 ausländischen Einwohnern Migrantenvertretungen gewählt werden; in Kommunen mit 2000 Bürgern ausländischer Staatsangehörigkeit muss eine Vertretung eingerichtet werden, wenn 200 oder mehr Ausländer dies beantragen. Die Beteiligung an Wahlen zu Ausländerbeiräten oder Migrantenvertretungen war bislang eher gering (z. B. ca. 8 % in Hessen im November 2001, 12,28 % in Nordrhein-Westfalen im Oktober 2004).

Nach der Gründung von Arbeitsgemeinschaften der Ausländerbeiräte auf Bezirks- und Landesebene erfolgte 1998 die Gründung eines „Bundesausländerbeirates". Der Bundesausländerbeirat ist der Zusammenschluss der Landesarbeitsgemeinschaften der kommunalen Ausländerbeiräte und Ausländervertretungen. Über ihn werden über 400 demokratisch gewählte Ausländerbeiräte in 13 Bundesländern repräsentiert. Gegründet im Mai 1998 besteht seither auch auf Bundesebene eine Vertretung der Ausländer, die auf einer demokratischen Legitimation beruht und ethnien- und parteiübergreifend die Interessen der Migranten vertritt.

Als politische Interessenvertretung der ausländischen Bevölkerung in Deutschland steht der Bundesausländerbeirat als Ansprechpartner der Bundesregierung, des Deutschen Bundestages und des Bundesrates zur Verfügung und arbeitet mit gesellschaftlich relevanten Organisationen auf Bundesebene zusammen. Ähnlich wie bereits in den Kommunen und in vielen Ländern auf Landesebene seit Jahrzehnten praktiziert, ist der Bundesausländerbeirat auf Bundesebene in allen Angelegenheiten, die Ausländer betreffen, beratend tätig. Mit seiner Arbeit will der Bundesausländerbeirat zu einem friedlichen und vorurteilsfreien Zusammenleben von Deutschen und Nichtdeutschen beitragen. Er dient zudem der politischen Meinungsbildung und Willensartikulation der ausländischen Einwohner mit dem Ziel, die politische, rechtliche und gesellschaftliche Gleichstellung von deutschen Staatsangehörigen und Ausländern herzustellen.

Im Bundesausländerbeirat sind ca. 450 Ausländerbeiräte aus 13 Bundesländern zusammengeschlossen. Er versteht sich als Ansprechpartner für die Bundesregierung, den Deutschen Bundestag und den Bundesrat. Das Gremium hat z. B. zu Fragen der Zuwanderungsgesetzgebung Stellung genommen. Im Jahre 2003 bestanden acht Landesarbeitgemeinschaften der Ausländerbeiräte, die in den Bundesländern Aktivitäten koordinieren.

Wichtige Gesetzesmaterialien

Kommunalverfassungsregelungen/Gemeindeordnungen/Stadtgemeindeverfassungen/Orts-Gesetze oder lokale Orts-Satzungen in den einzelnen Bundesländern.

Wichtige Urteile

Urteile des Bundesverfassungsgerichts vom 31. 10. 1990, NJW 1991, 162 (Kommunalwahlrecht in Schleswig-Holstein) und NJW 1991, 159 (Kommunalwahlrecht zu den Bezirksversammlungen in Hamburg).

Hinweis

Landesarbeitsgemeinschaft der kommunalen Migrantenvertretung NRW: www.lega-nrw.de

Auskünfte

Einzelheiten sind zu erfragen beim örtlichen Rathaus.

K. Religion und Kultur

Im Spannungsverhältnis von Religion, Kultur und Ausländern sind zahlreiche Konflikte entstanden, innerhalb derer gesellschaftliche und religiöse Anschauungen aufeinander stoßen. Hierzu hat es eine Reihe von markanten Urteilen der höchsten Gerichtsbarkeiten gegeben, in denen sich die Kulturkonflikte widerspiegeln. Letztlich geht es dabei immer um „Grundrechte im Kulturkonflikt" (Kälin). In diesem Kapitel werden einige Konfliktfelder angesprochen, die in gesellschaftlichen Diskussionen und gerichtlichen Auseinandersetzungen in besonderer Weise Konfliktstoff geliefert haben.

Art. 4 des Grundgesetzes (GG), der immer wieder zu unterschiedlichen Interpretationen Anlass gibt, lautet:

(1) Die Freiheit des Glaubens, des Gewissens und die Freiheit des religiösen und weltanschaulichen Bekenntnisses sind unverletzlich.
(2) Die ungestörte Religionsausübung wird gewährleistet.
(3) ...

Vertiefende Literatur
Kälin, Grundrechte im Kulturkonflikt, Heidelberg 2000; *Bielefeldt*, Muslime im säkularen Rechtsstaat, Integrationschancen durch Religionsfreiheit, Bielefeld 2003; *Beauftragte der Bundesregierung für Migration, Flüchtlinge und Integration* (Hrsg.) Religion – Migration – Integration in Wissenschaft, Politik und Gesellschaft, Berlin und Bonn, September 2004

I. Religionsausübung und Vereine (Ausländerverein)

Der Bundesminister des Innern hatte im Dezember 2001 eine Verbotsverfügung gegenüber der islamistischen Organisation Kalifatstaat (Hilafet Devleti) des Metin Kaplan erlassen. Hierbei handelt es sich um einen Verein, dessen Mitglieder oder Leiter sämtlich oder überwiegend Ausländer sind. Der Verein mit Sitz im Ausland (ausländischer Verein), der unter der Bezeichnung „Verband der islamischen Vereine und Gemeinden" („Islami Cemaatleri ve Cemiyetleri Birligi" – ICCB) im Vereinsregister eingetragen ist, wurde aufgelöst.

K. Religion und Kultur

Dieser Verein (einschließlich seiner Teilorganisationen sowie die „Stichting Dienaar aan Islam") richtete sich nach Meinung des Bundesinnenministers gegen die verfassungsmäßige Ordnung und den Gedanken der Völkerverständigung und gefährdete die innere Sicherheit sowie sonstige erhebliche Belange der Bundesrepublik Deutschland. Dieses Verbot wurde insbesondere deshalb ausgesprochen, da der Leiter Metin Kaplan öffentlich zur Ermordung eines Konkurrenten aufgerufen hatte. Das Bundesverwaltungsgericht hat das Verbot bestätigt. Das Bundesverfassungsgericht nahm die daraufhin gegen den Beschluss des Bundesverwaltungsgerichts erhobene Verfassungsbeschwerde des Vereins nicht zur Entscheidung an (siehe auch J. II. 1.)

Kaplan hatte insbesondere die Verletzung seiner Grundrechte aus Art. 4 Abs. 1 und 2 GG gerügt. Durch die Streichung des Religionsprivilegs (1992) im Vereinsgesetz, demzufolge Religionsgemeinschaften keine Vereine im Sinne des Vereinsgesetzes waren, habe der Gesetzgeber ohne rechtfertigenden Grund in das ohne Vorbehalt gewährte Grundrecht aus Art. 4 GG eingegriffen. Das Verbot selbst sei unverhältnismäßig. Das Bundesverfassungsgericht stellte fest, dass dem Kalifatstaat zu Recht eine aktiv-kämpferische Haltung gegen die verfassungsmäßige Ordnung des Grundgesetzes zugeschrieben worden sei. Gegenüber der Berufung des Vereins auf Religionsfreiheit, wies das Gericht darauf hin, die Religionsfreiheit aus Art. 4 GG sei zwar vorbehaltlos garantiert, jedoch seien auch dann Schranken übergeordneter Art zu beachten. Nach dem Grundsatz der Einheit der Verfassung können auch den Freiheiten des Art. 4 GG durch andere Bestimmungen des Grundgesetzes Grenzen gesetzt werden. Die Entscheidung des BVerwG betreffe zwar zumindest den Beschwerdeführer in seinen Rechten aus Art. 4 Abs. 1 und 2 GG, wenn man ihn mit dem BVerwG für eine Religionsgemeinschaft hält. Der Konflikt mit den anderen verfassungsrechtlich geschützten Gütern sei dergestalt zu lösen, dass nicht eine der widerstreitenden Rechtspositionen bevorzugt und maximal durchgesetzt wird, sondern alle einen möglichst schonenden Ausgleich erfahren. Der religiösen Vereinigungsfreiheit kommt – so die Meinung des Bundesverfassungsgerichts – nach dem Grundgesetz besonderes Gewicht zu. Das ist auch dann zu beachten, wenn sich

I. Religionsausübung und Vereine (Ausländerverein)

religiöse Gemeinschaften gegenüber dem Staat sowie seiner Verfassungs- und Rechtsordnung kritisch verhalten. Deshalb verlange das BVerwG zu Recht, dass sich der schwerwiegende Eingriff des Verbots einer religiösen Vereinigung am Maßstab des Verhältnismäßigkeitsgrundsatzes messen lassen muss. Weniger einschneidende Mittel als ein Vereinsverbot habe es im konkreten Fall nicht gegeben. Die in Kaplans Äußerungen zum Ausdruck kommende Grundhaltung, zur Durchsetzung der eigenen Ziele das staatliche Gewaltmonopol negieren zu dürfen, gefährde die verfassungsmäßige Ordnung. Die insoweit gegebene Grundrechtsbeeinträchtigung begegnet – so das Gericht weiter – jedoch im Ergebnis keinen durchgreifenden verfassungsrechtlichen Bedenken. Verfassungsrechtliche Bedenken bestünden auch nicht gegenüber der Annahme des BVerwG, dass eine Grundrechtsbeeinträchtigung dann vorläge, wenn sich die Vereinigung aktiv-kämpferisch gegen die durch das Grundgesetz für unveränderbar erklärten Verfassungsgrundsätze richtet. Zum Schutz des Grundrechts der Religionsfreiheit und seiner Wahrnehmung durch den Grundrechtsträger bedürfe es allerdings, wenn es um das Verbot einer religiösen Vereinigung geht, effektiver verfahrensmäßiger Vorkehrungen. Verbotsbehörde wie Verwaltungsgericht müssen den für ein Verbot maßgeblichen Sachverhalt sorgfältig und so umfassend aufklären, dass die notwendige komplexe Prognose hinsichtlich der Ziele der Vereinigung auf der Grundlage zuverlässiger tatsächlicher Erkenntnisse getroffen werden kann. Verfassungsrechtlich unbedenklich ist nach Meinung des Bundesverfassungsgerichts die Annahme, die Beschwerdeführer verfolgten in kämpferisch-aggressiver Weise das Ziel, die verfassungsmäßige Ordnung des Grundgesetzes insbesondere dadurch zu untergraben, dass sie die unabänderlichen Grundsätze der Demokratie und des Rechtsstaats notfalls gewaltsam auch in Deutschland durch eine mit diesen Grundsätzen unvereinbare staatliche Herrschaftsordnung zu ersetzen suchten. Die Beschwerdeführer wollten nicht nur abstrakt Kritik am Verfassungssystem der Bundesrepublik Deutschland üben. Sie beabsichtigten vielmehr, die eigenen Vorstellungen erforderlichenfalls mit den Mitteln der Gewalt durchzusetzen. Dies sei belegt durch die Vorgänge um die Verurteilung des Metin Kaplan durch das Oberlandesgericht Düsseldorf vom 15. November 2000. Metin Kaplan sei damals wegen öffentlicher Aufforderung zu einer Straftat rechtskräftig zu einer Freiheitsstrafe von vier Jahren verurteilt worden. Der Verurteilung lag der Aufruf zur Ermordung seines religiösen Widersachers S. zugrunde, den Metin Kaplan auf einer Hochzeitsfeier sowie auf einer Versammlung von Funktionären und seinen Anhängern getätigt hatte. Dies wertete das BVerwG – wogegen keine verfassungsrechtlichen Bedenken bestehen – auch als Ausdruck der Auffassung Kaplans, zur Durchsetzung seiner Ziele legitimerweise Gewalt anwenden und damit das staatliche Gewaltmonopol negieren zu dürfen. Schließlich habe das BVerwG nachvollziehbar ausgeführt, dass weniger einschneidende Mittel als das Vereinsverbot nicht zur Verfügung stehen. Die verfassungsmäßige Ordnung werde durch die Zielsetzung und die Organisation „Kalifatstaat" als solcher und nicht nur durch bestimmte Tätigkeiten oder das Verhalten einzelner Funktionäre gefährdet.

Wichtige Urteile

BVerfG, Beschluss vom 2. 10. 2003, NJW 2004, 47; BVerwG, Urteil vom 27. 11. 2002, NVwZ 2003, 986 (jeweils zum Verbot der Religionsgemeinschaft „Kalifatstaat").

Vertiefende Literatur

Sachs, Verbot einer Religionsgemeinschaft („Kalifatstaat") – BVerwG, NVwZ 2003, 986, JuS 2004, 12–16.

II. Schächten

Nach dem Tierschutzgesetz (§ 4a TierschutzG) dürfen Tiere erst dann geschlachtet werden, wenn sie vor Beginn des Blutentzugs betäubt worden sind. Von diesem grundsätzlichen Verbot der Tötung von Tieren ohne vorherige Betäubung können die nach Landesrecht zuständigen Behörden im Einzelfall aus religiösen Gründen eine Ausnahmegenehmigung erteilen. Tieren sollen nicht ohne vernünftigen Grund Schmerzen, Leiden oder Schäden zugefügt werden. Eine Ausnahmegenehmigung kann daher unter anderem insoweit erteilt werden, als es erforderlich ist, den Bedürfnissen von Angehörigen bestimmter Religionsgemeinschaften in Deutschland, insbesondere Gruppen jüdischen oder islamischen Glaubens zu

II. Schächten

entsprechen, denen zwingende Vorschriften ihrer Religionsgemeinschaft das Schächten vorschreiben oder den Genuss von Fleisch nicht geschächteter Tiere untersagen.

Das Bundesverfassungsgericht hat in einem Urteil vom 15. Januar 2002 entschieden, dass Muslime Tiere in Deutschland ohne Betäubung schlachten dürfen, wenn ihre Religionsgemeinschaft das zwingend vorschreibt. Es wäre ein schwerer Eingriff in die Berufsfreiheit muslimischer Metzger, ihnen das Schächten gänzlich zu versagen. Das Tierschutzgesetz dürfte nicht so verstanden werden, dass es muslimischen Metzgern in der Praxis kaum möglich ist, ihrer Religion gemäß zu schlachten. Eine Erlaubnis zum Schächten können nicht nur Angehörige einer hergebrachten Religionsgemeinschaft fordern. Es reiche aus, dass der Antragsteller einer Gruppe von Menschen angehöre, die eine gemeinsame Glaubensüberzeugung verbinde. In Betracht kommen danach auch Gemeinschaften innerhalb des Islam, deren Glaubensrichtung sich von anderen islamischen Gruppen unterscheidet. Ob es sich bei dem Schächtgebot um eine „zwingende Vorschrift" (§ 4a Abs. 2 Nr. 2. TierschutzG) einer solchen Glaubensgemeinschaft handelt, müssten die Verwaltungsgerichte entscheiden. Antragsteller müssten „substantiiert und nachvollziehbar" darlegen, dass nach der Glaubensüberzeugung ihrer Gruppe der Verzehr von Fleisch zwingend eine Schächtung ohne Betäubung voraussetzt.

Anknüpfend an diese Rechtsprechung hat der Verwaltungsgerichtshof Kassel den Verkauf geschächteten Fleisches an einem Sonntag für zulässig gehalten. Er hat einen Anspruch auf eine Ausnahmegenehmigung nach § 23 Abs. 1 Satz 1 des Ladenschlussgesetzes bejaht, wenn der erste Tag des islamischen Opferfestes auf einen Sonntag fällt und der Metzger entsprechend islamischen Brauchs das Fleisch geschächteter Tiere verkaufen will. Das Bundesverwaltungsgericht ließ in seinem Urteil vom 23. 11. 2006 in Übereinstimmung mit dem Urteil des Bundesverfassungsgerichts vom Januar 2002 das sogenannte Schächten von Tieren zu. Trotz der Aufnahme des Tierschutzes als Staatsziel in das Grundgesetz dürften Tiere aus religiösen Gründen auch ohne vorherige Betäubung getötet werden. Das Tierschutzgesetz sehe Ausnahmen für Religionsgemeinschaften vor, wenn ihnen zwingende Glaubensvorschriften den Fleischgenuss von unter Betäubung geschächteten Tieren verbieten, begründete das Gericht seine Entscheidung.

Wichtige Gesetze

Art. 2 Abs. 1, 4 Abs. 1 und 2 GG; § 4a Tierschutzgesetz

Wichtige Urteile

Entscheidungen zum Schächten: BVerfG, NJW 2002, 663; VGH Kassel, NVwZ 2004, 893; BVerwG, Urteil vom 23.11. 2006 (noch nicht veröffentlicht)

III. Gebete

1. Tischgebet im kommunalen Kindergarten

In einem Hessischen Kindergarten ist es üblich, vor dem gemeinsamen Frühstück ein Tischgebet zu sprechen. Ein vierjähriges Kind und sein Vater, der eine atheistische Weltanschauung vertritt, wendeten sich gegen diese Praxis, weil sie sich ihren Grundrechten aus Art. 4 Abs. 1 und Art. 6 Abs. 2 Satz 1 GG verletzt sahen. Sie meinten, dass nach dem Prinzip der religiös-weltanschaulichen Neutralität des Staates Angestellte eines kommunalen Kindergartens nicht als Organisatoren und Veranstalter religiöser Betätigung auftreten dürften. Bislang ist noch nicht endgültig darüber entschieden worden, ob Kinder und Eltern einen durchsetzbaren Anspruch auf Fernbleiben vom Tischgebet im kommunalen Kindergarten haben. Die Verwaltungsgerichte sind auf die nähere rechtliche Ausgestaltung des mit der Aufnahme in einen kommunalen Kindergarten entstehenden Rechtsverhältnisses zwischen Kind, Personensorgeberechtigten, Kindergartenträger und -personal bislang nicht eingegangen. Die einschlägigen Regelungen des SGB VIII (sowie Landesausführungsvorschriften) legen fest, dass die Fachkräfte und Mitarbeiter in den Einrichtungen mit den Erziehungsberechtigten zum Wohl der Kinder zusammenarbeiten sollen. Im Einzelfall sind die Grundrechtspositionen von Kindern und Erziehungsberechtigten zu wahren und bei unterschiedlichen Wertvorstellungen von Kindern und Eltern zu konkretisieren und in einen Ausgleich zu bringen. Das Verfassungsgericht hatte die zu diesem Fall erhobene Verfassungsbeschwerde nicht zur Entscheidung angenommen. In seinem Ablehnungsbeschluss verwies es in der Sache auf eine Reihe von Aspekten, die im konkreten Fall von dem zuständigen Verwaltungsgericht erst einmal zu prüfen seien. So müsse ausgeschlossen werden können, dass das in dem kommunalen Kindergarten maßgebliche Erziehungskonzept möglicherweise aufgrund einer missionarischen Zielsetzung gegenüber dem Kind mit den Grundrechten von Vater und Sohn nicht zu vereinbaren sei. Weiter müsse geprüft werden, ob die Verfahrensabläufe des Kindergartenfrühstücks so organisierbar seien, dass hinsichtlich des für die Kinder freiwilligen Tischgebetes einer Exponierung und Sonderbehandlung des daran nicht teilnehmenden Kindes noch mehr entgegengewirkt werden könne. Es darf also keine Diskriminierung des Kindes durch die interne Betreuungsorganisation erfolgen.

Im Laufe der gerichtlichen Auseinandersetzung konnte festgestellt werden, dass das verantwortliche Personal des Kindergartens bemüht ist, der besonderen Situation des Kindes gerecht zu werden. Sie wollen dieser Situation sowohl durch eine schonende Gestaltung des Ablaufs der gemeinsamen Mahlzeit als auch in der Weise Rechnung tragen, dass auf die anderen Kindergartenkinder pädagogisch dahingehend eingewirkt wird, dem nicht am Tischgebet teilnehmenden Kind respektvoll zu begegnen und sein Verhalten als Ausdruck einer achtenswerten eigenen weltanschaulichen Überzeugung zu tolerieren. Gefragt ist also ein zeitgemäßes sozialpädagogisches Konzept vorschulischer Erziehung und ein darauf gegründeter Anspruch auf Achtung von vorhandenen oder auch nicht vorhandenen religiösen Anschauungen. Im Kern hat das Gericht den zugrundeliegenden Konflikt an die am Verfahren Beteiligten zurückgegeben und damit den gesellschaftlichen Konflikt dorthin zurückverwiesen, wo er unter Beachtung der miteinander in Konflikt geratenen Grundrechtspositionen im Prinzip auch nur lösbar ist. Die gerichtliche Behandlung dieses Falles zeigt exemplarisch Wegorientierungen dazu auf, wie kulturelle Konflikte im Rahmen (sozial)pädagogischer Konzepte integrationsorientiert abgearbeitet werden können und in welcher Weise möglichen Diskriminierungen vorgebeugt werden kann. Das geschriebene Recht gibt hinreichenden Spielraum, einerseits Diskriminierungen zu vermeiden, andererseits gemeinschaftsorientierte Formen grundrechtsachtender Erziehungskonzepte zu entwickeln und umzusetzen.

2. Schulgebet

Die Veranstaltung eines Schulgebets zu Beginn des Schultages verstößt nach einer Entscheidung des Bundesverfassungsgerichts nicht gegen die negative Bekenntnisfreiheit der Schüler bzw. deren Eltern, die eine religiöse Erziehung ablehnen. Schüler können aber von der Teilnahme befreit werden. Dabei sind Diskriminierungen und Ausgrenzungen der nicht teilnehmenden Schüler zu vermeiden.

3. Gebet am Arbeitsplatz

Muslimische Arbeitnehmer haben grundsätzlich keinen Anspruch, ihre täglichen Gebete während der Arbeitszeit zu verrichten, wenn dies den Betriebsablauf stört. Gläubige Arbeitnehmer dürfen ihren Arbeitsplatz zum Beten nur kurzzeitig verlassen. Allerdings hat das Recht auf Religionsausübung keinen Vorrang vor dem Interesse des Arbeitgebers an einem reibungslosen Betriebsablauf. Wer während der Arbeitszeit beten will, muss sich mit dem Vorgesetzten über den geeigneten Zeitpunkt abstimmen. In einem Fall hatte ein Arbeitgeber einen moslemischen Mitarbeiter abgemahnt, weil sich dieser eigenmächtig um 15 Uhr in einen Nebenraum zum Gebet zurückzog. Die Richter haben in einem solchen Fall zwei Grundrechte gegeneinander abzuwägen: das Recht des Klägers auf ungestörte Religionsausübung und das Recht des Unternehmens auf Eigentums- und Berufsfreiheit. Der Moslem sei – so das Landesarbeitsgericht Hamm – dazu grundsätzlich berechtigt, da beispielsweise der Islamrat das nachmittägliche Gebet als religiöse Pflicht einstufe. In einem anderen Fall verlangte ein Türke islamischen Glaubens von seinem Arbeitgeber, täglich zwischen sechs und acht Uhr morgens seinen Arbeitsplatz für drei Minuten verlassen zu dürfen, um sein Morgengebet zu sprechen. Als das Unternehmen die Bitte ablehnte, zog der Arbeiter vor Gericht – ohne Erfolg. Im Ergebnis war das Gericht der Meinung, dass die Religionsfreiheit nur dann überwiegt, wenn das religiös bedingte Verhalten den Betriebsablauf nicht stört. Ein Kollege hatte eidesstattlich versichert, dass es nicht möglich sei, so viel vorauszuarbeiten, dass der Moslem die Arbeit für seine Gebetspause unterbrechen könne.

Wichtige Urteile
Tischgebet im Kindergarten: BVerfG, NJW 2003, 3468; Hessischer VGH, NJW 203, 2846; VG Gießen, NJW 2003, 1265;
Schulgebet: BVerfGE 41,29,51 ff. oder 41,65,78 ff. oder 41,88,106 ff. oder 52,223;
Gebet am Arbeitsplatz: LAG Hamm, NZA 2002, 1090.

IV. Tragen eines Kopftuchs

1. Tragen eines Kopftuchs im Unterricht an staatlichen Schulen

Es gibt keinen Anspruch auf Einstellung als Beamtin oder Angestellte an Grund- und Hauptschulen, wenn jemand nicht bereit ist, im Unterricht auf das aus religiösen Gründen getragene Kopftuch zu verzichten. In einigen Bundesländern (Baden-Württemberg, Bayern, Saarland und Niedersachsen) hat der Landesgesetzgeber für öffentlich tätige Staatsdiener „sichtbare oder religiöse Symbole" oder „auffallende religiös oder weltanschaulich geprägte Kleidungsstücke" verboten; in anderen Bundesländern (Berlin, Bremen, Hessen, Nordrhein-Westfalen und Thüringen) stehen derartige Kopftuchgesetze im Verfahren. In § 38 des baden-württembergischen Schulgesetzes heißt es z. B.:

„Lehrkräfte an öffentlichen Schulen... dürfen in der Schule keine politischen, religiösen, weltanschaulichen oder ähnliche äußeren Bekundungen abgeben, die geeignet sind, die Neutralität des Landes gegenüber Schülern und Eltern oder den politischen, religiösen oder weltanschaulichen Schulfrieden zu gefährden oder zu stören. Insbesondere ist ein äußeres Verhalten unzulässig, welches bei Schülern oder Eltern den Eindruck hervorrufen kann, dass eine Lehrkraft gegen die Menschenwürde, die Gleichberechtigung der Menschen nach Art. 3 des Grundgesetzes, die Freiheitsgrundrechte oder die freiheitlich-demokratische Grundordnung auftritt."

Für die Ableistung des Vorbereitungsdienstes für ein Lehramt (Studienreferendariat) – so heißt es weiter – können auf Antrag Ausnahmen vorgesehen werden, „soweit die Ausübung der Grundrechte es zwingend erfordert und zwingende öffentliche Interessen an der Wahrung der amtlichen Neutralität und des Schulfriedens nicht entgegenstehen." Diese Regelung nimmt auf das Grundrecht betroffener Frauen Bezug, ihre Ausbildung abschließen zu dürfen.

Der Konflikt besteht zwischen der grundgesetzlich gebotenen Neutralität des Staates und der religiösen Bekenntnisfreiheit der das Kopftuch tragenden Lehrerinnen. Das Grundgesetz gewährleistet zwar den Zugang zu öffentlichen Ämtern unabhängig vom religiösen Bekenntnis sowie die freie und ungestörte Religionsausübung. Diejenige, die aus Glaubensüberzeugung ein Kopftuch trägt, ist durch das Grundrecht auf freie Religionsausübung geschützt. Da staatliche Pflichtschulen von Schülern mit unterschiedlichen Religionen und Weltanschauungen besucht werden, hat andererseits auch jeder Schüler aufgrund seiner Religionsfreiheit Anspruch darauf, vom Staat nicht dem Einfluss einer fremden Religion, auch in Gestalt eines Symbols, ausgesetzt zu werden, ohne sich dem entziehen zu können. Auch die Eltern von religionsunmündigen (noch nicht 14 Jahre alten) Schülern können verlangen, dass der Staat sich in religiösen und weltanschaulichen Fragen neutral verhält. Die Pflicht zu strikter Neutralität im Bereich der staatlichen Schule wird je nach Rechtslage in den einzelnen Bundesländern dann verletzt, wenn Lehrerinnen im Unterricht entgegen einem landesrechtlichen Verbot ein Kopftuch tragen oder – bei fehlender landesrechtlicher Grundlage – aufgrund eigenen Verhaltens beim Kopftuchtragen das religiöse Empfinden der Schulkinder verletzen – dies müsste dann im Einzelfall nachgewiesen werden.

Das Kopftuch ist nach Ansicht des Bundesverwaltungsgerichts (Urteil vom 24. 6. 2004) ein deutlich wahrnehmbares Symbol einer bestimmten Religion, selbst wenn seine Trägerin keinerlei missionarische Absicht damit verfolgt und das Kopftuch nur aus eigener Glaubensüberzeugung trägt. Wegen der Vorbildfunktion, die eine Lehrerin an Grund- und Hauptschulen ausübt und aus pädagogischen Gründen auch ausüben soll, darf sie den in ihrer Persönlichkeit noch nicht gefestigten Schülern keine bestimmte Glaubensüberzeugung ständig und unübersehbar vor Augen führen. Ist eine Lehrerin nicht gewillt, auf das Tragen des Kopftuchs zu verzichten, mangelt es ihr an der für Beamte erforderlichen Eignung, so dass wie im konkreten Fall in Baden-Württemberg eine Ablehnung der Einstellung gerechtfertigt ist.

2. Tragen eines Kopftuchs am Arbeitsplatz in der Wirtschaft

Ein Arbeitgeber kann eine Mitarbeiterin nicht deshalb kündigen, weil sie sich weigert, entsprechend der Anordnung des Arbeitgebers auf das Tragen eines Kopftuchs während der Arbeitszeit zu verzichten. Bei der auf das Direktionsrecht von Arbeitgebern gestützten Festlegung von Bekleidungsregeln muss die grundrechtlich geschützte Glaubensfreiheit der Beschäftigten berücksichtigt werden. Das Tragen eines Kopftuchs aus religiöser Überzeugung fällt in den Schutzbereich der Arbeitgeber. Diese genießen zwar ihrerseits für ihre unternehmerische Betätigung grundrechtlichen Schutz. Zwischen beiden Seiten ist jedoch im Hinblick auf ihre grundrechtlich geschützten Freiheiten – religiöser Überzeugung einer Mitarbeiterin einerseits und unternehmerische Betätigungsfreiheit andererseits – ein möglichst weitgehender Ausgleich zu versuchen. Allein die Befürchtung des Arbeitgebers, es werde im Falle des Arbeitseinsatzes einer Kopftuch tragenden Arbeitnehmerin zu nicht hinnehmbaren Störungen kommen, kann die geschützte Position einer Arbeitnehmerin mit Kopftuch nicht ohne weiteres verdrängen. In einem konkreten Fall stellte das Landesarbeitsgericht Hamm fest, dass es bei den gegebenen örtlichen Verhältnissen keinen Erfahrungssatz gäbe, dass es bei der Beschäftigung einer Verkäuferin mit einem „islamischen Kopftuch" in einem Kaufhaus notwendigerweise zu erheblichen wirtschaftlichen Beeinträchtigungen des Unternehmens etwa durch negative Reaktionen von Kunden kommt. Dem Arbeitgeber sei es zuzumuten gewesen, die klagende Mitarbeiterin zunächst einmal einzusetzen und abzuwarten, ob sich seine Befürchtungen überhaupt in der vermuteten Weise realisierten und ob sich etwa eintretende Störungen nicht anders als durch Kündigung beseitigen lassen.

3. Tragen eines Kopftuchs im Gerichtssaal

Im Rahmen einer Verfassungsbeschwerde hatte das BVerfG zu prüfen, ob die während einer strafrechtlichen Hauptverhandlung gegenüber einer Zuschauerin ergriffene sitzungspolizeiliche Maßnahme des Gerichts grundrechtskonform ist. Eine muslimische Zuhörerin war von einem Jugendrichter im Amtsgericht Berlin-Tiergarten aufgefordert worden, das Kopftuch abzulegen oder zu gehen. Das BVerfG sieht darin eine willkürliche Entscheidung und eine Verletzung der Grundrechte der Beschwerdeführerin. Es stellte fest, dass ein generelles Kopftuchverbot in einer Gerichtsverhandlung nicht zulässig ist.

Wichtige Gesetze
Art. 33 V GG, Beamten- und Schul(verwaltungs)gesetze der Bundesländer

Wichtige Urteile
Kopftuchtragen im Unterricht: BVerfG, Urteil vom 24. 9. 2003, NJW 2003, 3111; BVerwG, Urteil vom 24. 6. 2004, NJW 2004, 3581
Sozial ungerechtfertigte Kündigung bloß wegen Tragen eines Kopftuchs: BAG, Urteil vom 10. 10. 2002 (), NJW 2003, 1685, dazu BVerfG, Beschluss vom 30. 7. 2003 (Ablehnung der Verfassungsbeschwerde), NJW 2003, 2815;
Kein Kopftuchverbot im Gerichtssaal: Beschluss des BVerfG vom 27. 6. 2006, NJW 2007, 56

Vertiefende Literatur
Gusy, Kopftuch – Laizismus – Neutralität, in: *Barwig/Davy* (Hrsg.), Auf dem Weg zur Rechtsgleichheit?, Baden-Baden 2004, 413–429; Zur Ländergesetzgebung siehe *Röper*, Frau mit Kopftuch ungeeignet als Lehrerin und Beamte, VBlBW 2005, 81–89.

V. Moscheen

1. Baugenehmigung

Die Errichtung von Moscheen und Minaretten hat in der Vergangenheit immer wieder zu Rechtsstreitigkeiten geführt. Baurecht und Immissionsschutzrecht sind auch Rechtsmaterien, deren Anwendung unter Beachtung der Freiheit des religiösen Bekenntnisses verfassungskonform zu erfolgen hat. Die in Art. 4 GG gewährte Religionsfreiheit untersteht zwar keinem Gesetzesvorbehalt; gleichwohl wird sie nicht schrankenlos gewährt. Sofern Grundrechte Dritter oder Gemeinschaftswerte von Verfassungsrang (z. B. gesellschaftlicher Frieden) überwiegen, können Grenzen gezogen werden. In allgemeinen und besonderen Wohngebieten sowie in Dorf-, Misch- und Kerngebieten sind Moscheen als „Anlagen für kirchliche, kulturelle und soziale Zwecke" zulässig (vgl. z. B. § 4 Abs. 2 Nr. 3 Baunutzungsverordnung), d. h. eine entsprechende Baugenehmigung muss grundsätzlich erteilt werden. Entsprechendes gilt für Anträge auf Genehmigung des Anbaus von Minaretttürmen.

2. Sonstiges

Es ist nicht erforderlich, eine straßenverkehrsrechtliche Genehmigung zu beantragen, um eine Lautsprecheranlage am Minarett in 10 m Höhe zur Verbreitung des Muezzin-Rufs anbringen zu dürfen. Die in jüngster Zeit erhobene Forderung, Deutsch als Pflichtsprache für Predigten in Moscheen einzuführen, widerspricht dem Grundgesetz, das in Art. 4 Absatz 1 nicht nur die Religionsfreiheit einzelner Gläubiger, sondern auch das Selbstbestimmungsrecht der Religionsgemeinschaften und der religiösen Vereinigungen garantiert. Gegenüber sogenannten Hasspredigern kann die Polizei einschreiten, sofern eine konkrete Gefahr für die Öffentliche Sicherheit und Ordnung besteht. Das kann nicht nur eine Bestrafung, sondern auch die Ausweisung zur Folge haben.

Vertiefende Literatur
Bergmann, Vom Umgang des deutschen Rechtsstaats mit dem Islam, ZAR 2004, 135–141

VI. Religionsausübung im Strafvollzug

Auch im Strafvollzug befinden sich Ausländer mit Zugehörigkeit zu unterschiedlichen Religionsgemeinschaften. Den Religionsgemeinschaften werden hier die Weltanschauungsgemeinschaften gleichgestellt. Dazu gehören z. B. die Mormonen, Anthroposophen, nicht jedoch z. B. die Anhänger der Scientology Church.

K. Religion und Kultur

Dem Gefangenen ist zu ermöglichen, **Speisevorschriften** seiner Religionsgemeinschaft zu befolgen. Grundsätzlich erhält der Gefangene die für alle Gefangenen gleiche Anstaltsverpflegung, wenn nicht mit Rücksicht auf religiöse Speisegebote eine andere Verpflegung angebracht ist. Die Justizvollzugsanstalt ist verpflichtet, dem Gefangenen die Befolgung der Speisevorschriften seiner Religionsgemeinschaft zu ermöglichen. Es ist auch möglich, sich bei hohen Glaubensfesten anderer als christlicher Religionsgemeinschaften, bei denen besondere Speisegebote zu beachten sind, auf Antrag und auf Kosten der Gefangenen von Glaubensgenossen verpflegen zu lassen. Der Gefangene hat aufgrund seiner Glaubensfreiheit aus Art. 4 GG ein Recht auf Selbstverpflegung insoweit, als er einer Religionsgemeinschaft mit besonderen Speisegeboten angehört und diese im Rahmen der Anstaltsverpflegung nicht berücksichtigt werden. Allerdings muss die Anstalt dem Gefangenen nur die Selbstverpflegung gestatten und nicht selbst für eine solche Verpflegung sorgen. Problematisch kann dabei sein, dass der zur Selbstverpflegung berechtigte Gefangene nicht genug Geld hat, um sich selbst zu verpflegen. Dies kann nicht dazu führen, dass die Anstalt zur Herstellung und Ausgabe entsprechender Speisen verpflichtet wird. Wenn der Zeitpunkt der Nahrungsaufnahme wie z. B. im Islam religiösen Vorschriften unterliegt, hat die Anstalt dies jedenfalls zu beachten. Die Anstalt darf den Bezug von Nahrungsmitteln von externen Lieferanten ablehnen, wenn der Gefangene aus dem Angebot der Anstaltsverpflegung und dem möglichen Nahrungsmitteleinkauf in der Anstalt seine Speisevorschriften einhalten kann. In der Praxis wird bereits in den meisten Anstalten sogenannte Moslemkost angeboten, so dass hier eine Selbstverpflegung allenfalls ergänzend in Betracht kommt.

Bei Fragen der **Seelsorge** darf dem Gefangenen die religiöse Betreuung durch einen Seelsorger seiner Religionsgemeinschaft nicht versagt werden (§ 53 Absatz 1 StVollzG). Seelsorge beschreibt nicht nur die elementaren Handlungen der Religionsgemeinschaften wie Gottesdienste und gemeinsame Gebete, sondern auch karitative und diakonische Betreuung im Rahmen der kirchlichen Sozialarbeit wie persönliche Gespräche, familiäre Konfliktlösung, Partnerschaftsberatung usw. Religionsgemeinschaften und damit auch einzelne Seelsorger haben ein Recht auf Betätigung in der Haftanstalt. Die Seelsorger haben eine Schweigepflicht und ein Schweigerecht. Auf seinen Wunsch ist dem Strafgefangenen zu helfen, mit einem Seelsorger seiner Religionsgemeinschaft in Verbindung zu treten. Der Gefangene darf grundlegende religiöse Schriften und Gegenstände des religiösen Gebrauchs in angemessenem Umfange besitzen. Dazu zählen z. B. Rosenkranz, Kerzen, Halsketten, Wandbilder, Gebetsteppiche. Sie dürfen ihm nur bei grobem Missbrauch entzogen werden. Der Gefangene hat das Recht auf Zulassung der religiösen Betreuung und Seelsorge kraft seiner Mitgliedschaft gegenüber seiner Religionsgemeinschaft. Die Anstalt ist verpflichtet, ihm bei der Vermittlung eines Seelsorgers zu helfen.

Strafgefangene haben das Recht, am **Gottesdienst** und an anderen **religiösen Veranstaltungen** (nicht jedoch an Freizeitveranstaltungen) ihres Bekenntnisses teilzunehmen. Sie werden zu Gottesdiensten oder religiösen Veranstaltungen zugelassen, wenn deren Seelsorger zustimmt. Das Teilnahmerecht umfasst die passive Anwesenheit wie auch die aktive Mitgestaltung an der Planung, Vorbereitung und Durchführung und darf nicht dadurch unterlaufen werden, dass gleichzeitig andere wichtige Veranstaltungen wie z. B. der Hofgang angesetzt werden. Diese Wahlsituation ist eine Grundrechtsbeeinträchtigung und unstatthaft. Strittig ist, ob sich das Teilnahmerecht nur auf anstaltsinterne Veranstaltungen bezieht oder auch externe Veranstaltungen mit einbezieht, also für einen externen Gottesdienst Freigang gewährt werden kann. Da aber die Grenze zwischen diesen Veranstaltungsformen fließend ist und gerade Kirchen auch Freizeitaktivitäten wie Gruppenarbeiten oder Gesprächskreise anbieten, ist die genaue Festlegung des religiösen Charakters der Veranstaltung ebenfalls umstritten. Allerdings steht die Befugnis, inhaltlich zu bestimmen, was Gottesdienst und religiöse Veranstaltung ist und was nicht, den Seelsorgern und nicht den Anstalten zu. Der Ausschluss eines Gefangenen von der Teilnahme kann nur in ganz schwerwiegenden und offensichtlichen Fällen wie z. B. der Fluchtvorbereitung oder des Fluchtversuchs ausgesprochen werden. Der Seelsorger muss vorher gehört werden.

Gegen die Verweigerung der den Gefangenen zustehenden Rechte hat jeder Gefangene Rechtsschutz in Form einer Beschwerde beim Anstaltsleiter. Es kann gegebenenfalls einen Antrag auf gerichtliche Entscheidung durch die Strafvollstreckungskammer des Gerichtsbezirks, in dem die Anstalt liegt, stellen.

Wichtige Gesetze

Art. 4 und 140 GG; §§ 21, 53–55, 108, 109 StVollzG

Vertiefende Literatur

Bammann/Feest, Ausländer im Strafvollzug. Exkurs II vor § 5, in: Feest (Hrsg.), Kommentar zum Strafvollzugsgesetz, 5. Auflage, 2006, und die Einzelkommentierungen zu den §§ 21, 53–55, 108, 109 StVollzG in diesem Kommentar

L. Einbürgerung

Aufgrund zahlreicher politischer Bekenntnisse, das deutsche Staatsangehörigkeitsrecht den Erfordernissen eines modernen Staatsangehörigkeitsrechts anzupassen, wurde dieses Recht auf der Grundlage des Reichs- und Staatsangehörigkeitsgesetzes vom 22. 7. 1913 durch das Staatsangehörigkeitsgesetz (StAG) vom 15. Juli 1999 völlig neu gefasst. Hatte es in Ziffer 2.1. der Einbürgerungsrichtlinien vom 15. 12. 1977 (einer inzwischen aufgehobenen Verwaltungsvorschrift) noch geheißen, dass die „Bundesrepublik Deutschland kein Einwanderungsland" ist, erfolgte mit dem neuen Staatsangehörigkeitsrecht eine allgemeine Bewusstseinsänderung hin zu einem moderneren Verständnis von Zuwanderung mit der Folge einer Veränderung der überkommenen Grundlagen des Staatsangehörigkeitsrechts.

Diese neue Betrachtung erhielt mit dem Zuwanderungsgesetz von 2004 und einer darin erneut vorgenommenen Aktualisierung des Staatsangehörigkeitsrechts ihren vorläufig endgültigen juristischen Ausdruck. Bereits 1990 wurden staatsangehörigkeitsrechtliche Sonderregelungen in das damalige neue Ausländergesetz aufgenommen. Seinerzeit gab es für Jugendliche und langfristig in Deutschland lebende Bürger einen Regelanspruch auf Einbürgerung, d. h. der Anspruch auf Einbürgerung wurde gewährt, es sei denn, dass besondere Tatsachen im Einzelfall dagegen sprechen. Diese erleichterten Einbürgerungsvoraussetzungen wurden bereits 1993 dahingehend geändert, dass daraus echte Rechtsansprüche erwuchsen – bei Vorliegen der gesetzlich festgelegten Voraussetzungen hatte eine Einbürgerung zu erfolgen. Diese Regelungen wurden 2004 in das StAG übernommen.

Während § 1 StAG bestimmt, dass „Deutscher im Sinne dieses Gesetzes ist, wer die deutsche Staatsangehörigkeit besitzt", hat Art. 116 GG einen weiteren Begriff (siehe unter A). „Wer am 1. August 1999 Deutscher im Sinne des Artikels 116 Abs. 1 GG ist, ohne die deutsche Staatsangehörigkeit zu besitzen, erwirbt an diesem Tag die deutsche Staatsangehörigkeit", heißt es in § 40 a StAG. Und wei-

L. Einbürgerung

ter: „Für einen Spätaussiedler, seinen nichtdeutschen Ehegatten und seine Abkömmlinge im Sinne von § 4 des Bundesvertriebenengesetzes gilt dies nur dann, wenn ihnen vor diesem Zeitpunkt eine Bescheinigung gemäß § 15 Abs. 1 oder 2 des BVFG erteilt worden ist." Seit diesem Zeitpunkt erwerben Spätaussiedler also mit Aushändigung der Spätaussiedlerbescheinigung kraft Gesetzes die deutsche Staatsangehörigkeit. Der Erwerb der deutschen Staatsangehörigkeit erstreckt sich auch auf diejenigen Kinder, die ihre Deutscheneigenschaft von diesen Spätaussiedlern ableiten.

Einbürgerungen, die unter dem Staatsbürgerschaftsrecht der ehemaligen DDR vorgenommen wurden, sind dem Erwerb der deutschen Staatsangehörigkeit nach dem geltenden Staatsangehörigkeitsrecht gleichgestellt, es sei denn, dass mit der Entscheidung der damaligen DDR-Behörden der Grundsatz des sogenannten **ordre public** verletzt worden ist, d. h. dass die Einbürgerungsentscheidung mit wesentlichen Grundsätzen des deutschen Rechts unvereinbar ist. Bei Vorliegen entsprechender Anhaltspunkte, müssten die Staatsangehörigkeitsbehörden eine Entlassung einleiten.

Jeder, der eine ausländische Staatsangehörigkeit beantragt, verliert die deutsche Staatsangehörigkeit, es sei denn, ihre Beibehaltung wird besonders genehmigt. Das gilt auch dann, wenn jemand als deutscher Mehrstaater im Inland lebt.

Mit der Einbürgerung erwerben Ausländer alle Rechte und Pflichten eines deutschen Staatsangehörigen. Da der Entschluss, sich einbürgern zu lassen, im Allgemeinen mit der Entlassung aus der heimatlichen Staatsangehörigkeit verbunden ist, gilt es, diese Entscheidung sorgfältig abzuwägen. Der Verlust der heimatlichen Staatsangehörigkeit geht oft einher mit dem Ablösungsprozess von elterlichen Bindungen und von anerzogenen religiösen, moralischen, sozialen und politischen Wertvorstellungen. Der Erwerb der deutschen Staatsangehörigkeit verbessert die Situation von ehemaligen Ausländern auf zahlreichen Gebieten, in rechtlicher ebenso wie in sozialer, wirtschaftlicher und politischer Hinsicht.

Das Einbürgerungsrecht unterscheidet grundsätzlich zwischen Anspruchs- und Ermessenseinbürgerungen – im ersteren Fall (§ 10 StAG) muss die Behörde bei Vorliegen der gesetzlich vorgeschriebenen Voraussetzungen einbürgern, eine Ermessensentscheidung

L. Einbürgerung

Beispiele für mit dem Erwerb der deutschen Staatsangehörigkeit verbundene zusätzliche Rechtspositionen

Rechte:
- Freizügigkeit im Bundesgebiet und innerhalb der Staaten der Europäischen Union (EU) und des Europäischen Wirtschaftsraumes (EWR); freies Reisen ohne Visum (auch in viele Länder außerhalb Europas)
- Schutz vor Ausweisung und Auslieferung in ein anderes Land
- verbesserte berufliche Stellung bei der Aufnahme einer selbständigen Erwerbstätigkeit (z. B. als Arzt, Zahnarzt, Rechtsanwalt, Handwerker und andere Dienstleistungsberufe)
- Zugang zum Beamtenstatus
- Umfassender Anspruch auf Sozialleistungsansprüche
- Politische Mitwirkungsrechte, z. B. aktives und passives Wahlrecht in Bund, Ländern und Gemeinden

Pflichten:
- die Ableistung des Wehr- oder wahlweise des Wehrersatzdienstes (Zivildienstes)
- die Übernahme von Ehrenämtern (z. B. Schöffen)

(§ 8 StAG) überlässt der Behörde einen gewissen Entscheidungsspielraum, innerhalb dessen sie die Einbürgerung zusagen oder ablehnen kann. Im Folgenden werden die wichtigsten Erwerbsgründe für die deutsche Staatsangehörigkeit vorgestellt und anschließend erläutert:

- Durch Geburt (Abstammung – „ius-sanguinis-Prinzip") im Inland, wenn ein Elternteil die deutsche Staatsangehörigkeit besitzt. Bei Geburt im Ausland gelten Besonderheiten (§ 4 Abs. 4 StAG)
- Durch Geburt im Inland als Kind ausländischer Eltern (Geburtsort in Deutschland – „ius-soli-Prinzip") unter bestimmten Voraussetzungen (§ 4 Abs. 3 StAG)
- Durch eine besondere Erklärung für vor dem 1.7.1993 geborene Kinder eines deutschen Vaters und einer ausländischen Mutter (§ 5 StAG)
- Durch Annahme als Kind (§ 6 StAG)

L. Einbürgerung

- Durch Ausstellung der Bescheinigung gemäß § 15 Abs. 1 oder 2 BVFG (§ 7 StAG)
- Durch Überleitung als Deutscher ohne deutsche Staatsangehörigkeit im Sinne des Artikels 116 Abs. 1 GG (§ 40a StAG)
- Durch Einbürgerung eines Ausländers (§§ 8 bis 16, 40b und 40c StAG) – in Form der *Ermessenseinbürgerung* oder aufgrund eines *Rechtsanspruchs*.

I. Erwerb durch Geburt (§ 4 StAG)

Bei diesem Erwerbsgrund widerstreiten überall in der Welt das Abstammungs- und das Geburtsortsprinzip. Im Vordergrund steht in Deutschland die Abstammung von einem deutschen Elternteil: Durch die **Geburt** (Prinzip des **ius sanguinis**) erwirbt ein Kind die deutsche Staatsangehörigkeit, wenn ein Elternteil die deutsche Staatsangehörigkeit besitzt. Ein Findelkind gilt bis zum Beweis des Gegenteils als Kind eines Deutschen. Durch die **Geburt in Deutschland** (Prinzip des **ius soli**) erwirbt neuerdings auch ein Kind ausländischer Eltern die deutsche Staatsangehörigkeit unter der Voraussetzung, dass

- ein Elternteil seit acht Jahren rechtmäßig ununterbrochen seinen gewöhnlichen Aufenthalt im Inland hat und
- ein Elternteil
  - freizügigkeitsberechtigter Unionsbürger oder
  - gleichgestellter Staatsangehöriger eines EWR-Staates ist oder
  - eine Aufenthaltserlaubnis-EU oder eine Niederlassungserlaubnis besitzt.

Zum rechtmäßigen Aufenthalt zählen in diesem Sinne z. B. alle Zeiten, in denen eine befristete oder unbefristete Aufenthaltserlaubnis oder eine Aufenthaltsberechtigung nach dem früheren Ausländergesetz oder ein Aufenthaltsrecht nach dem Recht der ehemaligen DDR bestand. Ein Auslandsaufenthalt über sechs Monate z. B. zu Studienzwecken oder bei einem genehmigten Schulbesuch unterbricht nicht die für den gewöhnlichen Aufenthalt erforderliche Zeit, wenn die Ausländerbehörde eine entsprechende Frist bestimmt hat und die Wiedereinreise innerhalb dieser Frist erfolgt ist.

I. Erwerb durch Geburt (§ 4 StAG)

Von einem rechtmäßigen Aufenthalt im Inland wird dann nicht mehr gesprochen, wenn jemand mehr als vier Jahre, also die Hälfte der geforderten Aufenthaltsdauer von acht Jahren, im Ausland verbracht hat.

Als unbefristete Aufenthaltserlaubnis gilt auch eine unbefristete Aufenthaltserlaubnis-EU nach dem früheren Aufenthaltsgesetz/EWG oder der dazu ergangenen Freizügigkeitsverordnung/EG. Eine Befreiung vom Erfordernis der Aufenthaltsgenehmigung (zum Beispiel für Botschaftspersonal) oder ein kraft Gesetzes erlaubter Aufenthalt (zum Beispiel für heimatlose Ausländer) genügt nicht für den Erwerb der deutschen Staatsangehörigkeit.

Das Kind erwirbt mit der Geburt die deutsche Staatsangehörigkeit neben der elterlichen Staatsangehörigkeit – diese ist abhängig von der Rechtsordnung des anderen Staates. Es muss sich dann später bis zum Eintritt der Volljährigkeit schriftlich erklären, ob es die elterliche ausländische oder die deutsche Staatsangehörigkeit behalten will („Optionsmodell"). Entscheidet es sich für die deutsche Staatsangehörigkeit, tritt an die Stelle der zeitlich begrenzten Dop-

Welche Staatangehörigkeit (StA) besteht bis wann bei Geburt als Kind ausländischer Eltern in Deutschland?		
	Ausländische StA	Deutsche StA
Geburt	ja	ja
Erklärung bis zum 18. Lebensjahr, die deutsche StA zu wollen und Nachweis des Verlusts der ausländischen StA	ja bis zur Erklärung und Nachweis des Verlusts	ja ab Erklärung mit Nachweis des Verlusts
Fehlen des Nachweises des Verlusts der ausländischen StA bis zum 23. Lebensjahr	ja	Verlust der deutschen StA
Genehmigung des Antrags auf Beibehaltung der deutschen StA	ja	ja
Fehlen jeglicher Erklärung des Kindes bzw. Jugendlichen bis zum 23. Lebensjahr	ja	Verlust der deutschen StA

pelstaatsangehörigkeit endgültig ausschließlich die (volle) deutsche Staatsangehörigkeit. Die betreffende Person ist dann verpflichtet, die Aufgabe oder den Verlust der ausländischen Staatsangehörigkeit nachzuweisen. Wird dieser Nachweis nicht bis zur Vollendung des 23. Lebensjahres erbracht, so geht die deutsche Staatsangehörigkeit verloren. Sollte das Kind bis zur Vollendung des 23. Lebensjahres überhaupt keine Erklärung abgegeben haben, verliert es die deutsche Staatsangehörigkeit. Dies geschieht allerdings dann nicht, wenn der Deutsche vorher auf Antrag eine schriftliche Genehmigung zur Beibehaltung der deutschen Staatsangehörigkeit („Beibehaltungsgenehmigung") erhalten hat.

II. Erwerb durch besondere Erklärung für vor dem 1. 7. 1993 geborene Kinder (§ 5 StAG)

Vor dem 1. Juli 1993 geborene Kinder eines deutschen Vaters und einer ausländischen Mutter erwerben nach § 5 StAG die deutsche Staatsangehörigkeit durch die Erklärung, deutscher Staatsangehöriger werden zu wollen, wenn
- eine nach den deutschen Gesetzen wirksame Anerkennung oder Feststellung der Vaterschaft erfolgt ist,
- das Kind seit drei Jahren rechtmäßig seinen gewöhnlichen Aufenthalt im Bundesgebiet hat und
- die Erklärung vor der Vollendung des 23. Lebensjahres abgegeben wird.

Wer das 16. Lebensjahr vollendet hat, gibt die Erklärung selbst ab. Die Zustimmung des gesetzlichen Vertreters ist hierfür nicht erforderlich; ebenso wenig ist erforderlich, dass der Vater auch bei Abgabe der Erklärung weiterhin deutscher Staatsangehöriger ist oder noch lebt.

III. Erwerb durch Annahme als Kind (§ 6 StAG)

Der Staatsangehörigkeitserwerb erfolgt hier durch die Adoption des Kindes durch seinen deutschen Vormund. Mit der nach dem deutschen Vormundschaftsrecht (§§ 1741 ff. BGB) wirksamen Annahme als Kind durch einen Deutschen (Adoption durch Beschluss des Vormundschaftsgerichts) erwirbt das Kind dann die deutsche Staatsangehörigkeit, sofern es im Zeitpunkt des Annahmeantrags das 18. Lebensjahr noch nicht vollendet hat. Der Erwerb der Staatsangehörigkeit erstreckt sich auch auf die Abkömmlinge des Kindes. Besondere Regeln gelten für den Fall, dass eine Adoption nach ausländischem Recht erfolgt ist.

IV. Erwerb durch Ausstellung der Bescheinigung gemäß § 15 Abs. 1 oder Abs. 2 des Bundesvertriebenengesetzes (BVFG)

Spätaussiedler sind beim Erwerb der deutschen Staatsangehörigkeit privilegiert: Ein Deutscher im Sinne des Artikels 116 Abs. 1 GG (Spätaussiedler), der nicht die deutsche Staatsangehörigkeit besitzt, erwirbt bereits mit der Ausstellung der Bescheinigung gemäß § 15 Abs. 1 oder 2 BVFG, also nach erfolgreicher Durchführung eines Aufnahme- oder Übernahmeverfahrens, die deutsche Staatsangehörigkeit. Der Erwerb der deutschen Staatsangehörigkeit erstreckt sich auch auf diejenigen Kinder, die ihre Deutscheneigenschaft von dem insoweit Begünstigten ableiten.

V. Erwerb durch Einbürgerung im Ermessenswege nach § 8 StAG

Ausländer, ebenso Unionsbürger oder EWR-Bürger, die rechtmäßig ihren gewöhnlichen Aufenthalt im Inland haben, *können* auf Antrag eingebürgert werden, wenn sie
- handlungsfähig nach Maßgabe von § 80 Abs. 1 des AufenthG oder gesetzlich vertreten sind,
- keinen Ausweisungsgrund nach §§ 53, 54 oder 55 Abs. 2 Nr. 1 bis 4 AufenthG erfüllen oder nur geringfügig gegen die Rechtsordnung oder gerichtliche oder behördliche Entscheidungen oder Verfügungen verstoßen haben,
- eine eigene Wohnung oder ein Unterkommen gefunden haben,
- sich und ihre Angehörigen zu ernähren imstande sind,

L. Einbürgerung

- sich vor Antragstellung mindestens acht Jahre rechtmäßig im Bundesgebiet aufgehalten haben (bei Vorlage eines Teilnahmescheins an einem Integrationskurs reichen sieben Jahre Voraufenthaltszeiten) und
- sich zur freiheitlichen demokratischen Grundordnung des Grundgesetzes für die Bundesrepublik Deutschland bekennen und erklären, dass sie keine Bestrebungen verfolgen oder unterstützen bzw. verfolgt oder unterstützt haben, die gegen die freiheitliche demokratische Grundordnung gerichtet sind (siehe dazu unten VI 1.).

Von diesen Voraussetzungen kann aus Gründen des öffentlichen Interesses oder zur Vermeidung einer besonderen Härte abgesehen werden. Die Behörde hat zunächst zu prüfen, ob nicht ein Einbürgerungsanspruch in Betracht kommt (dazu unter VI.). Die Verwaltung hat im Übrigen die allgemeinen Grundsätze der Ermessensausübung zu beachten, insbesondere bei der Überprüfung der Sprachkenntnisse und des Grundsatzes der Vermeidung der Doppelstaatsangehörigkeit.

Eine Einbürgerung ist nur auf Antrag möglich. Der Antrag soll schriftlich gestellt werden; dazu ist ein Vordruck zu verwenden. Vor der Antragstellung soll der Einbürgerungsbewerber über die Voraussetzungen der Einbürgerung und das weitere Verfahren, insbesondere die ihm zustehenden Rechte und die ihm obliegenden Mitwirkungspflichten belehrt werden. Erforderliche Einwilligungen zu den notwendigen Ermittlungen sollte der Bewerber erteilen. Zu den einzelnen Voraussetzungen nach § 8 StAG gilt das Nachfolgende.

1. Handlungsfähigkeit

Fähig zur Vornahme der Antragstellung und der sonstigen Verfahrenshandlungen im Einbürgerungsverfahren ist ein Ausländer, der das 16. Lebensjahr vollendet hat, sofern er nicht nach Maßgabe des Bürgerlichen Gesetzbuchs geschäftsunfähig oder im Falle seiner Volljährigkeit in dieser Angelegenheit zu betreuen und einem Einwilligungsvorbehalt zu unterstellen wäre.

2. Ausweisungsgründe

Hinsichtlich des Vorliegens eines Ausweisungsgrundes kommt es nicht darauf an, ob der Einbürgerungsbewerber tatsächlich ausgewiesen werden soll oder kann. Liegt andererseits z. B. eine Verurteilung aufgrund einer Straftat vor, so steht diese der Einbürgerung nicht mehr entgegen, wenn die entsprechende Eintragung im Bundeszentralregister bereits getilgt oder zu tilgen ist.

Als Verstöße gegen Rechtsvorschriften oder gerichtliche oder behördliche Entscheidungen oder Verfügungen kommen grundsätzlich nur Taten in Betracht, die straf- oder bußgeldbedroht sind. Zu beachten ist, dass die Verletzung von Unterhaltspflichten einen Straftatbestand darstellt (§ 170 Abs. 1 StGB).

Für die Beurteilung, ob ein geringfügiger Verstoß vorliegt, gilt z. B.:
- Eine vorsätzliche Straftat, die zu einer Verurteilung geführt hat, ist grundsätzlich nicht geringfügig;
- Eine fahrlässige Straftat kann bei einer Verurteilung von bis zu 30 Tagessätzen grundsätzlich als geringfügig eingestuft werden;
- Eine mit Strafe bedrohte Tat kann nach Einstellung des Strafverfahrens als geringfügig eingestuft werden;
- Eine Ordnungswidrigkeit, die mit einem Bußgeld von nicht mehr als 511,29 Euro geahndet worden ist, kann als geringfügiger Verstoß gewertet werden.

Wurde das Strafverfahren gegen Zahlung einer Geldauflage von mehr als 511,29 Euro eingestellt, ist der Rechtsverstoß dann kein Ausweisungsgrund mehr, wenn seit der Einstellung des Verfahrens ein längerer Zeitraum verstrichen ist. Entsprechendes gilt bei Ordnungswidrigkeiten, für die ein Bußgeld von mehr als 511,29 Euro verhängt wurde. Je nach Höhe einer Geldbuße wird ein Einbürgerungsantrag um ein bis zwei Jahre zurückgestellt. Die besonderen Ausweisungsschutzregeln bei Unionsbürgern und EWR-Bürgern haben für die Einbürgerungsentscheidung keine Auswirkungen.

3. Wohnung und Unterkunft

Hinsichtlich von Wohnung und Unterkommen gilt, dass es sich hierbei nicht um eine selbständige Mietwohnung handeln muss; auch ein Untermietverhältnis reicht aus. Eine lediglich provisorische Unterbringung genügt jedoch nicht. Als Unterkommen ist eine andere Unterkunft anzusehen, die dem ständigen Aufenthalt zu Wohnzwecken dient, beispielsweise ein Wohnheim.

4. Unterhaltsfähigkeit

Die Unterhaltsfähigkeit ist immer dann gegeben, wenn der Einbürgerungsbewerber imstande ist, sich und seine Angehörigen zu ernähren, ohne auf einen Anspruch auf Unterhalt aus öffentlichen Mitteln angewiesen zu sein. Bei verheirateten Einbürgerungsbewerbern ist es ausreichend, dass die Ehegatten hierzu gemeinsam in der Lage sind. Die Unterhaltsfähigkeit umfasst auch eine ausreichende soziale Absicherung gegen Krankheit, Pflegebedürftigkeit, Berufs- oder Erwerbsunfähigkeit und für das Alter. Hängt die Unterhaltsfähigkeit von dem Unterhaltsanspruch gegen einen Dritten ab, so ist es bei einem gesetzlichen Unterhaltsanspruch ausreichend, wenn der Dritte leistungsfähig und der Unterhaltsanspruch im Inland durchsetzbar ist. Der Bezug von Leistungen nach SGB II (Arbeitslosengeld II und Sozialgeld) oder nach dem SGB XII (Sozialhilfe) oder das Bestehen eines Anspruchs darauf steht der Einbürgerung entgegen. Unschädlich ist es dagegen, wenn der Einbürgerungsbewerber Kindergeld oder eine Rente (eines ausländischen oder deutschen Trägers) bezogen hat oder bezieht. Bei Bezug anderer Leistungen, wie Arbeitslosengeld, Erziehungsgeld, Unterhaltsgeld, Krankengeld, Wohngeld oder Ausbildungsförderung nach dem Bundesausbildungsförderungsgesetz, ist eine Prognoseentscheidung erforderlich, ob der Einbürgerungsbewerber künftig in der Lage sein wird, sich ohne Bezug solcher Leistungen aus eigenen Kräften zu unterhalten.

5. Voraufenthaltszeiten

Vor der Einbürgerung soll sich ein Einbürgerungsbewerber, der bei der Einbürgerung das 16. Lebensjahr vollendet hat, wenigstens acht Jahre im Inland rechtmäßig aufgehalten haben. Zu den insoweit anrechenbaren Zeiten zählen z. B. Zeiten mit gültigem Aufenthaltstitel nach dem alten Ausländergesetz oder Zeiten, in denen eine Aufenthaltsfiktion nach § 81 Abs. 3 Satz 1 AufenthG erfolgt war. Kann ein Ausländer eine Bescheinigung über die erfolgreiche Teilnahme an einem Integrationskurs nach § 43 Abs. 3 Satz 2 des Aufenthaltsgesetzes vorweisen, soll die Mindestfrist von acht auf sieben Jahre verkürzt werden.

6. Ausreichende Kenntnisse der deutschen Sprache

Nach den derzeit noch geltenden Ermessensmaßstäben liegen ausreichende Kenntnisse der deutschen Sprache vor, wenn sich der Einbürgerungsbewerber im täglichen Leben einschließlich der üblichen Kontakte mit Behörden in seiner deutschen Umgebung sprachlich zurechtzufinden vermag und mit ihm ein seinem Alter und Bildungsstand entsprechendes Gespräch geführt werden kann. Dazu gehört auch, dass der Einbürgerungsbewerber einen deutschsprachigen Text des alltäglichen Lebens lesen, verstehen und die wesentlichen Inhalte mündlich wiedergeben kann. Die Fähigkeit, sich auf einfache Art mündlich verständigen zu können, reicht nicht aus. Bei den Anforderungen an die deutschen Sprachkenntnisse wird berücksichtigt, ob sie von dem Einbürgerungsbewerber wegen einer körperlichen oder geistigen Krankheit oder Behinderung nicht erfüllt werden können.

Ob ausreichende Kenntnisse der deutschen Sprache vorliegen, ist von der zuständigen Einbürgerungsbehörde des jeweiligen Bundeslandes zu prüfen. Die erforderlichen Sprachkenntnisse sind in der Regel nachgewiesen, wenn der Einbürgerungsbewerber

- eine Bescheinigung über die erfolgreiche Teilnahme an einem Sprachkurs im Rahmen des Integrationskurses nach § 43 Abs. 3 Satz 2 des Aufenthaltsgesetzes erhalten hat,
- das Zertifikat Deutsch oder ein gleichwertiges Sprachdiplom erworben hat,
- vier Jahre eine deutschsprachige Schule mit Erfolg (Versetzung in die nächst höhere Klasse) besucht hat,
- einen Hauptschulabschluss oder wenigstens gleichwertigen deutschen Schulabschluss erworben hat,
- in die zehnte Klasse einer weiterführenden deutschsprachigen Schule (Realschule, Gymnasium oder Gesamtschule) versetzt worden ist oder

- ein Studium an einer deutschsprachigen Hochschule oder Fachhochschule oder eine deutsche Berufsausbildung erfolgreich abgeschlossen hat.

Sind die erforderlichen Kenntnisse der deutschen Sprache nicht oder nicht hinreichend nachgewiesen, soll das persönliche Erscheinen des Einbürgerungsbewerbers zur Überprüfung der Sprachkenntnisse angeordnet werden. Diese Überprüfung ist in allen Bundesländern unterschiedlich organisiert und wird naturgemäß auch unterschiedlich gehandhabt (Anforderungen an die Sprachtests etc.).

7. Grundsatz der Vermeidung von Mehrstaatigkeit

Bei der Ermessensausübung ist der Grundsatz der Vermeidung von Mehrstaatigkeit zu beachten. Durch die Erteilung einer Einbürgerungszusicherung wird dem Antragsteller die Einbürgerung für den Fall zugesagt, dass er die Aufgabe seiner Staatsangehörigkeit nachweist. In der Regel ist die Einbürgerungszusicherung auf zwei Jahre zu befristen. Die Verlängerung der Frist ist zulässig. Lässt der ausländische Staat das Ausscheiden aus seiner Staatsangehörigkeit erst nach dem Vollzug der Einbürgerung zu und liegt kein Grund für die dauernde Hinnahme von Mehrstaatigkeit vor, so kann die Einbürgerung erfolgen, wenn der Einbürgerungsbewerber zum Ausscheiden aus der ausländischen Staatsangehörigkeit bereit ist und – sofern das ausländische Recht dies vorsieht – die dazu erforderlichen Handlungen vorgenommen hat – man spricht hier von einer vorübergehenden Hinnahme von Mehrstaatigkeit. Ob Mehrstaatigkeit hingenommen werden kann, hat die Einbürgerungsbehörde nach pflichtgemäßem Ermessen zu prüfen. Ausnahmen vom Einbürgerungshindernis der eintretenden Mehrstaatigkeit kommen insbesondere in Betracht

- wenn das Recht des ausländischen Staates das Ausscheiden aus dessen Staatsangehörigkeit nicht ermöglicht (gelegentliche Schwierigkeiten hat es z. B. beim Iran gegeben).
- wenn der ausländische Staat die Entlassung durchweg verwehrt oder von unzumutbaren Bedingungen abhängig macht. Als durchweg verwehrt wird angesehen, wenn Entlassungen nie oder fast

V. Erwerb durch Einbürgerung im Ermessenswege nach § 8 StAG

nie ausgesprochen werden. Dies ist insbesondere bei Einbürgerungsbewerbern aus bestimmten arabischen und nordafrikanischen Staaten der Fall.
- bei Personen über 60 Jahren, wenn ihnen z. B. aus Gesundheitsgründen nicht zugemutet werden kann, ihren Heimatstaat – soweit erforderlich – aufzusuchen. Wenn diese älteren Personen seit zwölf Jahren ihren rechtmäßigen Aufenthalt im Inland haben, genügt es im Übrigen, wenn sie sich ohne nennenswerte Probleme im Alltagsleben in deutscher Sprache mündlich verständigen können.
- wenn ein herausragendes **öffentliches Interesse** an der Einbürgerung **auch unter Hinnahme von Mehrstaatigkeit** (siehe dazu näher in § 12 StAG) besteht. In diesen Fällen ist eine erhebliche Verkürzung der vorgesehenen Aufenthaltsdauer, die aber drei Jahre nicht unterschreiten soll, möglich. Ein besonderes öffentliches Interesse an der Einbürgerung kann vorliegen, wenn der Einbürgerungsbewerber durch die Einbürgerung für eine Tätigkeit im deutschen Interesse, insbesondere im Bereich der Wissenschaft, Forschung, Wirtschaft, Kunst, Kultur, Medien, des Sports oder des öffentlichen Dienstes gewonnen oder erhalten werden soll. Es kann auch gegeben sein bei Angehörigen international tätiger, auch ausländischer Unternehmen und Institutionen oder bei anderen Personen, die aus beruflichen oder geschäftlichen Gründen ihren Aufenthalt vorübergehend ins Ausland verlegen oder häufig dorthin reisen müssen. Die Einbürgerung im Bereich des Sports setzt stets voraus, dass sich der Einbürgerungsbewerber zumindest seit drei Jahren im Inland aufhält, konkret in einer deutschen Nationalmannschaft eingesetzt werden soll und sportlich eine längerfristige internationale Perspektive aufweist. Die Startberechtigung für internationale Meisterschaften muss durch den zuständigen Fachverband oder den Deutschen Sportbund bestätigt worden sein. Eine Stellungnahme des Bundesinnenministeriums ist einzuholen.
- wenn ehemalige deutsche Staatsangehörige durch Eheschließung mit Ausländern die deutsche Staatsangehörigkeit verloren haben.

Ehegatten und minderjährige Kinder der genannten Gruppen von Einbürgerungsbewerbern können mit eingebürgert werden.

8. Verletzung öffentlicher Interessen

Unter welchen Voraussetzungen ein öffentliches Interesse an der Einbürgerung anzunehmen ist, muss unter Beachtung der allgemeinen Grundsätze bei der Ausübung des Ermessens entschieden werden. Dabei sind öffentliche und private Interessen miteinander abzuwägen. Der Grundsatz der Verhältnismäßigkeit ist zu beachten. Folgende weiteren Aspekte sind bislang bei den Entscheidungen beachtet worden: Persönliche Wünsche und wirtschaftliche Interessen des Einbürgerungsbewerbers spielen keine Rolle und können letztlich nicht entscheidend sein. Auch Belange der Entwicklungspolitik stehen einer Einbürgerung nach § 8 StAG nicht entgegen.

Fazit: Die hier angesprochenen Voraussetzungen einer Einbürgerung auf der Grundlage einer Ermessensentscheidung sind sicherlich umfangreich, kompliziert und im Ergebnis häufig nicht so schnell nachvollziehbar. Hierbei ist zu berücksichtigen, dass jeder Staat die Staatsangehörigkeit immer noch als das bedeutendste Recht ansieht, das er zu vergeben hat.

VI. Rechtsanspruch auf Einbürgerung; Miteinbürgerung von Ehegatten und minderjährigen Kindern (§ 10 StAG)

1. Voraussetzungen eines Anspruchs auf Einbürgerung

Ein Ausländer ist auf Antrag einzubürgern, wenn er
- seit acht Jahren rechtmäßig seinen gewöhnlichen Aufenthalt im Inland hat. Weist ein Ausländer durch eine Bescheinigung nach § 43 Abs. 3 Satz 2 AufenthG die erfolgreiche Teilnahme an einem Integrationskurs (Sprach- und Orientierungskurs) nach, wird die Achtjahresfrist auf sieben Jahre verkürzt.
- sich zur freiheitlichen demokratischen Grundordnung des Grundgesetzes für die Bundesrepublik Deutschland bekennt und erklärt, dass er keine Bestrebungen verfolgt oder unterstützt oder verfolgt oder unterstützt hat, die gegen die freiheitliche demokratische Grundordnung gerichtet sind. Bekenntnis und Erklärung muss ein minderjähriges Kind, das im Zeitpunkt der Einbürgerung das 16. Lebensjahr noch nicht vollendet hat, nicht abgeben.

VI. Rechtsanspruch auf Einbürgerung

- freizügigkeitsberechtigter Unionsbürger oder gleichgestellter Staatsangehöriger eines EWR-Staates ist oder eine Aufenthaltserlaubnis-EU oder eine Niederlassungserlaubnis oder eine Aufenthaltserlaubnis für andere als die in den §§ 16, 17, 22, 23 Abs. 1, §§ 23a, 24 und 25 Abs. 3 und 4 AufenthG aufgeführten Aufenthaltszwecke besitzt,
- den Lebensunterhalt für sich und seine unterhaltsberechtigten Familienangehörigen ohne Inanspruchnahme von Arbeitslosengeld II oder Sozialhilfe (Leistungen nach SGB II oder SGB XII) bestreiten kann – von dieser Voraussetzung wird abgesehen, wenn der Ausländer das 23. Lebensjahr noch nicht vollendet hat oder aus einem von ihm nicht zu vertretenden Grund, wenn er z. B. den Bezug öffentlicher Leistungen nicht zu vertreten hat (keine mutwillige Kündigung oder Verweigerung von Stellenangeboten) und deshalb den Lebensunterhalt nicht ohne Inanspruchnahme der genannten Leistungen bestreiten kann,
- über ausreichende Kenntnisse der deutschen Sprache verfügt (§ 11 Abs. 1, Nr. 1 StAG),
- seine bisherige Staatsangehörigkeit aufgibt oder verliert und
- nicht wegen einer Straftat verurteilt worden ist.

Einbürgerungsbewerber sollen über die Bedeutung des Bekenntnisses zur freiheitlichen demokratischen Grundordnung und der Erklärung schriftlich und mündlich belehrt und befragt werden. Bereits heute werden ein **Bekenntnis** und eine **Erklärung** verlangt, die folgenden Wortlaut haben:

„Ich bekenne mich zur freiheitlichen demokratischen Grundordnung des Grundgesetzes für die Bundesrepublik Deutschland. Insbesondere erkenne ich an:

a) das Recht des Volkes, die Staatsgewalt in Wahlen und Abstimmungen und durch besondere Organe der Gesetzgebung, der vollziehenden Gewalt und der Rechtsprechung auszuüben und die Volksvertretung in allgemeiner, unmittelbarer, freier, gleicher und geheimer Wahl zu wählen,
b) die Bindung der Gesetzgebung an die verfassungsmäßige Ordnung und die Bindung der vollziehenden Gewalt und der Rechtsprechung an Gesetz und Recht,
c) das Recht auf Bildung und Ausübung einer parlamentarischen Opposition,

d) die Ablösbarkeit der Regierung und ihre Verantwortlichkeit gegenüber der Volksvertretung,
e) die Unabhängigkeit der Gerichte,
f) den Ausschluss jeder Gewalt- und Willkürherrschaft und
g) die im Grundgesetz konkretisierten Menschenrechte.

Ich erkläre, dass ich keine Bestrebungen verfolge oder unterstütze oder verfolgt oder unterstützt habe, die
a) gegen die freiheitliche demokratische Grundordnung, den Bestand oder die Sicherheit des Bundes oder eines Landes gerichtet sind oder
b) eine ungesetzliche Beeinträchtigung der Amtsführung der Verfassungsorgane des Bundes oder eines Landes oder ihrer Mitglieder zum Ziele haben oder
c) durch Anwendung von Gewalt oder darauf gerichtete Vorbereitungshandlungen auswärtige Belange der Bundesrepublik Deutschland gefährden."

Macht der Einbürgerungsbewerber glaubhaft, dass er sich von der früheren Verfolgung oder Unterstützung derartiger Bestrebungen abgewandt hat, so hat er ein weiteres Bekenntnis und eine entsprechende Erklärung abzugeben, in denen er glaubhaft zu machen hat, von seinen früheren Einstellungen abgerückt zu sein.

Wenn der ausländische Staat die Entlassung aus der bisherigen Staatsangehörigkeit von der Leistung des Wehrdienstes abhängig macht und der Ausländer den überwiegenden Teil seiner Schulausbildung in deutschen Schulen erhalten hat und im Inland in deutsche Lebensverhältnisse und in das wehrpflichtige Alter hineingewachsen ist, kann davon abgesehen werden, die Abgabe oder den Verlust der Staatsangehörigkeit nachzuweisen.

2. Einbürgerung von ausländischen Verwandten

Der Ehegatte oder Lebenspartner und die minderjährigen Kinder des Ausländers können unter den gleichen Voraussetzungen mit eingebürgert werden, auch wenn sie sich noch nicht seit acht Jahren rechtmäßig im Inland aufhalten.

3. Ausschluss eines Anspruchs auf Einbürgerung

Ausgeschlossen ist ein Rechtsanspruch auf Einbürgerung nach § 11 StAG, wenn

- der Ausländer nicht über ausreichende Kenntnisse der deutschen Sprache verfügt,
- tatsächliche Anhaltspunkte die Annahme rechtfertigen, dass der Ausländer Bestrebungen verfolgt oder unterstützt oder verfolgt oder unterstützt hat, die gegen die freiheitliche demokratische Grundordnung, den Bestand oder die Sicherheit des Bundes oder eines Landes gerichtet sind oder eine ungesetzliche Beeinträchtigung der Amtsführung der Verfassungsorgane des Bundes oder eines Landes oder ihrer Mitglieder zum Ziele haben oder die durch Anwendung von Gewalt oder darauf gerichtete Vorbereitungshandlungen auswärtige Belange der Bundesrepublik Deutschland gefährden, es sei denn, der Ausländer macht glaubhaft, dass er sich von der früheren Verfolgung oder Unterstützung derartiger Bestrebungen abgewandt hat (siehe dazu oben), oder
- ein Ausweisungsgrund nach § 54 Nr. 5 und 5a des Aufenthaltsgesetzes vorliegt.

Ausreichende Kenntnisse erfordern neben mündlichen grundsätzlich auch gewisse schriftliche Kenntnisse der deutschen Sprache; der Einbürgerungsbewerber muss sich nicht eigenhändig schriftlich ausdrücken können, muss deutschsprachige Texte des täglichen Lebens aber lesen und diktieren sowie das von Dritten mit technischen Hilfsmitteln Geschriebene auf seine Richtigkeit überprüfen und so die schriftliche Äußerung als seine „tragen" können.

VII. Einbürgerung von Ehegatten oder Lebenspartnern Deutscher

Gemäß § 9 StAG sollen Ehegatten oder Lebenspartner Deutscher unter den Voraussetzungen des § 8 eingebürgert werden, wenn
- sie ihre bisherige Staatsangehörigkeit verlieren oder aufgeben oder ein Grund für die Hinnahme von Mehrstaatigkeit nach Maßgabe von § 12 vorliegt und
- gewährleistet ist, dass sie sich in die deutschen Lebensverhältnisse einordnen,

es sei denn, dass der Einbürgerung erhebliche Belange der Bundesrepublik Deutschland, insbesondere solche der äußeren oder inneren Sicherheit sowie der zwischenstaatlichen Beziehungen entgegenstehen. Das Gleiche gilt, wenn die Einbürgerung bis zum Ablauf eines Jahres nach dem Tode des deutschen Ehegatten oder nach Rechtskraft des die Ehe auflösenden Scheidungsurteils beantragt wird und dem Antragsteller die Sorge für die Person eines Kindes aus der Ehe zusteht, das bereits die deutsche Staatsangehörigkeit besitzt. Minderjährige stehen Volljährigen gleich.

Die privilegierte Einbürgerung bezieht sich sowohl auf Ehegatten als auch auf Partner, die in einer eingetragenen Lebenspartnerschaft nach dem Lebenspartnerschaftsgesetz leben.

Die Einordnung des Einbürgerungsbewerbers in die deutschen Lebensverhältnisse muss nicht bereits abgeschlossen sein, sondern sie muss für die Zukunft gewährleistet sein. In der Regel nicht gewährleistet ist die Einordnung in die deutschen Lebensverhältnisse, wenn der Einbürgerungsbewerber die Ehe mit dem deutschen Staatsangehörigen geschlossen hat, obwohl er zu diesem Zeitpunkt bereits verheiratet war, oder nach Eingehung der Ehe mit dem deutschen Staatsangehörigen erneut geheiratet hat (Doppelehe). Für die Lebenspartnerschaft gilt dies entsprechend.

Die Einbürgerung kann nach einer Aufenthaltsdauer von weniger als drei Jahren erfolgen, wenn die eheliche Lebensgemeinschaft oder die Lebenspartnerschaft seit mindestens drei Jahren besteht.

Eine Miteinbürgerung von Ehegatten und minderjährigen Kindern erfolgt nicht, wenn ein Ausschlussgrund (siehe unten) vorliegt. Auch bei dem mit einzubürgernden Ehegatten werden grundsätzlich ausreichende Kenntnisse der deutschen Sprache vorausgesetzt. Bildungsstand und gewisse Schwierigkeiten, die deutsche Sprache zu erlernen, können berücksichtigt werden, wenn die übrigen Familienangehörigen die für eine Einbürgerung erforderlichen Kenntnisse der deutschen Sprache besitzen und die Miteinbürgerung dazu führt, dass die gesamte Familie die deutsche Staatsangehörigkeit besitzt. Die Fähigkeit, sich auf einfache Art mündlich verständigen zu können, ist beim mit einzubürgernden Ehegatten stets erforderlich.

Vergleicht man die praktische Bedeutung der Ermessens- und Anspruchseinbürgerung, so ist festzuhalten, dass etwa 90 % der Einbürgerungen auf § 10 Abs. 1 und 2 StAG beruhen. Die Ermessenseinbürgerung nach § 8 StAG hat eher die Bedeutung einer Privilegierung bestimmter Personengruppen oder aber auch die eines „Reparaturbetriebs" für Einbürgerungsbewerber, die die Voraussetzungen für eine Anspruchseinbürgerung nicht erfüllen. So ist eine Verkürzung der erforderlichen Aufenthaltsdauer für bestimmte Personen möglich, z. B. für Asylberechtigte und Flüchtlinge, ehemalige Deutsche oder aber auch bei besonderen öffentlichen Interessen (Spitzensportler). Auch Erleichterungen bei den Sprachkenntnissen sind möglich. Eine vorübergehende Hinnahme von Mehrstaatigkeit kann nur im Rahmen von § 8 StAG, nicht aber bei § 10 StAG erfolgen.

VIII. Verlust der deutschen Staatsangehörigkeit

Die deutsche Staatsangehörigkeit darf niemandem entzogen werden (Art. 16 GG); ihr Verlust darf nur aufgrund eines Gesetzes erfolgen. Nach § 11 StAG geht sie verloren durch
- Entlassung (§§ 18 bis 24 StAG),
- den Erwerb einer ausländischen Staatsangehörigkeit (§ 25 StAG),
- Verzicht (§ 26 StAG),
- Annahme als Kind durch einen Ausländer (§ 27 StAG),
- Eintritt in die Streitkräfte oder einen vergleichbaren bewaffneten Verband eines ausländischen Staates (§ 28 StAG) oder
- Erklärung (§ 29 StAG).

Es ist darauf hinzuweisen, dass viele türkische Bürger nach Einbürgerung in den deutschen Staatsverband erneut die türkische Staatsangehörigkeit erhalten haben (vgl. § 25 StAG). Da mit einer derartigen Entscheidung seit dem 1. 1. 2000 (vorherige Wiedereinbürgerungen sind nicht betroffen) der Verlust der deutschen Staatsangehörigkeit verbunden ist und keine behördliche (oft auch nicht bei den Betroffenen) Klarheit über diese Vorgänge besteht, wurden z. B. in Bayern ehemalige türkische Staatsangehörige zur Klärung eines etwaigen Verlusts der deutschen Staatsangehörigkeit durch erneuten Erwerb der früheren Staatsangehörigkeit angeschrieben. Die gegen die Durchsetzung einer derartigen Aufforderung gerichtete Verfassungsbeschwerde hat das Bundesverfassungsgericht abgewiesen. Eine Verletzung des Rechts auf informationelle Selbstbestimmung liege nicht vor. Auch der Gleichheitssatz nach Art. 3 Abs. 3 GG sei nicht verletzt, weil derartige Auskunftsverlangen nur an eingebürgerte deutsche Staatsbürger türkischer Herkunft gerichtet worden seien. Die Behörden hätten ihre Anfragen auf diese Gruppe beschränken dürfen, von der aus der Presse und aus Angaben türkischer Stellen bekannt war, dass eine beachtliche Anzahl der Gruppenangehörigen nach ihrer Einbürgerung auf Antrag ihre frühere Staatsangehörigkeit wieder angenommen hatte.

Es ist den Behörden erlaubt, dem Kind einer Ausländerin nach der erfolgreichen Vaterschaftsanfechtung eines deutschen Mannes die deutsche Staatsangehörigkeit zu entziehen.

IX. Rücknahme einer Einbürgerungsentscheidung

Die Rücknahme einer aus bestimmten Gründen, z. B. durch Angabe falscher Tatsachen oder unvollständigen Angaben oder durch arglistige Täuschung erwirkten rechtswidrigen Einbürgerung ist in den Grenzen des Artikels 16 Abs. 1 des Grundgesetzes zulässig. Unzulässig ist der Widerruf einer rechtmäßig zustande gekommenen Einbürgerung.

Das Bundesverfassungsgericht hat die Rücknahme einer durch Täuschung bewirkten Einbürgerung für zulässig gehalten. Das in Art. 16 Abs. 1 Satz 1 GG ausgesprochene Verbot der Entziehung der Staatsangehörigkeit stehe der Rücknahme einer erschlichenen Einbürgerung nicht entgegen, auch der in Art. 16 Abs. 1 Satz 2 GG verankerte Schutz vor Staatenlosigkeit schließe in einem solchen Fall die Rücknahme der Einbürgerung nicht aus. Die Voraussetzungen und Folgen einer Rücknahmeentscheidung für Dritte (Ehegatten und Kinder) wird der Gesetzgeber neu regeln müssen.

X. Gebühren

Nach § 38 StAG werden für Amtshandlungen in Staatsangehörigkeitsangelegenheiten, soweit gesetzlich nichts anderes bestimmt ist, Kosten (Gebühren und Auslagen) erhoben. Die Gebühr für die Einbürgerung beträgt 255 Euro. Sie ermäßigt sich für ein minderjähriges Kind, das miteingebürgert wird und keine eigenen Einkünfte im Sinne des Einkommensteuergesetzes hat, auf 51 Euro. Der Erwerb der deutschen Staatsangehörigkeit nach § 5 StAG und die Einbürgerung von ehemaligen Deutschen, die durch Eheschließung mit einem Ausländer die deutsche Staatsangehörigkeit verloren haben, ist gebührenfrei. Von der Gebühr nach § 38 Satz 1 StAG kann aus Gründen der Billigkeit oder des öffentlichen Interesses Gebührenermäßigung oder -befreiung gewährt werden.

Weiteres gebührenpflichtiges Handeln der Einbürgerungsbehörde, die Gebührensätze sowie die Auslagenerstattung sind näher in der Staatsangehörigkeits-Gebührenverordnung geregelt. Die Gebühr darf für die Entlassung 51 Euro, für die Beibehaltungsgenehmigung 255 Euro, für die Staatsangehörigkeitsurkunde und für sonstige Bescheinigungen 51 Euro nicht übersteigen.

XI. Exkurs: Mögliche Änderungen des Einbürgerungsrechts

Nach den Plänen der gegenwärtigen Bundesregierung sollen die angesprochenen Kriterien für die Einbürgerung verschärft werden. Vorausgegangen war eine Debatte über den Mitte März 2006 von der hessischen Landesregierung veröffentlichten Katalog von hundert Fragen, der Einbürgerungswilligen vor der Einbürgerungsentscheidung zur Beantwortung vorgelegt werden soll. Gegen diesen Katalog bestehen vor allem wegen Verletzung des Gleichheitssatzes, der Privat- und Intimsphäre und der informationellen Selbstbestimmung (Art. 2 und 3 GG) verfassungsrechtliche Bedenken. Es entwickelte sich eine lebhafte öffentliche Diskussion darüber, ob zusätzliche Hürden für die Einbürgerung geschaffen werden sollen. Anfang Mai 2006 verständigten sich die Länderminister im Rahmen der Konferenz der Innenminister darauf, für Bewerber um einen deutschen Pass in allen Bundesländern einen obligatorischen Staatsbürgerkurs mit bundeseinheitlichen Standards einzuführen, in dem staatsbürgerliches Grundwissen sowie Grundsätze und Werte des Grundgesetzes vermittelt werden sollen. Ein entsprechendes Konzept soll das BAMF erarbeiten.

L. Einbürgerung

Weiter sollen die Einbürgerungswilligen die deutsche Sprache beherrschen, orientiert am Sprachniveau B 1 des gemeinsamen europäischen Sprachrahmens. Nachzuweisen ist dies durch einen schriftlichen und mündlichen Sprachtest.

Einbürgerungswillige Ausländer werden schon jetzt vom Inlandgeheimdienst (Bundesamt für Verfassungsschutz) überprüft und in Zweifelsfällen explizit nach Kontakten zu extremistischen Organisationen befragt. Die bereits im geltenden Recht vorgesehene Loyalitätserklärung und das Bekenntnis (s. o. unter VI.) sollen in Zweifelsfällen in einem Einbürgerungsgespräch überprüft werden können. Der Staatsbürgerkurs, der Kenntnisse über das Grundgesetz und den staatlichen Aufbau vermitteln soll, wird mit einem Leistungsnachweis abgeschlossen. Es bleibt den einzelnen Bundesländern überlassen zu überprüfen, ob ausreichende Kenntnisse vorliegen. Im Übrigen soll die Einbürgerung durch eine förmliche Feier bekräftigt werden, wozu ein feierlicher Eid nach amerikanischem Vorbild gehören kann. Für die Ausgestaltung im Einzelnen sind auch hierfür die einzelnen Bundesländer verantwortlich. Im Übrigen sollen die Regeln für die Einbürgerung von vorbestraften Personen verschärft werden. Darüber hinausgehende Vorschläge, z. B. die Einstellung zur Homosexualität durch einen Fragebogen erkunden zu wollen, fanden keine Zustimmung. Ebenso wenig wie die weitergehenden Anregungen des hessischen Innenministeriums, ein Zwangs-Quiz zu veranstalten und die Einbürgerungswilligen über deutsche Geographie, deutsche Erfinder und deutsche Fußball-Heroen auszufragen. Es bleibt abzuwarten, ob und wann diese Beschlüsse in Gesetzesform verabschiedet werden.

Vor dem Hintergrund des in der Zuständigkeit des Bundesgesetzgebers stehenden Staatsangehörigkeitsrechts, dessen Umsetzung jedoch Angelegenheit der Länder ist, ist das Interesse der Innenminister an gemeinsamen Standards für die Einbürgerungsentscheidung jedenfalls dann verständlich, wenn man allzu große Unterschiede in der Einbürgerungspraxis vermeiden will. Andererseits sind Zweifel anzumelden, ob mit den beschlossenen Vorschlägen ein richtiger Ansatz verfolgt wird. Denn seit der letzten Novellierung des Staatsangehörigkeitsrechts im Jahre 2000, die eigentlich die Einbürgerung erleichtern sollte, hat sich die Zahl der Einbürgerungen kontinuierlich verringert und nahezu halbiert. Die automatische Einbürgerung von Kindern ausländischer Eltern erfolgt andererseits auch ohne Kurse oder Tests. Dagegen müssten integrationsbezogene Ansätze bei frühzeitigem Kindergartenbesuch, konsequentem Erlernen der deutschen Sprache oder der gezielten Betreuung von Migrantenkindern und deren Eltern durch Lehrer und Sozialarbeiter, gefördert werden.

Wichtige Gesetze und Materialien

Art. 16 GG, Staatsangehörigkeitsgesetz, Staatsangehörigkeits-Gebührenverordnung, § 15 BVFG, §§ 1741 ff. BGB; Beschluss der Konferenz der Innenminister und -senatoren der Länder: „Integration und Einbürgerung", ZAR 2006, 218–219

Wichtige Urteile

Zum Staatsangehörigkeitserwerb durch Geburt im Inland: BVerwG NVwZ 2005, 707; zum Erwerb der deutschen Staatsangehörigkeit bei Spätaussiedlern BVerwG, Urteil vom 11. 8. 2005, ZAR 2006, 29. Zu den Deutschkenntnissen als Voraussetzung für eine Einbürgerung: BVerwG, Urteil vom 20. 10. 2005, NJW 2006, 1079; VGH Mannheim, InfAuslR 2005, 151. Zur Frage des Auskunftsverlangen bei Wiedererwerb der türkischen Staatsangehörigkeit: BVerfG, 2 BvR 434/06, Beschluss vom 10. 3. 2006 (Pressemitteilung Nr. 22/2008). Zur Frage der Rücknahme einer Einbürgerung: BVerfG, Urteil vom 24. 5. 2006, ZAR 2006, 246; zur Frage des Wegfalls der deutschen Staatsangehörigkeit bei erfolgreicher Vaterschaftsanfechtung: BVerfG, NJW 2007, 425.

Vertiefende Literatur

Renner, Das Staatsangehörigkeitsrecht – nach der Reform reformbedürftig?, ZAR 2004, 176–185. Es gibt zahlreiche Informationen zur Einbürgerungsfrage, vor allem die Hinweise bei der Integrationsbeauftragten, z. B. die jetzt in dritter Auflage erschienene Broschüre: „Wie werde ich Deutscher?": www.einbuergerung.de oder www.bundesregierung.de und dann über Integrationsbeauftragte. Siehe auch Handreichungen des DGB Bildungswerks unter: www.migration-online.de, jeweils mit weiteren Verweisen zu Spezialfragen.

Auskünfte und Formulare gibt es bei den jeweiligen Einbürgerungsbehörden der Länder, die den Innenministerien bzw. in den Stadtstaaten den senatorischen Behörden für Inneres zugeordnet sind. Sie beraten und informieren umfassend. Angesichts der sehr zahlreichen Fragen und Aspekte bei der Ein-

L. Einbürgerung

bürgerungsfrage wird empfohlen, vor Antragstellung zunächst die Einbürgerungsbehörde aufzusuchen. Adressen können bei allen Ausländerbehörden oder Meldebehörden nachgefragt werden.

M. Behördliche Verfahren und Rechtsschutz

I. Allgemeine Fragen

Das neue Ausländerrecht und die damit verbundenen Verfahrensregeln und Verfahrensordnungen enthalten eine Vielzahl an unterschiedlichen Rechten und Pflichten des Ausländers gegenüber der jeweils zuständigen Behörde. Rechtschutz kann immer dann notwendig werden, wenn ein erwünschtes Handeln der Behörde unterbleibt oder Betroffene sich gegen ein von der Behörde durch Entscheidung, im Regelfall durch einen Verwaltungsakt abgeschlossenes Handeln wehren wollen. Dafür sind Rechtsbehelfe wie Widerspruch und Klage gegen belastende oder abgelehnte Entscheidungen möglich. Eine Untätigkeitsklage kann man dann erheben, wenn die Behörde versäumt, über einen Widerspruch innerhalb von drei Monaten zu entscheiden. In dringenden Fällen kann man in einem Eilverfahren vorläufigen Rechtschutz beim zuständigen Gericht beantragen.

Die Verfahrensgrundsätze haben ihre Grundlage in den ausländerrechtlichen Normen, deren Erlass und Umsetzung als öffentliches Recht bestimmten Kompetenzen unterfallen, die im Folgenden kurz näher erläutert werden sollen.

II. Organisatorische und verfahrensbezogene Hinweise

Ausländergesetze wie das Zuwanderungsgesetz oder das Staatsangehörigkeitsgesetz werden vom Bund erlassen (Art. 73 Nr. 2 und Nr. 3 sowie Art. 74 Nr. 4 und Nr. 6 GG) und von den Bundesländern als eigene Angelegenheit durchgeführt (Art. 83 GG). Soweit nicht im Aufenthaltsgesetz, im Freizügigkeitsgesetz/EU oder in den einschlägigen sonstigen ausländerrechtlichen Normen, vor allem in den Rechtsverordnungen (untergesetzliche Normen) verfahrensbezogene Vorschriften bestehen, gelten je nach Ausführungskompetenz die Verwaltungsverfahrensgesetze des Bundes und der Länder. Sonderregelungen gelten für das Asylverfahren nach dem gleichnamigen Gesetz (AsylVfG) und das Sozialverwaltungsverfahren (SGB X). Ergänzend zu diesen Gesetzen und den dazugehörigen Rechtsverordnungen werden je nach Zuständigkeit bundeseinheitliche Anwendungshinweise oder landeseigene Verwaltungsvorschriften (Verwaltungsanweisungen) erlassen, die den Ausländerbehörden als Entscheidungshilfe im Einzelfall Orientierungen geben sollen. Derartige Verwaltungsvorschriften werden nicht immer veröffentlicht, müssen aber bei fehlender vorheriger Veröffentlichung in den Fällen, in denen jemand betroffen ist und ein Verwaltungsverfahren (siehe dazu weiter unten) angestrengt hat und möglicherweise klagen will, den Betroffenen vorgelegt werden.

Nach § 71 AufenthG sind für aufenthalts- und passrechtliche Maßnahmen und Entscheidungen nach ausländerrechtlichen Bestimmungen in diesem und anderen Gesetzen die Ausländerbehörden zuständig. Die Landesregierung oder die von ihr bestimmte Stelle kann festlegen, dass für einzelne Aufgaben nur eine oder mehrere bestimmte Ausländerbehörden zuständig sind. Spezielle Bundesbehörden für einzelne ausländerrechtliche Aufgaben sind die Bundespolizei, die diplomatischen Auslandsvertretungen (als Teil des Bundesministeriums des Auswärtigen), die Bundesagentur für Arbeit (§§ 39–42 AufenthG) als Beteiligte bei der Erteilung von Aufenthaltstiteln für die Beschäftigung von Ausländern, das Bundesamt für Migration und Flüchtlinge (§ 75 AufenthG), dem einzelne Aufgaben wie z. B. fachliche Zuarbeit für die Bundesregierung obliegen (siehe unten 3.).

1. Die Bundespolizei

Die Bundespolizei (früher Bundesgrenzschutz genannt) ist für Kontrollen an den bundesdeutschen Grenzen (§ 71 Abs. 3 AufenthG) und darüber hinaus im Einzelnen zuständig für
- die Zurückweisung, die Zurückschiebung an der Grenze, die Rückführung von Ausländern aus und in andere Staaten und, soweit es zur Vorbereitung und Sicherung dieser Maßnahmen erforderlich ist, die Festnahme und die Beantragung von Haft,
- die Erteilung eines Visums und die Ausstellung eines Passersatzes nach § 14 Abs. 2 sowie die Durchführung des § 63 Abs. 3,

II. Organisatorische und verfahrensbezogene Hinweise

- den Widerruf eines Visums
  - im Falle der Zurückweisung oder Zurückschiebung,
  - auf Ersuchen der Auslandsvertretung, die das Visum erteilt hat, oder
  - auf Ersuchen der Ausländerbehörde, die der Erteilung des Visums zugestimmt hat, sofern diese ihrer Zustimmung bedurfte,
- das Ausreiseverbot und die Maßnahmen nach § 66 Abs. 5 an der Grenze,
- die Prüfung an der Grenze, ob Beförderungsunternehmer und sonstige Dritte die Vorschriften dieses Gesetzes und die aufgrund dieses Gesetzes erlassenen Verordnungen und Anordnungen beachtet haben,
- sonstige ausländerrechtliche Maßnahmen und Entscheidungen, soweit sich deren Notwendigkeit an der Grenze ergibt und sie vom Bundesministerium des Innern hierzu allgemein oder im Einzelfall ermächtigt sind, sowie
- die Beschaffung von Heimreisedokumenten für Ausländer einzelner Staaten im Wege der Amtshilfe.

2. Die Auslandsvertretungen der Bundesrepublik Deutschland

Im Ausland sind für Pass- und Visa-Angelegenheiten die vom Auswärtigen Amt ermächtigten Auslandsvertretungen der Bundesrepublik Deutschland (Diplomatische Vertretungen) zuständig. Weitere besondere Zuständigkeitsregeln trifft § 71 Absätze 4–6 AufenthG für Ausweiserteilung, Identitätsfeststellungen, Zurückschiebung und die Durchsetzung der Abschiebung. Über die Anerkennung von Pässen und Passersatzpapiere (§ 3 Abs. 1) entscheidet das Bundesministerium des Innern oder die von ihm bestimmte Stelle im Benehmen mit dem Auswärtigen Amt. In welchen Fällen andere Behörden bei Entscheidungen zu beteiligen sind, richtet sich nach § 72 AufenthG. So entscheidet die Ausländerbehörde über das Vorliegen eines zielstaatsbezogenen Abschiebungsverbots (§ 60 Abs. 7 AufenthG) nur nach vorheriger Beteiligung des Bundesamtes für Migration und Flüchtlinge; räumliche Beschränkungen, Auflagen und Bedingungen, Befristungen gegen einen Ausländer, der nicht im

Besitz eines erforderlichen Aufenthaltstitels ist, dürfen von einer anderen Ausländerbehörde nur im Einvernehmen mit der Ausländerbehörde geändert oder aufgehoben werden, die die Maßnahme angeordnet hat. § 73 AufenthG trifft weitere besonders zu beachtende Beteiligungserfordernisse im Visumverfahren und bei der Erteilung von Aufenthaltstiteln. So können beispielsweise im Visumverfahren die von der deutschen Auslandsvertretung erhobenen Daten der visumantragstellenden Person und des Einladers über das Auswärtige Amt zur Feststellung von Versagungsgründen an den Bundesnachrichtendienst, das Bundesamt für Verfassungsschutz, den Militärischen Abschirmdienst, das Bundeskriminalamt und das Zollkriminalamt übermittelt werden.

§ 74 AufenthG regelt die Beteiligung des Bundes und die Weisungsbefugnis in besonderen Fällen. Z. B. kann ein Visum zur Wahrung politischer Interessen des Bundes mit der Maßgabe erteilt werden, dass die Verlängerung des Visums und die Erteilung eines anderen Aufenthaltstitels nach Ablauf der Geltungsdauer des Visums sowie die Aufhebung und Änderung von Auflagen, Bedingungen und sonstigen Beschränkungen, die mit dem Visum verbunden sind, nur im Benehmen oder Einvernehmen mit dem Bundesministerium des Innern oder der von ihm bestimmten Stelle vorgenommen werden dürfen. Die Bundesregierung kann nach Art. 74 Absatz 2 AufenthG an Behörden und Personen Einzelweisungen zur Ausführung des Gesetzes und der dazu erlassenen Rechtsverordnungen erteilen, wenn

- die Sicherheit der Bundesrepublik Deutschland oder sonstige erhebliche Interessen der Bundesrepublik Deutschland es erfordern,
- durch ausländerrechtliche Maßnahmen eines Landes erhebliche Interessen eines anderen Landes beeinträchtigt werden,
- eine Ausländerbehörde einen Ausländer ausweisen will, der zu den bei konsularischen und diplomatischen Vertretungen vom Erfordernis eines Aufenthaltstitels befreiten Personen gehört.

Sofern das AufenthG nicht besondere Verfahrensvorschriften enthält (dazu unten III.) richten sich die behördlichen Verfahren im Übrigen nach den allgemeinen Regeln der Landesverwaltungsverfahrensgesetze (vgl. § 1 Absatz 1 Nr. 2 VwVfG). Bei sozialrechtlichen Fragen gilt das Sozialverwaltungsverfahrensgesetz (SGB X).

3. Ausländerbehörden und Polizei

Mit Ausländerbehörden haben Ausländer in unterschiedlicher Form zu tun: Für aufenthalts- und passrechtliche Fragen sind Ausländerbehörden in jedem Fall zuständig. In diesem Zusammenhang ist auf ihre Befugnis hinsichtlich der Ausweiskontrollen, insbesondere zur Kontrolle der Ausweispflichten der Ausländer (§§ 56, 83 AufenthV) hinzuweisen. Den Grenzbehörden, Auslandsvertretungen oder Einbürgerungsbehörden obliegen spezielle ausländerpolizeiliche Aufgaben, auf die in den jeweiligen Kapiteln hingewiesen wurde. Die **Polizei** (Vollzugspolizei) der einzelnen Bundesländer ist für Zurückschiebung, Festnahme und Durchsetzung der Verlassenspflicht bei räumlicher Beschränkung sowie für erkennungsdienstliche Maßnahmen neben der Grenzbehörde oder der Ausländerbehörde zuständig. Die Polizei wird z. B. bei der Ermittlung des Aufenthaltsortes von ausreisepflichtigen Ausländern (im Wege der Amtshilfe) für die Ausländerbehörden tätig. Im Übrigen darf die Polizei nur bei Vorliegen einer konkreten Gefahr, etwa bei Gewalttätigkeiten nach allgemein polizeirechtlichen Grundsätzen einschreiten. Abschiebungsanordnungen des Bundes (§ 58a AufenthG) werden von der Bundespolizei vollzogen.

4. Das Bundesamt für Migration und Flüchtlinge

Das neu geschaffene Bundesamt für Migration und Flüchtlinge (§ 75 AufenthG), das frühere Bundesamt für die Anerkennung ausländischer Flüchtlinge, hat eine Reihe zentraler Aufgaben gegenüber Ausländern und Spätaussiedlern gebündelt. Dazu gehören
- die Koordinierung der Informationen über die Arbeitsmigration zwischen Ausländerbehörden, der Arbeitsverwaltung und den deutschen Auslandsvertretungen;
- die Durchführung der Integrationskurse (einschließlich der nach dem Bundesvertriebenengesetz);
- die fachliche Zuarbeit für die Bundesregierung auf dem Gebiet der Integrationsförderung und die Erstellung entsprechender Infor-

mationsmaterialien über Integrationsangebote von Bund, Ländern und Kommunen;
- Begleitforschung über Migrationsfragen zur Gewinnung analytischer Aussagen für die Steuerung der Zuwanderung;
- Zusammenarbeit mit den Verwaltungsbehörden der Mitgliedstaaten der Europäischen Union als nationale Kontaktstelle und Führung des Registers betreffend die Aufnahme von Flüchtlingen zu vorübergehendem Schutz;
- die Umsetzung von Maßnahmen zur Förderung der freiwilligen Rückkehr;
- Verteilung der nach § 23 Abs. 2 aufgenommenen Personen (Kontingentflüchtlinge).

5. Die Beauftragte für Migration, Flüchtlinge und Integration

Die Beauftragte für Migration, Flüchtlinge und Integration (§ 92 ff. AufenthG), früher die Beauftragte der Bundesregierung für Ausländerfragen genannt, ist nicht nur für Ausländer zuständig, sondern für Migranten und damit z. B. auch für Eingebürgerte mit Integrationsproblemen. Sie wird von der Bundesregierung bestellt und führt ihr Amt derzeit beim Bundeskanzleramt. Das Amt kann auch von einem Mitglied des Deutschen Bundestages bekleidet werden. Die Beauftragte kann zugleich Parlamentarische Staatssekretärin sein. Zur Erfüllung ihrer Aufgaben sind der Beauftragten notwendige Personal- und Sachmittel zur Verfügung zu stellen. Das Amt endet, außer im Falle der Entlassung, mit dem Zusammentreten eines neuen Bundestages. Die Beauftragte hat folgende in § 93 AufenthG beschriebene Aufgaben:
- Integration der dauerhaft im Bundesgebiet ansässigen Migranten fördern und insbesondere die Bundesregierung bei der Weiterentwicklung ihrer Integrationspolitik auch im Hinblick auf arbeitsmarkt- und sozialpolitische Aspekte unterstützen sowie für die Weiterentwicklung der Integrationspolitik auch im europäischen Rahmen Anregungen geben
- Voraussetzungen für ein möglichst spannungsfreies Zusammenleben zwischen Ausländern und Deutschen sowie unterschied-

lichen Gruppen von Ausländern weiterentwickeln, Verständnis füreinander fördern und Fremdenfeindlichkeit entgegenwirken
- Nicht gerechtfertigten Ungleichbehandlungen, soweit sie Ausländer betreffen, entgegenwirken
- Belangen der im Bundesgebiet befindlichen Ausländer zu einer angemessenen Berücksichtigung verhelfen
- Über die gesetzlichen Möglichkeiten der Einbürgerung informieren
- Auf die Wahrung der Freizügigkeitsrechte der im Bundesgebiet lebenden Unionsbürger achten und zu deren weiterer Ausgestaltung Vorschläge machen
- Initiativen zur Integration der dauerhaft im Bundesgebiet ansässigen Migranten auch bei den Ländern und kommunalen Gebietskörperschaften sowie bei den gesellschaftlichen Gruppen anregen und unterstützen
- Die Zuwanderung ins Bundesgebiet und in die Europäische Union sowie die Entwicklung der Zuwanderung in anderen Staaten beobachten
- In den genannten Aufgabenbereichen mit den Stellen der Gemeinden, der Länder, anderer Mitgliedstaaten der Europäischen Union und der Europäischen Union selbst, die gleiche oder ähnliche Aufgaben haben wie die Beauftragte, zusammenarbeiten
- Die Öffentlichkeit zu den oben genannten Aufgabenbereichen informieren

Darüber hinaus wird die Beauftragte bei Rechtsetzungsvorhaben der Bundesregierung oder einzelner Bundesministerien sowie bei sonstigen Angelegenheiten, die ihren Aufgabenbereich betreffen, möglichst frühzeitig beteiligt. Sie kann der Bundesregierung Vorschläge machen und Stellungnahmen zuleiten. Die Bundesministerien unterstützen die Beauftragte bei der Erfüllung ihrer Aufgaben.

Die Beauftragte erstattet dem Deutschen Bundestag mindestens alle zwei Jahre einen Bericht über die Lage der Ausländer in Deutschland. Bisher liegen sechs Berichte vor, in denen umfangreiche Daten und Einschätzungen über alle die Ausländer betreffenden Fragen zusammengefasst sind, und die im Internet abrufbar sind (Siehe Adresse im Anhang). Sie können als besonders geeignete

Quelle der Information und Anregung für noch zu leistende Aufgaben betrachtet werden.

Liegen der Beauftragten hinreichende Anhaltspunkte vor, dass öffentliche Stellen des Bundes ungerechtfertigte Ungleichbehandlungen gegenüber Ausländern begehen oder sonst die gesetzlichen Rechte von Ausländern nicht wahren, kann sie eine Stellungnahme anfordern. Sie kann diese Stellungnahme mit einer eigenen Bewertung versehen und den öffentlichen Stellen des Bundes oder deren vorgesetzten Stellen zuleiten. Die öffentlichen Stellen des Bundes sind jedenfalls verpflichtet, Auskunft zu erteilen und Fragen zu beantworten. Personenbezogene Daten übermitteln öffentliche Stellen nur, wenn sich der betroffene Ausländer selbst mit der Bitte, in seiner Sache gegenüber einer bestimmten öffentlichen Stelle tätig zu werden, an die Beauftragte gewandt hat oder seine Einwilligung anderweitig nachgewiesen ist.

III. Ausländerrechtliche Verfahrensgrundsätze

Besondere ausländerrechtliche Verfahrensgrundsätze enthalten die §§ 77 bis 85 AufenthG sowie die AufenthV, die BeschV und die BeschVerfV. Die Entscheidungen der Ausländerbehörden ergehen im Regelfall als sogenannte Verwaltungsakte in schriftlicher Form. Sie müssen vom Ausländer beantragt, von der Behörde bearbeitet, begründet und mit einer Rechtsbehelfsbelehrung versehen werden. Das vor der Einreise erteilte Visum bedarf keiner Begründung und Rechtsbehelfsbelehrung; die Versagung an der Grenze bedarf auch nicht der Schriftform. Für die Aufenthaltstitel gibt es Vordrucke, ebenso für einen Ausweisersatz oder sonstige Bescheinigungen. Einzelheiten dazu sind in §§ 58 bis 61 AufenthV bestimmt. Spezielle Verfahrensregeln gelten für die Erteilung der sogenannten Schengen-Visa, die nach den Regeln der im Jahre 2000 auf der Grundlage des Schengener Durchführungsabkommens erlassenen und zuletzt 2004 geänderten Gemeinsamen Konsularischen Instruktion (GKI) erfolgt.

Das Wichtigste im ausländerrechtlichen Verfahren sind **Antragsrechte** und **Mitwirkungspflichten** der Ausländer. Ein Aufenthaltstitel wird nur auf Antrag erteilt, der gegebenenfalls unverzüglich nach der Einreise oder innerhalb einer für bestimmte Aufenthaltsrechte geltenden Frist gestellt werden muss. Beispielsweise ist für ein im Bundesgebiet geborenes Kind, dem nicht von Amts wegen ein Aufenthaltstitel zu erteilen ist (was z. B. der Fall ist, wenn die Mutter eine Aufenthalts- oder Niederlassungserlaubnis besitzt), ist der Antrag innerhalb von sechs Monaten nach der Geburt zu stellen.

Minderjährige Ausländer können erst ab dem 16. Lebensjahr ausländerrechtliche Verfahrenshandlungen vornehmen, es sei denn, sie sind geschäftsunfähig. Maßgeblich dafür, ob jemand als minderjährig oder volljährig beziehungsweise als geschäftsfähig anzusehen ist, ist das Bürgerliche Gesetzbuch (§§ 2, 104, 106 BGB). Geschäfts- und Handlungsfähigkeit eines nach dem Recht seines Heimatstaates volljährigen Ausländers bleiben davon unberührt.

Minderjährige können zurückgewiesen und zurückgeschoben werden. Androhung und Durchführung einer Abschiebung können auch dann erfolgen, wenn sich ein gesetzlicher Vertreter nicht im Bundesgebiet aufhält oder dessen Aufenthalt unbekannt ist.

Beantragt ein Ausländer, der sich rechtmäßig im Bundesgebiet aufhält, ohne einen Aufenthaltstitel zu besitzen, die Erteilung eines Aufenthaltstitels, gilt sein Aufenthalt bis zur Entscheidung der Ausländerbehörde als erlaubt. Wird der Antrag verspätet gestellt, gilt ab dem Zeitpunkt der Antragstellung bis zur Entscheidung der Ausländerbehörde die Abschiebung als ausgesetzt, der Aufenthalt wird also geduldet. Beantragt ein Ausländer die Verlängerung seines Aufenthaltstitels oder die Erteilung eines anderen Aufenthaltstitels, gilt der bisherige Aufenthaltstitel vom Zeitpunkt seines Ablaufs bis zur Entscheidung der Ausländerbehörde als fortbestehend. Dem Ausländer muss dann eine Bescheinigung über die Wirkung seiner Antragstellung (sogenannte Fiktionsbescheinigung) ausgestellt werden.

Der Aufenthaltstitel kann neben dem Lichtbild und der eigenhändigen Unterschrift weitere biometrische Merkmale von Fingern oder Händen oder Gesicht des Inhabers enthalten. Das Lichtbild, die Unterschrift und die weiteren biometrischen Merkmale dürfen auch in mit Sicherheitsverfahren verschlüsselter Form in den Aufenthaltstitel eingebracht werden (zu weiteren Fragen siehe unter

IV). Über den Aufenthalt von Ausländern wird auf der Grundlage der den Sicherheitsbehörden im Bundesgebiet bekannten Umstände und zugänglichen Erkenntnisse entschieden. Bei Abschiebungsentscheidungen müssen u. a. völkerrechtliche Schutzbestimmungen der Genfer Flüchtlingskonvention beachtet werden.

Antragsstellende Ausländer haben besondere Pflichten. Das gilt vor allem für die Überprüfung der Gültigkeit ihres Passes (§ 56 AufenthV). Große Bedeutung haben die vielfältigen Mitwirkungspflichten, speziell bei der Offenlegung ihrer Personalien gegenüber den angesprochenen Behörden. Hierauf sollen die Behörden auch hinweisen. Wenn jemand keinen Nachweis über seine persönlichen Verhältnisse erbringt oder etwa erforderliche Bescheinigungen (z. B. Geburtsurkunde, Belege über Mittel zur Bestreitung des Lebensunterhalts oder eine schengenweit gültige Reisekrankenversicherung) nicht vorlegt, kann sich die Erteilung eines Aufenthaltstitels verzögern. Es kann auch dazu führen, dass die Verlängerung des Aufenthaltstitels abgelehnt wird, unter Umständen sogar eine Ausweisung erfolgt. Ausländer haben deshalb ihre Belange und die für sie günstigen Umstände und erforderliche Nachweise über ihre Verhältnisse unverzüglich geltend zu machen. Die Behörde darf dafür auch angemessene Fristen setzen. Bei nicht rechtzeitiger Vorlage können verspätet beigebrachte Nachweise unberücksichtigt bleiben.

Diese Mitwirkungspflichten müssen auch im Widerspruchsverfahren beachtet werden. Gerade bei Integrationsmaßnahmen sollen die Behörden die betroffenen Ausländer auf ihre besonderen Mitwirkungspflichten hinweisen. In besonderen Fällen kann die Behörde auch das persönliche Erscheinen anordnen, z. B. vor der Erteilung eines Touristenvisums oder bei ärztlichen Untersuchungen zur Feststellung der Reisefähigkeit von Asylsuchenden.

Für fast alle Maßnahmen im Zusammenhang mit der Inanspruchnahme der Ausländerbehörden können **Gebühren** verlangt werden – nicht für die Erteilung von Auskünften (Ausnahme: § 47 Abs. 1 Nr. 4 AufenthV), aber für die Erteilung oder Verlängerung von aufenthaltsrechtlichen Maßnahmen wie Visum oder Aufenthaltserlaubnis, für die Erstellung aller möglichen Bescheinigungen u. a. m. Die §§ 44–51 AufenthG geben genau an, für welche Amtshandlung in welcher Höhe wie viele Euro zu zahlen sind. Auch Befreiungen und Ermäßigungen (ggf. aus Billigkeitsgründen) von der Gebührenzahlungspflicht sind vorgesehen, z. B. in den in § 52–54 AufenthV im Einzelnen aufgeführten Fällen.

IV. Datenschutz

In kaum einem anderen Lebensbereich spielen die Sammlung, Speicherung, Verwendung und Weitergabe von persönlichen Daten eine so große Rolle wie im Ausländerrecht. Es ist ein sensibles Feld, in dem der Austausch von personenbezogenen Daten zu nachhaltigen persönlichen Gefährdungen führen kann. Grundsätzlich haben deshalb Ausländer wie Deutsche ein Recht auf informationelle Selbstbestimmung, das als Unterfall des allgemeinen Persönlichkeitsrechts durch Art. 2 Abs. 1 GG geschützt ist. Danach darf jeder grundsätzlich selbst entscheiden, wann und innerhalb welcher Grenzen persönliche Lebenssachverhalte offenbart werden. Dieses Recht kann durch ausländerrechtliche Einwirkungen beeinträchtigt werden, z. B. durch die Verpflichtung, persönliche Daten zu offenbaren. Faktische Beeinträchtigungen können auch durch die öffentliche Gewalt geschehen, etwa durch Erhebung, Speicherung, Verwendung und Weitergabe von personenbezogenen Daten, was nur auf der Grundlage von Gesetzen geschehen darf. Eine ausreichend konkrete Einwilligung (z. B. durch schriftliche Einverständniserklärung) schließt eine Grundrechtsbeeinträchtigung allerdings aus. Gewisse Einschränkungen müssen Ausländer sicherlich schon dann in Kauf nehmen, wenn sie Aufenthaltsrechte in Anspruch nehmen wollen. Das verdeutlichen besonders anschaulich die Vorschriften des Gesetzes über das Ausländerzentralregister mit der dazu ergangenen Durchführungsverordnung.

Beschränkungen des Persönlichkeitsrechts bedürfen einer gesetzlichen Grundlage (Art. 2 Abs. 2 Satz 3 GG), die verhältnismäßig, d. h. insbesondere zum Schutz öffentlicher Interessen unerlässlich sein muss. Der Grundrechtseingriff muss also im Hinblick auf den verfolgten Zweck geeignet und erforderlich sein. Im Datenschutzrecht spielt gerade die Frage der **Erforderlichkeit** des Umgangs mit

Daten eine maßgebliche Rolle. Dies erklärt die detaillierte Regelung von Datenverarbeitungs- und Datenschutzregeln in den §§ 86–91 b AufenthG und §§ 62–76 AufenthV oder in anderen Rechtsgebieten wie z. B. dem Sozialrecht. § 86 AufenthG formuliert die ausländerrechtliche Grundregel für die **Erhebung** personenbezogener Daten:

> „Die mit der Ausführung dieses Gesetzes betrauten Behörden dürfen zum Zweck der Ausführung dieses Gesetzes und ausländerrechtlicher Bestimmungen in anderen Gesetzen personenbezogene Daten erheben, soweit dies zur Erfüllung ihrer Aufgaben nach diesem Gesetz und nach ausländerrechtlichen Bestimmungen in anderen Gesetzen erforderlich ist. Daten ... dürfen erhoben werden, soweit dies im Einzelfall zur Aufgabenerfüllung erforderlich ist".

Des Weiteren geht es um rechtlich begründete Rechtfertigungen für die **Weitergabe von Daten**. So haben öffentliche Stellen ihnen bekannt gewordene Umstände den mit der Ausführung des Aufenthaltsgesetzes betrauten Stellen auf Ersuchen mitzuteilen, soweit dies für die in den ausländerrechtlichen Bestimmungen genannten Zwecke erforderlich ist. Öffentliche Stellen haben unverzüglich die zuständige Ausländerbehörde zu unterrichten, wenn sie Kenntnis erlangen von

- dem Aufenthalt eines Ausländers, der keinen erforderlichen Aufenthaltstitel besitzt und dessen Abschiebung nicht ausgesetzt ist,
- dem Verstoß gegen eine räumliche Beschränkung
  oder
- einem sonstigen Ausweisungsgrund.

Öffentliche Stellen sind alle inländischen öffentlich-rechtlichen juristischen Personen und nichtrechtsfähigen Einrichtungen sowie deren selbständige und unselbständige Stellen. Ob z. B. Schulen Kenntnisse über einen illegalen Aufenthalt von Schülern übermitteln müssen, sollte genau geprüft werden; denn sie müssen nur dann mitgeteilt werden, wenn für den betreffenden Ausländer eine Aufenthaltserlaubnis erforderlich ist (eine Meldepflicht besteht beispielsweise dann nicht, wenn der Aufenthalt von Schülern geduldet ist). Eine Ausnahme von dieser Regel betrifft die Beauftragte der Bundesregierung für Migration, Flüchtlinge und Integration. Sie ist zu entsprechenden Mitteilungen über einen diesem Personenkreis angehörenden Ausländer nur verpflichtet, soweit dadurch die Erfüllung ihrer eigenen Aufgaben nicht gefährdet wird. Die Landesregierungen können für Ausländerbeauftragte des Landes und Ausländerbeauftragte von Gemeinden Vergleichbares regeln. Besondere Verwendungsregeln gibt es z. B. nach § 88 AufenthG für Ärzte für den Fall, dass ein Ausländer die öffentliche Gesundheit gefährdet, oder nach § 89 AufenthG bei identitätssichernden und identitätsfeststellenden Maßnahmen, bei denen das Bundeskriminalamt Amtshilfe in Angelegenheiten der Strafverfolgung oder der polizeilichen Gefahrenabwehr leistet. Datenübermittlungen durch die Ausländerbehörden nach § 90 AufenthG sind in Fällen zulässig, in denen konkrete Anhaltspunkte für illegale Beschäftigung oder die Verletzung von Mitwirkungspflichten gegenüber der Bundesagentur für Arbeit, den Trägern der gesetzlichen Sozialversicherung oder der Sozialhilfe vorliegen. Speicherung und Löschung in Fällen von Ausweisung und Abschiebung oder z. B. das vorläufige Register beim BAMF von Ausländern, denen vorübergehender Schutz gewährt wird, unterliegen gesetzlicher Bestimmung (§ 91, 91a AufenthG). Die Zulässigkeit von Ausländerdateien (z. B. Ausländerdatei oder Visadatei oder der von der EU-Kommission geplante Visakodex) und die Datenübermittlungen an Ausländerbehörden sind durch §§ 62–70 bzw. §§ 71–76 AufenthV bzw. die Ratsentscheidung vom Juni 2004 näher geregelt.

V. Rechtsschutz

Der Rechtsschutz ist verfahrensrechtlich aufgeteilt: Zunächst kann man sich gegen ablehnende Bescheide an die zuständige Behörde in Form des Rechtsbehelfs eines Widerspruchs wenden. Die Versagung eines Visums zu touristischen Zwecken sowie eines Visums und eines Passersatzes an der Grenze kann man allerdings nicht anfechten. Stattdessen verweist die Behörde dann auf die Möglichkeit einer Antragstellung bei der zuständigen Auslandsvertretung (§ 83 AufenthG), gegen deren Entscheidung Widerspruch möglich ist.

Im Widerspruchsverfahren entscheidet die übergeordnete Instanz der zuständigen Behörde. Wenn sie zu dem gleichen Ergebnis wie die zuständige Behörde kommt, weist sie den Widerspruch zurück. Bei Zurückweisung des Widerspruchs ist der Weg zum gerichtlichen Rechtsschutzverfahren gegeben, dem zweiten Teil des Rechtsschutzverfahrens.

Im **Widerspruchsverfahren** soll der Behörde die Möglichkeit gegeben werden, ihr Verhalten gegenüber dem Antragssteller erneut zu überprüfen. Ein solcher Widerspruch muss vom Widerspruchsführer innerhalb von vier Wochen gegenüber der zuständigen Behörde abgegeben und begründet werden. Gegenüber der Behörde dürfen natürlich auch Eltern für ihre nicht voll geschäftsfähigen Kinder handeln oder allgemein gesprochen Handlungsbevollmächtigte der nicht voll geschäftsfähigen Antragsteller. Bevor von dem Rechtsbehelf des Widerspruchs Gebrauch gemacht wird, sollte jedoch genau überlegt werden, ob und in welcher Beziehung das Verhalten der Behörde im konkreten Einzelfall beanstandet werden soll, ob man sich z. B. lediglich gegen beschwerende Auflagen, Bedingungen oder Nebenbestimmungen wehren will. Zu denken ist an die Erteilung befristeter Aufenthaltstitel, in deren Rahmen eine große Zahl von Nebenbestimmungen wie etwa die Erteilung einer Arbeitsgenehmigung üblich sind.

Eine Besonderheit im ausländerrechtlichen Widerspruchsverfahren ist die **fehlende aufschiebende Wirkung des Widerspruchs** gegen die Ablehnung eines Antrags auf Erteilung oder Verlängerung des Aufenthaltstitels oder anderer in § 84 AufenthG genannten Fälle. Z. B. bleibt die Wirksamkeit einer Ausweisung erhalten, auch wenn dagegen Widerspruch erhoben wurde. Rechtsschutz ist dann zunächst durch einen Antrag auf Anordnung oder Wiederherstellung der aufschiebenden Wirkung beim Verwaltungsgericht möglich.

Das **Verfahren vor den Gerichten** beginnt nach erfolglosem Widerspruch mit der Klageerhebung vor dem zuständigen Gericht, gegebenenfalls durch eine anwaltliche Vertretung. Wendet sich ein Ausländer z. B. gegen die Ablehnung eines Aufenthaltstitels, ist die Verpflichtungsklage (§ 42 Abs. 1 Hs.2 VwGO, auf Erteilung eines Verwaltungsaktes) notwendig, wehrt er sich gegen eine Belastung bzw. einen Eingriff der Ausländerbehörde in seine Privatsphäre, z. B. gegen eine Ausweisung, ist eine Anfechtungsklage (§ 42 Abs. 1

Hs.1 VwGO, auf Aufhebung des Verwaltungsaktes) erforderlich. Wenn eine Angelegenheit dringlich erreicht werden soll, gibt es die Möglichkeit eines **vorläufigen Rechtsschutzes** durch Gerichte. Dann muss ein Anspruch und die Eilbedürftigkeit nachgewiesen werden. Dieses Verfahren (nach § 123 der Verwaltungsgerichtsordnung oder entsprechender Vorschriften anderer Gerichtsverfahrensordnungen wie z. B. des Sozialgerichtsgesetzes) geht dann dem eigentlichen, dem sogenannten Hauptsacheverfahren („ordentlichen" Verfahren) voraus, macht es aber nicht überflüssig, sondern bietet lediglich die Möglichkeit eine erhebliche, akute Beschwer einstweilig zu regeln.

Neben diesen im Zentrum stehenden verwaltungs- und sozialverwaltungsrechtlichen Streitigkeiten bestehen je nach Konfliktbereich weitere Gerichtsbarkeiten: Im Falle zivilrechtlicher Auseinandersetzungen entscheiden die Zivilgerichte (z. B. bei Wohnungs-, Familien- oder Erbrechtsstreitigkeiten) und die Arbeitsgerichte (bei Arbeitsrechtsstreitigkeiten, z. B. die Rechtmäßigkeit der Kündigung eines Arbeitsverhältnisses) oder in Angelegenheiten der Steuer die Finanzgerichte. Verfahren vor den Gerichten der Sozialgerichtsbarkeit (zur Zuständigkeit siehe § 51 SGG) sind für Versicherte, Leistungsempfänger einschließlich Hinterbliebenenleistungsempfänger, Behinderte oder deren Sonderrechtsnachfolger kostenfrei, soweit sie in dieser jeweiligen Eigenschaft als Kläger oder Beklagte beteiligt sind. Zu beachten sind im jeweiligen Kontext alle möglichen Fristen, z. B. Verjährungs- oder Ausschlussfristen, Kündigungsfristen, Prozessfristen. Wie sie im Einzelnen zu berechnen sind, wird nach den §§ 187 ff. BGB entschieden.

Für gerichtliche Streitigkeiten werden je nach Gerichtszuständigkeit Gerichtskosten erhoben. Diese und die sonstigen Kosten, z. B. für die anwaltliche Vertretung nach dem Rechtsanwaltsvergütungsgesetz (RVG), trägt zunächst jede Partei selbst. Bei Beendigung des Rechtsstreits muss allerdings die unterlegene Partei die gesamten Kosten der Rechtsverfolgung tragen, es sei denn, dass im Urteil etwas anderes entschieden wurde (z. B. Kostenteilung oder Kostentragung im Verhältnis ein Viertel zu drei Viertel) oder die Parteien einen Vergleich geschlossen haben. Für das Risiko der anwaltlichen Beratungskosten kann man eine Rechtsschutzversicherung abschließen. Zu den Dolmetscherkosten siehe unter VI.

Beteiligte können ganz oder teilweise von den Prozesskosten befreit werden (§§ 114 ff. ZPO, 11 a ArbGG, 14 FGG, 166 VwGO, 142 FGO, 73 a SGG), wenn sie die Kosten der Prozessführung wegen geringen Einkommens nicht zahlen können (dies wird auf der Grundlage eines Vordrucks geprüft) und die beabsichtigte Rechtsverfolgung hinreichende Aussicht auf Erfolg hat. Hierüber entscheidet das Gericht, das angerufen wurde oder werden soll.

VI. Übersetzungs- und Dolmetscherkosten und weitere Verfahrensrechte

Nach § 23 VwVfG und nach § 184 GVG sind die Amtssprache und die Gerichtssprache Deutsch. Werden bei den Behörden in einer fremden Sprache Anträge gestellt, Eingaben, Belege, Urkunden oder sonstige Schriftstücke vorgelegt, kann die Behörde unverzüglich die Vorlage einer Übersetzung verlangen. Wird eine solche nicht vorgelegt, kann die Behörde auf Kosten der Beteiligten eine Übersetzung selbst beschaffen.

Wird vor Gericht unter Beteiligung von Personen verhandelt, die der deutschen Sprache nicht mächtig sind und der Verhandlung nicht folgen können oder das nicht vorbringen können, was sie vortragen wollen, ist ein Dolmetscher zuzuziehen. Bei nur teilweise der deutschen Sprache mächtigen Prozessbeteiligten muss ein Dolmetscher hinzugezogen werden. Das Bundesverfassungsgericht hat betont, dass Ausländer im Verfahren vor den deutschen Gerichten dieselben prozessualen Grundrechte sowie denselben Anspruch auf ein rechtsstaatliches Verfahren wie jeder Deutsche haben. Zum Beispiel darf ein fremdsprachiger Angeklagter, der Deutsch nur unzureichend sprechen kann, zum Ausgleich seiner sprachbedingten Nachteile in jedem Verfahrensstadium, auch im Ermittlungsverfahren, einen Dolmetscher hinzuziehen. Ohnehin stehen nach den Richtlinien für das Straf- und Bußgeldverfahren den Beschuldigten gegebenenfalls Übersetzungen für Ladungen, Haftbefehle, Strafbefehle, Anklageschriften und sonstige gerichtliche Sachentscheidungen zu, deren Finanzierung der Staat zu tragen hat, soweit eine Bedürftigkeit festgestellt werden konnte. Bei ärztlichen Untersuchun-

VI. Übersetzungs- und Dolmetscherkosten und weitere Verfahrensrechte

gen, die u. U. durchgeführt werden müssen, entscheiden die zuständigen Gesundheitsämter, dass ggf. Dolmetscherdienste hinzugezogen werden.

Im Rahmen eines Strafverfahrens sind dem Festgenommenen nach der EMRK die Gründe seiner Festnahme und die gegen ihn erhobenen Beschuldigungen in einer ihm verständlichen Sprache mitzuteilen. Dem Grundsatz des fairen Verfahrens ist genügt, wenn einem ausländischen Angeklagten, der nicht lesen kann, eine schriftliche Übersetzung des in deutscher Sprache verlesenen Anklagesatzes überlassen wird. Das darf nach der Rechtsprechung des BVerfG jedoch nicht dazu führen, dass der der deutschen Sprache unkundige Ausländer Rechtsmittelfristen versäumt, weil er die Rechtsmittelbelehrung nicht versteht. Nach der Rechtsprechung des EGMR hat der Staat die Kosten für einen Übersetzer und Dolmetscher, die während einer strafrechtlichen Hauptverhandlung entstehen, zu tragen. Andererseits sind nach § 464 c StPO dem Angeschuldigten die Dolmetscherkosten aufzuerlegen, wenn er sie durch schuldhafte Säumnis oder in sonstiger Weise schuldhaft unnötig verursacht hat. Entstehen Dolmetscher- oder Übersetzungskosten außerhalb der Hauptverhandlung, ist streitig, ob der Staat sie zu tragen hat. Nach der Rechtsprechung ist das bei verurteilten Angeklagten nur dann der Fall, wenn der Dolmetscher vom Gericht bestellt ist, der Verteidiger ein gerichtlich bestellter Pflichtverteidiger ist und der Beschuldigte bedürftig ist. Grundsätzlich haben sich Ausländer selbst um eine Übersetzung von Urteilen zu bemühen.

Die Verpflichtung zur schriftlichen Übersetzung von Beschlüssen und Urteilen besteht nur in Ausnahmefällen. Das ist u. a. dann der Fall, wenn Gerichtsentscheidungen in Abwesenheit des Ausländers, der die deutsche Sprache nicht hinreichend beherrscht, ergangen sind. In fremder Sprache eingereichte Rechtsmittelschriften reichen dagegen zur Wahrung der Fristen nicht aus.

Für beschuldigte Ausländer gilt weiter die Besonderheit, dass sie im Falle ihrer Festnahme unverzüglich über ihr Recht auf Benachrichtigung der konsularischen Vertretung ihres Heimatstaates belehrt werden müssen.

M. Behördliche Verfahren und Rechtsschutz

Wichtige Gesetzesmaterialien und Richtlinien

Art. 5 II EMRK; AufenthG und AufenthV sowie BeschV und BeschVerfV; AZRG und AZRG-DV nebst Anlagen; § 23 VwVfG; § 51 SGG; § 42 VwGO; § 184 GVG; §§ 141, 464c StPO; § 52 RVG; zur Prozesskostenhilfe: §§ 114 ff. ZPO, 11a ArbGG, 14 FGG, 166 VwGO, 142 FGO, 73a SGG; zur Rechtsberatung: Beratungshilfegesetz (für die Bereiche des Zivil-, Straf-, Arbeits-, Verwaltungs-, Sozial- und Verfassungsrechts)
Sämtliche Gesetze sind kostenlos im Internet einsehbar oder auch herunterzuladen unter www.gesetze-im-internet.de; Gemeinsame Konsularische Instruktion (GKI) vom 22. 12. 2005, veröffentlicht in: Huber, Handbuch des Ausländer- und Asylrechts, Band II, E 651.1.

Wichtiger Beschluss

Belehrung ausländischer Beschuldigter über Recht auf konsularischen Beistand, BVerfG, Beschluss vom 19. 9. 2006, NJW 2007, 499

Vertiefende Literatur

Berichte der Beauftragten der Bundesregierung für Migration, Flüchtlinge und Integration über die Lage der Ausländerinnen und Ausländer in Deutschland, insbesondere die der Jahre 2002 und 2005 – www.bundesregierung.de und dann über Integrationsbeauftragte.
Weichert, Kommentare zu den §§ 48, 49 und 73, 78 AufenthG (Ausweise und Visumsverfahren) sowie §§ 86–91b AufenthG (Datenschutz), in: Huber, Handbuch des Ausländer- und Asylrechts, Band 2, AufenthG 100 B.
Creifelds, Rechtswörterbuch, 18. Auflage 2004, München; *Marx*, Ausländer- und Asylrecht. Verwaltungsverfahren – Prozess, Baden-Baden 2006.

Auskünfte und Beratung über Verfahren und Rechtsschutzmöglichkeiten erteilen die Ausländerbehörden, Wohlfahrtsverbände, Gewerkschaften u. a. – im Übrigen Rechtsauskunftsstellen der Behörden und soweit vorhanden (z. B. Bremen) Arbeitnehmerkammern; alle, insbesondere auf Ausländerrecht spezialisierte Rechtsanwälte (zu erfragen bei den Rechtsanwaltskammern bei den Oberlandesgerichten) gegen Gebühren. Bürger mit geringem Einkommen können beim Amtsgericht Antrag auf Gewährung von Beratungshilfe stellen und können ggf. mit einem Beratungsschein gegen Zahlung von zehn Euro einen Rechtsanwalt ihrer Wahl aufsuchen (oder eine bereits getroffene Wahl nachträglich bestätigen lassen).

Anhang

I. Literatur und Links

1. Handbuch:

Handbuch des Ausländer- und Asylrechts, herausgegeben von *Bertold Huber*; München, 1994 ff. (Loseblatt – 19. Ergänzungslieferung: Mai 2006) – mit thematisch gegliederten Einführungen, Gesetzestexten, Kommentierungen, Gesetzgebungs- und Rechtsprechungsmaterialien

2. Kommentare:

Blechinger, Jürgen/Bülow, Carola, Das neue Staatsangehörigkeitsrecht. Praxishandbuch zur Umsetzung aktueller Vorschriften, Loseblatt, Merching, 2006

Calliess, Christian/Ruffert, Matthias, EUV–EGV. Kommentar, 3. Aufl. München 2007

Fritz, Roland/Vormeier, Jürgen (Hrsg.), Gemeinschaftskommentar zum Aufenthaltsgesetz (GK AufenthG), Loseblattwerk 5 Ordner, Neuwied, 2005

Fritz, Roland/Vormeier, Jürgen (Hrsg.), Gemeinschaftskommentar zum Staatsangehörigkeitsrecht (GK-StAR), Loseblattwerk, Neuwied 2006

Hailbronner, Kay, Ausländerrecht, Heidelberg, Loseblattwerk 4 Ordner, Stand: 2005

Hailbronner, Kay/Renner, Günter, Staatsangehörigkeitsrecht, 4. Aufl. München: 2005

Heinhold, Hubert, Das Aufenthaltsgesetz, Karlsruhe 2006

Hofmann, Rainer M./Hoffmann, Holger (Hrsg.), Ausländerrecht. AufenthG. FreizügG/EU. AsylVfG. StAG., Handkommentar, Baden-Baden 2007.

Kloesel, Arno/Christ, Rudolf/Otto Häußer, Deutsches Ausländerrecht, Kommentar zum Ausländergesetz und zu den wichtigsten ausländerrechtlichen Vorschriften, 5. Auflage, Stuttgart 2005

Marx, Reinhard, Kommentar zum Staatsangehörigkeitsrecht, Neuwied; Kriftel; Berlin, 1997

Meyer-Ladewig, Jens, EMRK. Konvention zum Schutz der Menschenrechte und Grundfreiheiten. Handkommentar, Baden-Baden 2003

Nienhaus, Walter Siegfried/Depel, Michael/Raif, Alexander/ Renke, Ilona, Praxishandbuch Zuwanderung und Arbeitsmarkt, München 2006

Renner, Günter, Ausländerrecht. Kommentar, 8. Aufl., München 2005

Storr, Christian/Wenger, Frank, Kommentar zum Zuwanderungsgesetz, 1. Auflage, Stuttgart 2005

3. Rechtliche, historische, ökonomische und soziologische Schriften

Alt, Jörg, Illegal in Deutschland, Karlsruhe 1999

Bade, Klaus J./Bommes, Michael/Münz, Rainer, Migrationsreport 2004, Fakten – Analysen – Perspektiven –, Frankfurt a. M. 2004

Bade, Klaus J./Oltmer, Jochen, Normalfall Migration, Bonn 2004

Frings, Dorothee, Arbeitsmarktreformen und Zuwanderungsrecht – Auswirkungen für Migrantinnen und Migranten, Frankfurt a. M. 2005

Gutmann, Rolf, Ausländische Arbeitnehmer. Besondere Regelungen im Arbeits- und Sozialrecht, Frankfurt a. M. 2005

Hailbronner, Kay, Asyl- und Ausländerrecht, Stuttgart 2006

Hailbronner, Kay/Renner, Günter, Staatsangehörigkeitsrecht, 4. Aufl., München 2006

Herbert, Ulrich, Geschichte der Ausländerpolitik in Deutschland. Saisonarbeiter, Zwangsarbeiter, Gastarbeiter, Flüchtlinge, München 2001

Marx, Reinhard, Ausländer- und Asylrecht. Verwaltungsverfahren – Prozess, Baden-Baden 2006

Migration und Integration – Erfahrungen nutzen, Neues wagen, Jahresgutachten 2004 des Sachverständigenrates für Zuwanderung und Integration, Nürnberg 2004

Oltmer, Jochen (Hrsg.), Migrationsforschung und Interkulturelle Studien, Osnabrück 2002

Renner, Günter, Ausländerrecht in Deutschland, München 1999

Zuwanderung gestalten – Integration fördern. Bericht der Unabhängigen Kommission „Zuwanderung", Berlin 2001

4. Internationale Vergleiche

Davy, Ulrike, Die Integration von Einwanderern. Rechtliche Regelungen im europäischen Vergleich, Frankfurt-New York, 2001.

Giegerich, Thomas (Hrsg.), Einwanderungsrecht – national und international: staatliches Recht, Europa- und Völkerrecht, Opladen 2001

5. Interdisziplinäre Analysen des Ausländerrechts seit 1985:
Hohenheimer Tage zum Ausländerrecht: Akademie der Diözese Rottenburg-Stuttgart. Tagungsdokumentationen, veröffentlicht bei Nomos-Verlagsgesellschaft Baden-Baden – Auswahl:

Ausweisung im demokratischen Rechtsstaat. Hohenheimer Tage zum Ausländerrecht 1995, Hrsg.: *Klaus Barwig, Gisbert Brinkmann, Bertold Huber, Klaus Lörcher, Christoph Schumacher,* 1995

Sozialer Schutz von Ausländern in Deutschland. Hohenheimer Tage zum Ausländerrecht 1996, Hrsg.: *Klaus Barwig, Klaus Sieveking, Gisbert Brinkmann, Klaus Lörcher,* 1995

Neue Regierung – neue Ausländerpolitik? Hohenheimer Tage zum Ausländerrecht 1999 und 5. Migrationspolitisches Forum, Hrsg.: *Klaus Barwig, Gisbert Brinkmann, Kay Hailbronner, Bertold Huber, Christine Kreuzer, Klaus Lörcher, Christoph Schumacher,* 1999

Auf dem Weg zur Rechtsgleichheit? Konzepte und Grenzen einer Politik der Integration von Einwandern. Hohenheimer Tage zum Ausländerrecht 2003 und 2004, Hrsg.: *Klaus Barwig, Ulrike Davy,* 2004

20 Jahre Hohenheimer Tage zum Ausländerrecht. Perspektivwechsel im Ausländerrecht? Rechtskonflikte im Spiegel politischer und gesellschaftlicher Umbrüche in Deutschland und Europa

2 Bände, Hrsg.: *Klaus Barwig, Stephan Beichel-Benedetti, Gisbert Brinkmann*, 2007

6. Selbständige Textausgaben

Deutsches Ausländerrecht: AuslR; Textausgabe mit ausführlichem Sachverzeichnis und einer Einführung von Günter Renner, 20. Auflage, C. H. Beck München 2005

Storr, Christian; Albrecht, Rainer: Das neue Zuwanderungsrecht, Textausgabe mit Einführung, Übergangsregelungen und allen Verordnungen, 2. Auflage, Boorberg Verlag Stuttgart 2005

Recht der Europäischen Union. Textsammlung, herausgegeben von Roland Bieber und Wolfgang Knapp, Baden-Baden 2006

7. Zeitschriften

Schnelldienst Ausländer- und Asylrecht (AuAS)
Europarecht (EuR)
Informationsbrief Ausländerrecht (InfAuslR)
Informationsdienst Europäisches Arbeits- und Sozialrecht (EuroAS)
Zeitschrift für Ausländerrecht und Ausländerpolitik (ZAR)
Zeitschrift für Europäische Grundrechte (EuGRZ)
Zeitschrift für Internationales Arbeits- und Sozialrecht (ZIAS)
Zeitschrift für europäisches Sozial- und Arbeitsrecht (ZESAR)
Zeitschrift für Europäisches Wirtschaftsrecht (EuZW)

8. Sonstige aktuelle Informationen

Migration und Bevölkerung, Newsletter zu Migration, Integration und Bevölkerungsentwicklung, hrsg. Bundeszentrale für politische Bildung und HWWA Hamburg (über: www.bpb.de)

Newsletter oder Informationsblätter der Integrations- bzw. Migrationsbeauftragten des Bundes und der Länder (z. B. Berlin – „E-TOP Berlin International", Niedersachsen – „Betrifft – Mehrheiten/Minderheiten")

Aktiv + Gleichberechtigt: Migration, Hrsg. Mach meinen Kumpel nicht an! e. V.

Für Vergleiche in Europa: das in Brüssel herausgegebene und monatlich erscheinende *Migration news sheet*: information bulletin on immigrants, refugees and ethnic minorities, herausgegeben von: World Council of Churches, Churches' Committee for Migrants in Europe, Migration Policy Group, Brüssel (seit 1986)

Die englischsprachige, auf Migrationsfragen spezialisierte Zeitschrift European Journal of Migration and Law (EJML), Martinus Nijhoff Publishers

9. Links

a) Die Beauftragte für Migration, Flüchtlinge und Integration

www.bundesregierung.de/; dort weiter unter Integrationsbeauftragte

Auf der web-site der Integrationsbeauftragten befinden sich zahlreiche links.

Dort als pdf-Dateien zugänglich oder anfordern:

4. Bericht zur Lage der Ausländer in der Bundesrepublik Deutschland Berlin 2000

5. Bericht über die Lage der Ausländer in der Bundesrepublik Deutschland 2002

6. Bericht über die Lage der Ausländer in der Bundesrepublik Deutschland 2005

Orientierungsbuch für Ausländer in fünf Sprachen, jeweils mit Texten gegenübergestellt Deutsch – Englisch, Deutsch – Französisch, Deutsch – Russisch, Deutsch – Spanisch und Deutsch – Türkisch): Ein Handbuch für Deutschland, 2. überarbeitete Auflage, Berlin, Januar 2005

Online-Version: www.handbuch-deutschland.de

Postanschrift: 11012 Berlin

Hausanschrift: Bundeskanzleramt, Willy-Brandt-Straße 1, 10557 Berlin

Sekretariat: Telefon: 01888–400–1640, Fax: 01888–400–1606, E-Mail: internetpost@integrationsbeauftragte.de

b) Bundesministerium des Innern

www.bmi.bund.de

Das Bundesinnenministerium verteilt die Broschüre: „Willkommen in Deutschland – Informationen für Zuwanderer" (in deutscher, englischer, türkischer, russischer, polnischer und arabischer Sprache zugänglich).

Hierunter als Download der „Bericht zur Evaluierung des Gesetzes zur Steuerung und Begrenzung der Zuwanderung und zur Regelung des Aufenthalts und der Integration von Unionsbürgern und Ausländern (Zuwanderungsgesetz)".

c) Zuwanderungsrat beim BMI

www.zuwanderungsrat.de

d) Bundesamt für Migration und Flüchtlinge

www.bamf.de

Dort ist z. B. auch zu einzusehen:

Migration und Integration – Erfahrungen nutzen, Neues wagen, Jahresgutachten 2004 des Sachverständigenrates für Zuwanderung und Integration, Nürnberg 2004; Migrationsbericht 2005. Neuestens auch die Studie: Sinn/Kreienbrink/von Loeffelholz, Illegal aufhältige Drittstaatsangehörige in Deutschland. Staatliche Ansätze, Profil und soziale Situation (Forschungsstudie 2005 im Rahmen des Europäischen Migrationsnetzwerks)

e) Bundesministerium der Justiz

www.bmj.bund.de

Das Bundesjustizministerium stellt alle bundesdeutschen Gesetze unter folgendem link zur Verfügung: www.gesetze-im-internet.de

f) Bundesministerium für Wirtschaft und Arbeit

www.bmwa.bund.de

g) Bundesministerium für Familie, Senioren, Frauen und Jugend

www.bmfsfj.bund.de

h) Bundesministerium für Gesundheit und Soziales

www.bmgs.bund.de

i) DGB

www.migration-online.de – dieser Internetauftritt steht teilweise auch auf Italienisch zur Verfügung; Informationsblatt: Forum Migration

j) Flüchtlingsrat

www.fluechtlingsrat-berlin.de oder www.fluechtlingsrat.de
Diese homepage bietet zahlreiche sonst (noch) nicht veröffentlichte Verwaltungsvorschriften, derzeit z. B. die Vorläufigen Anwendungshinweise des Bundesministeriums des Innern zum Aufenthalts- und Freizügigkeitsgesetz vom Dezember 2004.

k) Bundeszentrale für Politische Bildung (bpb)

www.bpb.de
Dort u. a. den Newsletter „Migration und Bevölkerung", monatlich herausgegeben von der Bundeszentrale für Politischc Bildung (bpb) und dem Hamburger Weltwirtschaftsarchiv (HWWA), www. Migration-info.de.
Die Bundeszentrale für politische Bildung bietet außerdem eine Expertendatenbank die online verfügbar ist. Die Datenbank bietet umfangreiche Möglichkeiten der Kontaktaufnahme und Vernetzung für migrationspolitisch Interessierte und Engagierte. Für die nächsten Monate ist eine Europäisierung des Angebotes vorgesehen: Zum einen sollen Informationen in englischer Sprache bereitgestellt werden, zum anderen wird die Datenbank um Experten und Expertinnen aus Europa erweitert. Siehe unter: www.bpb.de/expertendatenbank-migration

l) Europa

- www.eu.int
  Portal der Europäischen Union in allen Amtssprachen
- http://curia.europa.eu/
  Portal des Gerichtshofs der Europäischen Gemeinschaft
- http://eur-lex.europa.eu/
  Portal zum Recht der EU
- www.europa-mobil.de
  Informationsportal zur Mobilität in Europa „europa-mobil.de" im

Internet. Die Website erläutert praxisorientiert und ausschließlich am Einzelfall, was es heißt, in Europa zu leben und zu arbeiten.

m) Adresse des Autors für etwaige Zuschriften:

Universität Bremen, FB 11, Grazer Str. 2, D 28359 Bremen
E-Mail: ksievek@uni-bremen.de

II. Staatenliste zur Visumpflicht bei Einreise in die Bundesrepublik Deutschland

Staaten	Visumpflicht für Deutschland
Afghanistan	Ja
Ägypten	Ja
Albanien	Ja
Algerien	Ja
Andorra***	Nein
Angola	Ja
Antigua und Barbuda	Ja
Äquatorialguinea	Ja
Argentinien	Nein
Armenien	Ja
Aserbaidschan	Ja
Äthiopien	Ja
Australien (sowie Kokosinseln, Norfolkinsel, Weihnachtsinsel)**	Nein
Bahamas	Ja
Bahrain	Ja
Bangladesch	Ja
Barbados	Ja
Belarus (s. auch Weißrussland)	Ja
Belgien*	Nein
Belize	Ja
Benin	Ja
Bermuda	Nein
Bhutan	Ja
Bolivien	Nein
Bosnien-Herzegowina	Ja
Botsuana	Ja
Brasilien	Nein
Britische Jungfern-Inseln	Ja
Brunei Darussalam	Nein
Bulgarien	Nein
Burkina Faso	Ja
Burundi	Ja
Cayman-Inseln	Ja
Chile	Nein
China (VR)	Ja
Costa Rica	Nein
Côte d'Ivoire (Elfenbeinküste)	Ja
Dänemark*	Nein
Demokratische Republik Kongo (früher Zaire)	Ja
Dominica	Ja
Dominikanische Republik	Ja
Dschibuti	Ja
Ecuador	Ja
El Salvador	Nein
Eritrea	Ja
Estland*	Nein
Falkland-Inseln	Ja
Fidschi	Ja
Finnland*	Nein
Frankreich* (einschließlich Französisch-Guayana, Französisch-Polynesien, Guadeloupe, Martinique, Neukaledonien, Réunion, St. Pierre und Miquelon)	Nein

II. Staatenliste zur Visumpflicht bei Einreise in die BRD

Staaten	Visumpflicht für Deutschland	Staaten	Visumpflicht für Deutschland
Gabun	Ja	Kuba	Ja
Gambia	Ja	Kuwait	Ja
Georgien	Ja	Laos	Ja
Ghana	Ja	Lesotho	Ja
Grenada	Ja	Lettland*	Nein
Griechenland*	Nein	Libanon	Ja
Guatemala	Nein	Liberia	Ja
Guinea	Ja	Libyen	Ja
Guinea-Bissau	Ja	Liechtenstein*	Nein
Guyana	Ja	Litauen*	Nein
Haiti	Ja	Luxemburg*	Nein
Honduras***	Nein	Macau	Nein
Hongkong****	Nein	Madagaskar	Ja
Indien	Ja	Malawi	Ja
Indonesien	Ja	Malaysia	Nein
Irak	Ja	Malediven	Ja
Iran	Ja	Mali	Ja
Irland*	Nein	Malta*	Nein
Island*	Nein	Marokko	Ja
Israel**	Nein	Marshall-Inseln	Ja
Italien*	Nein	Mauretanien	Ja
Jamaika	Ja	Mauritius	Ja
Japan**	Nein	Mazedonien	Ja
Jemen	Ja	Mexiko	Nein
Jordanien	Ja	Midway-Inseln	Ja
Kambodscha	Ja	Mikronesien	Ja
Kamerun	Ja	Moldau	Ja
Kanada**	Nein	Monaco***	Nein
Kap Verde	Ja	Mongolei	Ja
Kasachstan	Ja	Montenegro	Ja
Katar	Ja	Montserrat	Ja
Kenia	Ja	Mosambik	Ja
Kirgisistan	Ja	Myanmar (Burma)	Ja
Kiribati	Ja	Namibia	Ja
Kolumbien	Ja	Nauru	Ja
Komoren	Ja	Nepal	Ja
Kongo (Republik Kongo)	Ja	Neuseeland (einschließlich Cookinseln, Niue, Tokelau) **	Nein
Korea (Republik Korea, Südkorea)**	Nein	Nicaragua	Nein
Korea (Demokratische Volksrepublik, Nordkorea)	Ja	Niederlande*	Nein
		Niger	Ja
Kroatien	Nein	Nigeria	Ja

Anhang

Staaten	Visumpflicht für Deutschland	Staaten	Visumpflicht für Deutschland
Nordmarianen (Föderierte Staaten von Mikronesien, Marianen, Karolinen, einschließlich Palau-Inseln)	Ja	Sri Lanka	Ja
		St. Helena und Nebengebiete	Ja
		St. Kitts und Nevis	Ja
		St. Lucia	Ja
		St. Vincent u. Grenadinen	Ja
Norwegen*	Nein	Südafrika	Ja
Oman	Ja	Sudan	Ja
Österreich*	Nein	Surinam	Ja
Pakistan	Ja	Swasiland	Ja
Panama	Nein	Syrien	Ja
Papua-Neuguinea	Ja	Tadschikistan	Ja
Paraguay	Nein	Taiwan	Ja
Peru	Ja	Tansania	Ja
Philippinen	Ja	Thailand	Ja
Pitcairn	Ja	Timor-Leste (Osttimor)	Ja
Polen*	Nein	Togo	Ja
Portugal*	Nein	Tonga	Ja
Ruanda	Ja	Trinidad und Tobago	Ja
Rumänien	Nein	Trust Territory of the Pacific Islands	Ja
Russische Föderation	Ja		
Salomonen	Ja	Tschad	Ja
Sambia	Ja	Tschechische Republik*	Nein
Samoa	Ja	Tunesien	Ja
San Marino***	Nein	Türkei	Ja
Sao Tomé und Principe	Ja	Turkmenistan	Ja
Saudi-Arabien	Ja	Turks- und Caicosinseln	Ja
Schweden*	Nein	Tuvalu	Ja
Schweiz*	Nein	Uganda	Ja
Senegal	Ja	Ukraine	Ja
Serbien und Montenegro	Ja	Ungarn*	Nein
Seychellen	Ja	Uruguay	Nein
Sierra Leone	Ja	Usbekistan	Ja
Simbabwe	Ja	Vanuatu	Ja
Singapur	Nein	Vatikan Stadt	Nein
Slowakische Republik*	Nein	Venezuela	Nein
Slowenien*	Nein	Vereinigte Arabische Emirate	Ja
Somalia	Ja		
Spanien* (einschließlich spanische Hoheitsgebiete in Nordafrika mit Ceuta und Melilla)	Nein	Vereinigtes Königreich Großbritannien und Nordirland (sowie Kanalinseln, Insel Man und Bermuda) *	Nein

II. Staatenliste zur Visumpflicht bei Einreise in die BRD

Staaten	Visumpflicht für Deutschland	Staaten	Visumpflicht für Deutschland
Vereinigte Staaten von Amerika (einschließlich Amerikanische Jungferninseln, Amerikanisch-Samoa, Guam, Puerto Rico) **	Nein	Westsamoa	Ja
		früher Zaire, heute: Demokratische Republik Kongo	Ja
Vietnam	Ja	Zentralafrikanische Republik	Ja
Weißrussland (s. auch Belarus)	Ja	Zypern*	Nein

(1) Inhaber von Nationalpässen der nachfolgend aufgelisteten Staaten, die uneingeschränkt visumpflichtig sind (Angabe „Ja"), brauchen in jedem Fall ein Visum.

(2) Auch Inhaber von Nationalpässen der Staaten, die zur Einreise nach Deutschland kein Visum benötigen (Angabe: „Nein"), dürfen sich ohne Visum nicht länger als drei Monate pro Halbjahr im Bundesgebiet aufhalten. Zudem dürfen sie während dieses Zeitraums keine arbeitserlaubnispflichtige Erwerbstätigkeit aufnehmen.

Ausgenommen hiervon sind die Staatsangehörigen der Mitgliedstaaten der Europäischen Union, des Europäischen Wirtschaftsraums und der Schweiz (diese sind mit * gekennzeichnet).

Angehörige einiger anderer Länder können einen ggf. erforderlichen Aufenthaltstitel auch nach der Einreise einholen (diese sind mit ** gekennzeichnet).

Staatsangehörige von Andorra, Honduras, Monaco und San Marino können die ggf. erforderliche Aufenthaltsgenehmigung nur dann nach der Einreise einholen, wenn keine Erwerbstätigkeit beabsichtigt ist (***).

Hongkong: für Inhaber von SAR-Pässen (Pässe des Sonderverwaltungsgebiets Hongkong)(****).

Stand 5. 12. 2006

Anhang

III. Rentenversicherungsträger

Die Versicherungsträger im Einzelnen – mit Angaben zur *Zuständigkeit für ausländische Versicherte aus den jeweiligen Staaten*
Deutsche Rentenversicherung **Baden-Württemberg** (ehemals LVA Baden-Württemberg),
76122 Karlsruhe, Telefon 0721 825-0, Telefax 0721 825-21 229.
70429 Stuttgart, Telefon 0711 848-0, Telefax 0711 848-21 438, Verbindungsstelle für *Griechenland, Liechtenstein, Schweiz, Zypern*
Deutsche Rentenversicherung **Berlin** (ehemals LVA Berlin), Knobelsdorffstraße 92, 14059 Berlin, Telefon 030 3002-0, Telefax 030 3002-1009, Verbindungsstelle für *Polen*
Deutsche Rentenversicherung **Brandenburg** (ehemals LVA Brandenburg), Bertha-von-Suttner-Straße 1, 15236 Frankfurt/Oder, Telefon 0335 551-0, Telefax 0335 551-1295
Deutsche Rentenversicherung **Braunschweig-Hannover** (ehemals LVA Braunschweig und LVA Hannover),
30875 Laatzen, Telefon 0511 829-0, Telefax 0511 829-2635.
38091 Braunschweig, Telefon 0531 7006-0, Telefax 0531 7006-425, Verbindungsstelle für *Japan, Korea*
Deutsche Rentenversicherung **Bund** (ehemals BfA – Bundesversicherungsanstalt für Angestellte und VDR – Verband Deutscher Rentenversicherungsträger), 10704 Berlin, Telefon 030 865-1, Telefax 030 865-27 240, Verbindungsstelle für alle *EU- und Vertragsstaaten*, sofern Beiträge zum Versicherungsträger gezahlt worden sind
Deutsche Rentenversicherung **Hessen** (ehemals LVA Hessen), Städelstraße 28, 60596 Frankfurt/Main, Telefon 069 6052-0, Telefax 069 6052-1600
Deutsche Rentenversicherung **Knappschaft-Bahn-See** (ehemals Bundesknappschaft, Bahnversicherungsanstalt und Seekasse), Hauptverwaltung, Pieperstraße 14–28, 44789 Bochum, Telefon 0234 304-0, Telefax 0234 304-53 050, Verbindungsstelle für alle *EU- und Vertragsstaaten*, sofern Beiträge zum Versicherungsträger gezahlt worden sind
Deutsche Rentenversicherung **Mitteldeutschland** (ehemals LVA Thüringen, LVA Sachsen-Anhalt und LVA Sachsen),
Sitz Leipzig, Georg-Schumann-Str. 146, 04159 Leipzig, Telefon 0341 550-55, Telefax 0341 550-5900.
Standort Erfurt, Kranichfelder Str. 3, 99097 Erfurt, Telefon 0361 482-0, Telefax 0361 482-2299

Standort Halle, Paracelsusstraße 21, 06114 Halle, Telefon 0345 213-0, Telefax 0345 202-3314,
Verbindungsstelle für *Nachfolgestaaten der UdSSR* (ohne Estland, Lettland, Litauen) bei Anwendung des DDR-UdSSR-Vertrages, *Ungarn, Bulgarien*

Deutsche Rentenversicherung **Niederbayern-Oberpfalz** (ehemals LVA Niederbayern-Oberpfalz), 84024 Landshut, Telefon 0871 81-0, Telefax 0871 81-2140, Verbindungsstelle für *Bosnien-Herzegowina, Serbien und Montenegro, Kroatien, Mazedonien, Slowenien, Slowakei, Tschechien*

Deutsche Rentenversicherung **Nord** (ehemals LVA Schleswig Holstein, LVA Mecklenburg-Vorpommern und LVA Freie und Hansestadt Hamburg),
Sitz Lübeck, Ziegelstraße 150, 23556 Lübeck, Telefon 0451 485-0, Telefax 0451 485-1777, Verbindungsstelle für *Dänemark, Finnland, Norwegen, Schweden*
Standort Neubrandenburg, Platanenstraße 43, 17033 Neubrandenburg, Telefon 0395 370-0, Telefax 0395 370-4444, Verbindungsstelle für *Estland, Lettland und Litauen*
Standort Hamburg, Friedrich-Ebert-Damm 245, 22159 Hamburg, Telefon 040 5300-0, Telefax 040 5300-2999, Verbindungsstelle für *Großbritannien, Irland, Kanada und USA*

Deutsche Rentenversicherung **Oberbayern** (ehemals LVA Oberbayern), 81729 München, Telefon 089 6781-0, Telefax 089 6781-2345, Verbindungsstelle für *Österreich*

Deutsche Rentenversicherung **Ober- und Mittelfranken** (ehemals LVA Ober- und Mittelfranken), 95440 Bayreuth, Telefon 0921 607-0, Telefax 0921 607-398, Verbindungsstelle für **Türkei**

Deutsche Rentenversicherung **Oldenburg-Bremen** (ehemals LVA Oldenburg-Bremen), Huntestraße 11, 26135 Oldenburg, Telefon 0441 927-0, Telefax 0441 927-2563, Verbindungsstelle für *Australien*

Deutsche Rentenversicherung **Rheinland** (ehemals LVA Rheinprovinz), 40194 Düsseldorf, Telefon 0211 937-0, Telefax 0211 937-3096, Verbindungsstelle für *Belgien, Chile, Israel, Spanien, Rheinschifffahrtsabkommen*

Deutsche Rentenversicherung **Rheinland-Pfalz** (ehemals LVA Rheinland-Pfalz), Eichendorffstraße 4–6, 67346 Speyer, Telefon 06232 17-0, Telefax 06232 17-2589, Verbindungsstelle für *Frankreich, Luxemburg*

Deutsche Rentenversicherung **Saarland** (ehemals LVA für das Saarland), Martin-Luther-Straße 2–4, 66111 Saarbrücken, Telefon 0681 3093-0, Telefax 0681 3093-199

Deutsche Rentenversicherung **Schwaben** (ehemals LVA Schwaben), Dieselstraße 9, 86154 Augsburg, Telefon 0821 500-0, Telefax 0821 500-1000, Verbindungsstelle für *Italien, Marokko, Tunesien, Malta*

Deutsche Rentenversicherung **Unterfranken** (ehemals LVA Unterfranken), Friedenstraße 12/14, 97072 Würzburg, Telefon 0931 802-0, Telefax 0931 802-243, Verbindungsstelle für *Portugal, Rumänien*

Deutsche Rentenversicherung **Westfalen** (ehemals LVA Westfalen), 48125 Münster, Telefon 0251 238-0, Telefax 0251 238-2960, Verbindungsstelle für *Island, Niederlande*

Sachverzeichnis

Zahlen = Seiten

Abschiebung 3, 10, 34, 75, 88, 94, 107f., 191, 267, 269, 273f., 276f.
- Abschiebungsschutz 116ff.
- Abschiebungsverbot 267
- Androhung 116
- Hindernisse 152
- Kosten 118
- *siehe auch* Duldung, Verfahren

Adoption 92, 207, 246f.

Amtssprache 280, 289
- *siehe auch* Dolmetscherkosten

Anmeldebescheinigung *siehe* Meldepflicht

Anerkennung
- als Asylberechtigte 3, 95
- von Asylbewerbern 9
- von Aufenthaltsrechten der Kinder 100
- von Aufenthaltszeiten 67
- von Bildungsabschlüssen 70, 170
- des Grundrechtsstatus von Ausländern 10
- von Leistungsnachweisen 178
- von Pässen 267
- der Vaterschaft 91f., 246
- von Versicherungsansprüchen 30

Antrag
- auf Arbeitsmarktzugang 136, 147
- auf Asyl 34, 75, 108f., 115
- auf Baugenehmigung für Moscheen 236
- auf Dolmetscherkosten 280ff.
- auf Einbürgerung 198, 245ff.
- auf Erteilung eines Aufenthaltsrechts 60, 67ff., 74ff., 97ff., 102, 116, 119, 120ff.
- auf Genehmigung zum Schächten 228f.
- auf Sozialleistungen 53ff., 192ff.
- auf Teilnahme an Integrationskursen 129, 132f.
- auf besondere Verpflegung im Strafvollzug 238
- im ausländerrechtlichen Verfahren 272ff.
- Wählerverzeichnis, Aufnahme ins (beim Kommunalwahlrecht) 220ff.
- *siehe auch* Aufenthalt, Bildung, Schule, Visum und Verfahren

Arbeit
- Arbeitsgenehmigung 24, 51, 60f., 192, 278
- Arbeitslosigkeit 45, 137, 142, 180, 188ff.
- Berufsausbildung, qualifizierte bzw. nicht-qualifizierte 142ff.
- Berufssportler 146
- Bundesagentur für Arbeit 25, 49, 61ff., 74, 97, 136ff., 143ff., 149f., 153f., 170f., 175ff., 186, 189, 193, 199, 203, 266, 277

- Erwerbstätigkeit 23, 32, 44 f., 49, 51, 69 ff., 74 ff., 79 ff., 83, 94, 97, 100, 119 ff., 136, 138 ff., 175, 177, 191, 201, 243, 293
- *siehe auch* Arbeit(splatz)suche

Arbeitslosengeld 27, 30, 52, 188 f., 191, 199, 250

Arbeitslosengeld II
- allgemein 27, 186 f., 189 ff., 201 f.
- für Drittstaatsangehörige 190 ff.
- für Unionsbürger 43, 52 ff.
- und Aufenthaltsrecht 197
- und Einbürgerung 198 f., 250, 255
- und Integrationskurse 131 ff.
- *siehe auch* Bundesagentur für Arbeit

Arbeitslosigkeit *siehe* Arbeitslosengeld, Arbeitslosengeld II, Arbeitssuche, Bundesagentur für Arbeit

Arbeitsmarktzugang
- aus dem Ausland 8, 135 ff., 141 ff., 146, 148 ff.
- aus Beitrittsstaaten 46, 59 ff.
- aus dem Inland 140 f., 148 ff.
- hoch qualifizierte Fachkräfte 137, 139
- *siehe auch* Bundesagentur für Arbeit

Arbeit(splatz)suche 27, 44 f., 54, 117, 176, 186 ff., 190 ff.
- *siehe auch* Arbeit, Bundesagentur für Arbeit

Asylantrag
siehe Antrag

Asylbewerberleistungsgesetz 28, 33, 35, 152, 190

Aufenthalt

- Beendigung 106 ff.
- bei ALG II-Bezug 197
- bei Sozialhilfebezug 197 f.
- Betretenserlaubnis 75, 85
- Gestattung 75, 151, 191
- Gewöhnlicher 93 ff., 119, 122, 189, 191 f., 201, 204 f., 210, 219 f., 244 ff.
- Unterbrechung des 44, 67, 119, 175

Aufenthaltsbeendigung 107 ff., 153
- *siehe auch* Ausweisung

Aufenthaltserlaubnis 24, 42 f.
- Asylberechtigte 3
- Aufenthaltszwecke 81 f.
- Beschäftigung 142 ff.
- Daueraufenthalt 41 ff., 46, 55, 66 ff., 119 f., 180, 188
- Drittstaatsangehörige 73 ff.
- Familienangehörige von Drittstaatsangehörigen 91 ff.
- Familienangehörige von Unionsbürgern 48 f., 52
- hoch qualifizierte Fachkräfte 145 f.
- Integration 129 f.
- Kontingentflüchtlinge 3
- nach Studiumsabschluss 142
- nach Tod des Ehegatten 97 f.
- Promotion 173
- Studium 82, 173 f.
- Verlängerung 82 f., 93, 197 f., 268
- Verlust 55, 108 ff.
- Zwecke 73, 78 ff., 81 ff., 90, 119, 135 ff., 173 f., 201
- *siehe auch* Abschiebung, Ausreisepflicht, Ausweisung, Nachzug, Visum

Aufenthaltserlaubnis-EU 55
Aufenthaltsgestattung *siehe* Aufenthalt
Aufenthaltskarte 43, 48 f.
Aufenthaltsrecht *siehe* Aufenthalt, Aufenthaltserlaubnis
Aufenthaltstitel 78 ff.
- Erteilungsvoraussetzungen 76 ff.
- Niederlassungserlaubnis 83 ff.
- *siehe auch* Aufenthaltserlaubnis
Aufenthaltszwecke *siehe* Aufenthalt – Zwecke
Auflage(n) 82 ff., 109, 267 f., 278
Ausbildungsförderung 178 ff., 186, 199
- für Ausländer 180
- im Ausland 181 f.
- Einbürgerungsprognose bei BAföG-Bezug 250
- Meister-BAföG 182
Ausländer
- Heimatlose 3, 33, 245
- mit Sonderstatus 3
- politische Betätigung 213 ff.
- politische Mitwirkung 221 ff.
- Rechtsstatus 8
- Rechtsstellung 8 ff.
- Statusdifferenzierung 4 f.
ausländerbehördliches Verfahren *siehe* Verfahren
Ausländerbeschäftigung 135 ff.
- *siehe auch* Arbeit
Ausländerrecht
- Geschichte 17 ff.
- Rechtsgrundlagen 23 ff.
Ausländervereine *siehe* Verein
ausländerrechtliches Verfahren *siehe* Verfahren

Auslandsvertretungen, deutsche 177, 267 ff.
Ausreisepflicht 74 f., 106 ff., 115 ff., 191 f., 269
Ausweisung 18 f., 43, 50, 76, 108 ff., 235
- Ausweisungsschutz vor 56, 114 ff., 243
- bei strafrechtlicher Verurteilung 55 f.
- bei Niederlassungserlaubnis 83
- Befristung 57
- Regel- 111 f.
- nach Ermessen 112 ff.
- Gründe 76, 248
- bei öffentliche Unterstützung 54
- zwingende 110 f.
- bei Terrorismusverdacht 76 f.
- *siehe auch* Aufenthaltsbeendigung, Verfahren
Ausweisungsgrund *siehe* Ausweisung
Ausweisungsschutz *siehe* Ausweisung

Beauftragte für Migration, Flüchtlinge und Integration 270 ff.
Beratungsstellen *siehe* Hinweise am Ende der einzelnen Kapitel
Berufsausbildung, qualifizierte *siehe* Arbeit
Berufliche Bildung 169 ff.
Beschäftigung 135 ff.
- ermessensgebundene Zustimmung der Bundesagentur 160 ff.
- Teilzeitbeschäftigung 45, 54
- mit Zustimmung der Bundesagentur 150 f.
- zustimmungsfreie 149 f.

Sachverzeichnis

– *siehe auch* Arbeit, Bundesagentur für Arbeit, Erwerbstätigkeit
Beschäftigungsverbot 60 ff., 180
Beschäftigungsverordnung 6, 25 f., 74
Beschäftigungsverfahrensverordnung 6, 25
Betretenserlaubnis *siehe* Aufenthalt
Bildung
– elementare (Kindergarten, Grundschule) 155 ff.
– schulische 158 ff.
– berufliche 169 ff.
– Hochschulbildung 171 ff.
– *siehe auch* Anerkennung von Bildungsabschlüssen
Bildungsinländer 172
Bleiberecht 116 ff.
Bundesagentur für Arbeit (ehemals: Bundesanstalt für Arbeit) 138 ff.
– *siehe auch* Arbeit
Bundespolizei (ehemals Bundesgrenzschutz) 27, 266 f.

Datenschutz 275 f.
Daueraufenthaltsrecht
– Unionsbürger 38, 42 f., 46 f., 55
– Drittstaatsangehörige 66 ff., 129 f. 180, 188
– Statusdeutsche 1 ff.
– *siehe auch* langfristig Aufenthaltsberechtigte, Drittstaatsangehörige, Integrationskurse – Teilnahmedingungen, Wiederkehr
Dienstleistungsfreiheit 37, 39, 61, 63, 173

– Übergangsregelungen für neue Beitrittsstaaten 61 f.
– Schweizer Sektoralabkommen 70
Dolmetscherkosten 280 f.
– *siehe auch* Verfahren
Doppelstaatsangehörigkeit *siehe* Mehrstaatigkeit
Duldung 35, 74, 88, 116 ff., 191, 202
– *siehe auch* Abschiebung, Bleiberecht

EG/EU/EWR-Recht 28 ff.
Ehegatten 32, 42
– Begriff nach EG-Recht 61 f.
– drittstaatsangehörige Ehegatten in der EU 48 f.
– Freizügigkeit in der EU 46 ff.
– *siehe auch* Nachzug
Eigenständiges Aufenthaltsrecht
– ehemaliger Deutscher 122
– von Ehegatten 97 f.
– von Kindern 101 f.
– *siehe auch* Aufenthaltserlaubnis, Nachzug
Einbürgerung 241 ff.
– ausländische Verwandte 256
– Bekenntnis und Erklärung zum Grundgesetz 255 f.
– Ermessensentscheidungen 247 ff.
– Erwerbsgründe 243 ff.
– Gebühren 260 f.
– Geburt 244 ff.
– Gewöhnlicher Aufenthalt 244 ff., 254
– Handlungsfähigkeit 248
– Integration 128, 132
– Einbürgerung von Ehegatten

oder Lebenspartnern Deutscher 257 ff.
- Kenntnisse der deutschen Sprache 251 f.
- Rechtsanspruch 254 ff.
- Rücknahme der Einbürgerungsentscheidung 260
- Sozialleistungsbezug 198 f.
- Vermeidung von Mehrstaatigkeit 252 f.
- Voraufenthaltszeiten 251 f.
Einreise 73 ff., 84 ff.
- erlaubte bzw. unerlaubte 84 ff.
- zur Arbeitssuche 44 f.
- *siehe auch* Illegalität, Visum
Elterliche Sorge *siehe* Bildung, Personensorge
Elterngeld und -urlaub *siehe* Antrag auf Sozialleistungen
Entsendung *siehe* Dienstleistungsfreiheit
Erwerbstätigkeit 135 ff.
- von Familienangehörigen 94
- Selbständige 28, 32, 37, 74 ff.
- Teilzeit-
- von Studenten
- *siehe auch* Arbeit, Arbeitsmarktzugang, Bundesagentur für Arbeit
Erziehungsgeld und -urlaub 201 ff.
- *siehe auch* Antrag auf Sozialleistungen, Elterngeld
Europarecht *siehe* EG/EU/EWR-Recht
Europarat 5
EWR-Vertrag 29, 40

Familienangehörige
- aus Drittstaaten 124
- aus der EU 41 ff., 45 ff.

- *siehe auch* Arbeit, Aufenthalt, Ehegatten
Familiennachzug, Familienzusammenführung *siehe* Nachzug
Flüchtlinge *siehe* Abschiebung, Asylantrag, Ausweisung, Duldung
Freiwilligendienste 168
Freizügigkeit
- Berufsausbildung 44 f., 67, 69
- Referendare 45
- Schengener Durchführungsübereinkommen
- Schweizer Sektoralabkommen zur Freizügigkeit 70 ff.
- Sportler 45
- Studenten 38, 40, 49, 173
- Übergangsfristen für Unionsbürger aus den Erweiterungsstaaten 58 ff.
- Unionsbürger 37 ff.
Freizügigkeitsgesetz/EU 24
- *siehe auch* Freizügigkeit
Fürsorgeabkommen 188, 195, 204

Gebete 230 ff.
- am Arbeitsplatz 232 f.
- im Kindergarten 230 f.
- in der Schule 232
- *siehe auch* Religion, Schule
Gebühren *siehe* Kosten, Verfahren
Gemeinschaftsrecht *siehe* EG/EU/EWR-Recht
Gewöhnlicher Aufenthalt *siehe* Aufenthalt
Grenzgänger 64
Grundrechtsstatus 10 f.
Grundsicherung
- für Arbeitsfähige (ALG II) 27

Sachverzeichnis

- für nicht Arbeitsfähige (Sozialhilfe) 28
- *siehe auch* Arbeitslosengeld II, Sozialhilfe

Härte, außergewöhnliche
- bei Familiennachzug 93 ff., 103 f.

Härtefallkommission 75
Heimatlose Ausländer 33, 245
Hoch qualifizierte Fachkräfte 137, 139
- *siehe auch* Arbeit, Arbeitsmarkt, Bundesagentur für Arbeit

Illegalität 85, 87 ff., 277
Integration 127 ff.
- der Spätaussiedler 127
- Sprachkenntnisse 248, 251 ff.
- *siehe auch* Einbürgerung

Integrationskurse
- Teilnahmebedingungen 129 ff.
- Verfahren 133
- Verpflichtung zur Teilnahme 131 f
- *siehe auch* Aufenthaltserlaubnis, Einbürgerung

Internationales Recht 35
- *siehe auch* EG/EWR-Recht

Jugendhilfe 186, 203 ff.
- *siehe auch* Antrag auf Sozialleistungen, Bildung, Einbürgerung, Elterliche Sorge

jüdische Zuwanderer 75, 194 f.
- geregeltes Aufnahmeverfahren 78

Kinder
- Bildung 155 ff.
- Kindergärten 156 ff.
- Schule 157 ff.
- eigenständiges Aufenthaltsrecht 100 f.
- Personensorge 203, 206
- Härtefall bei Kindernachzug 103 f.
- *siehe auch* Nachzug

Kindergeld 117, 186, 196, 199, 201 f.
- *siehe auch* Antrag auf Sozialleistungen

Kindernachzug *siehe* Nachzug
Klagefrist *siehe* Verfahren
Klagerecht *siehe* Verfahren
Kommunalwahlrecht für Unionsbürger *siehe* Wahlrechte der Unionsbürger

Kopftuch 233 ff.
- am Arbeitsplatz 235
- im Gerichtssaal 236
- in der Schule 233 f.
- *siehe auch* Religion

Kosten 238, 279
- Dolmetscher 280 f.
- Einbürgerung 260
- Gerichtskosten 279

Krankenversicherung *siehe* Antrag auf Sozialleistungen
Kultur *siehe* Religion

Langfristig Aufenthaltsberechtigte 41 ff., 67, 187 f.
- *siehe auch* Aufenthaltserlaubnis, Daueraufenthaltsrecht, Sprachkenntnisse

Lebenspartner 42, 46 ff., 62, 115, 149, 201, 256 ff.
- *siehe auch* Aufenthalt, Nachzug

Mehrstaatigkeit, Prinzip der 252 f.
- *siehe auch* Einbürgerung
Meldepflichten 49 ff., 276
- *siehe auch* Aufenthalt, Aufenthaltserlaubnis
Moscheen 236 f.
- *siehe auch* Religion
Muttersprachlicher Unterricht *siehe* Schule

Nachzug
- Ehegatten 90 ff.
- Familiennachzug Drittstaatsangehöriger 90 ff.
- Familiennachzug Unionsbürger 46 ff.
- Inanspruchnahme von Sozialleistungen 101
- Kinder 99 ff.
- sonstiger Angehöriger 102 ff.
- zu ausländischen Familienangehörigen 93 ff.
- zu deutschen Familienangehörigen 92 f.
- zu Minderjährigen 94 ff.
Niederlassungsabkommen bzw. Niederlassungsverträge 5, 7, 35, 139, 147 f.
Niederlassungsfreiheit *siehe* Arbeit, Freizügigkeit, Niederlassungserlaubnis
Niederlassungserlaubnis 74 ff., 83 f., 122, 128 ff., 139, 148, 177, 193 f.
- Fortgeltung alter Aufenthaltsrechte als – 149
- für Hochqualifizierte 137, 139 f., 145 f.
- für eigenständige Aufenthaltsrechte von Ehegatten 97 f.
- bei Familiennachzug 92 ff.
- für Minderjährige 101
- bei Sozialhilfe 196 ff.
- bei Sozialleistungsansprüchen 201
- *siehe auch* Aufenthaltserlaubnis, Erwerbstätigkeit, Freizügigkeit, Schweiz

Öffentliches Interesse
- bei Beschäftigung 144 f.
- bei Ermessenseinbürgerung 248, 253 f.
- bei Familiennachzug 96 f.
- bei Mehrstaatigkeit 253
Opferentschädigung *siehe* Antrag auf Sozialleistungen

Parteien 217 f.
Pass 266 f.
- Erfordernis 266
- Ersatz 85, 267
- *siehe auch* Bundespolizei, Meldepflicht, Reiseausweis, Visum
Personalausweis 43, 49
- *siehe auch* Bundespolizei, Meldepflicht, Visum
Personensorge 92 ff., 103 f.
Petitionsrechte 218 ff.
Pflegeversicherung 185
- *siehe auch* Antrag auf Sozialleistungen
Politische Mitwirkungsrechte 221 ff.
Promotion *siehe* Aufenthalt
Prostitution *siehe* Aufenthalt
Prozesskostenhilfe *siehe* Verfahren

Recht auf Wiederkehr *siehe* Wiederkehr
Rechtsbehelf 265, 277 ff.
Rechtsschutz 277 ff.
Referendare 45
Rehabilitation *siehe* Antrag auf Sozialleistungen
Reiseausweis 85
- *siehe auch* Bundespolizei, Meldepflicht, Pass, Visum
Religion 160 ff., 225 ff.
- Ausübung im Strafvollzug 237 ff.
- Freiheit der Religion 78, 225, 237
- Religionsunterricht *siehe* Schule
- *siehe auch* Bildung
Rentenversicherung
- Rentenanspruch 121, 209 ff.
- Rentenexport 187, 209 ff.
- Träger der Rentenversicherung 211, 294 ff.
- Zahlung von Rentenversicherungsbeiträgen als Nachweis für eine Niederlassungserlaubnis 83 f.
- *siehe auch* Antrag auf Sozialleistungen
Rentenexport *siehe* Rentenversicherung
Rückkehroption *siehe* Wiederkehr

Scheinehe 90 f.
- *siehe auch* Aufenthaltserlaubnis
Schengener Durchführungsübereinkommen 25, 86, 113
- *siehe auch* Freizügigkeit
Schengen-Visum *siehe* Visum

Schule 158 ff.
- Anerkennung bekenntnisfreier Schulen 161
- Ausländische Schulen 160
- Befreiung vom Schulunterricht 164 ff.
- Berufsschule 169, 171
- Deutsch als Pflichtsprache 166
- Ethikunterricht 165
- koedukativer Unterricht 165
- muttersprachlicher Unterricht 166
- Religionsunterricht 160 ff.
- Schulgebet 164
- Schulpflicht 158 ff., 160, 166
- Sexualkunde 165
- Teilzeitschule 159
- Teilzeitschulpflicht 171
- *siehe auch* Anerkennung von Bildungsabschlüssen
Schweiz *siehe* Freizügigkeit – Schweiz – Sektoralabkommen Schweiz
Selbständige *siehe* Erwerbstätigkeit
Sozialhilfe 186 ff., 201
- für Asylbewerber 190
- für Drittstaatsangehörige 70, 101, 113 f., 189 ff., 193 ff., 196 ff., 276 f.
- und Einbürgerung 198 f., 255
- für Unionsbürger 28, 52 ff., 67 ff.
- *siehe auch* Antrag auf Sozialleistungen, Aufenthalt, Grundsicherung, Verfahren
Spätaussiedler 1 f., 7, 33, 81, 127 f., 134, 193, 242, 247, 269
Sportler *siehe* Arbeit, Freizügigkeit

Sprachkenntnisse 2, 19, 43, 101, 126 ff., 131, 133, 143 ff., 181, 248, 251 f., 257 ff.
– *siehe auch* Einbürgerung, Integration, Integrationskurse, langfristig Aufenthaltsberechtigte
Sprachkurse *siehe* Einbürgerung, Integration
Staatenlose 33, 85
Staatsangehörigkeit
– Erwerb durch Adoption 246 f.
– Erwerb durch Ermessenseinbürgerung 247 ff.
– Erwerb durch Geburt 244 ff.
– Verlust der deutschen – 259 f.
– *siehe auch* Einbürgerung, Mehrstaatigkeit, Staatenlose
Statusdeutsche 1 ff.
Straftat *siehe* Aufenthalt, Ausweisung, Einbürgerung, Nachzug
Studenten 38
– Finanzierung 177 ff.
– Freizügigkeit 45, 49, 55, 67, 69
– Nebentätigkeit 174
– Teilzeitbeschäftigung 175
– Unterbrechung des Studiums 45, 175
– *siehe auch* Aufenthaltserlaubnis, Ausbildungsförderung, Erwerbstätigkeit

Tagesbetreuung *siehe* Kinder
Teilzeitbeschäftigung *siehe* Erwerbstätigkeit
Terrorismus *siehe* Ausweisung, Aufenthaltsbeendigung
Touristen *siehe* Einreise, Visum
Türkische Arbeitnehmer 139, 152 f.

Übergangsfristen *siehe* Freizügigkeit
Übersetzungskosten *siehe* Dolmetscherkosten
Unfallversicherung 185 f., 208
Unionsbürger aus den Erweiterungsstaaten 2004 (EU 10) und 2005 58 ff.
– *siehe auch* Dienstleistungsfreiheit, Freizügigkeit
Unterbrechungszeiten *siehe* langfristig Aufenthaltsberechtigte, Studenten, Wiederkehr
Unterhaltsvorschuss 186, 201
– *siehe auch* Antrag auf Sozialleistungen

Verbleiberecht für Unionsbürger 45 ff.
Verein
– Ausländerverein 215 ff.
– ausländischer 216
– *siehe auch* Ausländer, politische Betätigung, politische Mitwirkung
Verfahren
– ausländerrechtliches 272 ff.
– Dolmetscherkosten 280 f.
– Einbürgerung 274 ff.
– Gerichtsverfahren 34, 279 f.
– Rechtsbehelf 265, 277 ff.
– Rechtsberatung 212, 281 f.
– Rechtsschutz 277 ff.
– Straf- und Bußgeldverfahren 280
– Widerspruch 265, 274 f.
Verlängerung der Aufenthaltserlaubnis *siehe* Aufenthaltserlaubnis

Sachverzeichnis

Vermittlung von Beschäftigung *siehe* Bundesagentur für Arbeit
Verpflichtungserklärung *siehe* Visum
Visum
- Antrag 79
- Nationales 80 ff
- Schengen- 67, 79 ff., 272
- Touristenvisum 79 ff.
- Verlängerung 268
- Verpflichtungserklärung 79 f.
- *siehe auch* Aufenthaltserlaubnis, Freizügigkeit

Wahlrechte der Unionsbürger
- Europawahlrecht 219 f.
- Kommunalwahlrecht 221 f.
Wehrdienst 109, 120
Weiterwanderungsrecht 68 f.
Werkvertragsarbeitnehmer 61, 64, 124, 201

Wiederkehr, Recht auf 82, 119 ff.
- bei Unterbrechung des Aufenthalts 119 ff.
- für Jugendliche und Erwachsene 119 ff.
- für Rentner 121
Wohngeld 52, 186, 198 f., 202, 248
- *siehe auch* Antrag auf Sozialleistungen
Wohnraum 68, 79, 83, 93, 202
Wohnsitz 61 ff., 85, 201, 210, 231
- *siehe auch* Meldepflicht

Zurückschiebung 115, 266 f., 269
Zustimmungserfordernis zur Beschäftigung seitens der Bundesagentur für Arbeit *siehe* Bundesagentur für Arbeit, Erwerbstätigkeit